杨天才——评解

你真能读明白的

易经

中华书局

图书在版编目（CIP）数据

你真能读明白的《易经》/杨天才评解. —北京：中华书局，
2023.9（2024.11重印）
ISBN 978-7-101-16264-6

Ⅰ.你… Ⅱ.杨… Ⅲ.《周易》-通俗读物 Ⅳ.B221-49

中国国家版本馆 CIP 数据核字（2023）第 117519 号

书　　名	你真能读明白的《易经》
评　　解	杨天才
责任编辑	周　旻
装帧设计	毛　淳
责任印制	陈丽娜
出版发行	中华书局
	（北京市丰台区太平桥西里38号　100073）
	http://www.zhbc.com.cn
	E-mail:zhbc@zhbc.com.cn
印　　刷	三河市中晟雅豪印务有限公司
版　　次	2023 年 9 月第 1 版
	2024 年11月第 3 次印刷
规　　格	开本/920×1250 毫米　1/32
	印张 15　插页 2　字数 350 千字
印　　数	15001-20000 册
国际书号	ISBN 978-7-101-16264-6
定　　价	39.00 元

目　录

序　言

《易经》是一本什么样的书

　　"易"本来是殷末、周初时期的人们用来占卜算卦的方法，没有我们今天所看到的卦爻辞，更没有《文言》《彖传》《象传》《系辞》《说卦》《序卦》《杂卦》等被后代易学家称为"易传"或"十翼"的部分，只是蕴涵数理逻辑的卦画而已。所以"易"起初并不是书，直至"世历三古，人更三圣"才形成了书。既然如此，它为什么还被古人当作"群经之首"呢？为什么一代代的学人研读它数千年而直到今天呢？今天我们又为什么还要研读它呢？原因主要有以下六点：第一，虽然它源于算卦，但其演变的过程中已经远远超越了算卦的内容，成为"广大悉备""类万物之情""通天下之志""自强不息""厚德载物"的"君子之学"。第二，它反映着几千年来的中华民族深刻而广泛的思维方式。第三，它通过对从生命方式到生命意义的"极深研几"和"探赜索隐"，找到了人类最深刻、最根本性的智慧——人类亲近自然并实现与自然和谐的方法。第四，它不仅有"善之长也"最为美好的愿望，而且指引人们"扬善""积善"地实现美好人生并建立和谐、亲穆的家庭。第五，"洁静精微"和"居则观其象而玩其辞，动则观其变而玩其占"的"易教"一直启发着我们探究"教学"与"修养"的适宜途径。

第六，它以"应变无穷"的进取精神和"变动不居，唯变所适"的方法实践着"穷则变，变则通，通则久"的变革，使得中华民族虽历尽劫难却能涅槃重生、复兴图强。

就《左传》《国语》《论语》《易传》《周礼》《礼记》等文献记载来看，"易"作为一种学问和学术，在先秦之前直称"易"。至司马迁著《史记》说"文王拘而演《周易》"，才开始由"易"转而通称《周易》。到了西汉，易学传至孟喜、施雠、梁丘贺三人，三人均立为西汉易学博士官，当学术和文献意义的易学变为"官学"时，《周易》变为"经学"，并渐以《易经》为名。古代文献中的《易》《周易》《易经》说的其实就是同一本书。当《易》获得了"经"的学术地位，《易》随之也就在人们的认识中被誉为"群经之首""六艺之本""国学之魂"。

东汉末年的经学大家郑玄以为：《易》有三义：简易、变易、不易。按《说文》解释："易，蜥易、蝘蜓、守宫也。象形。"《秘书》说："日月为易，象阴阳也。"这些解释有两种基本意思，一是取其蜥蜴的变化特征，二是指由日（☉）月（𝕯）合成的文字。后一种意思描述了人类对世界的认识首先是从日月交替和变化开始的。而且这两种天体的运行与古代人的生活联系得也最为密切。但是，如果只有变化，或者所有事物都存在于绝对的变化之中时，事物也就变得不可知了，因此，郑玄在提出"变易"意义时，也提出"不易"作为"变易"的对立面。郑玄提出的"变易"的"不易"是世界观，而"简易"则是方法论，"简易"存在于"不易"与"变易"之中。当"易"字包含的变化通过"八卦"与"六十四卦"的数理演绎方式得以体现时，事物的变化也就进入到这个数理的演绎体系中，顺着这种数理体系推理，人们也就能够在某种程度上预知未知世界的部分情况。

《易传》的作者在论述《易经》是一本什么样的书时说：

　　《易》之为书也，不可远，为道也屡迁，变动不居，周流六虚，上下无常，刚柔相易，不可为典要，唯变所适。其出入以度，外内使知惧。又明于忧患与故。无有师保，如临父母。

　　《易》之为书也，原始要终，以为质也。六爻相杂，唯其时物也。其初难知，其上易知，本末也。初辞拟之，卒成之终。若夫杂物撰德，辩是与非，则非其中爻不备。噫！亦要存亡吉凶，则居可知矣。知者观其彖辞则思过半矣。二与四同功而异位，其善不同：二多誉，四多惧，近也。柔之为道，不利远者；其要无咎，其用柔中也。三与五同功而异位，三多凶，五多功，贵贱之等也。其柔危，其刚胜邪？

　　《易》之为书也，广大悉备。有天道焉，有人道焉，有地道焉。兼三材而两之，故六。六者非它也，三材之道也。道有变动，故曰爻；爻有等，故曰物；物相杂，故曰文；文不当，故吉凶生焉。

由上可知，《易经》讲述的是通过“变化”来指引人们“出入以度”，“知惧”并“明于忧患”的学问；它通过阴阳两种符号的“变化”作为解释与认知世界的主要方式，主要特征是讲“变易”之道；这种学问有着理解与认识世界的符号系统，这种符号系统的基本单位是“卦”，卦有六爻，推理与判断六爻“吉凶”的主要根据并不在爻象本身的阳刚与阴柔，而是各爻的属性及其所处的位置：“辩是与非，则非其中爻不备”，强调中间两爻对整个卦象的意思有着主导性的意义；“其初难知，其上易知”，相较而言初爻的意思难以知晓，而上爻的意思容易理解；“二与四同功而异位”，二爻与四爻同为阴爻之位，但是“二多誉，四多惧”，就是因为“二居中”而四爻则近临“九五之尊”，犹如“伴君如伴虎"，故而"多惧"；"三与五同功而异位"，三爻与五爻同为阳爻之位，但是三爻因为居于上下之间，故而"多凶"，而五爻尊居中位，故而"多功"。《易经》之所以能"广大悉备"，就是因为它本身以一卦之六爻具备了天道、人道、地道，"兼三材而两之"，即天道、人道、地道皆有阴阳。易学主要是"人道"，是贯通与融会的思想、智慧与方法。

总之，《易经》就是通过阴阳两种符号的组合结构与变化方式，象征性地反映世间万物本质特征与变化规律的世界观和方法论。它以普遍联系的观点与对立统一的方法对事物的发展与变化预先做出吉、凶、悔、吝等判断，其目的是劝善惩恶，避凶趋吉。

"经"的意义其实不外乎三种：一是经常可以翻阅的书，二是书中有人们经常遵守的道理，三是儒家传道解惑的必读书。由此可知，所谓《易经》，其实就是人们经常看的一本重要典籍。《系辞传》曰："易则易知，简则易从，易知则有亲，易从则有功。"《易传》使《易》走下占卜的神坛，进入"以类万物之情，以通神明之德"的义理境界，成为"群经之首"，"大道之原"。《易》理"简易"，《易》文更简，凡二万九千一百零七字。其"世历三古，人更三圣"后，又经过数千年知识分子"极深研几"，"探赜索隐"，集中了各个时代优秀知识分子的最高智慧，有"与天地准"的能量，也有"弥纶天地之道"的知识和道德。

《易经》的基本内容

《易经》最初的结构和核心思想是阴阳两种事物的对立与统一形式。庄子认为"《易》以道阴阳"，《易传》作者明确指出"一阴一阳之谓道"。"道"在形式上是混沌难分的，因而也就是无法认识的，所以老子认为"道可道，非常道"。《易经》在认识上的意义就在于它将"道"分为阴阳两种对立形式，使"道"从"不可道"的神秘感觉中走出来，展现出人们可以认知的面貌。当《易经》解析了"道"的存在形式时，"道"本身也就反映了发展的必然性和普遍联系的原则。这是因为，阴阳的形态无处不有，无时不在，它贯穿于一切事物存在与发展的始终；阴阳的变通性及其普遍联系的原则揭示出"道"体是事物发展变化的根源。可以说，阴阳就是对立统一规律的形象化说明。凡世间万物皆时时、处处存在着对立与统一的规律，它贯穿于一切事物的发生与发展之中，如天地、男女、昼夜、炎凉、胜负、君臣、上下、夫妻等等。阴阳的观念，代表的是中国人分析和认识世界的根本方法。《易经》基本元素是阴阳，根本方法也是阴阳，本质内容和符号特征也是阴阳。

实际上，《易经》的基本原理就是通过不断"变化"的方法，拓展、深入着人们对现实世界和未知世界的认识。《易经》之所以能够在某种程度上预先知道事物变化与发展的情况，其根本原因就在于它通过"一分为二"的阴阳分析法，抓住了事物的存在、变化、发展的本质。如下图所示：

天地自然图

从这一"天地自然图"来看，如果把它分成两个黑白的弦弧，那么就是"一阴一阳"的存在形式。如果把它当作一个整体，则两个黑白的弦弧就共同合成一个阴中有阳、阳中有阴的圆，而围绕在圆之外的八卦及其所代表的时节，实际上就是因为阴阳二体的变化而形成的阴气与阳气的比例关系。阳气左行，自下至上，成渐长之势，至乾卦时达到极至；阴气右行，自上至下，成渐盛之态，至坤卦达到极至。阴阳是构成六十四卦的基本元素，即所有的卦都是由阴爻（－－）与阳爻（一）两个符号相演构成。在整个中国古代文明史上，用"阴阳"分析事物的观念和方法，已经深深植根于中国人的心灵里。

太极　两仪　四象　八卦

八	七	六	五	四	三	二	一	
坤	艮	坎	巽	震	离	兑	乾	八卦
太阴		少阳		少阴		太阳		四象
阴				阳				两仪

《系辞传》里讲："易有太极，是生两仪，两仪生四象，四象生八卦，八卦定吉凶，吉凶生大业。"如上图所示：太极→两仪（阴阳，黑色为阴，白色为阳）→四象（太阳＝太阴＝＝少阳＝＝少阴＝＝）→八卦（乾☰坤☷震☳巽☴坎☵离☲艮☶兑☱）。其中的"太极"，就是生成宇宙的本原"道"体。需要指出的是，道体并不是实有的形体，它只是一个"忽兮恍兮"、若存若无、混沌一团的气。"太极"生成"两仪"，即一分为二后，这种物体之间的分析，使得世界成为可以认识的对象，于是事物也就从不可知变为可知，从不可以认识变得可以认识了。至

两仪生成四相后,事物的存在就不仅具有了不同属性,而且每个个体之中也包含着两个对立体,如少阳少阴,就是阳中有阴,阴中有阳,至此,对立的关系也就真正统一到一体之中了。在四相生成的八卦中,有四个阴卦:坤、巽、离、兑;四个阳卦:乾、震、坎、艮。《系辞传》说:"阳卦多阴,阴卦多阳。"阴居下为民,阳处上为君,故《系辞传》曰:"阳一君而二民,君子之道;阴二君而一民,小人之道。"基于《系辞传》的观点以及对上图的解析,我们就可以看到,《易经》的思维特征和基本方法,主要是通过阴阳的组合方式和对应关系,使事物由抽象笼统的观念逐渐变得具体清楚。

由上可知,经过长期的演绎,原本属于占卜算卦用的卦画与事物产生了一定的对应规律后,人们就逐渐深入地理解到这些卦画实际上反映了"道"在天、人、地三个方面的普遍联系及其认识这些"联系"的方法,于是逐渐在每个卦画下系属了一些简约的卦辞来记录并说明这些认识的智慧。再后来,《易》"变则通,通则久",于是又在六十四卦的各爻之下系属了爻辞。至此,《易》就有了卦画、卦辞和爻辞,形成了汉代易学家称之为《易经》的部分。

现代学人研讨《易经》面临的主要问题

在"多元一体"的中国文化中,经学是国学的主体,作为"群经之首"的《易经》通过"推天道以明人事"的人文情怀影响着国人的世界观和方法论,塑造着中华民族的精神世界。继"世历三古,人更三圣"之后,《易经》倾注了中国古代最优秀的知识分子的心血,也倾注了近现代知识分子的缜密心思。今天我们读《易经》,主要目的就是要接续生生不息的中华文明，在文化脉络中找到迷失的自己，重建我们的民族自信心。

但是，总是有一些问题困扰、甚至阻碍着人们对传统文化的理解，尤其是《易经》，人们在听到它、看到它、学习并研究它时，或以为它是封建迷信，或觉得它是什么超科学的学问，甚至觉得根本就读不懂它。在此我们对这些困扰着现代学人的主要问题略做论述。

一、读懂与读不懂的问题

孔子在讲中庸之道时，认为道的知识是"百姓日用而不知"，这句话用在《易经》也是再适当不过的。既然是"日用"，那就是日常所用的常识、普遍的知识和道理。现代人之所以有了读不懂的困惑，主要是因为我们面临的问题不是"易"本身的问题，而是"易"之外的问题。比如，文字。《易经》的文字部分主要是卦辞、爻辞和《易传》。首先，我们要把《易传》从"经"的部分剥离出去，也就是我们先不要读《易传》，因为《易传》是古人读《易》的主观体会与理论发挥，我们应先读"经"后读"传"，或者在读"经"的过程中遇到疑惑不解的问题再参考《易传》里的一些解释，或者等基本读懂"经"之后，需要深入理解并上升到理论高度时再认真研讨"传"。当我们把"经"与"传"分离后，那么内容也就专门指《易经》的实质内容了。这样，如果你困惑的是文字上的问题，那么最起码这个问题在数量上已经大大减少了。接下来就是如何对待"经"的文字，即卦爻辞。首先，应该想到，古人的思想并不复杂，而且应该明确他们远没有我们今天的人复杂，这样，我们就知道那些文字本身的意义实际上是很简单的。因此当我们不理解时，不是因为这些文字太"难"，而是太"易"，是我们自己把它们看"难"了。卦爻辞文字不同于其他经文的文字，其他经文的文字就是这些文字所表述的内容，而卦爻辞的内容却主要牵涉着卦象与爻象，因此我们只要理解了卦象与爻象，也就基本理解了这些文字的意思。当然，如果你能真正理解卦象和爻象，甚至这些文字都是多余的，这就是古人提倡的"得意忘象"。由此可知，我们在读《易经》时，最不应该感觉到"难"的就是文字问题。由此，我们也就懂得了"易"为什么是"易"。诚如《系辞传》之所谓：

> 乾以易知，坤以简能；易则易知，简则易从；易知则有亲，易从则有功；有亲则可久，有功则可大；可久则贤人之德，可大则贤人之业。易简而天下之理得矣。

我们常常讲"大道至简"，这个意思在《易经》里得到了充分的体现。《系辞传》的作者以"六十四卦"之"门户"的《乾》《坤》为例，讲到古人"简易""变易""不易"之法中的实质特征就是"简易"，因为"简易"，《易》就成了"易知""易从"的学问。由此，作者自信豪迈地告诉人们"易简而天下之理得矣"！

二、迷信还是科学的问题

现代人一提到"迷信"，马上就把它与崇信神仙鬼怪等不好的事物联系起来了，是个不折不扣的贬义词。那么，究竟什么是"迷信"呢？"迷信"作为一种概念，实际上是从西方引入的，是一个舶来词。按英文的解释，"迷信"就是"对自己恐惧和未知的事物的非理性的理解"，"非理性的理解"就是超越自然属性的理解，它只不过是一种理解事物的方式，本身没有好坏之分，所以"迷信"至多是一个我们所说的"中性词"而已。那么《易经》是这样的吗？《易经》本身的内容又是怎样的呢?《易经》是"推天道而明人事"的学问,"天道"就是自然,它反映的是以天(乾)、地(坤)、雷(震)、风(巽)、水(坎)、火(离)、山(艮)、泽(兑)为基本事物,并在此基础上旁通包罗世间万象的自然现象。在方法上,它从"天数二十有五,地数三十"形成"大衍之数"这样一个数理体系来演算吉、凶、悔、吝、厉、贞诸如此类"人事"。由"天道"的客观性与"人事"的合理性来看,《易经》本身并不存在"迷信"的问题。与"迷信"相对的概念是"科学"。有人认为《易经》是科学,甚至是超科学。那么我们先要看什么是"科学"。"科学"与"迷信"一样是舶来词。就英语的本义来看,"科学"是指观察和分析问题的方法,它本身并不是真理,更没有终结真理。就内容而言,《易经》的六十四卦无一不是自然的客观的物质世界;就方法而言,虽然它源于算卦,但是它的演算方式是建立在数理逻辑之上,并以这种数理逻辑形成系统化的程序。就易学的发展轨迹而言,它影响着几千年来的中国学术的发展方向;就其内容而言,它是"遏恶扬善""劝善惩恶"的君子之学。显然,真正理解《易经》并能够用它来观察、认识世界,分析、解决问题的人是很难把它与"迷信"做任何意义上的联系的;相反,《易经》确实能够客观、明确、准确、深刻地认识世界,并且能够与客观自然世界建立起一种亲切、自然、和谐的关系。

三、如何对待算卦的问题

孔子以为君子"居则观其象而玩其辞,动则观其变而玩其占",这里的"观其象"就是观察卦象,"玩其占"就是熟练地演算卦象。《易传》的作者认为:"《易》有圣人之道四焉:以言者尚其辞,以动者尚其变,以制器者尚其象,以卜筮者尚其占。""尚其辞"指的是卦爻辞,"尚其变"指的是卦象与爻象的变化,"尚其象"指的是重视对卦象的把握,"尚其占"直指占卜算卦。其实,四者均统一于"占",没有"占"也就没有"象",也没有"辞",也无从谈"变"。《易传》还以为:"是以君子将有为也,将有行也。问焉而以言,其受命也如响,无有远近幽深,遂知来物。非天下之至精,其孰能与于此?""探赜索隐,钩深致远,以定天下之吉凶,成天下之亹亹者,莫大乎蓍龟。"司马迁在《史记》中也专为占卜算卦作《龟策列传》,说:"自古圣王将建国受命,兴动事业,何尝不宝卜筮以助善!唐虞以上,不可记已。自三代之兴,各据祯祥。涂山之兆从而夏启世,飞燕之卜顺故殷兴,百谷之筮吉故周王。王者决定诸疑,参以卜筮,断以蓍龟,不易之道也。"作《周易本义》的朱熹说:《易》为卜筮作,非为义理作。"并且教导他的学生,研读《易经》时"须以卜筮之书看之方得,不然不可看《易》"(《朱子语类》)。尚氏易学的开创者尚秉和先生认为"学易者宜先明筮法",在讲解《筮仪》时说:"易本用以卜筮,不娴筮法,九六之义不知其何来,而《系辞》大衍一章尤难索解。"西方著名的心理学家荣格在其《〈易经〉与中国精神》一文中认为:"当人投掷三枚硬币,或者拨算四十九根蓍草时,这些几率的细微部分都进入了观察的情景之中,成为它的一部分——这部分对我们并不重要,但对中国人的心灵来说,却具有无比的意义。""依据古老传统的解释,事实上是经由神灵诡秘方式的作用之后,蓍草才能提出有意义的答案。这些力量凝聚一起,成为此书活生生的灵魂。"在荣格看来,筮算卦象的过程才是《易经》"活生生的灵魂"。

既然古人如此重视筮算卦象——算卦,我们就要弄清"算卦"的本质是什么。记得有一次我给浙江省考试院讲《易经》,讲到可以请各位老师现场在纸上以六个爻位为单位,画阴爻阳爻,然后随意组合,无论怎么画，画多少次，都不会超出六十四卦的范围。这时一位听讲的数学老师插言："这个就是2的6次方。"再有，按照《易经》的"大衍之数"演算，先挂一，然后揲之以四，再揲之以四，如此"三变"其数，或六、或七、或八、或九，四者应其一而形成一个爻位，谓之"四营"，一卦有六个爻，三六一十八，于是"十有八变"而成六十四卦中的一个卦象。由此可见，算卦的"算"就是演算、就是推算，就像我们演算数学题一样。它基于"大衍之数"，"参伍以变，错综其数。通其变，遂成天地之文；极其数，遂定天下之象"，于是有了六十四卦的卦象与三百八十六爻（三百八十四爻加"用九""用六"二爻）的爻象与一万一千五百二十策的变化。所以由演算的数理逻辑到演算的体系和方法，"算卦"就是古人认识世界的方法，并且为这种方法设置了数理公式一样的程序。有人把《易经》看作是"宇宙代数"，也是有道理的。

今天我们研读《易经》，确实要先熟练地掌握演算卦象的方法，当然，我们学会演算卦象的方法，主要目的不是为了给人算卦，而是为了思考并深入理解古人的思维体验、经验、心得、方法和智慧，以此提高和加强我们的思维能力。因为观察和认识事物本质的思想方法与思维能力才是我们真正的能力和智慧。更何况，《易经》的卜筮方法是一个数学的模式，并没有任何主观的猜想与臆测。

编撰通则

一、"经""传"分别。"传"是解"经"的，本书所讲是《易经》，则以"经"为本，不收《系辞》《说卦》《序卦》《杂卦》等"传"，并把通常与"经"混编的《文言》《彖》《象》等"传"从"经"中剥离出去，仅以卦画、标题（卦名）、卦辞、爻辞展示一种纯粹的《易经》。凡属《易传》的文本及其意义，只在必要的解释中引述，不再成篇、整段地附缀在经文之后。

二、按传统的六十四卦次序排列目录，每一卦依据其主旨拟一标题。

三、各卦先显明地标示出卦画、卦题、卦序，然后对该卦卦爻辞进行讲解，再以"解读"对本卦进行全面解析，最后以"案例"加以印证或申发。

四、讲解卦爻辞时，先列出白话译文，以便读者理解文意，再逐爻加以分析。

五、爻辞是说明解析的重点，也是突出《易经》主体及其实用性的主要内容，故分析时以直解本义为主，不繁引他说及《易传》以为"注"，以便于读者专注于研读理解"经"文。

六、"解读"部分更注重对该卦的整体阐释。除讲解该卦的主要特点，还结合《易传》及相关文献加以阐发，揭示其内涵，指出其启迪意义，申发笔者的心得感悟。

七、《易经》在其形成与推衍过程中形成一系列独特的符号、术语，这是人们阅读《易经》原文、理解《易经》解读方法的基础。本书在正文之前专设"读《易》通例"部分，用以讲解这些符号、术语，以方便读者入门。

八、《易经》本为算卦之书，要理解经文，必须了解古人的卜筮方法。为此，本书设置了两个附录，附录一介绍了古代主要的三种卜筮算卦方法，附录二为六十四卦的卦情图，以备为有兴趣者实际操作时参考对照。

读《易》通例

　　《易经》运用基本元素阴（--）阳（—）将事物的对立统一关系普遍化、形象化。这种形象化的方法，在逐渐演绎中形成一系列的符号、术语，使得《易经》能够以象征性方法既包罗万象，又触类旁通，并且使所有被解释的事物都能够找到数理的依据和道理的根源。

"七八九六"与"大衍之数"

　　古人以阴（--）、阳（—）画爻象，又画卦象以仿效万物之象。然而，当这些卦象形成后，取象的方法就成为卜筮的一个先决条件。如《汉书·律历志》云："自伏戏画八卦，由数起。"颜师古注曰："万物之数，因八卦而起也。"实际上，颜氏的说明有两个概念，一则为卦；一则为数。卦为名，数为用。故卜筮之用，所用为"数"。孔颖达《周易正义》引先儒之说曰："后代圣人以《易》占事之时，先用蓍以求数，得数以定爻，累爻而成卦，因卦以生辞，则蓍为爻卦之本，爻卦为蓍之末。"在此，孔颖达以先儒之说为根据，强调"蓍为爻卦之本"，而"爻卦为蓍之末"。其理论根据源于《易传》，如《系辞传》曰："蓍之德圆而神，卦之德方以知，六爻之义易以贡。"崔憬注曰："蓍之数七七四十九，象阳，圆其为用也，变通不定，因之以知来物，是'蓍之德圆而神'也。卦之数八八六十四，象阴，方其为用也，爻位有分，因之以藏往知事，是'卦之德方以知'也。"崔憬以数理解释《易》理，则"方"与"圆"皆通其理、通其变。更进一步说，就是《易》之所以有断疑明理之德，就在于它有一个因数而成其理、因卦而系其辞的体系。而这一切都要借助于"蓍"来成就。因为在古人看来，"蓍"在《易》中，既是演算的工具，又蕴涵着演算的方法，因而也就能"圆而神""方以知"。根据"大衍之数"的揲算方法，数取七、八、九、六四种。根据《周易正义》的注解，阳爻称"九"，阴爻称"六"，其说理根据有二：一则乾体有三画，坤体有六画，阳得兼阴，故其数为"九"，阴不得兼阳，故其数为"六"；二则老阳之数为"九"，老阴之数为"六"。老阴、老阳皆变，故一卦之内爻位以"九""六"标志。对于《易》何以取九、六为变数，孔颖达在《周易正义》的引述中，于前人之说多有发挥：

> 《周易》以变者为占，故杜元凯注《襄九年传》遇艮之八，及郑康成注《易》皆称《周易》以变者为占，故称九、称六。所以老阳数九，老阴数六者，以揲蓍之数，九遇揲则得老阳，六遇揲则得老阴，其少阳称七，少阴称八，义亦准此。张氏以为阳数有七有九，阴数有八有六，但七为少阳，八为少阴，质而不变，为爻之本体。九为老阳，六为老阴，文而从变，故为爻之别名。且七既为阳爻，其画已长，今有九之老阳，不可复画为阳，所以重钱，避少阳七数，故称九也。八为阴数而画阴爻，今六为老阴，不可复画阴爻，故交其钱，避八而称六。

孔颖达于此所引用的郑氏说与张氏说，分属于两种体系，一为郑康成有关"揲蓍成数"的观点，一为张氏的摇钱取数法。这两种方法的共同之处，就在于他们都以七、八为不变之数，九、六为可变之数。其共同点实际上都存在一个逻辑推理的过程，即阳爻未变时谓之七，变后谓之九；阴爻未变时谓之八，变后谓之六。因为《易经》是用变爻来卜筮占验的，所以用九、六，而不用七、八。但是，这些说法仍然有推理上的漏洞，因而后来还有不同的说法出现。如俞樾在《群经平议》中说："阳之数以三而奇，阴之数以二而偶，所谓参天两地也。《周书·武顺篇》曰'男生而成三，女生而成两'，是其义也。《说卦传》曰：'三天两地而倚数。'《正义》引郑注曰：'三之以天，两之以地。'窃谓九、六之数，起于是矣。乾卦三阳，阳之数三，三其三则为九；故九者，乾之数也。坤卦三阴，阴之数二，三其二则为六；故六者，坤之数也。以是推之：震、坎、艮，皆一阳二阴，其数七；巽、离、兑，皆一阴二阳，其数八。《易》用九、六，不用七、八者，用老不用少，统于尊也。"孔氏只取郑、张二人之见而成《周易正义》之说，至今人多因袭其说。比较而言，俞樾的解释虽引《周易正义》之"郑注"，但论述更为合理。因为王弼于七、八、九、六无注，故孔颖达只能引用前儒的说法，虽然他对这些解释保留着"义或然也"的态度，但是，他基本上肯定了因数取象、因数变占的观念，而这些观念又源于两汉易学。因此，我们可以看到孔颖达正是通过《周易正义》延续并发展了汉人的象数理论。

八卦

如果说阴爻和阳爻是《易经》的基本元素，那么八卦就是《易经》的基本结构或单位，也许八卦的符号不仅是《易经》最早的结构形式，而且是其最早的基本内容，即乾☰（天）坤☷（地）震☳（雷）巽☴（风）坎☵（水）离☲（火）艮☶（山）兑☱（泽）。至南宋，朱熹将邵雍、陈抟等人画出的先天八卦图和后天八卦图附于《周易本义》前，这种做法因为并非古易的本来面目，受到清代学者的反对和批评。其实现在来看，所谓先天、后天八卦的创作图样，都是根据《易传》的思想画出来的。如《说卦传》说："天地定位，山泽通气，雷风相薄，水火不相射。八卦相错，数往者顺，知来者逆，是故《易》逆数也。"宋朝的邵雍就是根据这段话的意思画出先天八卦的。如图所示：

先天八卦方位

先天八卦　据文献记载，先天八卦在魏晋时失传，至宋朝著名易学家邵雍再揭示于世。《周易本义》说："邵子曰：乾南，坤北；离东，坎西；震东北，兑东南；巽西南，艮西北。自震至乾为顺，自巽至坤为逆。"宋人以为此图的方位为伏羲所创，所以称"先天八卦"，又称"伏羲八卦方位"。先天八卦还配以数字的排列方式：乾为一，兑为二，离为三，震为四，巽为五，坎为六，艮为七，坤为八。此处，在卦上标出的数字是根据先天八卦所蕴涵的数理标示的，这一方面说明八卦的符号实际上与古人的数理观有着密切的联系，另一方面也揭示着《易经》作为认识世界的观点与方法迥异于其他的哲学体系，即它本身不是一种抽象的理论说教，而是有着具体的数理演变逻辑。先天方位，是乾南地北，离东坎西，一阴一阳相偶相对，象征着天地自然的法象。往顺而来逆，从乾至震，逆向而数，则数为：一、二、三、四；从巽至坤，顺向而数为：五、六、七、八。先天八卦在方向上符合《系辞传》所谓"天尊地卑，乾坤定矣，卑高以陈，贵贱位矣"的天地自然现象，也符合《说卦传》的解释。这个图或许原本是有的，不然《易传》的作者怎么能说出这些话来？应该说，先天八卦在《易传》中还是有其理论依据的。对于现今研习《易经》的人而言，先天八卦不仅为我们认识世界开拓了视野，而且有利于我们以多重思维，多方面、多角度地认识世界。就实用方法而言，其标示在八卦上的数字，也就是"梅花易数"演绎卦象的数字。传说或托名邵雍发明的"梅花易数"，即以此数起卦占验事情。

后天八卦　又称作"文王八卦"。朱熹《周易本义》云："邵子曰：此文王八卦，乃入用之位，后天之学也。"此图为邵雍所传，意在解析《说卦传》"帝出乎震""齐乎巽""相见乎离""致役乎坤""说言乎兑""战乎乾""劳乎坎""成言乎艮"的事物发展观。这一卦图的排列方式是易学史上的一次革命性创制，它不仅以圆形卦图呈现，更重要的是，这样的排列顺序能应和五行相生的思想，如震为木，巽为木；离为火；坤为土；兑为金，乾为金；坎为水。《周易正义》引用王弼的注解说："帝者，生物之主，兴盛之宗，出震而齐巽者也。"帝出震位后，按顺时针方向依次为：震、巽（木）→离（火）→坤（土）→兑、乾（金）→坎（水）。余一艮，艮为土，按孔颖达说，则可归类于坤中，依《说卦传》，则说"成言乎艮"。在方向上，艮属于标志东北方向的卦，也属于"万物终始"的生成之地。因此当我们将八卦的图形当作一次革命性创制时，其五行对应八卦的解析就正好为这种图示的结构找到了双重的理论依据：一则五行按八卦图顺序相生，二则《说卦传》中的论述正好符合五行相生的顺序。这两种理论相辅相成，由此《易经》也从阴阳的解释扩大到五行的范畴。

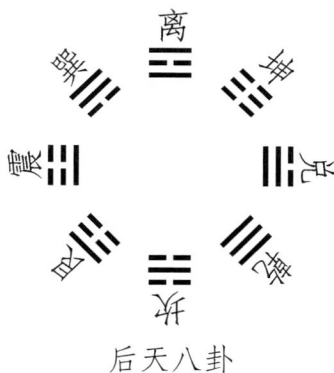

后天八卦

图中的震、兑、离、坎分别表示正东、正西、正南、正北，又称"四正卦"；余下的四卦称为"四隅卦"。

六十四卦

八卦两两相重，就形成了六十四卦。六十四卦是《易经》用来象征、解释宇宙、人生的六十四种符号，是《易经》的主体。如下卦乾☰与上卦坤☷相重就形成《泰》䷊卦。下卦坎☵与上卦坤☷相重就形成了《师》䷆卦。六十四卦皆以此法演绎成形。在六十四卦中，除乾、坤、震、巽、坎、离、艮、兑为八经卦自成其名外，其他的五十六卦皆别有其名。从八卦到六十四卦，既是内容扩张的过程，也是用数理来解释宇宙的原理趋于完整体系的过程。这种内容与形式的变化反映了人们思维能力的发展过程，而这个发展本身也就奠定了《易经》的主体。因此，当六十四卦形成后，所有易学的发展都围绕这个主体来展开。

从六十四卦的排列顺序看，多以卦象互相倒置为序。如《屯》䷂与《蒙》䷃、《需》䷄与《讼》䷅，下卦倒置卦形后置于上，上卦则变为下卦，这也就是两汉易学所谓的"反对卦"。二是原卦六爻尽变，而不倒置卦体，如《颐》䷚与《大过》䷛、《坎》䷜与《离》䷝等，这就是所谓的"正对卦"。

六十四卦的另一种排列方式则来自于《序卦传》，这种卦序反映了事物的发生、发展、变化、转化的整体规律，对人们认识自然、世事、人生多有哲理性的启示。卦序始于《乾》《坤》，终于《既济》《未济》。朱熹的《周易本义》将其编为《卦名次序歌》：

乾坤屯蒙需讼师　　比小畜兮履泰否
同人大有谦豫随　　蛊临观兮噬嗑贲
剥复无妄大畜颐　　大过坎离三十备
咸恒遁兮及大壮　　晋与明夷家人睽
蹇解损益夬姤萃　　升困井革鼎震继
艮渐归妹丰旅巽　　兑涣节兮中孚至
小过既济兼未济　　是为下经三十四

此歌将六十四卦以上下经的篇目来编定，便于熟记。因《易》类书籍目录的编次是以歌诀顺序为次序展开的，所以记住这个歌诀不仅会记住了六十四卦的卦名，而且也会记住卦名的顺序。这是读《易》的必要步骤，应在读经时掌握或先行掌握。

十二辟卦

十二辟卦是从六十四卦中取出十二个能说明时令节气变化的特殊卦形，用以配合十二个月的气候变化，指示自然、天气"阴阳消息"的情况，故又称"十二消息卦""十二月卦"。"辟"字之义，犹言"君"、言"主"，也就是说十二辟卦为十二月之"主"。唐一行之《大衍历议》："十二月卦，出于孟氏章句，其说《易》本于气，而后以人事明之。""孟氏"即汉朝易学家孟喜。他以阴阳爻位的进退来表明一年十二个月的天气变化、寒暑周流。其理论依据不仅相通于自然规律，而且也符合《易经》的基本原理。

"天地盈虚、与时消息"，图中阳盈为"息"，阴虚为"消"。自《复》至《乾》为息卦，如《复》一阳生为十一月卦，《临》二阳生为十二月卦，《泰》三阳生为正月卦，《大壮》四阳生为二月卦，《夬》五阳生为三月卦，《乾》六阳生为四月卦；自《姤》至《坤》为消卦，如

十二辟卦图

《姤》一阴消为五月卦,《遁》二阴消为六月卦,《否》三阴消为七月卦,《观》四阴消为八月卦,《剥》五阴消为九月卦,《坤》卦六阴消为十月卦。"十二辟卦"的理念,自汉孟喜、京房、马融、郑玄、荀爽、虞翻等,以迄清代经学家,通以释《易》,实际上,就是以阴阳之气的变化之道来解释卦象蕴含的意义,印证着易学的根本道理。

三才

六爻的位序以阴阳的概念两两并列,这样也就体现出三个层次,古人以初、二象征"地"位;三、四象征"人"位;五、上象征"天位"。将天、地、人三者合而言之,就谓之"三才"。《系辞传》曰:"六者非它也,三材之道也。"《说卦传》曰:"是以立天之道曰阴与阳,立地之道曰柔与刚,立人之道曰仁与义。兼三才而两之,故《易》六画而成卦。"从卦画的客观表象找到对应的人事,这一认识过程,既表现出古人从认识自然关系到认识社会关系的转变过程,即从简单到复杂的认识过程,也表明了古人试图"推天道而明人事"的科学研究精神和善良美好的愿望,从而为人们认识客观世界与纷繁复杂的人事关系找到一种相对明确的基础。

卦象与卦德

以阴(--)阳(—)两种符号三叠而成的八种三画卦形,称为"八卦"。又称"经卦",它是相对于"八经卦"之外的五十六个"别卦"而言,是六十四卦爻辞的基础,也是《易经》的基本单位。八卦有一定的卦形、卦名、象征物，其基本的对应关系如下：

卦名	卦形	象				征			
		自然	动物	人体	工具	五行	颜色	家庭关系	行为特点
乾	☰	天	马	首	玉器	金	大赤	父亲	健
坤	☷	地	牛	腹	大舆	土	黄	母亲	顺
震	☳	雷	龙	足	车辆	木	绿	长男	动
巽	☴	风	鸡	股	绳子	木	白	长女	入
坎	☵	水	猪	耳	弓	水	黑	中男	陷
离	☲	火	雉（贝类）	目	兵器	火	红	中女	丽（附着）
艮	☶	山	狗（鼠）	手	节纽	土	黄	少男	止
兑	☱	泽	羊	口	罐子	金	白	少女	说（悦）

卦德是古人从八卦卦象所对应的物象中揭示出的行为特点和内容特征，这些特征是从卦象的象征性含义中得出的本质属性。在某种程度上，它揭示了八卦象征事物的最基本的情况。在《易经》里，卦德是通过八经卦的《象传》，以极其简约的言辞加以说明的。因六十四卦皆为两卦相重而成，所以卦德不仅对理解八卦的意义极为重要，对理解八经卦以外的其他五十六卦也同样重要。卦德是从物的属性推及人的性情，这就使得《易经》本身的义理得到发挥，形成了做人、做事的信念和行为准则，也就是人生哲学。如乾的卦德是"刚健"，推及于人就是"天行健，君子以自强不息"；坤的卦德是"柔顺"，推及于人就是"地势坤，君子以厚德载物"。读《易》必先从认识卦德着手，因为它不仅是卦的核心内容，而且对人生也有着深刻切实的指导

意义。

卦德图示：

乾	☰	刚	健	易	
坤	☷	柔	顺	简	
震	☳	出	动	决	
巽	☴	入	伏	制	齐
坎	☵	陷	险	习	劳
离	☲	丽	见	文明	
艮	☶	止	成	光	
兑	☱	说	暗		

卦主

卦主就是指一卦之主，基本有两层意思：一是成卦之主，指一个卦的形成是由某一个爻所变而成，那么这个爻就是这个卦的卦主，如《乾》《坤》之用爻。二是决定一卦关键意义的爻，即在意义方面能够影响整个卦象的那个爻。一般而言，多以二、五爻为主。总的说来，卦主的意义不仅往往与《象传》意义是符合的，而且爻辞的意义也多为吉利。

当位与不当位

因为六十四卦为八卦两两相重组合而成，所以其各卦分上下两卦，按古法通例，解卦时，从下卦开始，先说下卦，后说上卦。比如《比》卦，按解卦的规则就是，先说下卦坤，后说上卦坎，即"坤下坎上"。卦中各爻的位置，也是从下往上数，因此最底下的那个爻位，才是一爻，读作"初爻"。最上面的爻位数为六爻，但是为了避免与标志阴爻的"六"相重，于是就读作"上爻"。按《易经》演算方法的通例，阳爻以"九"为标志，如初九、九三、九五；阴爻以"六"为标志，如六二、六四、上六。

六爻在卦中的位次有奇偶之分，阴数对应于偶，阳数对应于奇，初、三、五为奇，以阳爻对应；二、四、六为偶，以阴爻对应。六十四卦有三百八十四爻，皆以阴居阴位、阳居阳位谓之"当位"；反之，以阴居阳、以阳居阴则谓之"不当位"，或称"失位"。当位之爻象征着遵循正道，符合规律，所以在爻辞中多以"吉"或"无咎"论；而"不当位"（失位）则悖逆正道，违背规律，多以"凶""吝""悔"言。不过，由于二、五两爻处在一卦的中间，象征着中正之德，所以多不拘泥于此例。此外，三、四爻居一卦六爻之中，即互卦之中，上下两卦错杂不纯，最为难处，故通常没有二、五吉利。但是当位与不当位在具体的一卦中，其吉凶的判断也并非必然如此。一方面要看它与上下周围的关系，另一方面还要看它能不能因"变"得"正"，故《周易集解》中引虞翻、荀爽等人的注解时往往有"之正"之说，即本有"悔"，变"正"则"无悔"；本有"咎"，变正则"无咎"。

世应

在六十四卦中，爻辞的吉凶悔吝情况不是孤立存在的，而是相互联系的，这种联系有一个基本对应的形式：世应。"世"为世爻，"应"为应爻，简称"世应"。"世应"以联系的方法来揭示爻与爻之间的关系，这种关系一方面决定着自身的得失，另一方面又影响着所对应爻位的吉凶。世应本身存在于爻位与卦体之中，后又通过京房创立的"八宫卦"体系加以明确。具体而言，世爻：八个经卦各自以上爻为世，其他各卦自初爻变起，依次为初、二、三、四、五，各以其所变之爻为世，游魂卦（八宫之第七卦）以第四爻为世爻，归魂卦（八宫之最后一卦）以第三爻为世爻。应爻：就是与世爻相对应的爻，世应之间总是相隔两个爻位，即初与四应，二与五应，三与上应。古人在占筮时以世爻代表占问者本人，以应爻象征占问者所问的事、人、时、地、物等。

中正比应

智慧聪明的中国古代先民早就意识到事物是普遍联系的，这种"意识"集中在《易经》里，有两种基本的观点：一是五行的相生相克原理，二是断卦时所采用的逻辑分析和辩证思维的方法。按通例，古人占卦时，先是找到所筮之卦的动爻，然后再看它与其他各爻产生的关系。这种方法逐渐成为通用的"中正比应"的方法。

中：各卦二爻居下卦之中，五爻居上卦之中，其卦气最为纯粹，称为"中"。一般而言，这两爻在一卦中的地位最重要，卦爻辞的意义更为吉利。

正：卦中六爻，按"当位"与"不当位"来分析，一般而言，当位则正，"正"的爻位意思多属吉利。如果这个爻位不仅当位，而且还处在二、五爻，即为"中正"，其爻辞的意思就更为吉利。

比：在一卦之六爻中，相邻之间的爻称之为"比"。"比"有承、乘之区别，如二爻往下与初爻比，就叫做"乘"；二爻往上与三爻比谓之"承"。同理，三爻往下与二爻比，就叫做"乘"，四爻往上与五爻比，就叫做"承"。但是在"比"的关系中，还要看阴阳爻所处的位置，如是阴爻在上，阳爻在下，阴爻"乘"阳爻，那么这个阴爻的爻辞意思多为不吉。如果阴爻在下，阳爻在上，阴爻"承"阳爻，即阴爻上承比附于处在上面的阳爻，那么这个阴爻的爻辞意义多属吉利。因此，"比"以阳上而阴下为宜。

应：按八宫卦的变化规则找出一卦的世爻，与之隔两位而对应的爻就称为"应"，合称"世应"。上下两卦各有三爻相互感应，即初爻与四爻相应；二爻与五爻相应；三爻与上爻相应。根据古法，相应的两爻必须是一阴一阳才能相互感应，俱阴或俱阳皆不能感应。初爻为本，为始；上爻为末，为终。初、四两爻，二、五两爻，三、上两爻之间的关系，往往影响着所占之爻的意义。"应"则往往以阴在上，阳在下为宜。

《系辞传》说："六爻之动，三极之道也。"意思就是，在每个卦象的六个爻位中，只要找到动爻，就能通过天、人、地三者之间的关系，找到未知事物的答案和意义。又说："六爻之义易以贡。"就是说，六爻中的意义是通过变化的方式呈现在人们眼前的。虽然蕴涵在卦爻辞中的意义有时是隐晦难明的，有时是捉摸不定的，有时是委婉曲折的，但是只要读《易》者在分析卦象时运用"中正比应"之法，就可以找到使"六爻之义易以贡"的方法，同时也就可以找到六爻蕴涵在卦爻辞里的意义，达到"知者观其象辞，则思过半矣"的理解水平。《象传》

对一卦大义所做的判断，其实就是运用"中正比应"的结果。

互卦

互卦又叫做"互体"。在一卦之中，还能互连出一个卦，其方法是：除初、上爻外，下互卦以二与四为"同功"，互出一下卦；上互卦以三与五为"同功"，互出一上卦，这种从互相关联中找出的卦，就叫"互卦"。如《谦》䷎卦中的二至四互为一个坎，三至五互为一个震，坎下震上，于是《谦》卦中又互出一个《解》䷧卦。互卦主要是汉代象数派易学家为了通过增多卦象的方式扩大解说的内容而发明的方法。在分析的过程中，一方面，我们的确能发现互卦的存在。另一方面，互卦也可以帮助人们更加周密地理解卦爻辞。今天我们学习和研究互卦时，目的已经不是为了算卦算得准一点，主要是研究和借鉴古人分析问题的方法。

坎
"二与四同功"，
互为坎

震
"三与五同功"，
互为震

反对与旁通

汉代易学家常常通过错综爻位的方法求得"变"的形式和意义，于是就发明了反对与旁通的方法，其实，这种方法本身就包含在六十四卦的演绎之中。《序卦传》的六十四卦排列的顺序就是以旁通与反对为原则来说明卦理的,《杂卦传》解释卦义也多从反对的关系中阐发意义。从根本上讲,反对与旁通的最初原理根源于"—"与"– –"两个原始的阴阳符号,即以两个旁通的象,象征其对立面的关系和作用。所以《杂卦传》说:"《否》《泰》,反其类也。"

反对　反对是以上下卦象的变化来显示卦与卦之间的关系,即上卦变为下卦,下卦变为上卦,如《泰》☰☷之上卦坤变为下卦乾,下卦乾变为上卦坤,则为反对,这样就得到《否》卦。以理相推,《明夷》☷☲的"反对"就形成《晋》☲☷。或上卦以相反的卦象变为下卦,下卦卦象不变而易位于上卦,如《观》☴☷的反对形成了《临》☷☱;或上下卦象俱以相反的卦象上下易位,如《渐》☴☶反对成《归妹》☳☱等。

旁通　旁通是本卦的六爻尽变,即阴爻变为阳爻,阳爻变为阴爻,则本卦就变为与之对应的另一卦,如《比》☵☷与《大有》☲☰旁通,《履》☰☱与《谦》☷☶旁通,《同人》☰☲与《师》☷☵旁通等。旁通的原理发端于《系辞传》中所说的"变则通"的哲学观,又吸取了《文言传》中所言的"六爻发挥,旁通情也"的思想方法。

通过"反对"与"旁通",使得六十四卦的卦与卦之间形成相生相存、相辅相成的既对立又统一的辩证关系。同时,正是因为这样的关系,就使得《易经》象征的世间万物都处在普遍联系之中。对于今天学习和研究《易经》的人而言,了解了反对与旁通,有两个方面的意义:一是自宋朝以后,很多《易经》的图画都以反对与旁通的关系来陈列;二是汉人注解《易经》时多以旁通与反对的关系来说明爻辞的深义,如唐朝李鼎祚的《周易集解》中所引用的荀爽、虞翻等人的注解,往往是运用反对与旁通来曲尽其解,解析卦爻辞的意义的。

彖与象

《易传》曰："彖者，言乎象者也。"汉代学者注解说："彖者，断也，断定一卦之大义。""彖"在《周易》中一方面是断定一卦大义的方法，另一方面，形成了"十翼"中的《彖传》。"象"也有两种意义：一是指《易经》的卦象与爻象，二是指附在各卦卦辞后的《象传》和附于爻辞后的《象传》。其中，附在卦辞后的《象传》通称为《大象传》，而附在各爻辞后面的通称为《小象传》。王弼在《周易略例》中指出：

夫象者，出意者也。言者，明象者也。尽意莫若象，尽象莫若言。言生于象，故可寻言以观象；象生于意，故可寻象以观意。

其实，系在《易经》卦爻辞里的意义，皆从卦象中分析而来。《彖传》《象传》和《文言传》本来是不与经文相连的，至汉代费直合传于经后，为阅读方便起见，汉人注经基本沿袭此例，并加以"彖曰""象曰"作为与卦爻辞区别的标识。现行《易经》经文中的《彖传》与《象传》即系属于经文之中。

八宫卦

"八宫卦"为西汉象数派易学的重要代表人物京房创制，它以类似于"排列组合"的方式展示了从八卦演绎成六十四卦的完整形式。其演绎方法以八经卦《乾》《坎》《艮》《震》《巽》《离》《坤》《兑》为纲，每卦依初爻至五爻为次序，逐次展开变化，变至第五爻则不能再往上变，回头再变第四爻，称"游魂卦"。最后一变将已变的上卦不变，下卦尽变，形成"归魂卦"。这样，再加上"经卦"就形成了八个卦，由经卦为纲，变出的七个卦统属于"纲"，八个卦共为一宫，所以就叫做"八宫卦"。

八宫卦象次序

宫次＼世位	乾	坎	艮	震	巽	离	坤	兑
上世	乾为天	坎为水	艮为山	震为雷	巽为风	离为火	坤为地	兑为泽
一世	天风姤	水泽节	山火贲	雷地豫	风天小畜	火山旅	地雷复	泽水困
二世	天山遁	水雷屯	山天大畜	雷水解	风火家人	火风鼎	地泽临	泽地萃
三世	天地否	水火既济	山泽损	雷风恒	风雷益	火水未济	地天泰	泽山咸
四世	风地观	泽火革	火泽睽	地风升	天雷无妄	山水蒙	雷天大壮	水山蹇
五世	山地剥	雷火丰	天泽履	水风井	火雷噬嗑	风水涣	泽天夬	地山谦
游魂卦	火地晋	地火明夷	风泽中孚	泽风大过	山雷颐	天水讼	水天需	雷山小过
归魂卦	火天大有	地水师	风山渐	泽雷随	山风蛊	天火同人	水地比	雷泽归妹

纳甲装卦法

纳甲，"纳"即纳入，"甲"是十天干之首，举一以概其余，则"甲"代表十天干。据传，"纳甲法"是由西汉京房开创，目的是将十个天干纳入八卦，并与五行、方位相配合。即乾纳甲，坤纳乙，甲乙为木，位在东方；艮纳丙，兑纳丁，丙丁为火，位在南方；坎纳戊，离纳己，戊己为土，位在中央；震纳庚，巽纳辛，庚辛为金，位在西方；乾纳壬，坤纳癸，壬癸为水，表示北方。《易通变·四库总目提要》言："京房之《易》言飞伏纳甲而已，费直之《易》言乘承比应而已，至魏伯阳作《参同契》，借《易》以明丹诀，始言甲壬乙癸之方位。"也就是说，"纳甲法"虽为京房开创，可是将天干"壬"纳于《乾》之上卦，天干"癸"纳于《坤》之上卦，始于魏伯阳所作的《周易参同契》，即所谓的"壬癸配甲乙，乾坤括始终"。

南

离　坎
中宫
己日光　戊月精

相对于"纳甲"，还有"纳支"，不过一般而言，说到"纳甲"，也就同时说的是"纳支"，即二者通称为"纳甲"。

八卦的"纳甲"是按对"日月为易"的理解，以月相的变化所对应的十天干的方位确定的。按每月三十日为计。每月的初三日，月亮为上弦月之初，于入夜时分微明如弦出现在西方庚位，如同震卦一阳生于二阴之下，用"震纳庚"表示，就是"三日出为爽，震受庚西方"。至初八日，月相上缺一半，阴阳分割平如绳线，呈现如满弓之象的上弦月，入夜时分出现在南方丁位，半夜之后消失，如同兑卦二阳生于一阴之下，用"兑纳丁"表示，就是"八日兑受丁，上弦平如绳"。到了十五日，月满如圆，入夜时分现于东方甲位，黎明时才消失在西方，"乾纳甲"就是用乾卦纯阳三爻形容月满圆极之象，即"十五乾体就，盛满甲东方"。阳极则生阴，"七八道已讫，屈折低下降"，"七八"就是指十五日。到了十六日，阳消阴息，阴进阳退，体现在月相上，由十五的满盈开始出现亏虚，形如巽卦一阴初生于下，且十六日天明之后，月亮还在西天边，即退至西方的辛位，用"巽纳辛"表示，就是"十六转受统，巽辛见平明"。到了二十三日月缺至阴阳平分的下弦月，入夜时分出现在南方丙位，如同艮卦二阴生于一阳之下，用"艮纳丙"表示，即所谓"艮直于丙南，下弦二十三"。到了三十日，月亮整夜不见，隐于东北乙位，"坤纳乙"就是用坤卦纯阴三爻形容月隐不见的阴极之相，即"坤乙三十日，东北伤其明"。"离为日"，纳己，己为阴干，"离中虚"，故离卦的"纳甲"纳阴干，以与离卦中阴爻对应。"坎为月"，纳戊，戊为阳干，"坎中满"，故坎卦的"纳甲"纳阳干，以与坎卦中阳爻对应。

　　"纳支"建立在两个逻辑层面上：一是先把十二个地支按阴阳分为两组，阳支：子、寅、辰、午、申、戌；阴支：未、巳、卯、丑、亥、酉。如此，则四个阳卦乾、震、坎、艮配六个阳支；四个阴卦坤、巽、离、兑配六个阴支。二是乾、震、坎、艮四个阳卦除乾卦因居阳卦之首而起于"子"之外，其余三个阳卦所纳的阳支依次起于子、寅、辰；坤、巽、离、兑四个阴卦除坤卦起于"未"之外，其余三个阴卦所纳的阴支依次起于丑、卯、巳。

四阳卦　　　　　　　　四阴卦

乾为天

壬戌	父母
壬申	兄弟
壬午	官鬼
甲辰	父母
甲寅	妻财
甲子	子孙

坤为地

癸酉	子孙
癸亥	妻财
癸丑	兄弟
乙卯	官鬼
乙巳	父母
乙未	兄弟

震为雷

庚戌	妻财
庚申	官鬼
庚午	子孙
庚辰	妻财
庚寅	兄弟
庚子	父母

巽为风

辛卯	兄弟
辛巳	子孙
辛未	妻财
辛酉	官鬼
辛亥	父母
辛丑	妻财

坎为水

戊子	兄弟
戊戌	官鬼
戊申	父母
戊午	妻财
戊辰	官鬼
戊寅	子孙

离为火

己巳	兄弟
己未	子孙
己酉	妻财
己亥	官鬼
己丑	子孙
己卯	父母

艮为山

丙寅	官鬼
丙子	妻财
丙戌	兄弟
丙申	子孙
丙午	父母
丙辰	父母

兑为泽

丁未	父母
丁酉	兄弟
丁亥	子孙
丁丑	父母
丁卯	妻财
丁巳	官鬼

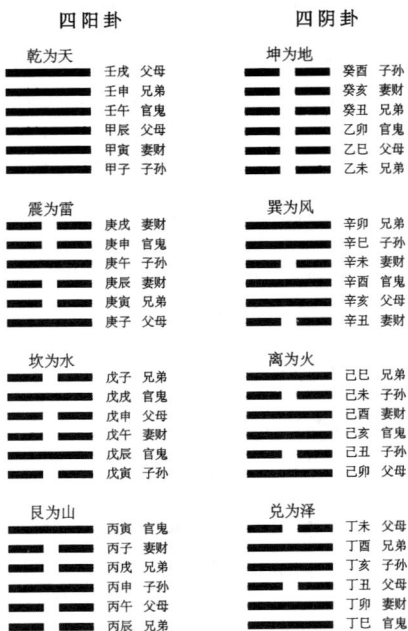

乾卦的纳支之所以从"子"开始，是因为按"卦气说"，乾作为纯阳气盛的阳卦之首，阳气始于"子"，故乾卦的纳支就从"子"开始。因为配的地支要全是阳支，则从"子"开始，需要隔一位地顺着数，如此，从乾之初爻开始为子，二爻为寅，三爻为辰、四爻为午、五爻为申，上爻为戌。因为地支对应十二月，按十二个数字单位，则子数1，寅数3，辰数5，午数7，申数9，戌数11，全是奇阳之数。坤卦的纳支之所以从"未"开始，则是因为按"卦气说"，坤作为阴极之气的首卦，其阴气始于地支"未"。但在"十二辟卦"中，我们明明看到阴气是从"午"上开始的，为什么不从"午"而从"未"呢？因为"午"数为阳，"未"数为阴，坤为阴之首，故不可起于阳支，必要始于阴支。坤卦的纳支从"未"开始，隔一位逆数，则坤卦从初爻开始，初爻未，

二爻巳，三爻卯，四爻丑、五爻亥，上爻酉。其对应的数字：未数8，巳数6，卯数4，丑数2，亥数12，酉数10。全是偶阴之数。

震为长子，震纳支从地支数为1的"子"上开始，依次隔位顺数：震的初爻为子、二爻为寅、三爻为辰、四爻为午、五爻为申、上爻为戌。从"子"隔一位顺序而数，数至"寅"，即为象征中男的坎，坎卦的纳支就从地支为3的"寅"开始，名爻依次隔位顺数为：寅、辰、午、申、戌、子；从"寅"隔一位顺序而数，数至"辰"，即为象征少男的艮，艮卦的纳支就从地支为5的"辰"开始，各爻隔位顺数为：辰、午、申、戌、子、寅。与长子对应的长女巽卦，纳支就从地支数为2的"丑"开始，隔位逆数，巽之初爻为丑，二爻为亥，三爻为酉，四爻为未，五爻为巳，上爻为卯。从"丑"隔一位顺序而数，数到"卯"，即为象征中女的离，离卦的纳支即从地支数为4的"卯"开始，隔位逆数，初爻为卯，二爻为丑，三爻为亥，四爻为酉，五爻为未，上爻为巳。隔一位顺序而数，数到"巳"，即为象征少女的兑，依理，则兑的纳支是：巳、卯、丑、亥、酉、未。

概括起来就是：四个阳卦中除了乾始于阳数的首位"子"之外，其余的三个阳卦按照排行顺序：震、坎、艮，其初爻对应地支及其数字的规律：子（1）寅（3）辰（5）。四个阴卦，除位于阴卦之首的坤始于"未"（8）之外，其余的三个阴卦按排行顺序：巽、离、兑，其初爻对应的地支及其数字规律：丑（2）卯（4）巳（6）。

"纳甲法"依据的理由是把古代记录时间的"天干地支"纳入八卦、六爻中，即"八卦纳干"，"六爻纳支"。这样，就把"天时"的概念纳入《易经》的推理与判断之中，使其思维逻辑更加客观、完整、缜密。然后，按乾、兑为金，坤、艮为土，震、巽为木，坎为水，离为火，将纳于八卦、六爻的天干地支的五行以生、克关系转换对应为自己、父母、子孙、官鬼、妻财、兄弟的"六亲"关系来解释"人事"，即实现《易经》讲的"推天道以明人事"。

其具体演绎方法：以八宫卦按五行分类，乾宫属金，坎宫属水，艮宫属土，震宫属木，巽宫属木，离宫属火，坤宫属土，兑宫属金。将"纳甲"与"纳支"的五行与所属八宫的五行对应。如《乾》的"纳甲"与"纳支"是甲子、甲寅、甲辰、壬午、壬申、壬戌。乾为金，子为水，则子在乾宫为子孙；寅为木，在乾宫为妻财；辰为土，在乾宫为父母；午为火，在乾宫为官鬼；申为金，在乾宫为兄弟；戌为土，在乾宫为父母。

六亲

六亲，汉代易学家京房将六爻与家庭伦理与社会关系中六种关系对应，京氏《易积算法》云："孔子曰八卦鬼为系爻，财为制爻，天地为义爻，福德为宝爻，同气为专爻。"具体而言，按五行的相生、相克、相合关系决定六亲关系：生我者为父母（义爻），我生者为子孙（宝爻）；克我者为官鬼（系爻），我克者为妻财（制爻）；与我五行相同者为兄弟（专爻）。加上我自己（所在宫卦的五行）就形成"六亲"。如离宫为火，《离》的"纳甲"与"纳支"为己卯、己丑、己亥、己酉、己未、己巳。初九卯木生火，则卯为父母；六二丑土为离火所生，为子孙；九三亥水克火，为官鬼；九四酉金为离火所克，为妻财；六五未土与六二的五行属性一样，为离土所生，故为子孙；上九巳火与离火同类，故终为兄弟。其他各卦依次类推。

"天干地支"与"五行生克"

古人以干支记时，至汉代，干支又纳入五行体系之中，为了演算的精密性，汉人在演成卦体后，以"纳甲""纳支"法将干支附于对应的卦体，然后以"五行生克法"分析出六亲、四方、卦气、用神等因素，使得天道与人事在对应关系方面更加细致精确。

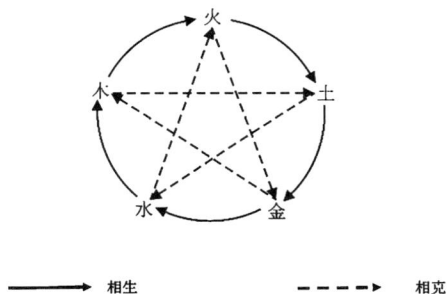

———————→ 相生　　　- - - - -▶ 相克

这只是想当然的事情，不过，作为一种体系，一经成立并加以应用后，也就为其对应的事物找到了虚拟的因果关系，其中的理由也就成为人们推知未知世界的一个假设前提。这个前提虽然是虚拟的，但是有了这个前提，却为人们的认知方法找到了普遍联系的逻辑和方法论。于是天、地、人在内外和上下诸因素之间找到了一个联系媒介，有了这个媒介，无论认知的前提如何，其认知的方法却基本一致，因此我们也可以说，汉代易学家支立出的这些依附于《易》经文之外的演算方法是偶然性与必然性的结合，即对应关系的近似偶然的组合和推理方法相对一致的结合物。

```
        木        火        土        金        水
       ┌─┴─┐    ┌─┴─┐    ┌─┴─┐    ┌─┴─┐    ┌─┴─┐
       ○  ●    ○  ●    ○  ●    ○  ●    ○  ●
      阳 阴    阳 阴    阳 阴    阳 阴    阳 阴
      木 木    火 火    土 土    金 金    水 水
```

天干：甲　乙　丙　丁　戊　己　庚　辛　壬　癸

地支：寅　卯　午　巳　辰　丑　申　酉　子　亥

　　　　　　　　　戌　未

⊙东　　　⊙南　　　⊙中　　　⊙西　　　⊙北

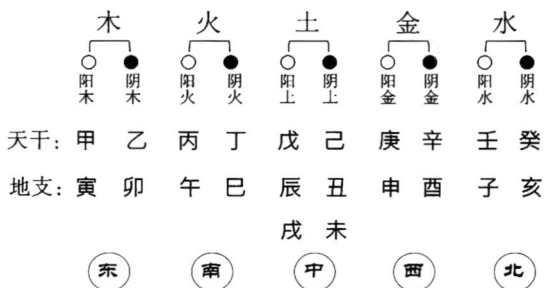

　　当然，汉代易学衍生出的这些内容本身也是一种存在，而且经过他们的研究后，这些存在现象已经与易学的实践无法分离而成为研习易学的重要内容。现以图表方式列之如下：

地支对应关系图

地支	子	丑	寅	卯	辰	巳	午	未	申	酉	戌	亥
阴阳	阳	阴	阳	阴	阳	阴	阳	阴	阳	阴	阳	阴
方位	北	东北	东	东	东南	南	南	西南	西	西	西北	北
五行	水	土	木	木	土	火	火	土	金	金	土	水
月份	十一	十二	一	二	三	四	五	六	七	八	九	十
属相	鼠	牛	虎	兔	龙	蛇	马	羊	猴	鸡	狗	猪
时间	23~01	01~03	03~05	05~07	07~09	09~11	11~13	13~15	15~17	17~19	19~21	21~23

临机应变的智慧与自强不息的精神

乾
第一卦

元，亨，利，贞。

《乾》卦象征着天：是万物的开始，有亨通的力量，能和谐而有利于物，有光明正大的品格。

《乾》，卦名，乾下☰乾上☰，象征着"天"象的阳刚之气和刚健之行。元，开始；亨，亨通；利，和谐；贞，正直。古人认为自混沌开明以后，"天"就以其光明和温暖普照着大地，它高高在上，周流运转，变化无穷，沿着春、夏、秋、冬四季循环往复，制约、主宰着大自然和人类。

古人在占卜时，赋予乾卦"元、亨、利、贞"的意义。

元，就是开始的意思。因此，我们把一年"开头"的一天叫作"元旦"。开头就有的事物，自然是最大的了，于是"元"又引申出"大"的意思，比如中国古代的"元帅"，由此演绎出"河伯"的"伯"，也有"老大"的意思；再比如，我们往往称西方国家的主要领导人为"元首"。《易传》的作者在《文言传》里说"元者，善之长也"。善，指世间最美好的事物，长，就是在最前面为首的事物。因为这个意思很好，所以，中国人很喜欢用这个字来表达欣喜的心情与吉祥的事物，如唐朝以"开元"做年号，考试得了第一名就叫"状元"，就连蒙古人建朝立国，也以"元"为国号。

亨，有亨通的意思。我们在生活中常常说"万事亨通""官运亨通"，"亨通"的意义就来自于这个卦。按《易经》的思维方法，事物之间是相互联系的，而不是孤立的，"亨通"的情况往往产生于相互之间交流感应，同性相斥，异性相吸。在《易经》六十四卦里，凡是用到"亨"的卦辞和爻辞，一般都是有阴有阳的卦。也有例外，如《乾》卦就是纯阳之卦，它为什么也有"亨"呢？这是因为《乾》和《坤》是六十四卦的卦首，不能以常理论，而且它们还各有一个用爻，即《乾》卦有用九，《坤》卦有用六，用爻有调节阴阳的作用。在生活中，我们常常用"亨通"来表示吉利的事情，所以有些公司的名字就叫"亨利"。亨通的事情也是美好的事情，如《坤·文言》曰"品物咸亨"，品物，就是指万物。亨，就是美好。鲁迅在《孔乙己》中提到的"咸亨酒店"的店名就是出自这里。其实"亨"的意思，就是"通"，世间万物凡是美好有利的，都是因为相互之间产生着感应和交流的作用，同时这些交流和感应要按时节发生，比如天下雪，就是天地相感，但是如果"六月飞雪"，那就很不好了。天地如此，人也如此，因此在《易经》里《咸》卦讲男女感应就是美好的事，但是《大过》卦里讲老太太和一个小伙子相爱，孔子认为这就是"可丑"之事，"动而不时，焉得亨乎"（《汉书·周燮传》）。如果相互之间的感应是按时节进行的，就会像杜甫的诗"好雨知时节"所描述的那样，令人身心舒畅了。

利，就是有利于物。《文言传》里解释"利"时说："利者，义之和也。"孟子说"天时不如地利，地利不如人和"，那么什么是"天"呢？

其实，"天"并不是高不可及的东西，它每时每刻都伴随着我们，它就是时间，所以我们称时间的时候，往往说"天时"。世间万物的生长与发展都是随着时间进行的，天下没有脱离时间的运动，也没有哪种运动能够脱离时间而存在。《说卦传》讲乾为天，实际上就是指时间，按古人的观察和认识，时间是由天体的日夜交替与四季的变化变出来的，通过观察天体的这些运动方式和规律就能掌握时间的变化。同时，古人认为运动即时间的变化是有利于物的。为了更加清楚地说明这个问题，爻辞的作者就以"天"来喻指其刚健、正大的美德。又以"龙"为喻，宣扬"天"有纯阳刚健的精神。实际上，这两种比喻说的是一体一用的关系，即"天"为乾之体，"龙"为乾之用。朱熹在《朱子语类》中说：《易》难看，不比他书,《易》说一个物，非真是一个物，如说'龙'非真龙。"《乾》卦提到的"龙"，实际是通过比喻来张扬"君子"的纯粹不杂的精神与品格。因为世间万物中，唯有"龙德"才能与"元、亨、利、贞"的"天德"相比，也只有"龙"既"本乎天"又"本乎地"，因时而变，变化多端，故《易》就用"龙"来寄托君子的精神，抒发君子的理想。在生活实践中，有时仅有"天时"就可以有"利于物"，有时只有"地利"或者"人和"也可以"有利于物"，但有时却不行。比如三国时期，人们认为魏国占着天时，蜀国占着人和，吴国占着地利。三国各占其"利"，割据相持，难成一统，原因就在于没有"义之和"，也就是我们现在常常说的各种因素的"集"。

"元、亨、利、贞"的"贞"字上面是一个"卜"，下面是一个"贝"，就是我们现在还能常常见到的贝壳。由此可以推断，最初人们是用"贝"来"卜"卦的。这种习俗自商朝就有了，因为据考证，商朝时人们就开始用贝壳作为货币交换商品，因为贝容易得到，用起来也比较简便。顺应悠久淳厚的民俗，汉代的京房发明了用铜钱起卦的方法，即"金钱摇课法"。到了唐宋，这种方法就已经很普及了。即使是现在，在日常生活中，我们有时还是会用投掷硬币的方式来预测并决断一些事情。对于这种富有情景的做法，瑞士心理学家荣格认为，中国古人用来占卜的工具和方式，尤其是演算过程中特殊的心情和几乎神秘的气氛才是《易经》这本书"活生生的灵魂"。

实际上，无论人们做什么事，这些事都有人性的表达方式。我们可以说，这些表达互不相同，但不能漠视其中存在的人性因素。有了这些人性，客观对象就会因为人性化而成为"活生生的灵魂"。有时我们过于强调客观影响下的认识和结论，结果就将认识过程中最富灵性的因素忽略了，而这恰恰是认识结果中的理性因素。因为任何客观的存在，如果不与人产生感应，都是毫无意义的。

《乾》卦中"元、亨、利、贞"，实际上是通过赞美君子四德来阐释人与人之间、人与事物之间的相通融合的关系。有了这些关系，《乾》卦的意义才能按照时间启发人们遵循并坚持自己的正确言行。相对与其他的卦象，《乾》卦是六十四中唯一纯阳精粹的卦，也是变化形式最为简单的卦，故《系辞传》说"乾以易知"，又说"易简则天下之理得矣"。但唯其简易，也最难说得清。因为天高远难见，因此《乾》就以"龙""大人"和"君子"比喻"天象"。又因为"龙德"隐约变幻，难以捉摸，就以"君子"和"大人"之德来张扬光大的"天象"与"龙德"。

初九，潜龙勿用。

初九，如果一个人的能量与德行还处在弱小的状态时，就应该像龙潜在水下一样，不要显露和展示自己的存在。

初九:《易经》六十四卦均由初、二、三、四、五、上六个爻位组成,此处因爻位处于一卦中的开始,所以叫"初"。古人用《易经》占筮时,用"九"代表阳,用"六"代表阴。本爻为阳爻,故称"初九"。

"初九"以其在《乾》卦中的不利位置象征着君子的德才尚未能达到实现自己抱负的理想时机,因此就应该像"潜伏"在深水中的龙一样,隐忍一时,不要妄动。

九二,见龙在田,利见大人。

九二,当一个人的能量与德行成长到可以在田野上展示自己的存在时,就应该如龙抬头一样地敢于面见大人并接受他们的教诲。

见(xiàn):出现,显现。大人:在《易经》中,大人是贵族的通称,在这里是指那些有道德修养并身居高位的人。

九三,君子终日乾乾,夕惕若厉,无咎。

九三,君子应该一天到晚地勤勉奋发,即使到了深夜也要如面临危机一样保持高度的警惕,如此,就不会有什么过错。

乾乾:勤勉而刚健。惕:警惕。厉:危险。咎:过失。

九三爻辞中出现了"君子"一词,这也是《易经》中第一次出现此词。由此可见,"君子"作为中国人文心理中象征道德品行的文化符号在殷末周初就已经深入人心。后来,"君子"成为儒家文化推崇和追求理想人格的最高境界,深远而广泛地影响着中国人的思想、品德、言行等诸多方面,也成为中国人"修身、齐家、治国、平天下"的标准。

作为君子,就应该像九三一样乾乾警惕,勤谨慎重。在社会实践中,一方面,九三成为中国人自勉"修身"的标准,另一方面,九三也成为中国人做人、做事的坚强精神和不屈意志,鼓励着一代又一代的仁人志士。

九四，或跃在渊，无咎。

九四，因为忧患、疑惑而在深水里不停地腾跃，没有过失。

或：通"惑"，这里指疑惑之心。

因为居于九四的龙既不能安于地，也不能飞于天，故而于进退之间多有疑惑。"跃"，一方面是"自修"其功，另一方面也是"自试"其力。

九五，飞龙在天，利见大人。

九五，当看到龙在天上飞腾时，就会有利于出现伟大的人物。

九五在爻位上象征着君王，古人以龙比君，九为阳、为高，故以"飞龙在天"象征君王处于大有作为之时。在《易经》中，若阳爻处于第五爻时，则往往以吉利解释。

上九，亢龙有悔。

上九，龙飞得太高，就会发生悔恨的事。

上九：每卦由下向上数的第六爻，由于位于最上面，所以叫"上爻"。阳爻用"九"表示，阴爻用"六"表示。《乾》卦中此爻为阳，故称"上九"。亢：过分，极度，过高。悔：悔恨，这里指不幸、懊悔的事情。

上九位于《乾》之极高之处，故曰"亢龙"。天生万物，有盈有虚，有进有退，一张一弛，文武之道。子曰："过犹不及。"上九的龙处于穷极过高之处，正如《文言传》所云"知进而不知退，知存而不知亡，知得而不知丧"，故终有悔恨之事发生。

用九，群龙无首，吉。

用九，在群龙中不要争当首领，就能得到吉利的结果。

用九：《乾》卦特有之爻题。依古筮法，筮遇《乾》卦，六爻皆七，则以卦辞断事，六爻皆九，则以"用九"爻辞断事。用九犹言"通九"，是六爻皆九之意。

《乾》卦六爻皆为纯阳，犹群龙相聚。"九"为天德，若六爻皆变，则变为《坤》卦，阳刚之性变为阴柔之态，故而"无首"，而群龙相聚，是阳中有阳。群龙以其纯阳之德、阳刚之性于变中不自居首位，有同和之美、谦让之德，所以就显得很吉利。

【解读】

《乾》卦说的是"龙"，但不是真"龙"，而是借"龙"的变化来点化人的机智因应的智慧。正如《三国演义》中所描述的那样，"龙能大能小，能升能隐；大则兴云吐雾，小则隐介藏形；升则飞腾于宇宙之间，隐则潜伏于波涛之内。""飞龙在天"，从自然物体上讲，《乾》卦象征着"光明正大"的天，从社会意义方面来讲，它象征着执掌王权的君王。我们在电影和电视里常常看到清朝皇帝的座位后面挂着一块匾额，上面题写着"光明正大"四个字，其实就是在描述君王的品德时把君王视为奉行天命的"天子"。由自然的"天"指向人间的"君"，在某种程度上，反映着《易传》作者所提倡的"推天道以明人事"的易学思维。

亢龙有悔

飞龙在天,利见大人

或跃在渊,无咎

君子终日乾乾,夕惕若厉,无咎

见龙在田,利见大人

潜龙勿用

从某种意义上讲,《乾》卦讲的不是占测吉凶祸福,而是在讲解德行,所以除上九,它的爻辞并没有"吉""凶"之类的占辞。如上图,在爻辞所谓"潜龙勿用"之处,实际上也就是阳气微小时,不足以阳刚奋发,有所作为,就只能在深水中潜伏隐忍。当阳气处在九二的位置时,就要像爻辞里讲的那样,在田野练习自己的本领。当阳气积聚到九三时,就要终日勤勉刚强,到夜晚也要保持高度的警惕性。

随着阳刚之气聚积到九四的位置时,我们仿佛看到龙时而腾跃而起,时而又潜于深渊,这是为什么呢?实际上,这与《易经》观察事物,判断吉凶的方法有关。《易经》不仅运用对立的观点将事物分为阴阳对立的两种情况,而且又通过一与四应、二与五应、三与上应的方法使一卦中的六爻发生关系。具体就《乾》卦的六爻而言,因初九与九四相应,所以这两个相互隔开(初四之间隔两个爻位)的爻辞里都有"潜"的意思,一个是"潜龙勿用",一个是在渊中时跃时潜。因为二与五相应,所以,九二与九五同有"利见大人"的爻辞。再看,九三为什么要"夕惕若厉"呢?因为上九亢极而悔,很危险!在《乾》卦的六个爻位中,九五的意义最为吉祥,《象传》里说"飞龙在天,大人造也",《文言传》里说"飞龙在天,乃位乎天德"。"造",就是成就,因此我们现在还在用"造就"来表达成功。而"天德"则是以喜悦的心情赞美着九五的功德。用八字算命的人,也将最吉利的因素称为"天德"星。孔子在《文言传》以抒情性的语言赞美"九五"说:

　　　　夫大人者,与天地合其德,与日月合其明,与四时合其序,与鬼神合其吉凶。先天而天弗违,后天而奉天时。天且弗违,而况于人乎?况于鬼神乎?

"大人"特指九五所处的位置。他既能"先天"(以天为先,尊崇天道)

又能"后天"（随顺在天道的后面，遵循天道），所以能够合乎日月运行和四季变化的规律。因为九五在《乾》卦中所具有的阳刚中正的位置，使得他具有光明正大的品德，所以历代的帝王也就被百姓称之为"九五之尊"，久而久之，"九五"就成了帝王的代名词。又因为九三乾乾勤谨，爻辞冠以"君子"之称，因此一代代的有识之士，就以九三的爻辞来励志自强。中国有个叫"九三学社"的民主党派，他们就是因《乾》卦的九三爻辞而命名的，换句话说，"九三学社"，就是指"君子学社"。

在《乾》卦的爻辞里，最令人不安的就是上九的爻辞。在日常生活中，人们对那些得意忘形的人说"爬得越高，摔得越重"，有些身居高位的领导人也自己警示自己说"高处不胜寒"。孔子在《文言传》感慨道：

亢之为言也，知进而不知退，知存而不知亡，知得而不知丧。

其唯圣人乎？知进退存亡而不失其正者，其唯圣人乎！

为了警示那些身居高位的人，孔子没有把"有悔"的原因归咎于客观因素而归咎于是主观原因。因为在孔子看来，上九的"有悔"完全是他"知进而不知退，知存而不知亡，知得而不知丧"的思想错误和品德缺失造成的恶果。另一方面，我们还应该看到，当孔子把九五看作"大人"时，那么处在九五之上的上九也就顺序为"圣人"。然而"圣人"处在上九，养尊处优，高高在上，事不关心，严重脱离了人民群众，这样的人还是"圣人"吗？

中国人所崇尚的儒家的中庸思想，也就是从上九的"有悔"中悟出来的，太高了不好，而位于下卦中间的九二和位于上卦中间的九五最好，二与五两个爻位在《易经》中称中正之位，这是"天道"。由

"天道"悟出"人事"来，就有了"中庸"的人格修养。中庸的思想在《礼记》里专做一章，到了宋朝朱熹将《论语》《中庸》《大学》《孟子》合为一体，编成"四书"，并做了《四书章句集注》，至此，根源于《易经》"中正"观念的中庸思想就普遍而深入地影响着中国人的思想方法和行为方式了。我们曾经反对、批判过中庸思想，而我们既反"左倾"又反"右倾"，实际上又肯定了"中庸"的思想方法。

"识时务者为俊杰"，在《乾》卦里，我们欣赏到君子的四种品德的同时，还要看到君子应该像"龙"具有六种随机应变的智慧和能力，能屈能伸，能大能小。

看着乾象，我们可以想象，老子的"遁世无闷""微妙玄通"是"乾"；孔子的"中正仁和""德溥而化"是"乾"；孟子的"浩然正气""仁者无敌"是"乾"；屈原的"朝饮木兰之坠露兮，夕餐秋菊之落英"是"乾"；陶渊明的"归去来兮""猛志常在"是"乾"；诸葛先生的"终日乾乾""勤勉谨慎"是"乾"；李白的"天生我才必有用""仰天大笑出门去"是"乾"；汉武、唐宗与康熙、乾隆的"光明正大""天下文明"是"乾"；三皇五帝的"天下为公""万国咸宁"式的"一团和气"是"乾"。在乾道变革中，中国人的善良美德与自强不息的精神得到了完美的体现，反过来，这种精神又使乾象的变化从内容和形式上得到弘扬和升华。中国人可以引以自豪的"自强不息"的民族精神和"进德修业""修辞立诚"的高尚人格都直接源于《乾》。"君子"是中国人最为崇尚的理想人格，虽然《乾》卦中唯九三爻辞提到"君子"，但在阐释它的《文言传》《彖传》《象传》中却提到九次。如果说中华民族的伟大在于他们创造了《易经》，那么这个民族的幸运就在于《易经》永远地将智慧、文明和力量赋予了它的人民。

　　《乾》卦位列六十四卦之首，其所主的方向为西北。按《淮南子·天文训》的描述，就是："天受日月星辰，地受水潦尘埃。昔者共工与颛顼争为帝，怒而触不周之山。天柱折，地维绝。天倾西北，故日月星辰移焉；地不满东南，故水潦尘埃归焉。"这个故事说明，中国自古以来就是西北高、东南低，西北为天。按《说卦传》，"乾为天，为圆，为君，为父，为玉，为金"等，因类取象，乾，既为天，也当为首、为脑。"易者，象也；象者，像也"，总起来看，《易经》的乾有六种基本的物象：一是天，"天圆地方"；二是一切类如圆形的东西；三是玉石；四是龙；五是马；六是果。先就"乾为天"和"乾为玉"而言，我们就可以理解流传至今的"女娲炼五色石补天"的神话故事。女娲的补天并不是一些画里描绘的女娲飞升到天空补天去了，她补的"天"，是指西北方，因为"乾为天"，主西北。再比如，李白的诗"黄河之水天上来，奔流到海不复回"，并不是什么夸张，西北为乾位，乾即为天，黄河的源头在西北，即"天上来"。如此看来，浪漫的李白在这首诗里是"写实"的。

　　中国的地势西北高，东南低，这样的地势，加之东南临海，处于北半球季风区，决定了以中原为核心的中国大部在春夏两季刮东南风，在秋冬两季刮西北风。又因为中国位于北半球，太阳从南面照过来，也就是《老子》所说的"道生一，一生二，二生三，三生万物，万物负阴而抱阳"，按这个道理，并顺应西北高、东南低的形势，中国的建筑大多是坐西北，向东南。也因此，中国人向来在选择居住地时，首先重视的是北面、西北要有连绵的高山，这样就可以抵御秋冬之季来自西北的萧瑟凛冽的寒风，有利于休养生息。在修造房子时北面、西北面要靠山，或地势要高大。因为面朝南，要向着太阳，那么大门也要朝南。不过，所谓的朝南，并不是正南，而是东南。如我们常常讲到的祖国的南大门，其实指的就是位于祖国东南方的厦门，厦，就是大的意思。又因为乾为天、为首，中国人在修造房子时，其西北方就不能建造厨房、卫生间之类的不洁净的屋子。首，就是头，厨房里有菜刀，菜刀放在头上，当然会给人很多凶险的联想，所以中国人向来都有"灶在乾位号灭门"的说法，并将此解释为"烧东不烧西"。又，背靠西北，西北当然就位于一个院子的后方，所以又解释为"后院不能起火"。

　　总起来看，我们说的"天"道，如果从方位上来看，说的就是西北方。乾为君，这里所谓的"君"，既指君王，也指君子。中国文化的境界就是造就君子的文化，以《乾》之九三为例，就是"君子终日乾乾，夕惕若厉，无咎"；按《说卦传》，乾为健，"健"，就是君子的行为特征。"健"，也就是"强"，故《乾》的卦象就是："天行健，君子以自强不息。"由"乾"至"健"，应证着中华民族"自强不息"的民族精神。

【案例】

一

　　北齐高祖皇帝高欢的表弟王岳家住洛阳。高欢未称帝时，常常奉命出使洛阳，每次来时一定要住在王岳家。王岳的母亲山氏曾经在夜晚看见高欢住房中有光，就悄悄地前往观察情况，却看不见任何灯火。于是就把高欢转移到其他的房中试试看，结果还是发现有光芒，就像之前一样。她感到神异奇怪，就找到一个能卜卦的人筮算究竟是什么原因。结果筮得《乾》☰之九五爻动，动而变为《大有》☰。占辞的意思是："吉。《乾》之九五称'飞龙在天，大人造也'，'飞龙'和'九五'都是象征大人物的卦，贵不可言。"山氏回去后将卦辞上的意思告知了高欢。后来高欢在信都（今河北冀州）起兵，山氏听到后大喜，就对王岳说："赤光之瑞，今当验矣。汝可间行从之，共图大计。"于是王岳就前往信都，高欢见到他后很高兴。后高欢果然成了北齐开国之君，王岳也因功封清河王。

此处，占卦的人用《乾》卦九五爻的爻辞"飞龙在天，利见大人"来预测将要发生的事情。其实，爻辞是西周初年整理《易经》的人将前人累积的断占之辞系属在对应的爻象下，这些爻辞的意义并没有也不可能完全与后人所筮算的事情一一对应。但因为爻辞的意义与其所处的位置有直接的联系，所以其意义还是有着某种确定性。因此有时后人通过爻辞来解释占筮的事情，也往往能准确应验。当然，这种偶然和巧合的情况并不能说明《易经》有着难以捉摸的神奇性，相反，它正好说明《易经》通过爻象的位置来系属辞义的方法是符合客观事物的规律性的。

二

明朝永乐年间，有一个叫胡浚的人，曾经与朋友袁杞山一起通过筮卦帮朝臣姚一山找到丢失的金杯，后来姚一山感念此事，将二人推荐给了永乐帝朱棣。袁杞山称病未行，胡浚一人应诏至京。他在朝中占验事情，无不应验如神，于是永乐帝就赐胡浚名叫胡㲀（yūn），又授职为钦天监刻漏博士。

永乐帝新造了一所大殿，命胡㲀卜其吉凶。胡㲀筮得某月某日的午时大殿会被烧毁。永乐帝听后大怒，将他关押起来以等待是否应验。

到了那一天，他请狱卒察看情况，狱卒回来说："午时已过，没有起火。"胡濙听后怕受责问斩，就服毒自杀了。结果时至午时三刻时，大殿果然起火被焚。永乐帝为胡濙的死深深感到惋惜，就赐驿站驰送遗体归葬。

当初，永乐帝诏命胡、袁二人进京做官时，袁杞山为胡濙卜筮吉凶，筮得《乾》卦之五爻动而有变。袁杞山推断说："五爻在君王之位，升官之阳爻应在四爻，你的命应该在九四爻（按纳支法，九四为午），你进京做官，难道还会得到皇上恩赐你名字的好事吗？"胡濙说："我所处的位置在壬午（九四纳甲为壬，纳支在午），壬为水，午为火，子午相冲，果真有赐名的幸运，这个名字一定会带个'氵'旁。"袁杞山说："不仅如此，四爻有'渊'（《乾》卦的九四爻辞为'或跃在渊，无咎'），值升阳之时，有五爻动，五居四'或跃在渊'之上，如果皇上给你赐名，那个字可能会是'渊'上加一个'大'字吧？以草莽之臣登列九五之尊位，最终也不是什么吉利的事。五爻为火（甲、壬化合为丁火），遇火之时，就可能有危险。"后来，袁杞山听到果然赐名为"濙"，大笑说："果然应验，看来，胡濙的死期不远了！"结果，胡濙因为筮算大火焚殿之事而自杀身亡。从胡、杞二人的筮算与推理的过程来看，他们是用了卦爻辞、京房六爻及五行之术，筮算周密严谨，其中的道理也多与经义合。

胡、袁二人推测吉凶的过程所运用的主要是普遍联系的观点和方法。比如，他们二人均十分娴熟地运用了汉朝易学家京房发明的"纳甲法"。这种方法的根本原理，就是以普遍联系的世界观和方法论，将自然界的联系推演到社会人生的伦理亲情。自然界的联系是通过五行的相生相克产生的，推及社会人生，就产生了"六亲"，即以自己为中心而产生的父母、兄弟、子孙、妻财、官鬼等关系。"六亲不认"的成语就渊源于此。从根本上讲，京房发明的"纳甲法"，还是根源于《系辞传》所言"推天道以明人事"的原理，其实就是《易经》蕴涵的哲学意义运用于实践的方法。因为这种方法能够运用普遍联系的观点，就使得它在具体的演算过程中运用到逻辑推理和辩证思维的原理，在推测吉凶悔吝方面有神奇的精确性，具有社会意义和实践价值，所以"纳甲法"自发明后，就一直在民间一直广泛流传、应用，并深为后世易学家所推崇。

三

明朝时，安邑有个叫仝寅的人，十二岁那年双目失明，于是就拜师学京房六爻之法，为人占筮祸福吉凶之事都很灵验，他的父亲仝清在出游大同时就带他一同前往。当时在边塞戍边的参将很相信仝寅算的卦，每当心有疑问之事，就到仝寅那里咨询。明英宗被鞑靼俘虏，身陷北方，参将就遣使问仝寅英宗何时能回来。仝寅筮得《乾》☰初爻动，就说："大吉。四爻是初爻的应爻，按照爻辞的意义来看，初爻是'潜龙勿用'，四爻是'或跃在渊'，明年是庚午年，'午'正值九四'或跃在渊'的时候，'庚'有更新的意思。《乾》有真龙之象。龙每年会有一次腾跃。从卦象来看，时到秋季，龙有一'潜'一'跃'，因此明年仲秋时分，皇上御驾必然回归。但是初九的爻辞是'勿用'，所应之爻为九四，九四的爻辞是'跃于渊'，因此，他即使是回来也会失去君王之位。乾象龙，数为九，四爻临近五爻，也就是说，'跃于渊'临近于'飞龙在天'，此时的龙就像丑时（农历十二月，《乾》初爻动而有变，变则为巽，巽卦的纳支为丑）的龙，丑所对应的太岁名为'赤奋若'（简称'赤奋'）。午为火，火的颜色是赤色，处在应爻的九四之龙振起于丑时，若能顺此而来，那真可谓是'天顺'其事。丑年的天干为'丁'，'丁'的五行为火，象征着'大明'（明朝的国号）之象。南方为火。九二的纳支为寅，寅为木，木生火，初九所应的爻位在九四，九四的纳支为午，午在王位，九四的纳甲为壬，丁壬化合为火，到了丁丑年寅月午日时，其五行合于'丁壬化合'之情。若要复辟帝王之位，应在丁丑年寅月午日。"后来，仝寅所推演的情况全部应验，英宗就是在庚午年返回中国，又于丁丑年寅月午日复辟帝位，更为神奇的是，英宗复辟后用的年号就是"天顺"。

顺势而为的心性与厚德载物的心量

坤

第二卦

元，亨，利牝马之贞。君子有攸往，先迷；后得主，利。西南得朋，东北丧朋。安贞吉。

《坤》卦象征着大地：美好的事物从此开始，君子的德行像天地一样亨通交流，纯阴的卦象有利于牝马的行动。君子要有所交往，走在前面容易迷失方向；跟在后面走，就会得到有德有才的领导。有利于往西南前行，可以得到朋友；若向东北方向前行，就会失去朋友。安分守正就会吉利。

《坤》，卦名，坤下☷坤上☷，象征着大地、母亲、大车、牝马、牛等物象和顺从的品格。牝马，母马。《集解》引干宝注曰："行天者莫若龙，行地者莫若马；故《乾》以龙系，《坤》以马象也。"龙行天上为阳，马行在地为阴。攸往，所往之地。坤为阴，应随人后而行，不宜抢先而行，若抢先则有迷路之失，若随后则有得主之喜，故有利。《坤》卦位于西南，六爻皆阴，同类为朋，以阴居阴，故曰"得朋"；《坤》卦相对的卦象为东北《艮》☶，六阴爻变出两阳爻，余有四阴爻，故曰"丧朋"。

初六，履霜，坚冰至。

初六，踩着寒霜时，就应该想到严冬的坚冰将要来临。

初六爻辞以描述性的情景说明了人们常常经历或体验过的事情：当我们在深秋时节踩着凛冽的寒霜时，往往会不由自主地想到，滴水成冰的寒冷冬季即将来临。这种景象说的是天气，但它也带给人们智慧的启迪。

春秋初期，晋国在献公去世到文公重耳继位之间的二十多年，曾经历过一场大内乱。这场内乱的起因是晋献公宠信骊姬。此女本是晋国与骊戎之战时获得的战利品，她貌若天仙，妖同妲己，诡计百出。晋献公自得到骊姬后，整日形影不离，宠信无比。不久，骊姬为献公生下一子，名叫奚齐。晋献公想立骊姬为夫人，遭到很多大臣的反对。晋献公就此事令卜偃、史苏进行占卜。卜筮的结果都是凶兆。史苏还将骊姬比做苏妲己，用"履霜坚冰至"的《易》理，劝献公防微杜渐。但晋献公根本听不进去，硬是把骊姬立为夫人。此后骊姬日夜在献公面前进谗言，最终用毒计害死了太子申生，并使公子重耳、夷吾流亡国外，把晋国搅得昏天黑地，直到重耳重返晋国执掌政权，骊姬给晋国造成的祸乱才完全结束。从史苏的劝谏以及整个事件的演变来看，"履霜坚冰至"应该是《坤》卦警世之言，由此也启示我们"君子见几"，往往能于"风起于青萍之末"时的细小微妙征兆而见微知著，未雨绸缪，防患于未然。

六二，直方大，不习无不利。

六二，《坤》象征的大地是正直的、方形的、广大的，不经常翻动就无所不利。

习：《说文》："习，鸟数飞也。"从本义讲，习，就是鸟飞来飞去的样子。从鸟"数飞",引申出反复多次地学习、演习的意义。

自古以来,易学大家多从朱熹之说,以为六二有"直方大"的道德,即使不学习,也无所不利。这种解释是勉强的。首先,这里"直"可以引申并比喻成德性,但"易者,象也",从根本上讲,《易》并不是一本书,也没有什么文字,只是由六十四卦的卦画创造出的一种以象征比喻的方式而联想丰富的以通神明之德、以类万物之情的思想方法。就《坤》之六二而言,六二在坤象之中,坤为地,古人以为"天圆地方",地是"方"的,"方"则"直",既"方"且"直",当然就"正"了。天既然是"圆"的,就能运转;地既然是"直方正大"的,则不能转动。那么按"有土则有国,有国则有君"的道理,坤既为大地之象,怎么可以动来动去呢?正如《老子》所言"治大国若烹小鲜","小鲜",就是小鱼,烹小鱼翻来翻去,就烂在锅里了。治国也是这样,应该清静无为,与民休息,垂拱而治,不可扰民。

六三,含章可贞,或从王事,无成有终。

六三,怀抱着文章焕然的才能,就有利跟从君王做大事,如果有所成就,不把成就归功于自己,才能得到善终。

含章:包含美质。章,美。成:成功。终:事情的发展有好的结果。

六三用白话讲,就是说胸怀锦绣文章大才的贤士,可以随从君王去建功立业,可是成就功业之后,就不应该把这些成就当成自己的功劳,这样,才能使自己得到"善终"。

六四,括囊,无咎无誉。

六四,做人要像扎紧大布袋一样,这样才能没有过错,也没有美誉。

括囊：扎紧口袋。括，结扎，捆束。

按《说卦传》，坤有布象，又有囊形。如果我们把六四放在六等分中看，那么，此处正是我们常常扎住口袋的位置。六四就是用这个比喻来说明，紧临于"黄裳"之君的六四，也是伴君如伴虎，既然如此，就应该谨言慎行，像扎住口袋那样，闭口不言，以防止言语招祸。

在《三国演义》里，有一个叫司马德操的隐士，号为水镜先生，其长相是松形鹤骨，器宇非凡。这位司马德操有济世之才，被有识之士视为奇士。但他眼见汉末战乱，他居住的荆州又在刘表的统治下，刘表为人性格阴暗，嫉贤妒能，为避其害，他就假装成一个好好先生，凡有人问他某人某事如何时，他总是回答："好！好！"当时刘表手下有人向刘表推荐司马德操，希望刘表能够重用。刘表听后，乔装成布衣去见司马德操，问了许多话，只得到一个字的答复"好"。刘表回来气愤地对那人讲："人们所说的都是虚妄不实的话，这人只是一个小书生而已，他的见识和普通人一样。"就这样，司马德操免除了刘表对他的疑忌，无咎无誉地安隐于荆州。当然，最后刘备还是在水镜先生指点下，找到伏龙、凤雏扶助而建立蜀汉，形成三国鼎立之势。《易经》说"括囊无咎"，就是警诫世人要像扎紧布袋一样闭口不言才不会有什么过错。《论语》讲"君子欲讷于言而敏于行"，慎言是儒家反复强调的做人道理;《老子》也讲"多言数穷"，数，指命运、命数，这句话的意思是说，多说话的人命就穷苦。

六五，黄裳，元吉。

六五，穿着柔和的黄色下衣，大有吉利。

裳（cháng）：古代称下身穿的衣裙，男女皆服。

六五在坤中，坤为土，按五行之色，土为黄色，色附于物，故曰

"黄裳"，因以六五谦居尊位，故曰"元吉"。

《左传》里有这样一个故事，鲁昭公十二年（前530），鲁国权贵季孙氏的家臣南蒯因为在季孙氏家里得不到礼遇，心存叛逆并为此占卜，筮得《坤》卦变为《比》䷇卦，卦辞说，"黄裳元吉"。南蒯认为是大吉大利，就把结果展示给子服惠伯，并说："我想起事，你看怎么样？"惠伯说："我对《易》还是有些研究的，如果是忠信的事情就可以符合卦辞的预测，不然，就必定失败。外表强盛内部温顺，这是忠诚，用和顺来实行占卜，这是信用，所以说'黄裳元吉'。黄，是中和的颜色。裳，是下身的服饰。元，是善美的第一位。内心不忠诚，就和颜色不相符合。《易》不能用来预测危害险恶的事情，卦辞虽然吉利，未必能行。"南蒯将要到费地反叛，临行前他请乡里的人喝酒。乡里有人唱歌说："我有一块菜地，却生长了杞木啊！跟我走的是美男子啊！不跟我走的是鄙陋的人啊！背弃亲人可耻啊！算了吧！算了吧！不是我们一伙的人士啊！"最后南蒯的反叛以失败逃亡而告终。

上六，龙战于野，其血玄黄。

上六，龙在田野交战，流了很多的血。

玄：赤黑色。

按《说卦传》，坤象在类象动物时，有牛象，并无龙象，那么这里"龙"是从何而来的？坤为众阴之象，六爻皆阴，按时令，阴盛之极时为亥，即现今的农历十月，亥在十二地支里所处的位置在"后天八卦"的乾卦处，乾有龙象，阴盛且居于乾卦之处，故有"龙战"的形势。野，因《说卦传》有"乾为野"之说，亥阴居在乾位，故曰"龙战于野"。那么"其血玄黄"之象又是怎么来的呢？既有"战"，则有"血"，更何况是"龙战"，以阴极对战阳极，则其血染成"玄黄"。更深层的理解是，坤为地、为土，土地为黄色。按十二地支的次序，亥下来就是壬子，壬子对应坎象，坎为水，水为玄黑之色，水又类象血，故曰"其血玄黄"。

用六，利永贞。

用六，如果六个阴爻全变成阳爻，就有永远的吉利。

"用六"义与《乾》卦"用九"相对。在筮法中，凡筮得阴爻，或为"六"，或为"八"，其"六"为可变之数，"八"为不可变之数。据筮法之原则，用"六"不用"八"。若筮后六爻皆"八"，则以卦辞断事，若筮后六爻皆六，则以"用六"之爻辞为占（参《乾》之用九）。《坤》之"用六"为极柔至变之时，且《坤》为臣道，柔为本分，以柔顺为正则有利于持久。

【解读】

《坤》与《乾》同为"天地之门户"，是以纯阴来象征"含弘光大"的大地和"德合无疆"的内涵。如果说《乾》的卦象是以"刚健中正"的纯粹来张扬"自强不息"的君子之行，那么，《坤》的卦象则以"柔顺利贞"的宁静来表彰"厚德载物"的君子之美。《坤》的重要意义体现在两个方面，一是"厚德"，二是"顺应"。

《坤》之卦辞，概括起来，反映着作为纯阴之卦的《坤》具有两种特征：一是先行则迷，二是后顺则吉。天化育万物，地生载万物。天地相配，阴阳相合而生育万物，乾坤有相合之理，阴阳有相合之情。《乾》以强健为德，《坤》以阴柔为美。《坤》为阴，象征着臣道、妻道，要有随顺安分的守正之心，不能抢先冒进。

由《坤》卦总结出的智慧：我们崇尚厚德载物的品格；我们敬重

"至静德方"的贤良女子；我们从"括囊无咎"中懂得谨言慎行的道理；我们从"黄裳元吉"中学会"敬直方外、黄中通理、正位居体"的体面；我们从《坤》中悟得"积善之家必有余庆，积不善之家必有余殃"的处世之道；我们从《坤》卦里明白了"先迷失道，后顺得常"的天道；我们从"龙战于野、天玄地黄"里看到了宏大壮丽的天地。

《说卦传》里说"坤为地"，《彖传》根据"坤为地"的特征，也大加发挥地说："至哉坤元，万物资生，乃顺承天，坤厚载物，德合无疆。含弘光大，品物咸亨。牝马地类，行地无疆，柔顺利贞。君子攸行，先迷失道，后顺得常。西南得朋，乃与类行。东北丧朋，乃终有庆。安贞之吉，应地无疆。"这段话用现代汉语讲，就是："美德至厚的大地啊！万物的滋生依赖您，您顺承天道，厚实的土地上承载着万物，天地相合，阴阳相生的德性广大无边。您含育一切生命并使之发扬光大，使万物都能亨通和顺。牝马是地上的生物，它能在无边无际的大地上驰骋，以柔顺的性情安分守正。君子若争先前行则易于迷失正道，若能随顺人后，就会走上正道。向西南方向前行，就会得到朋友，并且可以与朋友共赴前程。若向东北方向前进，则会失去朋友，但最终还是会吉祥福庆。安分守正的吉祥，应合着大地的美德而向无边无际的远方展开。"

"厚德"是从大地顺承天道和厚载万物中养成的品德。西方的哲学观认为"物竞天择，适者生存"，这种哲学观遵循的生存之道是通过"竞争"保持与天地之道的"适应"。与之相反的是，中国古人从《易经》的《坤》卦悟出的生存之道则是"顺天者存，逆天者亡"，也就是说，不是通过"竞争"实现"适应"，而是通过"顺天"（顺应天道自然）达到生存。就物种演变与进化历史来看，世间万物凡是不能顺应天道，即不能顺应自然规律的，即使是"竞争"了，也要走向灭亡，比如地球上有些竞争力非常强的物种如剑齿虎、猛犸象已经早早离开了我们，甚至在人类来到这个地球之前就已经消失得无影无踪了；反之，能够顺应"天道"，也就同时具有了竞争力，因而能够生存长久。

关键在《坤》象中，我们看到君子的美德是由表及里地得到体现。这体现在初六的爻辞中，主要启发人们要"驯致其道"，"驯"，通"顺"。在以单音词为主的古汉语里，"顺利"就是"顺"和"利"。因此可知"顺"是"利"的前提，只有顺从、顺应"其道"，才能达到"利"的境界。体现在六二爻辞上，就是以"直方大"的地象来修养"正直方大"的君子之德。正如《论语》所言"德不孤，必有邻"，美德不仅本身代表着力量，而且它还会聚集更多的力量。养成并聚集了道德之后，就会有所行动，故《坤》六三以"含章"之美德、善才而"从王事"。六四的可贵之处就在于虽有所"成"，却不自恃其"成"，因而能善始善终。《老子》云"天得一而清，地得一而宁"，地象的道德不仅在于她的"含弘光大"与"厚德载物"，还在于她有安宁沉静的、如月光一样温柔静美的仪态。顺至《坤》六四之"括囊无咎"，其内敛矜持的意蕴里，仿佛能将一颗躁动的心沉浸在那静谧柔美的月光里。至于六五的"黄裳元吉"则使历代封建帝王将"黄裳"霸占为他们的专利。但是，真正的"黄裳"并不是穿着于他们外体的服饰，而是《象传》之所言"文在中"的敦厚之德与内美之质。至于上六的"其血玄黄"，在揭示阴极而"战"的惨烈与悲壮时，更多地启示人们，物不可极，极则生变，而且这种"变"是本象之中的变化，因而是一种异化的逆变，必然没有好的结果。故《乾》"亢"则有"悔"，《坤》"极"就流"血"。

总而言之,《坤》道,即"地道,妻道,臣道"。她有安静顺从的品行,她有正直方大的仪态,她有含弘内敛的心性,她有含弘光大的"厚德",正因为如此,她能将"黄中通理,正位居体"内美之质"畅于四支,发于事业",因而她就当之无愧地成为六十四卦中唯一称得上"美之至"的卦象。

【案例】

一

长孙氏嫁给李世民三天后回门时,她舅舅高士廉的一个妾见到二丈长的天马立在后舍。这个妾大为惊惧,就占了一卦,占得《坤》☷变为《泰》☷。占卜的人解释说:"坤为大地,顺承天道,承载着万物,象征着性情柔顺的王后;马是地上的动物,与地为同类。《坤》变为《泰》,是天地相交、万物通泰,其卦象下卦为乾,上卦为坤,天上地下,各得其宜。《泰》卦的二至四互为兑,三至五互为震,上下形成《归妹》卦,《归妹》的卦象就象征着女子出嫁归宁之事。《坤》与《泰》都是六五在中,象征女性处在尊贵的位置,所以从卦中可以看出皇后之德、后妃之象。"后来李世民成了唐太宗,长孙氏也做了皇后,就是以贤德著名的长孙文德皇后。

二

梁朝中大同年间,同泰寺发生灾异。梁武帝召令太史找虞履筮算吉凶,筮得《坤》初六、六二、六四、六五、上六皆动而有变,变成《履》☰卦。虞履推断曰"无害",因为《坤》卦的卦辞说"西南得朋,东北丧朋,安贞吉",《坤》卦的《文言传》说"东北丧朋,乃终有庆"。

梁武帝听后说:"这是个妖魔啊! 为什么这样说呢? 因为世爻'酉'之
应爻为'卯'(《坤》世爻在上六,其纳支为'酉',应爻在六三,六三
的纳支为'卯'),金来克木(酉,五行属金,卯,五行属木),卯在
六爻中为官鬼,其所属五行'木',又克着本宫属性(土),所以说,
'卯'就是阴邪之贼,位在'官鬼',又贼害本宫,不是'妖魔',又
是什么呢?"虞履的筮算是从卦爻辞而推演吉凶的,而梁武帝则是用
京房六爻来推断情况。就史书的记载而言,梁武帝后来死于"侯景之
乱",人们多认为是应了同泰寺的灾异。

三

据《遇变纪略》记载:闯王李自成登基遭遇不顺,徐世芬(一说
聋道人)筮得《坤》变为《剥》䷖。徐世芬说:坤象为阴,实属为臣
之道。上六动,上六的爻辞是"龙战于野,其血玄黄",看起来,兵战
之事还不能结束。其《象传》也说"东北丧朋",而吴三桂正在请求清
兵入山海关为敌。如此看来,应该不要急于登基称帝。

按徐世芬的推断,闯王不宜登基的原因有三:一是闯王本意为君,
而筮得一个恭守臣道的卦。二是卦辞已经说明闯王有"东北丧朋"之
事。按当时的形势,吴三桂正在东北扼守山海关。对于闯王而言,吴
三桂既可为朋,也可为敌。因为闯王没有处理好与吴三桂之间的关系,
因而使其引领清兵入关,攻打闯王。这正应验"东北丧朋"之事。三
是《坤》之上六动,其上六爻辞曰:"龙战于野,其血玄黄。"这意味
天下没有彻底平定,战争仍然存在,所以登基的时机尚未成熟。

多难兴邦的抱负与经天纬地的才能

屯

第三卦

元亨，利贞。勿用有攸往。利建侯。

《屯》卦象征着艰难：大有亨通，有利于占测之事。不要出门远行。有利于建国封侯的大事。

《屯（zhūn）》，卦名，震下☳坎上☵，震为动，坎为险，动而遇险。《说文》曰："屯，难也，像竹木之初生，屯然有难。"所以，"屯"从字形到卦象都象征万物出生的艰难。《屯》下震为雷，为动；上坎为水，为险。雷动于坎险之中，既象征着刚柔始交、万物初生的景象，又象征着天造草昧、忧患难安的形势。故《易》以《乾》《坤》开篇之后，就以《屯》来阐释万物初生的道理，并以"元亨，利贞"来总说卦情，以"刚柔始交而难生"来说明生物之初的艰难卓绝。

初九，磐桓，利居贞，利建侯。

初九，来来去去徘徊不前，有利于居家不出，有利于建国封侯。

磐桓：徘徊，逗留。

初九虽当位且上应六四，然六四在坎险之中，应在坎险，不如不应；且三至五互有艮，艮为止，震动而有"止"，就有了盘桓不前的情况。在这种情况下，就有利于"居贞"不出。但是，初九的"居贞"不出，不是什么事也不做，而是有利于建国立侯。因为初九为下震之主，震为长子。对于君主而言，长子承担着建国立侯的大业。按古代宗法礼制，"立適以长不以贤，立子以贵不以长"。孔子说"父母在，不远游，游必有方"，就是对长子而言的。秦始皇的长子扶苏仁厚有德，被秦始皇派到边界修长城，留下昏庸无能的小儿子胡亥，结果秦始皇死后，本来应该继承皇位的扶苏却被排斥在外，胡亥继位害死了扶苏，也害死了自己，灭亡了秦国。对于常人而言，长子承担着奉亲养家的大事。就以巴金的作品《家》的三个主人公而言，长子觉新屈伏在家，忍辱负重，任劳任怨，而老二觉民和老三觉慧却跑出去逍遥自由。老舍《四世同堂》里的长子祁瑞宣也是这样。

六二，屯如邅如，乘马班如。匪寇婚媾，女子贞不字，十年乃字。

六二，有一群人马艰难地逡巡不进，驾乘的马也徘徊不前。他们不是来抢劫的，他们是为婚姻之事的，女子占测吉凶，卦象显示的结果是不能怀孕，要怀孕还要等十年之久。

屯：艰难，困顿。邅（zhān）：难行不进。班：通"盘"，盘旋。匪：同"非"。婚媾（gòu）：婚姻，嫁娶。字：怀孕，生育。

六二在震中，当位居正，震为马、为动，动而上应九五，然应在险象之中，又为互艮所止。犹如一群"屯邅"纷纭的马队，他们不是匪寇，而是来求婚的人。但因为六二既阻截于山（艮为山），又忧虑前有险情，以至于女子婚而"不字"。《说文》曰："字，乳也。"不字，就是不孕。过去一些学者解释"字"为婚嫁。但是既然前面已经"婚媾"，怎么可以又出现"不婚"。按逻辑推，有婚而无字，即婚后无孕。"十年乃字"，就是指十年以后才得以怀孕。六二所遇到的难堪与困难，一方面与他所处的位置有关，另一方面又与他处理外部环境的方法有关。从其所处的位置来看，六二有两个方面的优势：一是当位居中，二是动有所应。从其处理外部环境的方法来看，六二有三个方面的不足：一是它位居阳爻之上，这就是所谓的"以阴乘刚"。当然，对于今天的人而言，这个理由显然是站不住脚的。二是六二在上应九五的过程中受到互艮的阻碍。三是它所应的对象在坎险之中。但最终六二还是得到了比较满意的结果，主要原因在于六二的根子是正的，即当位居中，上应九五。

六三，即鹿无虞，惟入于林中，君子几，不如舍。往吝。

六三，追捕鹿的人因为没有虞官的引导，眼看着鹿逃入林中，君子与其紧随其后，不如舍弃，再前往就会发生悔恨之事。

即：寻求，追寻。虞：古代掌管山林川泽的官员。几：近，求取。

六三在互艮之下，按《说卦传》，艮为狗，类如鹿，上临坎象，坎为棘，荆棘如林，六三在追赶野鹿的时候，没有虞官做向导，又遇到险情，即使是快要赶上了，也要停止，因为有时胜利的果实与危机灾难是混在一起的。君子应当珍爱生命而不应该侥幸犯险。《系辞传》里讲"君子居易以俟命，小人行险以侥幸"，说的就是这种情况。唐朝诗人白居易就是按这个意思取的名字。

六四，乘马班如，求婚媾。往吉，无不利。

六四，乘马的人徘徊不前，他们想来求取婚姻之事。如果前行是吉利的，没有不利的事发生。

六四以阴居阴，当位有应。因其位在震上，震为马，中间隔着三个阴爻，所以有"乘马班如"之象。上临九五之阳，应在初九之阳，所以有"求婚"之情。以阴应阳，所以"往吉，无不利"。

九五，屯其膏。小，贞吉；大，贞凶。

九五，天晦地暗阴雨天气，如果小雨，占测是吉利的；如果下大雨，占测是凶险的。

膏：润泽，滋润。

九五当位坎中，水中有云雷之象，云行雨施，有盛雨之貌。但在万物初生之时，小雨则吉，会膏泽万物，大雨则凶。《屯》于时节应在春季，春雷震而雨水动，春雨膏泽万物时，宜小不宜大，如杜诗《春夜喜雨》："好雨知时节，当春乃发生。随风潜入夜，润物细无声。"前人解说此卦，有人将"小，贞吉；大，贞凶"解释为做小事则吉利，做大事则无利；也有人解释为蓄物小则吉，蓄物大则凶；此皆为忘乎卦象之说。试想，既然卦辞已经说"元亨"和"利建侯"，又怎么说"小事吉"呢？再说，蓄物小则吉又怎么符合"利建侯"的卦象？

上六，乘马班如，泣血涟如。

上六，一群乘马的人徘徊不前，泪血不断地流着。

上六以阴居阴，本为当位之象，然下应六三，六三失位无应，犹如危急困厄时无人相救，徒居坎险之极，故有泣血之悲。坎为血卦，流血如流泪之状，其悲痛之心，难以言表，显然不是吉兆。

【解读】

一般而言，筮得《屯》，其基本情况是利于内建诸侯，而不利于外有所往。但是需要特别注意的是，这里的"勿用有攸往"，不是不行动、不走动，而是不要有交往的意思，为什么呢？一卦有一卦之主，《屯》卦的卦主就是初九，而不是高居中正的九五。因为九五虽然也和初九一样是阳爻，可是它陷于众阴坎险之中，唯初九居于震卦之初，有雷动的威力和上升的形势。也正因为如此，卦辞里的最为关键的"利建侯"就应在初九的爻辞上，即"磐桓，利居贞，利建侯"。那么为什么要"磐桓"呢？因为《屯》上为坎，坎为险，遇险而不冒险，就要"磐桓"而等待时机。

综观《屯》象，通体多难。但是，"艰难困苦，玉汝于成"，当《屯》象显示给人们以重重困难时，也就同时赋予人们"多难兴邦"的气概与意志。有时人生难免有如李洞《长安县厅》那样"主人寂寞客屯邅，愁绝终南满案前"的苦难，但更多的是我们需要有赵朴初《读朱德委员长泸州诗敬作》"平生报国意拳拳，千回百折遭屯邅"的信念。对于君子而言，困难面前不仅锻炼了排除万难的决心，同时也培养出克服困难、治国执政、经纶天地的才能和智慧。诚如《周易本义》所言："屯难之世，君子有为之时也。"由此来看，《屯》既兆示着困难，也传达着希望，并启示着天下的君子奋发有为。

【案例】

春秋时期，卫襄公宠幸的女人婤姶（zhōu è）生有一子，名叫孟絷（zhí），孟絷一生下来就患有足疾，即现在医学所称的"小儿麻痹症"。后来，卫襄公又生了一个儿子。当初，孔成子梦见卫国的始祖康叔对他说："立元为君。"史朝也做了同样的梦，两个人做的梦一模一样，所以就给卫襄公生的第二个儿子取名为"元"。孔成子用《易》占筮此事时说："希望立元为卫国国君，主持社稷国政，不知吉凶如何？"筮得《屯》，又祷告上天和先祖的灵位说："我希望立孟絷为君，希望能够吉祥。"结果筮得《屯》动而变为《比》☷。他将筮得的卦象让史朝看。史朝说："《屯》卦的卦辞上说'元亨'，又有什么可怀疑的呢?"孔成子又问:"难道不是说的长子孟絷吗?"史朝回答说:"康叔所谓的'元',不是指'长子',而是指'元者,善之长者也'的'元'。孟絷不是康叔所指的人。因为按照礼规,一个跛行的人是不能立于宗庙之上的,也不能称之为'长'。况且《屯》卦的卦辞说:'利建侯。'如果说按照长幼之序继承君位,哪还有什么'建立'的意思呢?'建立'的意思就不是'继承'。你所占筮的二卦都是这样说的,你还是按照卦辞的意义立元为君吧! 一则这是康叔的命令,二则卦辞也说得明明白白,筮算的结果与梦中康叔所言相合,武王就是遵从这种规则做事的,你不遵从这些,又意欲何为呢? 足有疾病的人有利于居住在家,这正是你占的《屯》之初九的爻辞'磐桓,利居贞'的意思,诸侯的职责是主持社稷,祭祀天地、祖宗,管理人民,参与诸侯间的盟会,还要朝见天子,承担这么多的政务,又怎么能居住在家呢? 让有利于居住在家的住在家里,让有利于建国为侯的为君掌握国政,各从其所利之事,不也是可以的吗?"

"果行育德"的教育方针与"蒙以养正"的教学意义

蒙

第四卦

亨。匪我求童蒙，童蒙求我。初筮告，再三渎，渎则不告。利贞。

《蒙》卦象征着启蒙：亨通。不是我求着要教童蒙，理应是童蒙来向我求学。一开始筮算吉凶，就告诉他结果，如果再三就一件事问来问去，就是亵渎，亵渎了，就不会再告诉他结果。做事占测一下未来的吉凶，总是一件有利的事。

《蒙》，卦名，坎下☵艮上☶，象征着启蒙。蒙，本义为"幼小"。《说文》曰："蒙，细小貌。"对人而言，细小即幼小，就意味着蒙昧，即"童蒙"。故《蒙》卦就与人的教育有关，教育"幼小者"就是启蒙，卦象有延师求教之义，故曰"童蒙求我"。《蒙》之《象传》以"山下出泉"来概括《蒙》象，但是从另一角度来看，我们又可以将它解释为"山下有险"。又按《说卦传》，艮为门阙、为宫室，还可以描绘成一种流水环绕着的房子，古人按此情景建立学宫，并名之为"泮（pàn）宫"。孔子曰"仁者乐山，智者乐水"，作为周代学宫的"泮宫"，实际上就是"乐山"与"乐水"的校园情景。在此意义上继续推衍，我们还可以从《蒙》卦中找到学生（艮为少男）与老师（坎水为师）的关系：九二为授教的"师"，六五为受教的"童蒙"。一"蒙"再"蒙"就是蒙昧；一"昧"再"昧"就是愚昧。孔子说："生而知之者，上也；学而知之者，次也；困而学之，又其次也；困而不学，民斯为下矣。"如此，我们就不难理解"果行育德"的教育意义是从何而来，不难理解"蒙以养正"的"圣功"是从何而出。

初六，发蒙，利用刑人，用说桎梏，以往吝。

初六，启发蒙昧，有利于受刑之人，脱去桎梏，否则用蒙昧的心性前行就会遭遇到困难与悔恨。

说（tuō）：通"脱"，解脱，免除。桎梏（zhì gù）：刑具。脚镣手铐。

这里需要弄清楚：初六为什么是"刑人"？"桎梏"之象又从何而来？初六失位于坎，按《说卦传》，坎为荆棘；上卦为艮，艮为手；手在上，荆棘在下，手握荆棘，不就是"刑人"吗？再看"桎梏"，按《说卦传》，荆棘类如刑具，艮为结纽，类如锁，不就是"桎梏"吗？初六在坎，坎为水、为险、为陷，前遇险陷，故曰"往吝"。

九二，包蒙，吉。纳妇，吉。子克家。

九二，有众阴蒙昧将其围在其中，行使教育之责，这是吉利的。娶妻子也是吉利的。因为他已经能够治理家事。

克家：能执掌管理家政。克，能够，胜任。

九二爻上下皆为阴爻，尤其是九二的上面的三至五互为坤，按《说卦传》，坤有布象，故爻辞即为"包蒙"。二爻当位为阴，失位为阳，二爻既然失位为九二，为什么爻辞是吉利的，而且还可以有"纳妇"之吉与"克家"之能呢？这是因为，九二虽失位于《蒙》，却当位于互震（二至四互为震），震为长子，长子本来就有执国守家的职责。九二象征着长子，已经有能力治理家政，自然应当"纳妇"娶妻，故曰"吉利"。

六三，勿用取女，见金夫，不有躬。无攸利。

六三，不宜娶这个女子为妻，因为当见到好男子，就不顾礼节来接近他，所以娶她为妻是很不利的。

金夫：对男子的美称。

三爻本应是阳爻，却失位成六三，失位不正，则有不吉之辞。其所以有娶女之事，这个"女"不是指六三，因为一则既为"娶"，没有自己娶自己的。二则六三失位，二至四互为震，震为长子，长子失位，还要"娶女"，则劝其"勿娶"。那么，"女"从何来呢？一则六三失位不正，六三动变为九三，下卦为巽，巽为长女；二则六三以阴居阳，失位于阴，阴女阳男，故应着女子之象了。六三上应上爻，上九失位不正，女不"正"，故曰"不有躬"，"躬"则有礼，"不躬"即无礼而娶之，则不吉。

中国向来就有"娶妻不贤毁三代"的说法，"战国四公子"之一的楚国春申君黄歇就因为娶了不该娶的女人而送了性命。当时赵国有个叫李园的人，因自己没有办法得到富贵，就在自己妹妹身上打起了主意。他的妹妹长得妖娆妍丽，妩媚动人，可惜，她的心和哥哥一样的奸邪，两人设计通过各种关系攀缘上了声名显赫的春申君。李园的妹妹得到春申君宠爱并怀孕，她马上把这一消息告诉了哥哥，于是二人又谋划了一个更大的阴谋。此时楚王正因无子而发愁，李园的妹妹就蛊惑春申君让自己入侍楚王。入宫才八个月，李女就生下了一个健壮的男婴，楚王高兴自己晚年得子，立即将这个男婴立为太子。春申君暗自庆幸楚国的天下将为他们父子所有，可是实现阴谋的李园兄妹怕事情败露，就密谋害死了春申君。

六四，困蒙，吝。

六四，困于蒙昧之中，情况非常艰难。

相对而言，六四的爻象与爻辞比较简单明了。六四虽然当位，但是下与初爻相应。初与四相应，一般而言，初爻既然是"吝"，六四也就是"吝"。加之六四距离九二远，故六四的《象传》说它的"吝"是因为它的"独远实也"。

六五，童蒙，吉。

六五，幼童受到教育，这件事是很吉利的。

按"世应"规则，二与五应，所以，既然九二是吉利的，那么与之相应的"六五"也是吉利的。不过，六五指的是"童蒙"，这里"童"又是从哪来的呢？六五在艮，按《说卦传》，艮为少男，少男不就是"童"吗？那么，六五是失位的，又怎么能"吉"呢？一则六五居中，二则以阴居阳，也是谦恭逊让之德。正如六五之《象传》所言"童蒙之吉，顺以巽也"。《蒙》卦的重要性就在于它以形象生动的卦象说明教育是脱离愚昧、克服困难的力量，而学习的态度本身就是学习，而且它比学问更重要。

三国时候的吕蒙只知带兵打仗，不喜欢读书，也因此东吴名士鲁肃给他取了个"吴下阿蒙"的绰号。吕蒙不仅不以为然，而且还以为不读书也照样能冲锋陷阵。孙权劝他读书，他托词说军务繁忙，孙权说："难道我是要你成为博学多才的大儒吗？只是你既然掌管这么重要的军务，应当粗略读书明理，了解历史吧？再说，你说军中事务繁多，能比得上我多么？我经常读书，自认为有很大的好处。"从此，吕蒙开始重视学习。等到鲁肃来视察的时候，吕蒙和他论议国家大事，鲁肃惊讶地说："你现在的才干和谋略，不再是以前那个'吴下阿蒙'了！"于是鲁肃拜见吕蒙的母亲，并与吕蒙结友定交。吕蒙读书，不仅让鲁肃刮目相看，更使自己终成一代名将，让关羽败走麦城，夺回了周瑜日思夜想而不能得到的荆州。

上九，击蒙，不利为寇，利御寇。

上九，用敲打的方式启发蒙昧的幼童，但不宜采用伤害性的方法，而应采用防止伤害的方式。

击蒙：王弼注："击去童蒙，以发其昧。"也就是启蒙的意思。寇：侵犯。

"蒙"之所以为"蒙"，主要是因为上卦为艮，再具体而言，就是上九。上九失位不正，即是"蒙"，所以就要"击"。因其乘于六五之君，且上九又应着"艮为止"的卦德，故"不利为寇"，即不利于用伤害性的方式启蒙。按《说卦传》，艮为门、为门丁，有门，有丁，就有了防御的条件，故曰"利御寇"。上九以"击蒙"来说明教育方法。

有一个叫临济的禅师，他以棒喝开悟弟子闻名于世。他常常说："对于各方学道的人而言，没有不依靠事物醒悟的。对于执迷不悟的弟子，他们的痴迷在手，我就是从手上打起。嘴上痴迷，我就从嘴上打起。眼睛痴迷，我就从眼睛打起。我没有什么巧妙的办法教给别人，只能通过敲打的方式来解释人们心头的郁结和痴病。"当然，在当代的教育实践中，我们不能用敲打的方式来教育学生。但是，对于临济禅师的开悟心结痴迷的用意和方式，我们还是要认真研究的，因为他所谓的"打"并不是具体的方法和手段，而是禅意中的机缘。如果这种机缘正好应在一个人身上，那么他的觉悟就不是一般意义上的知识而是智慧了。把知识传给人是教育的手段，教育的真正目的是通过知识开通人们的智慧，所以《大学》说"知止而后有定，定而后能静，静而后能安，安而后能虑，虑而后能得"。

【解读】

《序卦传》说："《屯》者，物之始生也。物生必蒙，故受之以《蒙》。"《蒙》出现在《屯》之后，体现出圣人爱人、育人的良苦用心。蒙昧幼稚则不知有险，有"险则止"，既说明教育的必要性，又对教育的目标提出了具体的要求。《蒙》之《彖传》："山下有险，险而止，《蒙》。《蒙》'亨'，以亨行时中也。'匪我求童蒙，童蒙求我'，志应也。'初筮告'，以刚中也。'再三渎，渎则不告'，渎蒙也。蒙以养正，圣功也。"所谓"志应"与六五《象传》"顺以巽"就是教学的效果。"刚中"与"养正"则象征着教师道德、仪表和智慧。《礼记·学记》云："玉不琢，不成器；人不学，不知道。是故古之王者，建国君民，教学为先。""教学为先""蒙以养正"充分反映着古人对教育的重视。

《蒙》卦之所以为"蒙"，主要的因素就在于上卦为艮，艮为山，山临于水之上，就有了覆盖蒙昧的形象，所以《蒙》之《象传》说："山下出泉，蒙，君子以果行育德。"在六十四卦的《象传》里，直接讲到"德"的唯此一卦，这是因为《蒙》的基本卦象是坎下艮上，按解释卦象的《说卦传》来看，坎有师象。本来，老师教学生就如同水渐渐灌注、慢慢浸透一样，为人师表、言传身教，重要的就是做人要"正"，即《蒙》卦之《象传》所说的"蒙以养正，圣功也"。而"匪我求童蒙，童蒙求我"，则与《礼记·曲礼》之"礼闻来学，不闻往教"的教学原则相一致。孔颖达疏："凡学之法，当就其师处北面伏膺；不可以屈师亲来就己。"《韩诗外传》记载着这样一个故事:贵为齐国相国的孟尝君想请闵子给自己上课,于是他派车前去迎接闵子。闵子拒绝前来,说:"礼有来学无往教。"北宋时的著名学者杨时和游酢去拜见老师程颐,程颐在屋里静坐,二人不忍心惊扰,就静静地侍立在旁。就在这时,下起了鹅毛大雪,并且越下越大。等程颐静坐结束,见到杨时和游酢还侍立在旁,大为感动,于是让他们回去休息,这时门外的积雪已有一尺深了。这就是后世传颂的"程门立雪"故事。

卦辞所谓"再三渎,渎则不告"的教学态度,则与《论语·述而》篇中的"举一隅不以三隅反,则不复也"的方法相一致。在《蒙》卦中,二阳象征着启蒙者,四阴象征着被启蒙者。如程颐所言:"二阳为治蒙者,四阴皆处蒙者也。"其中九二以阳刚之德居下卦之中,有"刚中"的"师表"之象。六五谦居上卦之中,象征着谦虚好学的君子。初、三、四爻分别以"发蒙""勿用取女""困蒙"为喻,来说明人处在"蒙昧幼稚"时的困窘和危难。明末理学家、教育家蔡清在其《易经蒙引》中说:"在蒙者便当求明者,在明者便当发蒙者,而各有其道。"实际上,《蒙》不论是从学生的角度讲,还是从教师的角度讲,说到底,都是在提倡"蒙以养正"的教学意义和人文精神。

其实,人类历史上的许多智慧都是在实践中受到一时的启发,有偶然得之的微妙巧合。如作为儒家人格修养最高境界的中庸之道,就是从雅歌投壶和射箭的游戏中觉悟的。投壶,就是将一支箭向放在远处的壶中投射,投中则赢,不中则输,这也许是赌博的最初形式。而要投中壶中,人心要正,心不正则投不中,射箭也是如此。在《易经》里,凡第二爻为阴,第五爻为阳,则皆谓之"中正","中正"的位置不仅决定着一卦的吉凶程度,而且还决定着一卦在六十四卦中的地位。同时,"中正"与"不偏不倚"的"中庸"一起成为古人立身处世的理想人格和境界。唐穆宗时期,柳公权的书法冠绝当代,穆宗聘他为翰林侍书学士。有一次,唐穆宗问柳公权:"你的书法怎能如此好?"柳公权答:"用笔在心,心正则笔正。"

【案例】

　　三国时,魏国的清河县令徐季龙派人去打猎,又让管辂筮算能够猎获何种猎物。管辂算后说:应当猎获一种小兽,不属于飞禽之类。虽有爪有牙,但形体不强大;虽有文章华彩,但其色彩不是很明朗;看起来不全像虎,也不全像雉,它的名字叫"狸"。暮夜时分,猎人归来,就如管辂所预测的一样。

　　从管辂测算的情况,我们可以推测出一个具体的卦象,这个卦象应当是《蒙》䷃。首先,按《说卦传》,在八卦中象征小兽的卦只有艮卦,艮为狗,类"小兽"。其二,虽有爪有牙,但形体不强大,其象应该比狗小。其三,虽有文章华彩,但其色彩不是很明朗,由此可推测,它的皮上微有华彩。其四,看起来不全像虎则类如"半虎"之象,按《说卦传》,兑为虎,《蒙》下为坎,半坎同半兑,则为"半虎";不全像雉则类如"半雉",按《说卦传》,离为雉,半坎又同半离,亦有"半雉"之象。

　　"《易》者,象也。象也者,像也。"《易经》是以象征性的符号系统来解释宇宙万物的道理。起初这些卦象是简单的,但是每个卦象又有"触类旁通"的特征和功能,所以随着人们思维能力的不断提高,卦象的内涵不断得以丰富扩大,卦象的外延也随之得到合理扩张,因而能够形象生动地解释那些与之有关的事物,这样也使得《易经》本身包含的道理在形象化的过程中日渐缜密精确。按语言学、逻辑学、哲学的道理，我们承认"语言是思维的物质外壳"，而作为语言符号幼稚阶段的六十四卦符号，其之所以能够独立于语言体系之外而存在并演变，根本的原因就是它本身不仅具有"语言"的意义，同时也具有"思维"的功能。

临危不惧的良好心态和克服困难的理性思维

需
第五卦

有孚，光亨。贞吉，利涉大川。

《需》卦象征着等待：心怀诚信，光明的品德就能亨通于事物。占测要做的事，结果是吉利的，有利于涉越大的河流。

《需》，卦名，乾下☰坎上☵，按《说卦传》，坎为水，乾为天，水在天上，故有下雨之形。《需》之《彖传》曰："需，须也。"须，为等待的意思。按卦象，《需》内有刚健之行，外有坎险之象。健行有难，待而不前，则如《彖传》所谓"刚健而不陷"。在六十四卦中，凡言有"利涉大川"的卦，多有进取之象。"云上于天"的《需》仿佛雨水沛然而落的情景，但是，卦象中既互有兑象（二至四互为兑），兑为泽，又互有离象（三至五互为离），离为日，这种情景令人想起"东边日出西边雨，道是无情却有情"。同时，互离之象还显现出更多的意义，如《象传》所说"君子以饮食宴乐"，坎上与互离又形成一个"水火既济"之象，在《易经》的卦象中，凡有"水火"之象的大多就有"饮食"之事。但是因为《需》中互有兑象，兑又为悦，于是"饮食"之外就多了一种"宴乐"的优雅气氛。其实圣人从"云上于天"中分解出"饮食宴乐"的意义来，主要目的是为那些在"险前"等待的人们营造一种安宁平和的情景，使他们在等待中不仅不会失去耐心，同时也有益于君子在风雨坎险之中培养气定神闲的气概。

初九，需于郊，利用恒，无咎。

初九，在郊外等待，有利于保持恒心，如此则没有过失。

初九在乾，按《说卦传》，乾为野，即乾有郊野之象，故曰"需于郊"。为什么要"需于郊"呢？因为初九上应六四，六四在坎，坎为险，因此初九就应该以"恒"心在郊外等待，不妄行犯险，如此方能"无咎"。

九二，需于沙，小有言，终吉。

九二，等待于沙滩之中，虽有口舌言语之事，最终还是吉利的。

九二之"需"于坎水更近一步，直至于水边之"沙"，虽"小有言"，却能"终吉"。问题是这里的"小有言"又是从何而来？九二在乾中，又在互兑之初，兑为口，有口则有言；又兑为少女，少，即为小，故九二爻象于上应九五中就形成了"小有言"。又因九二以阳中居阴，所应九五、六四在互离中，则《需》之卦象互有一个《大有》☲☰卦，故曰"终吉"。

九三，需于泥，致寇至。

九三，等待于泥潭之中，不能进，也不能退，结果招致强寇来侵。

九三上应上六，上六在坎水穷极之地，就如"需于泥"中。按《说卦传》，坎为寇，于泥中见寇，即险中"致寇至"。虽则如此，因九三一则当位，二则上应上六，三则九三在互离之中，所应之上六在坎，离上有坎，即为"水火既济"之象，故《象传》说其有"敬慎不败"之德。需要注意的是，《需》卦的"需"就是"等待"，遇到危险就是要等待克服困难与战胜险恶的时机，这是对的，可是九三的"需于泥"就不对了。泥，象征着困难与危险，当我们已经陷入危险与困难时，那就不应该等待，因为这样的等待只能是"致寇至"，那就比危险更加严重，甚至直接面临着灭亡。

六四，需于血，出自穴。

六四，在血泊中等待，从洞穴中爬出。

六四身陷坎下，坎为陷，陷旁通类如"穴"；坎为水，水在险中，类如"血"。六四虽有等待于血泊坎险之中的危机，因其与乾之初九相应，因而有"火天大有"之象，故终能从穴中脱险。

六四身陷坎险之中，与九三相比，六四虽然也是当位于《需》，可实际情况要比九三更危险，因为九三只不过是"需于泥"，而六四却"需于血"，可是最终六四却能"出自穴"，渡过危机。我们可以用一个历史事件来说明六四的"危难"。《三国演义》里的司马懿先是跟着曹操，曹操见他有鹰视狼顾之相，就有意要杀他。曹操死后，对司马懿的成见并没有随着曹操死去而消失，曹丕、曹睿在位期间，司马懿更是有"需于血"的危急。可是最终他能藏着、忍着，瞒过了曹爽的严密监视。最后不仅"出自穴"翻身了，而且还杀了曹爽，在诛杀曹爽时，曹爽垂头丧气地对司马懿说："司马懿，你赢了，你只用了一天时间就夺走了我们曹氏四代君臣建立的江山。"司马懿告诉曹爽："我挥剑只有一次，可我磨剑磨了十九年，这都是你的先祖曹操教我的本领！"由此来看，司马懿的"需"本身就是一种战斗。所以，即使他"需于血"，也能"出自穴"。

九五，需于酒食，贞吉。

九五，在危险面前，不犯险前行，却需待于酒食之前，这是吉利的。

九五以中正之德居坎水之中，又在互离之上，离为火；身临"水火既济"与"饮食宴乐"之象，所以说"贞吉"。

上六，入于穴，有不速之客三人来，敬之终吉。

上六，入于地穴之中，有三位不速之客来到，恭敬相待，最终是吉利的。

上六遇"不速之客"，"敬之终吉"。因为上六在坎外，下应九三，九三在乾，乾为野，坎为寇，野外有寇，类如"不速之客"。因上六当位而应于乾，乾为君子，故"敬之终吉"。

【解读】

《需》之六爻皆无凶象。李光地在《周易折中》引吕祖谦的话说："大抵天下之事，若能款曲停待，终是少错。""款曲停待，终是少错"，这是李光地对整个人生的经验的总结，也是《需》卦启示给人们的人生智慧。

整个《需》卦的卦象，实际上就是为我们设立了一个君子如何应对危机的情景与方案。在实际生活中，遇到危险时，如果又急又乱，只会加剧危险；反之，我们冷静下来，危险也会缓解。中国人崇尚每临大事气定神闲的修养，更崇尚"泰山崩于前而不变色"的大将风度。《需》卦不仅为我们提出了解决危机的心理条件和具体的方法，还通过"九五"为我们塑造了一个面临危险神情泰然、从容不迫、谈笑自如的君子形象。面对危险，他不仅没有急乱慌神，反而能饮宴作乐。

《需》有"刚中"之德，更有刚健之行，敬慎守正，安然愉悦地"需"于险难而不犯难，因而遇险而不陷于险。故《需》象之"水"，不仅没有成为君子前进途中的险阻，而且成为他们"利涉大川"，"往有功"的条件。

【案例】

1863年，石达开率部入川至水势湍急的大渡河时，他没有选择迅速渡河，却驻扎在河边。在此拖延停留时，又恰巧遇到石达开的儿子出生，石达开认为阵前得子是大吉之兆，于是通告全军："孤今履险如夷，又复弄璋生香"，"愿与诸卿玩景欢醉"，于此滞留三日庆贺小王爷诞生。却不料此时大雨连绵，河水暴涨，并引发山洪。就这样，这个太平军里的军事家错失战机，使得对岸的清军有足够时间备战。大雨过后，石达开下令全军强渡，但接连数次都未能成功，这时后面的清军也追了上来。面对前后夹击，石达开只能屈服投降，太平军被围歼，石达开被凌迟处死。兵家常言"兵贵神速"，《孙子兵法》曰"绝水必远水"，"欲战者，无附于水而迎客"，又言若遇江河之水，"唯亟去无留"。这是军情，也是常理。

"需"的本义是"等待"，这个卦象蕴涵着"利涉大川"的智慧，更有九三爻辞的告诫"需于泥，致寇至"。也就是说，有时我们遇到困难时，需要等待时机去解决困难，但是不能傻傻地等待，而要有"利涉川"的勇气迅速脱离险情。石达开的行为正是因应着这个卦象。

"以讼受服"的小人与公正执法的君子

讼
第六卦

▤▤▤

有孚窒惕，中吉，终凶。利见大人，不利涉大川。

《讼》卦象征着争辩之事：因为诚信被阻塞而心情恐惧。在诉讼的过程中，可能有暂时的吉利，但最终还是凶险的。此时，有利于去拜见大人，但不利于涉越大川。

孚：诚信。窒：堵塞，遏制。惕：恐惧。

《讼》，卦名，坎下☵乾上☰。《说文》："讼，争也。"其字"从言公声"，言之于公，就是"争辩"。《讼》卦下为坎，坎为水、为险、为陷；上为乾，乾为天、为君、为健行。水就下而流，天向上而行，一上一下，其所行方向有迥异不和之象；阴阳失和，爻多失位，有诉讼之象。上下异志的卦象象征着争讼不和，不和则有争，或争而不已，或争而结怨，不损人则必损己，二者必居其一。故卦以"中吉"而"终凶"来劝诫那些陷于争讼的人，不要因为时或有"吉"而争讼不已，否则必遭遇"终凶"之恶果。

初六，不永所事，小有言，终吉。

初六，不会长久从事诉讼之事，虽稍有言语争辩，最终是吉利的。

初六虽失位于坎下，然上应乾之九四，应即有和，和则不会长久纷争诉讼，即使是小有龃龉，最终也是吉利的。初六动而有变，变而成兑，兑为口舌，故有言语之伤。因初六与九四相应，九四失位，与初六有诉讼之事，然初六处下，且能变而正，使讼不能长久，故最终还是吉利。事有变，人也应有变，变而得正则吉。若筮得初六变，则变而为正，使讼不能久，"终"岂有不吉？俗言"得饶人处且饶人"，意即在劝诫人们"讼不可久"。

九二，不克讼，归而逋。其邑人三百户，无眚。

九二，不能赢得诉讼，回家就急速逃跑。跑到一个有三百户人家的城中，就没有灾难了。

逋（bū）：逃亡。眚（shěng）：灾难。

九二失位于坎中，上无所应，动而有变，变而成坤，坤为邑。以阳刚之德居中，所以"不克讼"，归而坎为疾，"疾"即"眚"；坎变为坤则"无眚"。看着九二，我们仿佛看到一个不能赢得诉讼的人，匆匆忙忙逃离了衙门后，一口气跑到一个有三百户人家的城邑中，从此风平浪静，在那里过起了平静安闲的日子。

六三，食旧德，贞厉，终吉。或从王事，无成。

六三，享用往日累积的功德，虽然占测的结果是危难，但最终会吉利。或跟随君王做事，但不要把成绩归于自己。

六三上应上九，上九为君，故六三承应"王事"。在此过程中，是有所"成"也不居功自傲，则终获吉利。在现实生活中，有些人自以为有功，就沾沾自喜，得意忘形；有些人居功自傲，轻狂浮夸，犯了功高盖主的大忌，惹得君主动了杀机还茫然不知。如三国时的许攸，作为一个有见识的谋士，本来服事袁绍就是错误；后来背弃袁绍，投奔曹操，卖主求荣，又是一错；最后，因献计助曹操夺得冀州等地，于是恃功狂傲，言语浮荡，更是错上加错。以至于许攸既犯了众怒，又犯了"盖主"的大忌，但他还浑然不觉，终致被杀。

在中国历史上，凡是居功自傲，恃才傲物，功高盖主的人大多不得其所甚至丢了性命。六三之所以能"食旧德"而享有"终吉"的好处，就在于他坚持"从王事"而尊从于上、顺应于上的臣道，实践了《坤·文言》所谓"地道无成而代有终"的本分；且六三虽有事王之德、辅王之功，却能持老子提倡的"知雄守雌"之心性，故而不仅没有矜功伐善之心，而且深怀"为而不有"和"功成弗居"的美德。此即《老子》所谓："夫唯不争，故天下莫能与之争。"

六三是唯一一个与讼事无关的形象，也是一个极具启发警示意义的典型。其中的警示在今天仍然具有实践意义和教育价值。我们听英模报告会时，总是听英模把取得的成绩归功于领导和同志们的帮助，有时我们自己在做年度报告和工作总结时，也往往少不了这样的表达。这种近似礼貌的言语表达，实际上已经成为人们处理人际关系的哲学。

九四，不克讼，复即命渝，安贞吉。

九四，不能赢得诉讼，就复其本来之位，改变争讼的想法。安于已变之正位就吉利。

复：返回。渝：改变。

九四失位不正，与初六争讼，"讼"而不能"克"，则回复到应有之阴位，就有归正之吉。九四的复于本位也就随之改变了它的诉讼争胜之心。《论语》曰："过则勿惮改。"又曰："君子思不出其位。"其位正则人也正，其位不正则人也不能正。九四之所以有"安贞吉"的好处，就在于它既能罢争讼之事，又能复于正当之位。

九五，讼，元吉。

九五，明辨诉讼之事，大吉。

九五在整个《讼》卦中是唯一当位居正的爻象，再看九五所处的尊贵位置，他就不是一个诉讼的人，而是一个评判诉讼的人。因为他能秉公执法，明辨诉讼之事，正如孔子所说的那样："听讼，吾犹人也，必也使无讼乎！"九五的"元吉"不是诉讼的"元吉"，而是处理诉讼的"元吉"。

上九，或锡之鞶带，终朝三褫之。

上九，在疑惑中赐予部属鞶带，又在一日之间多次剥夺这一赏赐。

锡：即"赐"，赐予。鞶（pán）带：即束衣的革质大带。这里是以朝中之服饰来比喻高官厚禄。三褫（chǐ）：多次剥夺。三，指多次。褫，夺去或解下衣服。泛指夺去。

上九失位不正，下应之六三也不正，以不正应不正，虽因讼获赐鞶带而终得"三褫"之辱。

［解读］

儒家的政治理想是"和为贵"，"争讼"则是他们力求避免的事，唯息事宁人与和睦相处才是他们寻求的社会和谐的方法，所以筮遇《讼》卦的人，切不可因卦辞有"中吉"和九五爻之"元吉"，就心迷于《讼》之得而忘乎《讼》之祸。

讼事有害无利，要盘缠，要奔走。在暗无天日的旧社会，"天下衙门朝南开，有理没钱莫进来"。其实即使是"有钱"没有权力也照样进得去出不来！古往今来，多少人因为诉讼而家破人亡，即使再大的家业，也经不住官家的折腾，因为"民不可与官斗"。《讼》卦说"中吉，终凶"，什么"中吉"呢？在旧社会，有些想打官司的人就去找讼师，无论有理没理，讼师大都会告诉你"这个官司你有理，肯定能赢"之类的话，于是你很高兴，回家告诉家人说"某某讼师说了，我们的官司一定能赢"，于是一家人都高高兴兴，满怀希望，这就是"中吉"。但是，打来打去，结果却输了官司。这是怎么回事呢？因为你不知道的是讼师就怕你不打官司，只要你打，他就有钱赚，在你身上赚不了，他就到对方身上赚，总之是稳赚。有的讼师水平就更高了，"吃了原告吃被告"，两头通吃。最后，官司大多赢不了，这就是"终凶"。也许有人幸运地把官司打赢了，可是"冤冤相报何时了"，"冤家宜解不宜结"，在你打赢官司的时候，实际上你也就结了冤家，给你本人及后世子孙带来无穷无尽的祸患，这还是应了《讼》卦所说的"终凶"。那么有了难事，怎么办呢？俗语说"忍为高，和为贵"。如果不能忍，想出一口气，逞一时勇，其结果总是不外乎破家、亡身、辱亲、耗财、结冤而已。佛家的寺院里的弥勒佛也在以他的形象启发人们："笑口常开，笑天下可笑之人；大肚能容，容世上难忍之事。"

　　从某种意义讲，中国长达几千年的封建社会，是老百姓"忍"出的来，中国的先贤圣哲造"忍"字，"心"头上放着一把带"刃"的"刀"，已经指明了"忍"是多么的难，但不能忍的人，在中国就做不得大事，做了也很难成功！那个"力拔山兮气盖世"的西楚霸王项羽因为不能"忍"，结果被自己瞧不起的"流氓混混"刘邦打败，最终连心爱的虞姬也保护不了，自己也在乌江刎颈自杀。反过来，刘邦能忍的结果是得到了天下，而刘邦的成功相当大的原因是他得到了能"忍"的韩信和张良。可以这样说，令现今的我们骄傲的大汉时代，我们之所以至今还能在履历表上填写"汉族"，就是"忍"出来的。俗话说

"大器先须小折磨"，其实"忍"这个字，也说尽了儒门的"心"法。

【案例】

　　《穆天子传》记载，周穆王南游，为到苹泽打猎进行占卜，筮得《讼》。逢公分析此卦曰："宜其正公，戎事则从，祭祀则喜（xǐ），畋猎则获。"按《说卦传》，乾为天、为君、为健行，坎为水、为险。周穆王为天子，遇水险则不可健行于上，故《讼》卦辞曰"不利涉大川"。然二至四互有离，离为甲胄，三至五互有巽，巽为入。天子不犯险难而行征伐之事，故曰"戎事则从"。又离为火，火入则明，故曰"祭祀则喜"。再者，有甲胄、弓箭（坎为弓），二者入田野（乾为野）之中，故有田猎之事。

"容民畜众"的备战意识与纪律严明的治军原则

师
第七卦

贞，丈人吉，无咎。

《师》卦象征着兵众：占测行军用兵的吉凶情况，如果是贤明的长者执掌军旅，就吉祥而无灾害。

《师》，卦名，坎下☵坤上☷，象征民众，兵众。丈人，指贤明之长者。《释文》曰："丈人，庄严之称。"《师》之九二居中位，上应六五，故能"贞"而"吉"；下坎为险，上坤为地，地中行险，《象传》称其"行险而顺"，象征着"师"之道：其一，在于"正"，"用正"则"能以众正"，"可以王矣"；其二，"刚中而应"，以正义之师督正天下之民，则民从之；其三，欲治兵必先选将，如《师》之所谓"丈人吉"，"小人"则"乱邦矣"。《孙子兵法》曰"兵者国之大事，死生之地，存亡之道"；《老子》曰"兵者，不祥之器"，"不得已而用之"。此均言军旅之事为国之大事，不仅军旅之命运掌握在一人之手，而且一国之命运也掌握在一人之手，故非贤明之长者不可以为之。

初六，师出以律，否臧凶。

初六，军旅出征必遵循国法军纪，反之则必有凶险。

否（pǐ）臧：不好。此指军纪不好。否，不。臧，善。

初六在坎下，按汉代"九家易"之说，坎为律。水平如法，因此说"坎为律"也是常情同理。《孙子兵法》曰"法令孰得"，"赏罚孰明"，以此可以观"胜负孰得"。因为军纪、军令是治军的前提，也是胜利的前提。

九二，在师中吉，无咎。王三锡命。

九二，贤明长者在军旅之中就吉利，也没有灾难。受到君王的多次奖赏并委以重任。

九二居于坎中，故曰"师中"。上应六五，六五位于王之尊位，则其自然能得到"王三锡命"。当然，这里的"三"泛指多次的意思。九二以阳刚之德居群阴之中，成为唯一可以信赖的将才。

六三，师或舆尸，凶。

六三，军旅出征有时会运输尸体归来，有凶险。

舆：车，运载。

六三失位不正，不正而"师"，本在坎中，坎为险，又在互震（二至四互为震）之中、互坤（三至五互为坤）之下，震为动，坤为大舆，动于险中，又有大舆之象，不就是"师或舆尸"吗？

六四，师左次，无咎。

六四，军队驻扎于左方，就没有灾难。

次，意为军队的驻扎。其所以"左次"，一则如《老子》之所言"吉事尚左，凶事尚右"；二则就卦象而言，六四在互震，震为东，东古代在左，故曰"左次"。按兵法，右靠高山、左临水泽驻扎军队是符合常理的，故曰"无咎"。

六五，田有禽。利执言，无咎。长子帅师，弟子舆尸，贞凶。

六五，打猎有所擒获。有利于发布命令，没有灾祸。长子统帅军队，弟弟打了败仗载着尸体归来，这件事是很凶险的。

田有禽：打猎有所擒获。田，即打猎，禽，通"擒"。执言：提出主张，下命令。

六五居于王位，"君子动口不动手"，动口而有言，故曰"利执言"。六五下应九二，九二在互震，震为长子，故曰"长子帅师"，因其以阳居阴，中而有才，其为帅理所应当。但是有兄就有弟，"弟子"指六三。若舍兄而用弟，则六三失位不正，以阴居阳，柔弱懦愚，用之必有"舆尸"之凶。六五直接说明了用人当否的两种结果。

上六，大君有命，开国承家，小人勿用。

上六，君王发布命令，裂土分封诸侯，采邑赏封大夫，小人是不可重用的。

开国：指裂土以封诸侯。承家：指划定采邑以立大夫。

上六在六五之上，处于"大君"的地位。于"开国承家"当然不能用小人，必要用九二这样的"丈人"君子。"小人勿用"是《师》卦的劝诫之辞，也是不可忽视的用人之道。阴为小人，阴多则小人多。《师》以一阳御众阴，有小人多于君子之象。人常说"防小人不防君子"。军旅之事，关乎国之存亡，若委之于小人，岂止败一军，国也随之而亡。

【解读】

就《师》卦的卦象而言，唯九二为阳爻，其他均为阴爻，下卦坎为水，水在地中，正如《孙子兵法》之所谓"兵形象水，水之形避高而趋下，兵之形避实而击虚；水因地而制流，兵因敌而制胜"。水在地中的情景，一方面让我们看到了力量，另一方面又让我们看到了形势，因为水的力量最终需要通过地形来造就。汉朝的韩信与西楚霸王项羽的大将龙且在山东潍水两岸对阵，韩信观察地形后，就让士兵连夜做了一万多个装着土石的袋子，在潍水上游截住水流。第二天一早开战时，他率领军队涉过潍水攻击楚军，遇到楚军的反击时，他就假装害怕往后退。龙且认为韩信本来就是胆小之人，于是涉水追击，就在楚军渡到潍水中间时，韩信命令士兵决开上流堵截水流的土囊，结果楚军被淹死大半，龙且也死于此役。

　　水有着能够紧密的溶合聚积在一起的特性，水聚合得越多，力量就越大。同样，民众越多，兵员也就越多。在以冷兵器决胜负的古代，谁的兵员多，国力就强大。即使是今天，一个国家兵员的多少，仍然是决定这个国家强弱的基本力量。所以，中国古代圣明的君王大都通过《师》卦的道理，确定他们"容民畜众"的战略构想和备战意识。

　　形成《师》卦的卦象，必须有三个条件：一是六爻中只有一个阳爻，其他的都应该是阴爻，这个阳爻就是将帅，即《师》卦中所谓的"丈人"；二是有一种服从的情形，坤为顺，也就是必要有一个坤卦象征服从的关系；三是阳爻的位置必须处于"中"的位置，即"师中"。《易经》中众阴服从居中之一阳的卦有两个，阳爻处于九五则为《比》，阳爻处于九二则为《师》。那为什么不能是九五，而必须九二呢？因为行军打仗是将帅的事，九五是天子，故必须要九二为"中"。《师》之卦象还有一个奇妙的结构形成的合理正当的组织关系。本来，二当为阴，九二应该是六二，五当为阳，六五应该是九五，可是九五为了不干扰将帅之事，自己知雄而守雌，以阴居阳，似乎有意委屈自己去迎合九二，为将帅统领军队、指挥军事创造了"将在外，君命有所不受"

的条件。《孙子兵法·谋攻篇》讲:"不知三军之事而同三军之政者,则军士惑矣;不知三军之权而同三军之任,则军士疑矣。"以阴居阳的《师》之六五,就是这个有自知之明并摆正自己位置的君王,虽其作用略逊于九二,但成就《师》的条件却是关键性的。就以汉朝为例,刘邦知道自己"连百万之众,战必胜,攻必取"不如韩信,于是就拜韩信为大将,让韩信指挥作战。与之相对应的例子是刘备,他不听劝谏,非要自己挂帅征讨东吴,结果被东吴火烧七百里连营,不仅自己兵败身死,含恨受辱,而且彻底断送了诸葛亮苦心经营了多年的破曹灭吴、复兴汉室的资本。

　　《师》卦六爻皆从用人与用兵的关系上演绎着用兵之道。在六爻之中,只有九二是阳爻,这也就是卦辞所指的"丈人",即德高望重、稳健持重、有勇有谋的人。同时,也正是这个阳爻形成了《师》卦的卦主,他端居中位,上下的阴爻均来服从他。这就是"贞",即《象传》所说的"正":"能以众正,可以王矣……以此毒(督,治)天下而民从之,吉又何咎矣!"同样,居中的九二爻形成的水在地中的情形,也正应了《象传》所言的"容民畜众"之德。《师》之卦象阐发用兵之道时,同时还蕴有"为政"之道,因为一方面《师》卦强调的"正"本来就是执政为民的核心,另一方面《象传》所说的"容民畜众",实际上揭示出用兵之道的基础在"容民",有众则有民,有民则可用兵,所以《左传》曹刿问鲁庄公"何以战",在察知民心可用时,才决断"可以一战"。《孙子兵法》所强调的用兵前提也是"令民与上同意也,故可以与之死,可以与之生"。总之,军旅之事,于内,须严明军纪;于外,则须师出有名。只有行正义之师,才能以"师正"督万民而"王天下"。

　　纵观全世界，中国的战争意识中"正"及树立"正"的观念尤为突出，所以英明的战略家和军事家往往强调"师出有名""正义之师"，同时还要通过严明的军纪来保证军队的"正义"。比较而言，在西方的战争理念里，更多的是从军事力量本身去判断战争的形势和胜负。因此，战争多是他们秉持恃强凌弱、弱肉强食的丛林法则的一种形式。中国自古至今把战争当作实现和平的力量和方法，强调"止戈为武"，因此，战争和武力形式不是发动战争的力量，而多是制止战争的方法。所以《孙子兵法》上讲"上兵伐谋，其次伐交，其次伐兵，其下攻城"，又说"百战百胜者，非善之善者也。不战而屈人之兵，善之善者也"。

　　从《师》卦的卦象及卦辞里，我们可以看到"兵形象水"的理论结构以及孙子强调的"慎战""全胜"原则。应该说，正是这种战争理论为血雨腥风的战争找到了光明的出路，如果没有这种战争理论，或者，我们不按照这个战争理论决定未来战争的方向，那么人类所进行的所有战争都将变得毫无意义。

【案例】

一

　　明朝福建漳州有个易学大家叫黄道周，在朝中任职时极有风骨，魏忠贤权倾朝野之时，朝中大臣去见他都要跪拜，只有黄道周不跪。到崇祯帝时，有一次，崇祯召开御前会议，杨嗣昌与黄道周当场辩论。崇祯指斥黄道周说："尔一生学问，止成佞耳！"黄道周高声争辩："臣敢将忠佞二字剖析言之。夫人在君父前，独立敢言为佞，岂在君父前谗谄面谀为忠耶？"接着他严正地批评崇祯："忠佞不别，邪正淆矣，何以致治？"这场有名的辩论之后，黄道周被连贬六级，调任江西。也就是他，在中国历史上因用《易经》中的思想上书皇帝而闻名于世。比如，崇祯二年（1629），他谏劝崇祯皇帝说："臣自幼学《易》，以天道为准。上下载籍二千四百年，考其治乱，百不失一。陛下御极之元年，正当《师》之上六，其爻云'大君有命，开国承家，小人勿用'。"后来，崇祯十四年（1641），杨嗣昌治政有失，自杀而亡。崇祯回想起黄道周当初的辩论和预言，便下旨将黄道周复官，入京召见。但此时河南已经被李自成农民军攻占，关外的大明领土也被清军占领，黄道周见朝廷昏庸无道，国运已尽，遂告病辞官，回到老家福建漳州，结庐先人墓侧，专心著述。我们在此讲黄道周的故事主要是说明《师》卦中蕴涵的两个重要意义：一是"用人"是成就一切大事的前提；二是"师"是关系"国存亡之道"的大事，故"小人勿用"，用则国破家亡。观察中国历朝兴亡之事，我们可以看到，正是这两个意义决定着兴亡成败。

二

军队之所以为军队，就在其有严明的纪律，这种严明的纪律首先体现在军人当"一切行动听指挥"，以"服从命令为天职"。如果用一个故事说明纪律的重要性，我们还是从卜卦本身找一个事例吧！

早在春秋时期，鲁宣公十二年（前597），楚国讨伐郑国，晋国派兵援救郑国。晋军行军至黄河边时，听说郑国已经与楚国结盟，中军元帅荀林父就想返回晋国，中军佐先縠说："我们好不容易组成军队出征伐楚救郑，现在听说前面有强敌就想撤退，这不是大丈夫的作为。被任命为统帅，而最终的表现却如同一个凡夫俗子，普通人可以这样做，我不能这样做。"说完，就指挥所部渡过了黄河。下军大夫荀首说："看来这支军队会有危险。按《周易》来讲，筮得《师》☷初爻动，动而变为《临》☷。《师》卦初爻的爻辞说：'师出以律，否臧凶。'对于具体执掌军政的官员而言，顺从上司的命令就是好的，背逆上司的命令就不好。坎为水，为众，象征聚集。现在先縠违背上司的命令，又单独以中军行师，这就等于将聚集众多的军队分散开来，就会变弱。流动的江河之水受到堵塞就会变成湖泊。有了军律，整个军队就会整齐得像一个人一样，对于军队而言，破坏了纪律就意味着凶险与失败。有主帅而不听从，还有什么比这更凶险呢？如果真的遭遇敌人，先縠一定会失败。即使他能逃过这次灾祸而返回晋国，最终也必然会受到责难。"后来，晋军大败，先縠回国后恐受惩罚被诛杀，于是召赤狄伐晋，事败被杀。

荀首的推断主要是从初六的爻辞得来，初六失位不正于坎，兵形象水，失位如"失律"，按《说卦传》，坎为险，失位而动，如在险中动，动而变为兑，兑为毁折，又主西方，为白虎，按中国文化的传统观念，白虎既为兵象又为凶神，由坎险而至于兑凶，当然就不利军旅征战这样的大事。

团结顺从则吉，分裂悖逆则凶

比

第八卦

吉。原筮，元永贞，无咎。不宁方来，后夫凶。

《比》卦象征着亲近和团结：吉利。进行卜筮，则知元统大业利于坚持正道，无有灾祸。不安宁的四方之国均来归附，后来者有凶险。

《比》，卦名，坤下☷坎上☵。以水地相依，阴阳相亲来强调人与人之间的"亲切比辅"的和谐关系。《说文》："比，密也，二人为从，反从为比。"水流于地，亲而附之，附之无间，相融相合。"原"是卜筮的一种方法，原筮，就是卜筮。方，指四方之国。对于得民心、顺民意的大好形势,不仅要从内心里认同它,而且还要积极响应。《比》卦的特征就在于五阴从于九五之一阳，则一阳得五阴的顺从与辅助，然后以"刚中"和"上下应"来说明"比"的理由从何来，最后以"后夫凶"与"其道穷"来从"比"的反面论证"比"的必要性和重要性。《国语·鲁语》里记载着一个故事。大禹治水时，召集诸侯在会稽山开会，防风氏迟到了，大禹认为防风氏不是真心归附，就杀了防风氏。这个故事说明了，在"亲亲"之"比"的情景里，"后"则"凶"。具体到《比》卦的六个爻象里，"后夫凶"就是指上六，因为按易例，《易经》里的卦是从下往上看的，先下后上。上六为最后看到，也是最后讲的，故《比》卦里唯有上六为"凶"。

初六，有孚比之，无咎。有孚盈缶，终来有它，吉。

初六，怀着诚信来归附九五之君，没有灾祸。这就像一个人给一个瓦罐子里盛水，只有心里没杂念、满怀诚信才能把水盛满，即使是最终发生意外的事，也是吉利的。

孚：就是诚信的意思。

初六上应六四，六四在坎，坎为孚，即诚信。初六在坤，坤为土，三个阴爻都是虚空，虚空之器如土缶。初六以形象化的比喻方式，为我们描述了如果我们能心怀诚信，心定意闲，就能把水盛满缶中的情形。但是，初六失位不正，与六四形成阴阴相敌，最终还是要比附"九五"，所以爻辞说"终来有它，吉"。总之，初六能得到吉利的结果，其主要原因就是"有孚"，就是满满的诚信。初六通过"盈缶"的卦象和情景告诫人们，诚信是做人的根本，也是做事的前提。

六二，比之自内，贞吉。

六二，以中正仁和之心亲近归附于君王，吉利。

按《说卦传》，坤为顺，六二当位于坤内，当位中正，内秉顺承之德，上应九五之尊，以己之德，顺人之正。"比之自内"，"内"不失于道；顺之于正，上不失其亲。有亲可靠，实谓亲上加亲，诚如《论语》所谓"因不失其亲，亦可宗也"。

六三，比之匪人。

六三，亲近归附于行为不正当的人。

匪：通"非"，指行为不正当的人。

一般而言，一卦中的各爻，当位则吉，失位则凶；阳为君子，阴为小人。六三失位不正，已非正人君子，其所"比"为上六，而上六"无首"，所以爻辞说"比之匪人"。子曰"毋友不如己者"，又曰"择其善者而从之"，古代仁人志士常常信奉"良禽择木而栖，良臣择主而事"的生存法则，六三爻辞则将这种道理做了形象化的说明。

六四，外比之，贞吉。

六四，自外亲近归附九五之尊，坚守正道则吉利。

《比》之六四处在外卦，所以爻辞说是"外比之"。那么，上六也在外卦，为什么上六不说成是"外比之"呢？这是因为上六的主要特征是"无首"而不是"外比"。六四临近九五君王之位，理应有"伴君"之惧，然因其当位居正，以柔从刚，以阴顺阳，亲附于上，虽在外卦，却因"近"而"比"，就如贤臣在外而亲附于内、于上一样，故"贞吉"。

九五，显比。王用三驱，失前禽，邑人不诫，吉。

九五，光明之德使四方皆来归附。先王在围猎时，三面围拢，仅张开一面网，任前面的猎物逃走，属下邑人因此知先王有仁德之心而不诫惧，这当然是一件吉利的事。

在《比》卦中，九五爻既中且正，是五个阴爻比附的首领。在众多的小部落中，当然有不愿来比附的，"王用三驱"就是借商汤"网开三面"的狩猎典故告诉我们九五君王有好生之德，对于不愿归附之人能够"网开三面"。

《史记·殷本纪》里记载了商汤"网开三面"的故事：商汤有一次到野外狩猎，见有人四面都张开网并祷告说："上下四方的禽兽尽入网中。"汤命令去其三面只留一面，并祷告说："禽兽们，愿逃者逃之，不愿逃者入我网中。"商汤"网开三面"的消息传到诸侯耳中，人们都觉得汤的仁德都善及禽兽了，那么更何况诸侯呢？因此纷纷前来归附。

商汤的"王用三驱"和"网开三面"是在夸大圣人之德，在实际生活中，"网开三面"被改造成了"网开一面"，不过二者在"善"的心性上是一脉相承的。

《比》象只有九五一个阳爻，其余均为阴爻，一阳居中正"九五之尊"与其他五个阴爻相"比"，若没有这个阳爻，也就不能相比，故《比》卦的好处就在九五之阳，《比》卦之所以称"比"，原因也在于这个九五之阳。

上六，比之无首，凶。

上六，在亲近归附的关系里居于为首的"九五之尊"头上，这样做是有凶险的啊！

九五是《比》卦的卦主，处于最为尊贵的位置，即为"首"，上六以阴爻之身乘"九五之尊"，没有把"首"当作"首"，所以被指为"无首"。六三临近坎象，坎为寇，故谓之"比之匪人"；六四位居坎下，坎为外卦，正《象传》所谓"外比于贤"，这说明"比"应以贤人为友，而不应有内外之分。九五尊居中正，以"显比"宣扬亲比于下的仁爱之德，上六则以"无首"来揭示不能终于"比"，则必终于"凶"。

【解读】

如果就《比》卦的卦象来看，决定"亲附"的主要因素就是九五爻，因为它在《比》卦里处在"九五之尊"的中正位置上，所以爻辞就说它是"显比"，并因此断定它是吉利的。其他的爻全是阴爻，也就是说，从属性与位置上来看，其他各爻都要服从九五，基于此，凡是与九五产生关系与联系紧密的就吉利，反之就不吉利。比如，六二与九五是相应的关系，所以就是"比之自内，吉"。六三，一则失位，二则其所相应的是上六而不是九五，爻辞就成为"比之匪人"。按"世应"的规则，上六与六三相应，可是它们二者是阴阴相敌的关系，不能相应，又因其阴爻乘于九五之上，爻辞就成了"比之无首，凶"。但是，我们又看到在《比》卦里，除了九五与六二之外，初六、六四也是吉利的，这又是为什么呢？先看六四：六四与上六比较，这两爻都是阴爻，以阴居阴，当属"当位"，同以阴爻"当位"，上六"乘"阳，"乘"则无礼，故"凶"；六四是"承"阳，"承"则有礼，故"吉"。再看初六，初六本来与四相应，可是四是阴爻，不是阳爻，所以爻辞说是"有它"；再则初六与六二成"比"和的关系，与其所相应的六四也是吉利的，所以初六也是吉利的。

　　总的说来，《比》以水流于地象征着"上下皆亲"的和谐关系与众望所归的大好景象。《比》之《象传》说："地上有水，比。先王以建万国，亲诸侯。""地上有水"，水溶浸在泥土之中，"你中有我，我中有你"，比而亲之，不可分离。"先王"正是从这种情景中悟知并告诫后世，要"建万国，亲诸侯"，就需要有"亲亲"之"比"的心量与情怀。《比》又从上下、内外等方面强调"德"与"人"的比合。九五以"刚中"之德尊居中正之位，上下之阴皆来比合"顺从"，先王正是应用了这种亲切比合的民心来"建万国，亲诸侯"。儒家在《中庸》里以所谓的"九经"来发挥《比》卦的"亲辅比合"之德："修身也，尊贤也，亲亲也，敬大臣也，体群臣也，子庶民也，来百工也，柔远人也，怀诸侯也。"孔子提倡的"亲亲为大"在"九经"里由近至远，延及"远人"，以至于"诸侯"。

　　还需要指出的是，"比"的关系是同等的、同辈的，如中国古代命理学里，与自己相同、相等的关系就是"比肩"。由亲切、同等的意义引申出相亲相友、志同道合、和衷共济，就是比辅的关系，如战国时期的"将相和"。蔺相如因为完璧归赵与渑池会不辱使命，被任为赵国的上卿，职位在身经百战、战功赫赫的廉颇将军之上。廉颇不服，常常对手下说："我作为赵国的将军，有攻城野战之功，蔺相如怎么能位居我上？"于是他狠狠地放出话来："我见相如必辱之。"蔺相如听到此言后，再三谦让躲避。有一天，蔺相如坐车出行，远远望见廉颇乘车前来，马上引车避走，他手下的人以为相如怯懦，深以为耻。于是蔺相如就对他们讲，强秦之所以不敢对我们赵国用兵，原因就在于我们将相二人在，如果我们两人相互斗争，那就对国家很不利。廉颇听了深感愧疚，到蔺相如门上负荆请罪。《千字文》里讲的"起翦颇牧，用兵最精。宣威沙漠，驰誉丹青"，其中的"颇"，就是指"将相和"里的廉颇将军。试想，如果没有他和蔺相如的"将相和"，他还能被后世誉为"驰誉丹青"吗？蔺相如与廉颇的"比"，正是同辈同等的"比"，这种"比"是建立在"和"的基础上，正应验了儒家所谓的"礼之用，和为贵，先王之道斯为美"。当然，"比"的本义既然是前后相随的，那么与"和"相对应的反面就是"朋比"之"比"，即无原则的比合，这种比合关系，就被斥为是"朋比为奸"。按"朋"的本义，本来源于商代的货币单位，五个贝壳为一串，两串为一朋。"朋比"，就是无原则的、无是非地一味地相互比附，历代帝王最忌恨的就是"朋党"。

【案例】

　　春秋时期，齐景公带着群臣到齐国的牛山去观赏风景。看着眼前美丽的风景，他不禁感叹："美哉国乎！郁郁泰山。"他触景生情，泪流满面，泣不成声地说："我怎么舍得这美好的国都，离开尘世去死啊！"陪同的艾孔和梁丘据等人也跟着哭泣流泪。一起来的晏子见此则哈哈大笑。习惯了群臣附和的齐景公愠怒地问道："寡人触景伤情，艾孔和梁丘据都受到我的感染而哭泣，唯有你一人发笑，难道你要讥笑寡人多愁善感吗？"晏子回答说："如果贤明的君主不死，那么太公、桓公还长久地拥有着这个国家呢；如若勇猛的君主能够长久地拥有自己的国家，那么庄公、灵公就会长久地拥有这个国家。这么多君主不死，那您现在就只能披着蓑衣、戴着斗笠站在田地之中，忧虑农活怎么才能干完，哪有闲暇想到死呢？您又怎么能得到国君的位置而成为国君呢？就是因为国君一个个相继死去，才轮到了您，您却偏要为此而流泪，这是不仁义的。今天我看到了不仁不义的君主，还看到了恭维阿谀、比合奉承的大臣。"齐景公听了深深为之惭愧，举起杯子自己罚自己喝酒，又罚了艾孔、梁丘据各两杯酒。

在《论语》里，孔子说："君子周而不比，小人比而不周。"上面这个故事里，晏子的态度就是"周而不比"，群臣的附和与阿谀就是"比而不周"。但是，如果从"比"与"周"的本义、从"君子"与"小人"的时代意义来讲，这句话就有了另一种解释。按《说文》，"比"的本义是前后相随的。"周"的本义是指一个密合无缺口的圆圈，所以《说文》说："周，密也。"《山海经》里记载的共工与颛顼争帝位而怒触不周之山，这个"不周之山"就是说这个山是有缺口的山。在孔子所处的时代，所谓的"小人"常指处于弱势和没有官职的人，而不是现在认为的"坏人"；"君子"也多指有官职身份的人，而不全是今天人们以为的德才兼备的人。就《比》卦而言，除了九五之外，其他各爻皆为阴爻，这些阴爻都要服从九五，跟随九五走，这种服从与前后相随的关系就是"比"。而它们的地位与身份决定了它们只能"比"。如此看来，"比"是"小人"随"君子"，其卦象与卦爻辞多有满心欢喜的吉庆也就可以理解了。

"密云不雨"的天象与"夫妻反目"的原因

小畜
第九卦

☰ ☴

（卦象）

亨。密云不雨。自我西郊。

《小畜》象征着小有畜积：亨通。浓云密布却不降雨，云气从城邑的西郊升起。

《小畜（xù）》，卦名，乾下☰巽上☴，象征着"小有畜积"的一种情状。畜，聚积，养育。卦有一阴爻"畜"众阳爻，阴为小，阳为大，以"小"畜"大"，故曰"小畜"。其中含有三重卦象：其一，以一阴之虚畜五阳之实，畜体小则畜量小，故谓之"小畜"。其二，乾在下为君，巽在上为风，按《说卦传》，巽风通行天下，有宣令教化的功能，即《象传》所言"风行天上，君子以懿文德"。其三，二至四互有兑象，兑为西方；三至五互有离象，离为日。六四为卦主，也就是"自我西郊"之"我"。按《说卦传》，乾为野、为郊。《小畜》之坎象半成，形容"密云"，有风，有日于西方之地，这些象中之象，为我们展现出"密云不雨，自我西郊"的天气。

初九，复自道，何其咎？吉。

初九，返回到正道，又有什么灾害呢？这本来就是吉祥的。

此句应有两重意义：其一，初九作为阳爻得其正位，故有复还其道之象。其二，初九当位居正，上应六四之阴。如《系辞传》之所言："一阴一阳之谓道。"初九与六四阴阳相应合和，故曰"复自道"。

九二，牵复，吉。

九二，牵连于初，旁通于六四而畜之，故吉利。

二本与五应，然九二失位，上不能应于九五，强牵而"复"。巽为绳索，失位不应，以绳子强牵而使之"复"。虽然如此，九二自居中位，变则不失于阴阳之应，故"牵复"也"吉"。

九三，舆说輹。夫妻反目。

九三，车厢与车轴相脱离。这种情形象征着夫妻反目成仇。

舆：大车。说（tuō）：通"脱"，脱离。輹（fù）：通"辐"。《说文》曰："輹，车轴缚也。"即车箱下勾连底板与车轴的部件。

《说卦传》曰"坤为大舆"。按，《小畜》旁通于《豫》䷏，《豫》下卦为坤，变至九三则成乾，坤象不见，故曰"说輹"。九三至九五互为离象，离为目。九三本与上应，然上失位不正，不能下应九三，故有"反目"之象。又众阳聚合一阴，九三近于六四，并为六四所乘，故"反目"之事也就自然应在九三。

六四，有孚，血去惕出，无咎。

六四，九五以阳刚之德而给予六四以诚信，则六四之忧惧之心消除，这种情况没有灾害。

血：通"恤"，忧虑。惕：忧惧。

"孚"指九五，九五以刚健之德而给六四以诚信。阴顺于阳，下承于上，诚如孔子所谓"君使臣以礼，臣事君以忠"，上下之间意气相得，意志相合。

九五，有孚挛如，富以其邻。

九五，心怀拳拳忠心，耿耿诚信，又因为与六四为邻，所以深得畜积之富。

挛（luán）：牵系。

九五有六四为邻，六四畜众阳之实，六四畜之，九五用之，故曰"富以其邻"。

上九，既雨既处，尚德载。妇贞厉，月几望；君子征凶。

上九，密云已经降下雨来，阳刚之气已经畜止于终极，上九为阴气所积载。此时妇女必须守持正道以防止祸乱和危险，要像月亮将圆而未满的样子，阴气不能过盛；君子在阴气太盛时前进，就会遇到凶险。

处：停止。尚：通"上"，此指上九。德：通"得"。几：接近。征：进。

上动而为坎，坎为水，雨降则为水，故曰"既雨"。上本可下应三，然上九失位，不能来应，故曰"既处"。上九动变则为坎，坎为车，上九得车而有载乘之象。《小畜》之上卦为巽，巽为长女、为妇；上动而变坎，坎成则巽毁，故曰"妇贞厉"。"月几望"就是指月圆将满之时。君子为阳，小人为阴，上动而变坎，坎之阴盛于巽，阴盛于阳，故曰"君子征凶"。

【解读】

《小畜》以"密云不雨"为喻，描绘了"风行天上"的景象。按美学的观点看，《小畜》的景象是气象阔大的；按文学的观点看，它有"密云不雨"的忧愁；按哲学的观点看，它却有着阴阳不和的状况。此景、此情、此时，虽不利于阴阳合和之情，却有利于修文德之事。

上述卦象与义理启示我们：当一种力量尚未蓄积到足以建功立业的时候，就应该以修养自己的文章和道德以等待阴阳和谐的天时；另一方面，更要加强和提高自身文章、道德的纯粹和精美，如屈原之"纷吾既有此内美兮，又重之以修能"。

《小畜》为我们展示了一个"风行天上"大气象，但是无论这个气象有多么大，它的卦辞却是"密云不雨"，这与《象传》里解释的"刚中而志行"是自相矛盾的。而这个矛盾恰恰说明遇到《小畜》这样的卦象就不能停留在一个地方，而要有所行动，像"风行天上"那样，即《象传》里所说的"尚往也"。在《易经》的八个"经卦"里，巽象征着风、绳子、信息、教化、长女、股等事物。就整个卦象而言，它可以分为四个层次来展开：第一，下卦乾为君子，为健行；第二，二至四互有兑，兑为悦；第三，三至五互为离，离为光明；第四，上卦为巽，巽为长风，为入。由乾行至悦，悦至光明，再由光明到巽的卦德"进入"，"风行天上"，酣畅淋漓，痛快之至。这种情景大概只有李白的诗"长风万里送秋雁，对此可以酣高楼"才能表达其快适之感。但是，风行天上，快适而去，自然也就蓄积不了云彩，所以说"密云不雨"。再者，阳行阴蓄，因为只有一个阴爻，也就蓄积不了多少东西，所以古人将此卦称为"小畜"。

如果在生活实践中占得此卦，一方面，我们要健行远至，但这种远行是做文化交流和信息传播，所谓"懿文德"，即美化文章、教化；至于建功立业的大事就应了"密云不雨"的情况，不能有所作为。另一方面，我们还要注意，如果远行不回或者迟回，就有"夫妻反目"的危险，因此，对女子而言此卦是极为不利的。在古乐府诗中有一首

《青青河畔草》:

> 青青河畔草,郁郁园中柳。盈盈楼上女,皎皎当窗牖。娥娥
> 红粉妆,纤纤出素手。昔为娼家女,今为荡子妇。荡子行不归,
> 空床难独守。

这就是行而未回的结果,也是游而不归的结果。因此,在这个卦的爻辞里有两处写到妇人的苦,一是九三爻辞"舆说輹,夫妻反目",用比喻的方式,形容夫妻之间的不和就像车厢与车轴脱离一样。二是上九"既雨既处,尚德载。妇贞厉,月几望,君子征凶"。"妇贞厉","厉",就是祸乱。那么为什么会这样呢?本来,这个卦象是"密云不雨"的,可是上九有了"既雨既处"的意思,雨下下停停。作为"小畜"而言,阴气蓄积的阳气就像十六的月亮一样明亮(太阳为阳,月亮为阴。阴气畜积阳气,就如同月亮一样)。女子等不到自己的丈夫回家,而且很可能他在外面遇到了凶难,即"君子征凶"。

在《小畜》卦的爻辞里,除九三与上九说的是妇人不吉的事之外,其他的四个爻辞基本都是吉利的。如初九因为阳气回复,符合天道运行,所以吉利。二本应为阴爻,这里却是阳爻(九二),所以叫"牵复",虽然很勉强,但因为位得中,所以也吉利。这里用"牵"字是很有意思的。因为按《易经》的世应规则,二要与五应,九五在巽卦,按《说卦传》,巽为绳子。古人说话注重形象比喻,对于《易经》而言,更是如此。六四是这个卦里唯一的一个阴爻,所以它有"血去惕出"的惊惧之心和警觉意识,但是,只要"有孚",就不会有危难的事情发生。九五心怀拳拳忠心,耿耿诚信,即"有孚挛如",又因为与六四为邻,所以深得蓄积之富。晏子说"君子居必择邻",这句话用在九五这里,再合适不过。

【案例】

　　尚秉和先生为时任北京警备司令的鹿钟麟（冯玉祥的重要将领）占测攻占天津的事，筮得《小畜》☴。按《易》例，内卦为主，为贞，为我方；外卦为次，为悔，为彼方。因《小畜》内卦为乾，乾为西北，为金；外卦为巽，巽为东南，为木。按地理，西北为高，东南为低，居高临下，形势强在西北。从五行来看到，以西北之金克东南之木，克之必胜。再从卦象来看，乾为健行，巽为伏入。由健行而至于伏入，可知其事可行、必行。由此，尚氏断定冯玉祥的军队必要攻占天津。

　　从尚氏的推测过程来看，他判断卦情的主要依据有三：其一，筮得《小畜》，没有变卦。其次，用了卦象、卦德。再次，是"纳甲法"。本来，若依卦爻辞，"风行天上"似乎只能有"懿文德"的力量，并没有攻城陷阵之事。但是若从互卦看，则三至五互有离，离为甲胄，有用兵之象。加之《象传》所说的"健而巽，刚中而志行"，就可以推断出用兵之象，也能够推断出用兵的结果是吉利的。

怎样踩着老虎的尾巴而不被老虎吃掉

履

第十卦

履虎尾，不咥人。亨。

《履》卦：有人轻轻地踩了一下老虎的尾巴，因未伤痛虎，虎不咬人。这种情况是亨通的。

《履》，卦名，兑下☱乾上☰。履，踩踏。咥（dié），咬。以"兑"之柔小，对应于"乾"阳之刚。按《说卦传》，乾为健行，兑为西方，为虎。卦象以"履虎尾"为喻，形象地警示人们，旅途行进中或遇种种艰难险阻，就如同踩在老虎的尾巴上一样，需要小心翼翼，如《履》之初九一样，以"柔履刚"。反之，贸然犯险，鲁莽冲动，像六三那样"眇视""跛履"，则有"虎咥人"之凶。

初九，素履往，无咎。

初九，穿着朴素的鞋子轻轻地前行，无论走到何处，都没有灾害。

素履：白色没有装饰的鞋子。此处象征着心底朴实无华，品行端正。

初与四应，初九当位，九四失位不正，在外卦，故初九之应称"往"。无应而"往"本有其咎，然初九不为他人之奢华所动，坚持自己朴实的美德，"素履"而往则"无咎"。

九二，履道坦坦，幽人贞吉。

九二，思虑幽深而安恬的人走在平坦广大的道路上，这是多么的吉祥啊！

幽人：指深思明哲之人。

九二失位不能应九五，然二居中位，如走直道。又九二至九四互离，离为日，走在阳光下的大道上，故曰"履道坦坦"。

六三，眇能视，跛能履，履虎尾，咥人，凶。武人为于大君。

六三，目盲而视物，足跛而行路，踩着了老虎的尾巴，老虎就会咬人，有凶险。勇敢的武士要尽心尽力地为伟大君王效力。

眇（miǎo）：一目失明。跛：瘸。

九二至九四互有离象，离为目，然六三居离中而失位，失位不正，故曰"眇能视"。震为足，九二至六三为半震之象。乾为健行，六三失位则乾象毁，故曰"跛能履"。六三失位，不中不正，目盲而足跛，有跌跌撞撞之窘态，踩着老虎的尾巴必为虎所啮伤。六三可谓多灾多难，究其原因，皆因其失位不正。身不正，则名分不正，名分不正，则淹蹇多难，故孔子曰："名不正则言不顺，言不顺则事不成。"又，三本为阳刚武人之位，六三虽失位于《履》，然上应于上九，上九在九五之上，故曰"大君"，三上而应之，故勇武之人当为大君效力，终可补其不当位之失，亦可谓"祸兮福之所倚，福兮祸之所伏"。

九四，履虎尾，愬愬，终吉。

九四，踩着老虎的尾巴，心中保持警惕，小心翼翼地走，终将是吉利的。

愬愬（sè）：恐惧的样子。

《履》卦六三、九四爻均有"履虎尾"之辞，且二者均失位不正，可见卦辞中的"虎尾"应指下兑，而非上乾。按卦象，兑主西方，西方为白虎。乾为马、为健行，六三因位在兑之尾，故曰"履虎尾"；九四应乾之健行于兑上，下不能应初，故而也有"履虎尾"之忧，然其有上行之势，且以"愬愬"之心而履之，故有惊无险，化险为夷，有"终吉"之果。

九五，夬履，贞厉。

九五，刚猛果断地行走，占问结果是有危险。

夬（guài）：决断。

九五以阳刚之德而居中正之位，恃其得位之正，又有君临天下之气势，故行事果决，无所忌惮。然而，《履》本应以柔履刚，九五却以刚履柔，故"贞厉"，正所谓刚则易折。"诸葛一生惟谨慎，吕端大事不糊涂"，凡干大事，应居安思危。九五位尊任重，一言一行，事关社稷民众，更应该谨慎处事。九五之"厉"，用朱熹《周易本义》一言可蔽之，曰"伤于所恃"。

上九，视履考祥，其旋元吉。

上九，回头看看走过的路，察看一下吉凶祸福，转身来顺应自然的道理，这样就会很吉祥。

考：考察。祥：吉凶的征兆。旋：回还。

上九处《履》之极，能审视履之善否。高而无危，极而能还，这是上九的圣明之处。而其所以能圣明如此，就在于他能从其他几爻所履行的经历中考察得失，吸取教训。《周易集解》引卢氏曰："王者履礼于上，则万方有庆于下。"上九视善恶而考察得失，即以阳合阴，由刚还柔，故《象传》所云上九之"大有庆"，也是应了"积善之家必有余庆"的道理。

【解读】

　　就卦之六爻而言：初、二、四、上爻皆因履之得当而"吉"，唯九五过刚于《履》，故有危险，六三因"眇视"而履，有"咥人"之"凶"。《序卦传》曰："物畜然后有礼，故受之于《履》。"崔憬曰："履，礼也。"《象传》作"柔履刚"解，以柔履之，则履之以礼，故无有其害；以"柔履刚"，则虎不食人；以悦应强，则强不伤人。这种应对强者的态度说明，强者并非就一定能伤人，如果我们以正确的方法应对刚强，则或"愬愬终吉"，有惊无险；或"履道坦坦"，"幽人贞吉"。庄子曰"礼以道行"，"履"为践行之事，就当以礼节止。"天尊地卑，乾坤定矣"，乾为天在上，地聚泽而居下，"说（悦）而应乎乾"，此本自然之理。君子通过研几《履》卦，以"光明"之德（二至四互有离象，离为光明）行《象传》所谓"辨上下，定民志"，终会有"元吉"之大福。

【案例】

一

　　《履》卦的卦象蕴涵的道理有大有小，但道理的意义和实践性总是在生活和社会经历中得到深刻印证的，这些印证总有一个方向性的大智慧，即凡事处危险时，不能慌张急躁，也不能刚猛鲁莽，而应该以镇定安静的态度审慎敏锐地观察，见机行事，因势利导。如著名的历史事件"晁错削藩"就能应着整个《履》卦的卦象多角度地说明"履虎尾"的方法。

　　汉文帝去世后，景帝即位，按晁错的建议实行"削藩"，结果激起以吴王刘濞为首"七国之乱"。晁错是一个很有智慧的人，文才富赡，口有辩才，见识深远，景帝称他为"智囊"，对他几乎言听计从。但是，晁错为人峻峭严苛，得罪了在朝为官的很多同事，《史记》和《汉书》都说他是"峭直刻深"。峭，就是严厉的意思；直，就是刚直不阿；刻，就是苛刻；深，就是严酷心狠。在晁错建议景帝"削藩"时，他的父亲急急忙忙地从颍川（今河南禹州）老家赶到长安来找他，劝他说："皇上刚刚即位，你在朝廷当政，就要削减诸侯王的封地，疏远皇室尊亲，引起大家的怨恨，你这是为什么呢？"晁错对父亲说："必须这样做呀！不然，天子就没有尊严，国家就不得安宁。"他父亲听后感叹说："刘家天下安宁了，我们晁家却危险了！"老人劝不动自己的儿子就自杀了。临死前，他说："我不忍心眼睁睁看着大祸临头啊！"其实，晁错本人何尝没有感到危险呢？不过，他为了国家已经把个人的生死安危置之度外了，《汉书》上说他是"锐于为国远虑"。结果，虽然他本意是为国家谋一个长治久安，却激起了"七国之乱"，威胁到了汉朝的统治，自己也在吴王"清君侧"的压力下，被景帝当作替罪羊腰斩于长安的大街上。

晁错的悲剧就是因为他没能以"柔履刚"，过于急躁刚猛了，所以他的初衷很好，却适得其反。

二

三国时期的陆逊是一个温文尔雅的书生，但是他却打败了气势如虹的关羽。首先，他利用关羽骄傲自大的弱点，以极其谦卑的言辞写信恭维奉承关羽。使关羽完全丧失对吴国的警惕而全力对付曹操，陆逊则因乱而起，乘虚而入，轻取荆州。就以《孙子兵法》的"百战百胜，非善之善者也；不战而屈人之兵，善之善者也"的观点来看，陆逊才是三国时期最大的军事家。但是真正使陆逊的军事智谋得逞的原因，就是陆逊能够像《履》之九四那样柔"履虎尾"而"终吉"。后来陆逊面对刘备来势凶猛的十万之众，根据敌强我弱的实际情况，像上九那样"视履考祥"，审时度势，疑兵诱敌，麻痹敌人，捕捉战机，出奇制胜，"火烧七百里连营"，彻底打败了刘备的大军。

<h2 style="text-align:center">三</h2>

古人从卦象来推断一件事，其结果多能应验，这本不稀奇，因为很多事情按情理分析也能得出同样的结论；重要的是，发生在推断过程中的思维方式反映着古人运用智慧来揣测未知世界的意义，这个意义形成了中国人充满理性的生活情趣和情景，因而使得中国人的生活变得有情理、有意义。

据《郭氏洞林》记载：有一个名叫赵朔的人善于占卦，有一天，他遇到一个客人要卜筮打猎之事，筮得《履》☲之九四爻动，动而变为《中孚》☲。《履》三至五互有巽，巽为绳。《履》动变为《中孚》后，《中孚》之三至五互有艮。巽不见而艮见，艮为狗，类如小猪，故有"逸豚"之象。又巽也为猪，如《姤》辞有"羸豕孚蹢躅"。于是赵朔根据卦象推断："等你打猎回来时，会猎获一头逃逸的小野猪。"过了一会儿，他们带着猎物回来，果然如赵朔所占。

从赵朔推断的结果来看，其所应验的事情，并没有与《履》卦的爻辞产生直接的联系。但是，他却推断出一个应验的结果。因为爻辞只是部分地反映了卦象蕴涵的道理，而卦象本身所包含的意义远远大于卦爻辞的意义。因此，对学习《易经》的人而言，一方面我们要通过爻辞了解过去发生的事情以及古人处理类似事情的观点和方法，更重要的是要养成琢磨、研习、推导卦象的思想方法。

交流与变通是实现上下同心的前提和方法

泰
第十一卦

（卦象图）

小往大来，吉，亨。

《泰》卦象征着通顺安泰：坤道柔小往外，乾道宏大来入内，吉祥，亨通。

《泰》，卦名，乾下☰坤上☷。泰，就其字本义来看，是指水在双手的缝隙中滑动流淌的样子，故《说文》曰："泰，滑也。"滑而不滞则通，引申为"通"，故《序卦传》曰："泰者，通也。"观其卦象，《泰》之"天地交"，阳来而阴去，小往而大来，阴阳二气相互交感而通，通则久，久而安，故气泰则人安。《泰》卦的卦象所形成的基本形势就是"通而顺"。

初九，拔茅茹，以其汇。征吉。

初九，拔出根连着根的茅草，这是因为它们以同类相聚。此时此景，前进就会吉祥。

茅茹：茅草根相牵连的样子。

初九当位于乾下，上应六四，三至五互为震，六四在互震，按《说卦传》，震为蕃鲜。按《说文》，"蕃，草茂也"，故其类如茅茹。

又，震为动，乾为手。或曰《泰》旁通《否》䷋，则《否》之六二在互艮（二至四互为艮），艮为手。汉代的人解释卦象时，多用反对、旁通之法，也是通的。手动而之于"茅茹"，故初九爻曰"拔茅茹"。初九当位于乾，六四也当位于坤，各从其类，故曰"以其汇"。初九上应六四，以阳"征"阴，故曰"吉"。

九二，包荒，用冯河，不遐遗。朋亡，得尚于中行。

九二，腰绑大葫芦，徒步涉过河水，无论多远都无所遗弃。不结党营私，而以中正之德去辅佐君王。

冯（píng）河：徒步涉水渡河。遐：远。

包荒，就是指很大的葫芦。包，瓟，就是葫芦。荒，有空虚而广大的意思。古代渡河时把几个葫芦绑在腰里，称之为"腰舟"，用它来渡河，即使遐远，也没有遗失。但是这里又出现了"朋亡"，什么是"朋亡"呢？九二本应是六二，六五应该是九五，二者均失位，故曰"朋亡"。需要指出的是，这里"亡"，是指看不见。"朋亡"就是不与朋友相见，引申为不结党。那么为什么能"得尚于中行"呢？因为九二虽然是失位不正，但是仍然处于一卦的中间位置，又能上应六五，故能"得"；在古汉语里，尚，通"上"，六五居中于上卦，九二故曰"得尚于中行"。

九三，无平不陂，无往不复。艰贞无咎。勿恤其孚，于食有福。

九三，世上的事物未有平坦而无坡的情况，也没有往而不复还的情况。艰难曲折时守持正道，就会免于灾害。不要担心自己的诚信不能被人理解，在食物供给方面会有幸福。

陂（bēi）：山坡。恤：忧虑。

九三所处的位置，如《乾·文言》所言"上不在天，下不在田"，本有"夕惕若厉"之心，又位于阴阳相交之处，至六五互有震象，故曰"艰"。三虽"多凶"而"艰"，然以阳居阳，当位居正，又能应于上六，故曰"无咎"。九三在乾，乾为福。九二至六四互为兑，兑为口，上应坤象，坤有多食之象，故曰"于食有福"。

九三以"平"与"陂"和"往"与"复"为喻，说明世上的事没有一成不变的道理。只要在艰难的处境中坚持正确与正大的品德，也不要担心自己的诚心白费，那么，你就终究会得到"于食有福"的好结果。

六四，翩翩，不富以其邻，不戒以孚。

六四，翩翩地飞来飞去，因上与阴虚为邻，下有乘阳之嫌，故不富裕，这是因其不以诚信戒其行为的缘故。

九三至六五互为震，六四在互震之中，按《说卦传》，震为蕃鲜，蕃鲜就是鲜花。震为动，鲜花在风中摇曳生姿，花如蝶舞，不就是"翩翩"吗？"不富以其邻"，按《易》例，如《系辞传》所言"二多誉，四多惧"；并如《乾·文言》所言，四"上不在天，下不在田，中不在人，故或之"。或，即"惑"。"惑"而"惧"，统为不吉。六四本应与初九相应，但它以九三为"邻"，要想实现与初九的相应，就必定要跨过九三、九二。初九在乾初，九二至六四互为兑卦，六四在互兑之中，兑为损毁，又"惑"而"惧"，与相临之阳爻相争不占优势，故不得其"富"。

六五，帝乙归妹，以祉元吉。

六五，帝乙嫁出了自己的妹妹，其妹因下嫁而获得到幸福，这件事很吉祥。

帝乙：据《子夏易传》、京房、荀爽等人的注，皆认为是古帝商汤。六五尊居中位，故曰"帝"。祉：获得幸福。

六五在互震之上，按《说卦传》，震为长子，长子为兄；震居互兑之上，兑为少女，少女如妹；下应九二，有"归妹"之象和"元吉"之庆。总之，《泰》成就"天地交"的自然之道，也成就了"其志同"的人情之理，因而如《象传》所谓能"辅相天地之宜"。

上六，城复于隍，勿用师，自邑告命，贞吝。

上六，城墙倾覆于壕沟之中，这时不可出征用兵，城邑中的人请命不要用兵。因为占问的结果是有难。

复：通"覆"，即倾覆。隍：护城的壕沟。

按卦象，乾为城，上六在坤，则乾毁而坤成，故曰"城复于隍"。坤为众，有兵众之象，然上六处在穷极之地，上临群阴之象，阴柔已甚，不可以用兵，故曰"勿用师"。阴于其上，即使是"自邑告命"，也用不得师，故曰"贞吝"。

上六为《泰》之极，极则有变，变则上下不交，政令不顺。"城覆于隍""勿用师"，这一连串的麻烦皆聚集于上六，则不仅不能泰安，而且还有危而又危的险情。故观《泰》之象，玩《泰》之辞，方可见圣人居安思危的良苦用心。

【解读】

就卦象而言，天在下而地在上的《泰》卦的卦象是简单的，但这种简单的卦象却蕴涵着深刻的道理。《系辞传》曰："天尊地卑，乾坤定矣！"而《泰》却一反常态地打破这种本象，于是阳气上行，阴气下降，一上一下之间就生出三重卦象：其一，阴阳相感，上下相交，正如《象传》所云"天地交而万物通也，上下交而其志同也"。其二，内阳而外阴，内健而外顺（按《说卦传》，乾为健，坤为顺），内君子而外小人（按《易》例，阳为君子，阴为小人），君子道长，小人道消。其三，乾以三阳"来"入，坤以三阴"往"顺，阴为小，阳为大，故《泰》有"小往大来"的"吉，亨"之象。

基于《泰》卦包含的三重卦象，若以上下论之，领袖人物来到民间，联系群众，关心群众就是"泰"；若以时节论之，则阳光普照，大地回春，万物复苏就是"泰"；归妹之时，中行如愿就是"泰"。若以内、外论之，则内怀仁爱、外表威严的人多是君子；笑里藏刀，阳奉阴违的人就是小人。诸葛亮在其《出师表》中说："亲贤臣，远小人，此先汉所以兴隆也；亲小人，远贤臣，此后汉所以倾颓也。"以六爻论之，初与四、三与上均当位相应；二与五虽然不当位，却阴阳相应。总体地看，《泰》爻爻相应，内外相交，故卦辞"吉，亨"，爻辞也唯有上六"吝"。

【案例】

一

据《左传》记载：鲁哀公九年（前486）。宋国攻打郑国，晋国的赵鞅想要通过讨伐宋国来救郑国。阳虎用《易》筮得《泰》䷊的第五爻变，变而为《需》䷄。于是阳虎推断说："形势有利于宋国，不可与他们为敌。因为六五的爻辞讲：'帝乙归妹，以祉元吉。'宋国是殷纣王帝乙的后裔，宋国的受封之祖微子启，就是帝乙的长子，宋国与郑国属于外甥与舅舅的关系。'祉'的意思就是'福禄'。如果说帝乙的长子嫁自己的妹妹，并因此会获得吉利和福禄，我们又怎么能够在这次战役中获得吉利呢？"

　　以上阳虎所做的推断是通过分析卦爻辞所得的结论，基本上也是先秦易家通过《易经》推断吉凶的普遍方法。若依照汉代易学家的方法推，则六五爻动而变《需》，《需》上为坎，坎为险，变而有险，险而不"顺"，故不可进行战争。

二

　　《国语·晋语》记载，公子重耳逃亡在外，颠沛流离近二十年后，在秦穆公的帮助下，准备返回晋国。当时晋国的大臣董因在黄河岸边迎接重耳，重耳问他此行能否成功，董因说："我用蓍草测算过吉凶，结果筮得《泰》之八。按卦辞的意义是'天地配亨，小往大来'。现在您已经来到晋国的边境了，请不要有任何顾虑，一定能成功，而且可以称霸诸侯，子孙都要依托您的洪福。"

　　董因筮得《泰》卦，按古法，需在《泰》卦的基础上再求变爻，因变数为八，从初爻数至八数时，数到六五时，八数尽，六五为阴爻。阴爻或可为六，也可以为八。按筮法，七为少阳，九为老阳；六为老阴，八为少阴。少阳、少阴不动，老阳、老阴动。因八不能变，故称为"泰之八"。

　　如上所述，《泰》卦卦辞有"小往大来"的吉辞。从卦象上看，三阳在三阴之下，阳为君，三阳为乾，乾为君王，上三爻为阴，为坤卦，坤为土，为城邑。三阳谦居下位，既象征着君王得地、得民的成就，又象征着"天地交而万物通也，上下交而其志同"的大好形势。

三

据《洞林》记载，郭璞偕亲戚族人在昌邑避难，但那里也有匪患动乱，于是他想从脉头口南渡过颍水。但据传闻，在离那里三十里的地方有乱军驻扎，用栅栏截断渡口处，抢劫流民的财物。当时与郭璞同行的人有数百家，车有数千辆之多，听到乱军为祸，都不敢向前走。大家让郭璞通过筮卦看看前途吉凶如何，郭璞筮得《泰》。于是郭璞欣然对众人说："《泰》卦初九爻动，其爻辞曰：'拔茅茹，以其汇，征吉。'说的正是我们很多人在一起避难的情况，而且《泰》卦的意义就是'亨通'的意思。很明显这是吉利的，有什么可疑的呢?"根据卦象所显示的意义，郭璞就继续向前逃难，跟随他的人有数十家之多，等到他们到达目的地时，乱军已经离去。那些没有跟随郭璞离去的人皆回避至樔津，结果，在他们渡江时被乱军劫掠，都后悔没有按照郭璞卦象指示的去做。

封闭与阻隔必然导致落后与消亡

否
第十二卦

```
▬▬▬▬▬
▬▬▬▬▬
▬▬▬▬▬
▬▬  ▬▬
▬▬  ▬▬
▬▬  ▬▬
```

否之匪人，不利君子贞，大往小来。

《否》卦象征着闭塞不通：不利于君子之行，因为这时正是正大的
阳气消逝而去，卑弱的阴气生长而来。

《否（ pǐ ）》，卦名，坤下☷乾上☰。《序卦传》曰："物不可以终通，
故受之《否》。"坤下乾上象征闭塞。匪，通"非"。"否"与"泰"反，
阴气剥阳，不利君子，又非人道，故曰"匪人"。

初六，拔茅茹，以其汇。贞吉，亨。

初六，拔起根系相连的茅草，这是因为草根以同类相聚的缘故。
这种情况是吉祥而又亨通的。

《否》与《泰》二卦之初爻皆以"茅茹"取象，然而《泰》卦初爻
为阳，《否》卦初爻为阴，故象虽同类，而其志则不同。《论语》曰："君
子之德风，小人之德草。"阳为君子，于《泰》有生长之道；阴为小人，
于《否》则有闭塞之道。君子进则吉，故其爻辞告以"征吉"；小人守
正则吉，故爻辞告以"贞吉"。

六二，包承，小人吉，大人否，亨。

六二，被包容且顺承九五之尊，小人吉利，大人不为这种小人之道，亨通。

包，包容，二五相应，就是二为五所包容。六二顺承于九五，故曰"承"。《经义述闻》曰："六二包承于五，小人之道也。九五之大人若与二相包承，则以君子而入小人之群，是'乱群'也。故必不与包承，而其道乃亨。"六二受九五"包承"，故曰"小人吉"；而大人不愿同流随波，故"否"而有"亨"。

孔子曰："君子和而不同，小人同而不和。"六二当位居中，上应九五之尊，本以吉论；然居于《否》中，为群小所包围，故有小人之象，正《孔子家语》所谓："与善人居，如入芝兰之室，久而不闻其香，即与之化矣；与不善人居，如入鲍鱼之肆，久而不闻其臭，亦与之化矣。"六二居正《否》中，既可以为大人，也可以为小人。若不以俭德独善其身，误入群小，则"吉"而为"小人"；若知《否》道，能以俭德退身无为，正己而不乱其群，则为"大人"而"亨"。六二既知小人之"邪"，当反其道而行之，洁身自好，独善其身，此之谓"道不同不相为谋"。

六三，包羞。

六三，被包容而行小人之道，终致羞辱。

"包羞"就是羞耻的意思。《否》之所成在于六三，六三处在下卦之终，不中不正，位既不当，又为九四所包，故曰"包羞"。

六三的《象传》说："'包羞'，位不当也。"《系辞传》曰："圣人之大宝曰位。"三本多凶，若失位不正，则不仅有凶，且有其耻。然《否》之六三爻辞言"包羞"而不言"凶"，似对六三有劝勉之心，一如孟子之所谓"无羞恶之心，非人也"。六三既能包羞，则有"知耻近乎勇"

的德行。《否》之六三启示人们：蒙"羞"而"知耻"，才是有"勇"之人，才是真男儿。

九四，有命无咎，畴离祉。

九四，承受上天之命，没有过错，其同类因依附于它而获得幸福。

畴（chóu）：通"俦"，同类，一起。离：依附，附着。祉：福，得福。

乾为福，九四因失位而附于乾象，故曰"畴离祉"。九四以阳居阴位，虽有不正之嫌，然受命于上，故"无咎"。

九五，休否，大人吉。其亡其亡，系于苞桑。

九五，使否闭停止，大人就会得到吉祥。将要灭亡！将要灭亡！要使我系之于如山之固，如桑之坚。

六三至九五互为巽，巽为木。乾为人，人依树木，有休止之象。苞，丛生，茂盛，根本深固。《诗·大雅·常武》"如山之苞"，就是此义。桑，桑木。《周易集解纂疏》引京房注《典术》："桑木者，箕星之精，神木也。"九五为大人，有救世之责，故曰"系于苞桑"。

九五尊居君王之位，担负着存亡继绝的重要使命，因此，能于"其亡其亡"的《否》道之中坚持"系于苞桑"的积极态度，真可谓不辱使命。《朱子语类》曰："有戒惧危亡之心，则便有苞桑系固之象。盖能戒惧危亡，则如系于苞桑，坚固不拔矣。"九五居阳刚中正之位，在危机迫近时，不仅没有惊惶失措，而且有着"系于苞桑"的决心和准备，救危亡于将倒。由此观之，则"休否"之吉并非"系于苞桑"，实系于君子之德。

上九，倾否，先否后喜。

上九，倾覆否闭的局势，起先还有否闭之困，尔后则通泰喜悦。

上九居《否》道终极之时，下应六三，六三失位，且在坤阴之中，虚而不能承阳，故有"倾否"之象。《否》道在先，故曰"先否"。上九失位不正，下应六三，动而变正，成《咸》䷣卦。咸，下艮上兑，有少女取悦少男之象。动而变，变正而悦，故曰"后喜"。

一般人都认为，《否》卦为天地不通、阴阳不交的阻塞之象，当此小人得势之时，君子唯有"避难"而已，因此很难理解为什么苏秦最初游说失败筮得《否》卦时，却成就了"一怒而诸侯惧，安居而天下熄"的大业。苏秦卜得此卦后，虽然一开始是沮丧的，可是想到"先否后喜"，"否极泰来"，他就明白"否极"是现状，自己不就是应着《否》卦的卦象处于"否极"吗？物极则变，穷则变，变则通，"否极"不就正说明事物要向着"泰"的方向发展吗？于是，苏秦从此闭门苦读，不仅掌握了诸侯的兵势、国情、民心，还研究了处在如此形势中的诸侯的心理。一年多之后，苏秦胸有成竹，再次出游列国，以"合纵抗秦"的政治主张纵横捭阖、折冲樽俎，游说于各国之间，终于说服了赵、韩、魏、齐、楚、燕六国联手抗击强秦。苏秦出任合纵联盟的盟长，同时兼任六国的国相，一人佩六国相印，使得秦国大为忌惮，不敢轻易对六国用兵。当苏秦挂着六国的相印路过洛阳时，天子周显王还派人预先清扫道路，在郊外设帐迎接。司马迁因此在《史记·苏秦列传》中评价苏秦有"因祸为福，转败为功"的智慧。

【解读】

变化之理本来是事物的本质特征，也是《易经》的普遍特征，而这种特征在《否》《泰》两卦体现得尤为充分，因为这两卦代表着事物发展变化的两个终极。天在上地在下是天地的本来面貌，但是《否》

这种固定不变的位置说明天地、上下之间闭塞不通，缺乏交流互动。由天道及于人事，《否》象征着小人得志，君子困厄。总的说来，《否》卦是在形容"小人吉，大人否"的情况，小人于《否》中有"包羞"之耻，君子于"否"中有"不乱群"之志。卦之六爻：初有"吉"；二有"亨"；九四"无咎"得福；九五"大人吉"；上九"先否而后喜"；唯有六三因居位不正而蒙受耻辱。《否》卦象征着由通泰转变为否闭的状态。于其时，则阳气日渐衰退，阴气日渐生长；于其事，则君子在外居野，小人居内在朝；于其势，则君子不通，小人得势。当此之时，君子应不求荣禄有功与闻达显贵，唯以"俭德避难"为是。

物极必反，泰极则反于否，否极则反于泰。事物的变化规律总是以起伏不定的状态和循环往复的方式进行。在展现希望时，也隐藏着危亡；在显示危亡时，又给人们以希望。在此，《否》道启示着人们：尽管天地或有反常之时，但总体上看，还是以时节有序地成就着万物，而丝毫没有毁灭万物的本性。因此，人应该顺应天地之道，保持热爱生命的信念和希望。因为就整个人类而言，真正放弃生命的是人类自己，而不是天地。

《否》卦天地否塞的卦象预示着君子常常会遇到时运不济、命运多舛的失败和磨难。总的看来，在生活中谁也不可能总是一帆风顺的，关键在于如何对待失败和挫折。比如现在一些职场精英常常说"态度决定一切"，同样是羞辱，韩信能忍胯下之辱，最终成为中国古代伟大的军事家，项羽不能忍受失败带来的羞辱，所以自刎乌江。唐朝的杜牧不仅诗写得好，还关心军事，好读兵书，曾注释过《孙子兵法》。他在《题乌江亭》诗里批评了项羽：

胜败兵家事不期，包羞忍辱是男儿。

江东子弟多才俊，卷土重来未可知。

诗中的"包羞"就出自于《否》卦六三的爻辞。一个男人的强大不仅来自于勤奋、好学、专注、坚毅、机遇等因素，更来自于"包羞忍辱"的心量，如果没有这种心量，即使是勤奋、好学、专注、坚毅，也很难等到"机遇"。到了宋代，集政治家、诗人于一身的王安石也在《乌江亭》的诗歌里谈了他对此事的看法：

百战疲劳壮士衰，中原一败势难回。

江东子弟今虽在，肯为君王卷土来？

一个是用军事的观点看问题，一个用政治观点看问题。抛开事情本身来看，我们应该认识到杜牧、王安石的诗歌都谈到了如何应对失败与羞辱的态度问题。生活实践告诉我们，人人都会遇到因失败带来的羞辱，而只有那些能够忍受羞辱的人才能成就事业，大有可为。因为"包羞忍耻"可以扩大我们的心量，对于人性而言，只有心量大了，我们才能胸怀大志，包容兼顾常人难以承受的事情。

总的看来，《否》有"阻塞不通"的困厄与蹇滞之象。可是，每当形势如此时，人们更应该有"冬天来了，春天还远吗"的乐观情怀；更应该有"包羞忍辱"的智慧与意志。唐人贯休就《否》极之困赋《赠钟陵陈处士》诗：

否极方生社稷才，唯谭帝道鄙梯媒。

高吟千首精怪动，长啸一声天地开。

湖上独居多草木，山前频醉过风雷。

吾皇仄席求贤久，莫待征书两度来。

韦庄也赋《湘中作》诗：

千重烟树万重波，因便何妨吊汨罗。

　　楚地不知秦地乱，南人空怪北人多。

　　臣心未肯教迁鼎，天道还应欲止戈。

　　否去泰来终可待，夜寒休唱饭牛歌。

贯休的"否极方生社稷才，唯谭帝道鄙梯媒"与韦庄的"否去泰来终可待，夜寒休唱饭牛歌"，其实都能以乐观的态度因应《否》卦中的困厄与阻碍。

【案例】

　　郭璞曾经为他人筮算病体吉凶，筮得《否》之六三、九五、上九动，动而变有《小过》，并依据卦象做诗云："《否》之《小过》大不良，世爻乙卯克升阳，人命不利当逢丧。酉月不见戌所伤，二者之名为何当。妇女胎反见华盖，沉不见水身在旁。"《否》卦的卦象有天地不交，阻塞不通的意思。变为《小过》后，《小过》中爻不能应，止而不能通，故两卦皆"不良"之卦。再根据纳甲法，《否》卦世爻纳有乙卯，本上应上九，然而一则三、上皆失位，二则作为世爻的乙卯之木，上应、相合后（卯与戌合）而克上九之戌土。戌为火库，木（卯为木）入火库，库类似墓，入库即入墓，逢库如"逢丧"。然时至八月（酉）时，值卯酉相冲，冲则不能应入火库，故酉月未必见丧；至九月

（戌），则合入火库为其所伤。因世爻在互巽（三至五互为巽），巽为长女，故知病主为妇女。又《否》卦动而变为《小过》卦，小过上为震，震有"虚筐"之象，且震动即为胎动，故震有胎象。《小过》下为艮，艮为止，止则不动。胎为生命，本应震动，不动故谓之"胎反"。更为严重的是，胎止不动则有凶。《否》卦下卦为坤，为纯阴之卦，阴气沉于下，又为艮所止，致使阴气既不能消散，又不可上应。因世爻纳支为卯，按五行术，亥卯未见未为华盖，《否》之初爻纳支为未，故称之为"华盖"，华盖为木库，卯为木，见库也属不吉。水为养命之源，按乾宫（按八宫卦，《否》在乾宫），则初爻为子水，但是却伏而不见，故曰"沉而不见水"。

　　《否》象阻塞不通，《小过》止而不能动，筮得这样的卦象，都会应在不吉之事上。郭璞筮得此类卦后，虽然以纳甲法断占吉凶，其推断过程不用爻辞，然而推断结果皆与爻辞相合，如六三动，爻辞曰"包羞"；九五动，爻辞有"其亡其亡"；上九动，爻辞曰"倾否"而"不可长"。其变卦相应的爻辞，九三："弗过防之，从或戕之，凶。"上六："弗遇过之；飞鸟离之，凶，是谓灾眚。"那么从诗句中所推断的情况来看，事态在向前发展的同时也与卦象所表现的吉凶深入契合。

中正文明的美德与同心同德的愿望

同人
第十三卦

同人于野，亨。利涉大川。利君子贞。

在广阔的原野上行走，其志气相同，亨通。有利于涉过大河，有利于君子守正持固。

《同人》，卦名，离下☲乾上☰，象征着与人同志。下离为日，上乾为天，日附于天，"悬象著明"，此为一同。六二与九五俱得位而处中正之位，又相互因应，是谓二同。

初九，同人于门，无咎。

初九，出门与人志气相同，必无灾害。

二至四互为巽，巽为门；初九在巽下，上应九四，九四失位无应，初九如在门内，故曰"同人于门"。初九为阳，其所应九四也是阳，阳阳相同，此为一同；下离为火，火势向上，上乾为天，天也为上，上上同性，此为二同。同则相亲，就是我们常常讲的"同门"。

六二，同人于宗，吝。

六二，仅与同宗血亲的人求同，这是令人遗憾的。

宗：宗亲。吝：遗憾。

六二以阴柔之性得中正之位，上应九五，九五居一卦之尊，如同宗主一样，故曰"同人于宗"。在《同人》卦里，除六二之外，均为阳爻。其作为卦主，本负有"天下大同"的责任，而此处却只与九五相应，不与其他阳爻相应，故曰"吝"。

九三，伏戎于莽，升其高陵，三岁不兴。

九三，潜伏兵马于草莽之中，登上高陵频频察看，三年也不敢兴兵作战。

九三居离之上，按《说卦传》，离为戈戟，本有兵戎之象，又在互巽之中，按《说卦传》，巽为木，巽为高，加之九三不能与上九相应，故与乾之三阳为敌。敌强我弱，故九三只得"伏戎于莽，升其高陵"，如《孙子兵法》所云"先为不可胜，以待敌之可胜"，即《象传》之"三岁不兴，安行也"。为何是"三岁"？乾为天，一岁等于一周天，因爻在九三之位，故曰"三岁"。

九四，乘其墉，弗克攻，吉。

九四，乘其高墙之上，不能使敌人攻打自己，也是吉利的。

墉（yōng）：城墙。

九四在乾，乾为高，故称其为墉。因九四失位，动而变正，则二至四互为坎，坎为寇，寇在下，墉在上，居高临下，则不能使敌人攻克。九四失位不正，下不能应于初九，且有兵戎之象，本应以"凶"论，而爻辞则曰"吉"，这是因为进攻者应为下离，而非九四。九四"乘其墉"显然是在防守，居高临下，防敌有道，使敌"弗克攻"，故"吉"。

九五，同人先号咷而后笑，大师克，相遇。

九五，与人和同时，先号咷而哭，而后笑容满面，这是因为大军克敌告捷而归，志气相同的人相遇在一起。

二五同心，故《系辞传》释此爻曰："同心之言，其臭如兰。"九五与六二的亲合，关系到全局的亲和，而实现亲和的途径则必须经历"大师"之事。在此，"遇"为二五遇合之遇，非大师相遇之遇。六二上应九五，因有九三、九四途中阻截，又有离为兵象；加之六二至九四又互为巽，巽为入，兵象入，则有"大师"之事。故九五欲实现与六二相遇，就必须以"大师"临之九三、九四，然后才能"相遇"。

上九，同人于郊，无悔。

上九，在远郊野外而和同于人，也是没有悔恨的。

按《易》例，乾为野，上九处外卦与乾之极，故曰"郊"。《同人》之上卦为乾，按乾之上九应"有悔"，其所以言"无悔"，在于上九逸于兵象相争之外，不参与世事，悠悠于郊野，得其"同人"而乐，无违"同人"之道，故"无悔"。

【解读】

《同人》的卦象与爻象在吉凶方面有很大的不同，比较起来，爻辞远没有卦辞吉利，而且卦辞有"同人于野"的气象，爻辞却有兵象用险的艰难。就卦象而言，首先，天下有火，光明于天的《同人》，使君子具有"类族辨物"的能力；其次，如《象传》所言，作为卦主的六二"柔得位得中，而应乎乾"，"文明以健，中正而应"，此谓"君子正"；再次，《同人》上乾卦有郊野之象，下离卦有同人之德，因而使君子能有"利涉大川"的力量去"通天下之志"。由卦象可见，《同人》之"同"为君子心志相同时，其内秉文明之德，外持刚健之行。于象，则"悬象著明"，光被四表；于德，则刚健中正，正大光明；于事，则传播文教，教化人心。如《中庸》之所谓"高明配天"，"不见而章，不动而变，无为而成"，故而能"通天下之志"。又如《礼记·礼运》所言："大道之行也，天下为公"，"是谓大同"，这是圣人心中的政治理想。但从爻象来看，在《同人》卦中，没有真正"吉"的爻位。其中，初九上无所应，"同"而"无咎"；六二唯上应九五，实为"吝"同；九三上邻乾之三阳，阳阳相敌，故谓"敌刚"；九四、九五皆有兵象；上九仅"无悔"而已。因此，王弼叹此卦曰："凡处'同人'而不泰焉，则必用师矣！"言下之意，今日之"同"实由于往日攻战强行得来，是"小人同而不和"。为什么会是这样？主要原因只有一个，而且就是那个"柔得位得中"的六二。六二的爻辞是"同人于宗，吝"，通过《象传》的解释和卦象的情况，我们可以得知，六二就是那个大家都要依靠的"宗"，于是她仿佛因此成为了各爻的"宗主"，阴少而阳多，所以断辞为"吝"。吝的本义是"憾惜"，这个为众爻响应的六二，虽然得位中正，而且还能上就九五，但是她的本钱太少了，帮不了大家多少。

讲完了宗主，我们再看看宗派。在中国人的文化基因里，"仁义"是儒家的思想核心，也是人们的做人根本。因此，中国人骨子里、血液里就有侠肝义胆、舍生取义、为朋友两肋插刀的热心。我们尊重这样的人格，因为作为中国人，无论你的理智多么让你清醒，你都有"热心基因"，所以尊重这种人格，不仅仅是因为高尚，而是因为尊重自己。其实，这种做人的观念和处世的方式就是"同人于宗"。《三国演义》里，一开始就讲述了"桃园结义"的故事，这就是"同人于宗"。同时，我们也应该认识到，这种"同人于宗"也有其局限与危害。当"情义"影响了"理智"，或目的不正时，"同人于宗"就将反噬于人。

回顾刘关张三人的悲剧以及蜀国的失败，我们就会清醒的感觉到，恰恰是这种"同人于宗"的"结义"，既伤害了他们与赵云、诸葛亮等人的关系，又破坏了他们恢复大汉的事业。历史的经验告诉我们，所谓的"结义"，最终难以避免"吝难"的窘境和难堪。

通过以上这些故事，我们就知道《同人》卦凶多吉少的主要原因了。对于我们个人而言，一方面，我们还是要重视交友结盟，另一方面，我们更应该重视交友结盟的对象和方法。重要的是，我们应该具有中正仁和的美德和同心同德的愿望，"德不孤，必有邻"，"海内存知己，天涯若比邻"，这才是《同人》启示给我们的智慧。

【案例】

一

五代十国时期的后唐，有个叫马重绩的人精于用《易经》筮算卦象。后唐庄宗李存勖镇守太原时，每当用兵征战就一定向马重绩咨询，马重绩算的卦也常常是应验如神。到了后唐废帝李从珂时，石敬瑭凭借太原拒不执行李从珂的命令，于是李从珂派兵将太原围困，形势非常危急。石敬瑭请马重绩占筮结果，遇《同人》卦。马重绩说："《同人》卦下离上乾，乾卦刚健，离卦光明，刚健有为是君子的德行；离为光明，象征着君王面南居尊而治理天下。《同人》卦有与人和同之意，肯定有志向与我相同的力量。《说卦传》说'战于乾位'，乾在西北之地，如果有与我方协同的力量支援我们，按卦象，应该是来自西北方向。因为乾卦是一个主西北的卦，若在西北开战，则战而能胜。按五行来看，西北属金，象征秋季，时间应在九十月之间吧。"这一年九月，契丹帮助石敬瑭击败了唐军，石敬瑭后来也称帝，就是后晋的高祖皇帝。

二

如果说上面的《同人》卦应验了一件开国之事，那么同样筮得《同人》卦的王莽却走向了灭亡。公元23年，王莽的军队在昆阳（今河南叶县）被刘秀打得大败，王莽为了掩盖失败、稳定人心，就说曾经占得《同人》卦，九三爻动，变为《无妄》☰☰卦。

王莽解释说："《同人》卦的九三爻辞上讲'伏戎于莽，升其高陵，三岁不兴'。'莽'是我的名字，而'升其高陵'中，升为刘伯升，高陵为高陵侯之子翟义，由此推测刘伯升、翟义会起兵攻打皇帝。'三岁不兴'意思是兵败后，三年内难以振作，据此，可以推断刘伯升、翟义必将被我打败。"王莽断卦主要依据《同人》卦动爻的爻辞，他的解释虽然牵强附会，但依然是按照《易经》的筮法来演绎的，不过，他忽略了一个关键，"《易》为君子谋，不为小人谋"。《易经》的宗旨是"劝善惩恶"，又怎么可能帮助人做坏事呢？不过，有意思的是，就整个这个事件来看，王莽似乎很重视并迷惑在《同人》的九三爻辞里的那个"莽"字。但是，其所在意的"莽"并不是他的名字"莽"，他解释的"同人"也不是《同人》卦象里的"同人"。

灿烂辉煌的阳光才是人类最大的财富

大有
第十四卦

▬▬▬▬▬▬▬▬▬
▬▬▬▬ ▬▬▬▬
▬▬▬▬▬▬▬▬▬
▬▬▬▬▬▬▬▬▬
▬▬▬▬▬▬▬▬▬
▬▬▬▬▬▬▬▬▬

元亨。

《大有》卦象征着大有收获：极为亨通。

《大有》，卦名，乾下☰离上☲。乾为天，天为大，又有太阳在天上，普照万物，生长万物，具"大有"之象。

初九，无交害，匪咎。艰则无咎。

初九，不与恶害相交，自然无有过错。即使身处患难之中也没有灾祸。

匪：通"非"。

初本应于四，四以阳居阴，失位为"害"而不能应，故曰"无交"。"无交"于"害"，当然"匪咎"。初九当位于乾，乾为君，有"终日乾乾"与"夕惕若厉"的勤谨，即使是身处于艰难之中，也没有什么过错。

九二，大车以载，有攸往，无咎。

九二，用大车承载"大有"之财富，有所前往，必无灾祸。

九二身居乾中，乾为大，又为圆。圆转而动，如大车载而有所往；

且身居乾之正中，上应六五，有君子之德并因应君上，故"无咎"。

九三，公用亨于天子，小人弗克。

九三，公侯享用天子的宴请之礼，小人则不能享受此种礼遇。

亨：通"享"。

九三当位于乾，乾为君子，本应于上，上失位而不能应于三，三遇六五，六五居天子之位，中虚而有饮食之象，因为九二也不正，动变则二至四为巽，则二至上互为《鼎》☰☰象，故能"亨于天子"。然"小人"则不能享得此礼。

九四，匪其尫，无咎。

九四，排除自身的邪曲不正，无所祸害。

尫（wāng）：骨骼不正的意思。又字作彭（páng），通"旁"，是行路不正的意思。

九四以阳居阴，失位而"尫"，若动变而正，即"匪其尫"则"无咎"。"小惩而大诫，此小人之福也。"（《系辞传》）这也是对"小人"的劝惩之辞，指给他们一条生路。

六五，厥孚交如，威如，吉。

六五，用诚信与人交往，威严庄重，吉祥。

厥：代词，其。孚：诚信。

六五以阴居阳，下应九二，谦谦仁和，礼贤下士，以诚信之德"交"而不失威仪，故而有吉，深得《大有》之益。

上九，自天佑之，吉，无不利。

上九，得到上天的帮助，吉祥，无有不利。

本来上九失位于上，不能应下，应以"凶"论，然居《大有》之上，幸得六五谦和佑助而吉无不利。

【解读】

《大有》的卦象很简单，其卦辞也就很简短。同样，论断其义的《象传》"柔得尊位大中，而上下应之。其德刚健而文明，应乎天而时行，是以元亨"，也很简洁精当。总的说来，《大有》的卦象与《同人》正好相反，《同人》"柔在中"，《大有》"柔得尊"；前者是"火在天下"，所以有"大同"而没有"大有"，后者"火在天上"，就是太阳普照万物，应有尽有，故谓之《大有》。《系辞传》曰："富有之谓大业，日新之谓盛德。"富家"大有"的景象往往与国泰民安的形势相联系。六五以阴柔得尊，"交如威如"；九二以阳刚"大中"，"上下应之"，"刚健而文明，应乎天而时行"。故卦中六爻，如杨万里《诚斋易传》所论："六爻亨一、吉二、无咎三。明主在上，群贤毕集，无一败治之小人，无一害治之匪德。"其实，尽管《大有》之刚柔兼济的优越性十分明显突出，"大中""刚健"，"尊位""文明"，但是离卦本为阴卦，有女象，成就《大有》气象的主要是阴居尊位的六五，有了她，也就等于有了太阳。《大有》为我们展现出一派朗朗乾坤的气象，于是君子以其光明之德"遏恶扬善，顺天休命"（《大有·象传》），明辨晰，治天下。《诗经·大雅·板》云："怀德惟宁，宗子惟城。"翻译成白话文，意思就是："心怀德行就能安宁，同宗子弟团结在一起就是坚固的城池。"

《大有》的卦象对我们有四大启示：

其一，阳光才是这个世界上最大的财富，人们很难停下脚步，静下心来想想，这个世界上所有的生命和这些生命所享用的一切都来自于阳光。

其二，"一寸光阴一寸金"，阳光是我们活在世上最可珍惜的自然资源。

其三,《大有》的"元亨"不仅在于晴空万里、阳光普照大地的气象,还在于这个卦象激励人们"顺天休命,遏恶扬善"。

其四,应着这个"元亨"与"自天佑之,吉无不利"的卦象,人们可以大有作为、建功立业。

【案例】

一

周襄王十八年(前635),周襄王因为王子带之乱逃出京城,秦穆公准备送他回京,陈兵黄河边。晋文公的大臣们认为送襄王回国是争霸诸侯的大好机会,不能错过。晋文公于是就此事吉凶令卜偃进行了占筮。卜偃筮得《大有》之九三爻动,动而变为《睽》☲,卜偃说:"吉,遇'公用亨于天子'之卦。意思是,战胜敌方就能得到君王的赏赐,没有比这个更吉利的事了!"按《大有》的卦象,下卦为乾,乾为天,上卦为离,离为日,合起来看,就是"天上有日"之象。九三爻辞是"公用亨于天子,小人弗克"。九三在乾,有阳刚君子健行之德,如《乾·九三》所说"君子终日乾乾"。健行而上应上九,上九不当位,然九三动而变为阴爻,则可应上九,上九爻辞为"自天佑之,吉无不利"。再者,九三上遇六五,六五虚位以待,六五所处的位置是君王,所以就有"公用亨于天子"的好事。

二

《大有》卦象虽然有"元亨"之庆与"自天佑之"的幸运与机遇,但卦象的根本性在于"扬善"。

五代时南汉的开国之君刘龑,其所统治的封州(治今广东封开东南）遭受雄踞湖南的南楚水军的攻打，封州军兵败于贺江，刘龑非常恐惧，以《易经》占卜吉凶，筮得《大有》之卦，卦辞的意义是"元亨"。按其《彖传》理解："柔得尊位大中，而上下应之"，"其德刚健而文明"，"是以'元亨'"；又因其《象传》云："以遏恶扬善，顺天休命。"刘龑就应着卦象的"元亨"之吉，并发挥卦象的"扬善"之德，大赦南汉境内，改年号为"大有"。然后派遣将领苏章率领神弩军三千援救封州。苏章将铁索沉入贺江之中，制作了两个巨轮放在江两岸挽住铁索，并筑堤以埋伏兵马，结果大败楚军，赢了此战。

三

据《左传·闵公二年》载：成季将要出生时，鲁桓公让卜楚丘的父亲为之卜卦。卦成，卜楚丘之父说："生下来是男孩，其手上应有手纹'友'字。长大后将辅佐您治理鲁国。如果季氏不在了，那么鲁国也就不再昌盛了。"又筮得《大有》之六五爻动，动而变为《乾》。于是卜氏又说："变卦为《乾》，这样上卦也成了乾父之象，由此看来，成季将来受到的尊敬与您差不多。"等到成季出生后，果然手中有纹路显现出"友"字，于是就取名为"友"。后来，季氏在鲁国的势力和影响都很大，实际把持了鲁国政权。

卜楚丘之父主要根据卦象与爻象来推断出季氏将要在鲁国得到的势力和地位。因卦有六五爻动，六五本为君位，动而变为乾，乾也为君，可知此卦大吉。又《大有》六五爻辞曰："厥孚交如，威如，吉。"六五与众阳相应相合，故知其有"厥孚"之诚；虽爻不当位，然尊居君位，如日照高天，成"威如"之势。

"谦谦君子"无所不利

谦
第十五卦

亨。君子有终。

《谦》卦象征着谦虚：亨通。君子若保持谦虚的美德，就能得到美好的结果。

《谦》，卦名，艮下☶坤上☷。艮为山，坤为地，山本应在地上，而在《谦》象中，高山却卑处地下以象征"谦虚"。《谦》以"地中有山"象征着谦虚谨慎、乐善好施的美德。

初六，谦谦君子，用涉大川，吉。

初六，谦而又谦的君子，可以涉越大河，吉祥。

初六失位，动则变，变而上应六四。二至四互为坎，六四在互坎，坎水为川，故初六有利涉大川之象。

六二，鸣谦，贞吉。

六二，宣扬谦虚的美德，吉祥。

六二本上应五，然五失位无应，六二动而有变，变则二至四互为兑，兑为口，故谓之"鸣谦"。六二以中正之位，超越初六之自我制约而"鸣谦"，是为了让更多的人自谦，故"贞吉"。

九三，劳谦，君子有终，吉。

九三，有功劳而能谦虚的君子，必然有一个美好的结果，吉祥。

九三就是卦辞中所称赞的"君子有终"。九三在《乾》，为君子；身在互坎之中，按《说卦传》，坎为劳，故谓之"劳谦"；又在艮上，艮为万物终始，故谓之"君子有终"。

《老子》曰："为而不恃，功成而弗居。"《系辞传》曰："劳而不伐，有功而不德，厚之至也。语以其功下人者也。德言盛，礼言恭。谦也者，致恭以存其位者也。"九三"劳谦"之受益者，岂独君子，实及于万民。

六四，无不利，㧑谦。

六四，无有不利，发挥谦虚的美德。

㧑（huī）谦：即发挥谦虚的美德。㧑，同"挥"。

九三至六五互为震，六四在互震，震而动，故谓之"㧑谦"，将谦虚的道德加以发挥、发扬，就无所不利。就卦德而言，六四乘三承五，在如朱熹所言的"不敢自安"之位。

六五，不富以其邻，利用侵伐，无不利。

六五，不富裕是因为其邻国的原因，我用武力讨伐，无有不利。

六五上下相邻之爻均为阴爻，阴虚"不富"。然六五中居君位，下临互坎，坎为寇，故有利于"侵伐"。有寇则必伐，则谦德并非虚弱之象，也并非无原则的虚与委蛇和逆来顺受，而是当伐则伐。

上六，鸣谦，利用行师征邑国。

上六，宣扬谦虚的美德，就有利于用兵作战，征伐那些不服的小国和都邑。

上六居《谦》之穷极之位，下临坤卦，坤为城邑，邑中有寇，故曰"利用行师，征邑国"。

《谦》上卦为坤，六二至六四互为坎，则二至六有《师》☷象，故自五爻始，有用兵征伐之语。当谦则谦，当武则武，此《谦》之文武之道。

【解读】

六十四卦皆从《乾》《坤》两卦生化出来，如《谦》之九三，本《乾》之九三，乾为天，谦居地下，即"天道下济"，故谓之"谦"。《韩诗外传》引孔子曰：《易》先《同人》后《大有》，承之以《谦》。不亦可乎？"大有"而不自满，"同人"而能自谦，《易》之所谓"谦"，即如《象传》所言，实为"卑以自牧"的"谦谦君子"。《尚书·大禹谟》曰："满招损，谦受益。"故《谦》之《象传》以"裒（póu）多益寡，称物平施"律定君子之行，而"君子有终"无疑是"谦谦君子"所受的最大益处。在几千年的华夏文化中，谦虚始终被视为君子所奉行的美德。

凡六十四卦皆有主爻，就《谦》卦的卦象而言，九三就是它的主爻。我们可以看到，九三的爻辞是"劳谦，君子有终，吉"。也就是说，如果《谦》的总体意义是吉利的，那么首先九三应该是吉利的。而且九三不仅自身是吉利的，与之同处在内卦艮中的初六、六二也是吉利的，不然就无法说明谦虚的作用与力量，此所谓"近朱者赤"；不仅与之同处一卦的爻象是吉利的，与之相应的也应该是吉利的，如上六，就将《谦》的意义发挥到极致，因为上六在与九三相应中已经把谦虚的境界发挥到"利用行师征邑国"的境界。所以，相对于谦虚的"品德"，我们更应注重培养谦虚的"精神"，前者谦让，后者则不然，它已经不是谦虚地说"我不行"，而是说"非我不可"。谦虚的真谛首先是要向别人学习，而不是说自己不行。只有向别人学习，才是真正的谦虚；也只有谦虚到底的人，才有资格骄傲。当然，这种骄傲不是世俗意义上的"骄傲"，而是一种责任，一种为了大家的利益敢于牺牲的担当。比如，孔子应该是谦虚的典范吧？可是当孔子被匡地的人围困时，他说："周文王死了以后，周代的礼乐文化全都体现在我身上了，如果上天不要世上再有礼乐文化，以后这个世上也就没有礼乐文化了，如果上天不想让礼乐文化消亡，那么我就是礼乐文化，这就是天意，匡人又能把我怎么样呢？"试想，不是谦虚到底的人，能够养成如此的境界吗？有了如此表现的人，又怎么是世俗的"谦虚"所能理解的呢？再比如孟子，据《孟子·梁惠王》记载，当齐宣王问他"汤放桀，武王伐纣，有诸"时，孟子回答说："于传有之。"齐宣王惊惧地问："臣弑其君可乎？"孟子镇定淡然地回答："贼仁者谓之贼，贼义者谓之残。残贼之人，谓之一夫。闻诛一夫纣矣，未闻弑君也。"在孟子眼里，那威严赫赫、不可一世的纣王，不过就是"一夫"而已。在教育弟子时，孟子还说在劝谏或游说地位很高的大人物时，就必须轻视他、藐视他。一如孔子的"非我不可"的气概，正如《孟子·公孙丑》中，他就霸气地说："如欲平治天下，当今之世，舍我其谁也！"

　　当然，如果我们要理解孟子这种"舍我其谁"的气概，我们就首先要理解孟子的谦虚。在《孟子·离娄》中，孟子说："爱人不亲，反其仁；治人不治，反其智；礼人不答，反其敬。""礼人不答"，这是我们今天的社交中常常遇到的事，当我们对别人的尊重恭敬态度遭到冷遇时，我们常常会感到气愤怨怒，可是孟子则不然，他是"反其敬"。这句话有两层境界：一是我礼敬别人，别人不答理我，我就要以更敬重的态度礼敬他；二是我礼敬别人，别人不答理我，我就要反问自己恭敬是否做到位。这就是谦虚到底，它跟我们今天在各种课堂上教给学生的谦虚根本不是一回事。就《谦》之卦象的本义来看，我们还需要从文字本身认真揣摩，古人造字，不同的字有不同的情感，就"谦"而言，它的字根是"兼"，其偏旁为"人"，"兼"也就是两个人的意思；从"言"，就是告诉我们和别人一起说话时，要考虑别人的感受，心里要有别人。与"谦"相反的是"骄"，是从"马"的，也就是以兽为旁的字。骄，必自大；自大，就是"臭"字。

《说文》曰："谦，敬也。"《玉篇》解释"谦，逊让也"，本义为内心"恭顺谨慎"，因此《系辞传》说，"谦也者，致恭以存其位者也"，"谦者，德之柄也"。《易经》通过《谦》的卦象塑造了一个"谦谦君子"，告诉我们即使身处异国他乡，或背井离乡时，如果我们能保持"谦谦君子"的风度，就算遇到艰苦与险难，也能有"用涉大川"的运气与机遇。用《商君书》书里的话理解，就是因为"谦"可以"兼天下之众，莫敢不为其所好而避其所恶"。

《谦》卦也包含着"损减、不足"的内涵。物以缺为贵，象以缺为美。《易》有一个重要的理论就是"天尚不全"。《史记·龟策列传》也说："物安可全乎？天尚不全，故世为屋，不成三瓦而陈之。"这句话的意思是说：任何事物也不能是十全十美的，这是天道，君子顺应天道，就应该对他所做的事留下一点余地。基于这一理论，汉代建房子时，屋顶需少铺三块瓦片，以便下雨天漏风漏雨。后来，这一规矩一直为历代工匠恪守，工匠们在竣工时，总是要留一块砖、一片瓦或二三个砖瓦。这种"缺一点"的感觉，除了尊天而不敢"全"有的心理之外，还有其美学的意义。百姓家是这样，就是皇家也是如此。比如北京紫禁城就少建半间房子，故宫城门也曾少上一颗铜钉。现代美学的观点，也提倡"残缺是一种美""距离产生美感"等等。

综观《谦》卦，六爻无一不吉。《谦》卦强调的思想反映了古人对社会公平的一种热切向往。对此，古人以"地中有山"这样的卦象来说明"天道""地道""鬼神之道""人道"对谦虚的作用力，从而使谦虚的品格上升到无所不及的境界。

【案例】

一

今天我们还能亲切地记着四千五百多年前的大禹，他的为天下苍生治水而"三过家门而不入"的事迹就因应着《谦》卦九三爻辞的"劳谦，君子有终，吉"。在大禹那个时代，人心简拙实诚，人的智慧和力量主要是通过征服自然的危险与困难而体现的，而在这些所有的"危险"与"困难"中，治水当属最难的事。

《史记·夏本纪》中说，在遇到艰难的治水大事时，当时的大臣们认为没有比鲧更有才能的，希望帝尧同意让鲧主持治水工程。《山海经》还记载了鲧为了能抑制洪水，从天帝那里偷来一种叫"息壤"的宝贝，据说是自己可以生长的神土。可是就是这样众望所归的能人，又有上帝宝物的加持，还是没有治好水。由此来看，大禹成功治水的功劳是多么的伟大。可是建立了如此大功的大禹依然谦逊，所以说"劳谦，君子有终，吉"。这样的人，往往能得到万民的拥护，如其《象传》所赞："劳谦君子，万民服也"。

二

南北朝时有一个人叫金楼子，一天晚上朋友来找他，当时天上阴云密布，这个朋友就说："不久将会下雨。"金楼子占了一卦，得到了《谦》卦。琢磨了一阵卦象后，金楼子说："你错了，今晚非但不会下雨，还会天晴呢！"果然不久天上星辰就从乌云中露了出来，最后月亮也出来了，当晚大晴。这是为什么呢？从《谦》卦的卦象看，下艮上坤，艮为山、为止，五行属土；上卦坤为地，五行也为土，两个卦象五行均为土，土是克水的，此其一；其二，艮卦的行为特征为"止"，"止"则不能雨。其三，《谦》只有一个阳爻，我们知道，雨的形成条件是阴阳两种能量要基本平衡对等，一阳在中，不能融合众阴，故而也不能下雨。

雷声震动下的大地令人振奋而欣喜

豫

第十六卦

利建侯行师。

《豫》象征着欢乐：有利于做建立诸侯的大事并行军出征。

《豫》，卦名，坤下☷震上☳，象征着"欢乐"。《尔雅·释诂》："豫，乐也。"按《说卦传》，坤为地、为顺，震为雷、为动，当雷声在大地上震动时，一则有利于"建侯行师"，二则天地之动随着雷声的震动而来，春雷震动时，春天就来了，于是开始了一年四季的变化。

初六，鸣豫，凶。

初六，狂呼乱喊地娱乐，有凶险。

初六以阴居阳，失位不正而上应九四，九四也是失位不正，然阴阳相和而有应，初六所应的九四在震初，震为雷，其声如雷，故曰"鸣豫"。这就像一个人不合时宜地欣喜若狂哈哈大笑，故虽有所应，也是"凶"兆。

六二，介于石，不终日，贞吉。

六二，攻石治玉，不到一天就做成了，这是一件吉祥可庆的事。

介：本义为介于两者之间。

　　《豫》之六二至九四互为艮，艮为石，艮又为手，手在石上，有断石之象，六二位居下卦中正，故曰"介于石"，就是把石头从中间分开，这是上古常有的工作。不到一整天的时间就完成了工作，这当然是吉利的。此前注《易》多释"介"为"坚强"，"站在石头上"，等等，皆非卦象之意，也非"介"字本义。《豫》之卦象是坤下震上，坤为顺，震为动，概而言之，就是《象传》之所谓的"顺以动"；震为动，坤为地，"雷震百里"则为"侯"，故《豫》"利建侯行师"；六二在《豫》中处于中正之位；可知蒋介石的名与字（中正）的出处就在《豫》的卦象与六二的爻象。

六三，盱豫，悔，迟有悔。

　　六三，以媚眼取悦九四而得到欢乐，必有悔恨；若醒悟迟缓必将更加悔恨。

　　盱（xū）：意为张目仰视，在此有仰视而笑的谄媚之态。

　　因六三失位不正，上无所应，故曰"迟"。身居坤上，又在互坎之下（三至五互为坎），上无所应，故"有悔"。

九四，由豫，大有得，勿疑。朋盍簪。

　　九四，人们依赖他而得到欢乐，大有所得，至诚不疑。这会使自己的朋友像头发括束于簪子一样聚拢在一起。

　　朋：朋友。盍：本义为聚会相合。

　　九四虽失位不正，然独以阳尊居《豫》卦之中，广施安乐，众阴爻如"合簪"相会，依赖他而得到欢乐，大有所得，至诚不疑。九四为一卦之主，有众星捧月之势。

六五，贞疾，恒不死。

　　六五，要预防疾病，只要长久地预防就不会死。

三至五互为坎，六五在互坎之上，按《说卦传》，坎为心疾，故曰"贞疾"。阳生而阴死，坤皆阴爻，坤为死；然阴阴相斥，六五与处在坤死之中的六二不能相应，又在震中，故虽有疾而不死，如《象传》之所谓："六五贞疾，乘刚也；恒不死，中未亡也。"《象传》的作者以为，六五的"恒不死"就是因为它处于"中"的位置。

上六，冥豫，成有渝，无咎。

上六，日昏天暗还一味地耽于娱乐，如改正有所变化则无灾祸。

冥：昏暗不明。渝：改变。

上六本当应于三，然六三失位不正，不能相应，且六三在坤，坤之三爻皆阴，阴暗昏冥。上六在一片昏暗之中还一味地耽于娱乐，只有改正并有所变化才能无灾祸。

【解读】

雷在大地上震动的情景预示着春天的到来，这是一个令人欢欣鼓舞的时节，每天清晨我们都能在湿润的田野、树枝上看到柔嫩的幼芽点染出一片片青绿色，点染着欢乐、舒畅的心情。《象传》用"顺以动"揭示着《豫》卦的基本情况和根本特征，即"顺"天地民心而"动"。那么，这种情景对于人生有何重要意义呢？首先，"顺"而"动"的卦象启发我们，要在形势顺利的前提下行动起来，这样才能成就像卦辞中所说的"建侯行师"一样的大事。"建侯"就是建立侯国，"行师"就是行军打仗。那么，我们又如何将《豫》卦与"建侯""行师"联系起来呢？让我们一起来看看《豫》卦中包含的四层意义：一是下卦坤象征着大地，有地则有国；又因为《豫》卦的上卦为震，震为长子，象征着继承统治地位的长子具有执掌国政、裂土封侯的权力和能力。二是《豫》卦的三至五爻互有一个坎卦，坎为水，《孙子兵法》上讲"兵形如水"，水在地上流动，如军队在地上行军一样。三是九四的上下皆为阴爻，众阴顺从、服从着一个阳爻，象征着将帅统领军队的情况。其四，坤为国，震为长子，长子执国。三至五互有坎，坎为寇，有"寇"就必须讨伐，所以，卦辞就说"利建侯行师"。因为所有这些行动都是在顺利的形势下行动的，所以《象传》就以"雷出地奋""作乐崇德"的解释来描述欢欣愉悦的意义。但是，这种解释基本上与卦辞没有多少关系，尽管《象传》大加发挥地说"顺以动"，"天地如之"，更何况于"建侯行师"？《豫》之六爻的爻辞却没有多少"顺"的意义，除九四有吉祥的意义外，其余的爻辞都没有吉利的意义。由此可见，先王所提倡的"豫"是与民同乐的"豫"，而非自得其乐的"豫"，所以，先王"作乐崇德"的前提是"刑罚清而民服"。

由此可见得圣人作《易》的良苦用心，如《系辞传》所言"作《易》者，其有忧患乎"。《孟子·告子》曰："生于忧患，死于安乐。"《诗经·小雅·白驹》云："尔公尔侯，逸豫无期。"豫，即乐。或有易家引《中庸》"凡事豫则立，不豫则废"，释"豫"为"预备"，义与卦象不符。因为卦象有春雷震动，卦辞曰"利建侯"，《象传》曰"顺以动"，《象传》曰"作乐崇德"，此皆有欢乐之情，并无"预备"之意。

我们听到震撼人心的雷声会感到兴奋，因为雷声把春天的信息传递到我们的心坎里；我们听到雷声会感到痛快，因为雷声仿佛能震脱一身的累赘，让我们获得解放；我们听到雷声会感到激越昂扬，因为雷声激发出我们想要具有的信心和力量；我们听到雷声会感到惊惧，因为雷声让我们想到自己的错误。

另外，从某种意义上看，《豫》是一个描绘音乐和研究乐理的卦，雷声震动万物，这是上天的音乐，它感动着人心，也使整个大地都感到欣喜、振奋、欢乐。圣明的先王感悟雷声之于大地与万物的喜悦和振奋，作乐配天，颂祖娱民，如《诗经》之《商颂》《周颂》《鲁颂》之所以乐。百姓手舞足蹈，歌颂天地，赞扬祖先，敬奉天帝，献祭祖先，其乐融融，洋洋大观。此正所谓："豫之时义大矣哉！"

【案例】

一

在《三国演义》著名的"煮酒论英雄"的故事里，刘备在许昌种菜以为韬晦之计，不想曹操派人将他召至相府，煮酒相待，并与他讨论当前谁可称为"英雄"。曹操曰："夫英雄者，胸怀大志，腹有良谋，有包藏宇宙之机，吞吐天地之志者也。"玄德曰："谁能当之？"曹操用手指着刘玄德，然后又指着自己说："今天下英雄，惟使君与操耳！"刘玄德听后，吃了一惊，手中拿着的勺子和筷子不知不觉地落于地下。当时正值天空乌云密布，大雨将至，雷声大作，刘玄德从容不迫地俯下身子拾起筷子说："一震之威，乃至于此。"曹操笑着问："大丈夫亦畏雷乎？"刘玄德回答说："圣人迅雷风烈必变，安得不畏？"

自三国以后，世人皆说曹操是奸雄，但是一声雷声却让刘备骗过了曹操，由此可知，曹操之奸远不及刘备。在曹操与刘备的对话中，曹操说的是真话，刘备说的是假话，只有一句"圣人迅雷风烈必变"是真话，而这句话与自己是无关的。刘备听到曹操话感到惊惧，因为他觉得自己的阴谋被曹操发现了，曹操听到雷声，看见刘备手中的筷子掉落，以为刘备被吓着了。在此，刘备听到不是雷声，而曹操听到的却是雷声。

当然，我们也可以把这个案例用在《震》卦里，可是因为《豫》卦的情境中有地、有人、有情景、有故事，因此这个案例也就更适合《豫》，而且故事的演进也一如九四的爻辞"由豫，大有得，勿疑。朋盍簪"所示，刘备不仅因此在很大程度上避免了曹操的猜忌和伤害，而且后来还从曹操那里"骗"得一队人马远走高飞，从此开始有了自己的事业。

二

东晋易学大家郭璞曾为扬州从事宏泰卜得《豫》卦。宏泰对郭璞说："家里发生了一件怪异的事，请为我算算看是什么东西在作怪。"郭璞为他筮得《豫》之六二爻动，动则变为《解》☳☵。《易林》谓之："有釜之象无火形，变见夜光连月精，潜龙在中不游行。案卦卜之藻盘鸣，金妖所凭无咎庆。"郭璞说："藻盘不是鸣响之物体，这种怪事以前从未有过。"宏泰听后，带着惊骇的神情对郭璞说："前夜月亮出来时，藻盘忽然响起来，藻盘中仿佛有盘龙之象。"

就卦象而言，震为釜，釜本为炊具，但卦象中没有火象，故曰"有釜之象无火形"。六二动，动则变为《解》，《解》下为坎，坎为月，互卦又有坎象（本卦之三至五互为坎，变卦下卦及三至五也为坎），故曰"变见夜光连月精"。震为龙，虽有水象可"潜"，然拘在釜象盆池之内，不得伸展，故曰"潜龙在中不游行"。《豫》《解》二卦皆上卦为震，釜震则鸣，故曰"案卦卜之藻盘鸣"。看起来，这些怪象只是金属物体共震之声而已，并不会导致什么吉凶之事。

开放的心灵与走出去的好处

随

第十七卦

≡≡≡≡≡

元亨，利贞，无咎。

《随》卦象征着随从、顺应：大为亨通，有利于做大事，无灾祸。

《随》，卦名，震下☳兑上☱。《说文》："随，从也。"从卦象看，下震为长男，上兑为少女。从卦德看，上兑为悦，下震为动，联想起来，均有"随"意。内动之以德，外悦之以言，则天下之人皆慕其行而随从之，故谓之"随"。

初九，官有渝，贞吉，出门交有功。

初九，思想观念随着时机改变，就吉祥，出门与人交往就能成功。

官：此处意指"意念"。

初九当位于震初，震为动，二至四互为艮，艮为门，三至五互为巽，巽为入，动而入于门，故有"出门"之象。初九得位居正，本应于四，四失位无应，有二、三相亲，故亲而"有功"。

六二，系小子，失丈夫。

六二，依附小子，失去阳刚之大丈夫。

六二在震中上应九五，震为长男，二至四互为艮，艮为少男，故曰"小子"。三至五互为巽，艮为手，巽为绳，绳之于手则为"系"，以长男之震从而系于艮，故曰因"系小子"而有"失丈夫"。

六三，系丈夫，失小子，随有求得。利居贞。

六三，依附于大丈夫，失去了小子，随从于人，求而有所得。利于守居正道。

六三失位不正，上应上六，本无所应，然六三在互巽之初，在互艮之中，系于九四，九四以阳居阴而比于九五，有"丈夫"之象，故曰"系丈夫"。六三在互艮，艮为少男，上无所应，下无所据，故曰"失小子"。因随九四、九五，失"小"随"大"，阴阳相亲而有"求得"之象。艮为止，故曰"利居贞"。

九四，随有获，贞凶。有孚在道以明，何咎？

九四，为六三相随而有所获，却有凶险之兆。然而若于正道之中保持其诚信，使自己的行为光明磊落，又有什么灾害呢？

孚：诚信。

九四在互巽之中，"四多凶""四多惧"，因失位不正而困在绳中，因随"贞凶"。又，按《说卦传》，震为大途，大途，即大路。以阳居阴即为"明"，故曰"在道以明"而"无咎"。

九五，孚于嘉，吉。

九五，保持诚信于美善之道中，吉祥。

九五当位中正，下应六二，相应而亲于《随》，故"吉"。

上六，拘系之，乃从维之，王用亨于西山。

上六，强迫其相附于己，并使其随从并系属于己，君王因兴师讨逆，祭祀西山。

亨：同"享"，祭祀。

上六当位于《随》之极，不能应六三，以阴乘九五，于是被"拘系之"。按《说卦传》，兑为西，二至四互为艮，艮为山，二至六互有《大过》☰，上六居于九五之上，又在互《大过》之中，《大过》有"泽灭木"之死象，死而祭祀之，故曰"王用亨于西山"。

【解读】

《随》以"动而悦"的卦象阐释了"元亨利贞"的原因，但是，如《象传》所揭示的，雷入泽中的卦象也象征着君子"晦入宴息"的情状和心情。《说卦传》云"动万物者莫疾乎雷"，"说万物者莫说乎泽"。《彖传》以"动而说（悦）"来赞美《随》之德。此处赞扬的"随"，是从善如流的"随"；是"三人行，必有我师焉：择其善者而从之，其不善者而改之"的"随"。同样，《随》以"元亨，利贞"来赞美随从善道的品德时，也给予我们以诸多的启示。《周易折中》引王逢曰："上能下下，下之所以随上。贵能下贱，贱之所以随贵。《随》之义，刚下柔也。"在《随》卦里，刚能下柔有三个方面的体现：首先，八卦中的乾、坎、艮、震，是四个阳卦，乾为父，震为长男，坎为中男，艮为少男；坤、巽、离、兑，是四个阴卦，坤为母，巽为长女，离为中女，兑为少女，《随》象中阳震在下，阴兑在上，此其一也；初阳在二阴之下，此其二也；九五在上六之下，此其三也。雷动之以德，则众随之以德。君子效法"天下随时"的天道，"泽中有雷"，则君子"向晦"；雷来入泽，则君子"宴息"。如《周易程氏传》之所言："君子昼则自强不息，及向昏晦，则入居于内，宴息以安其身，起居随时，适其宜也。"这就是说，《随》通过三种刚能下柔之德发扬着随而顺之的心情。当然，这种随而顺之的心情主要是因为雷震之情来实现的，也就是说，"刚能下

柔"首先是自己要具备阳刚之德。如此则《随》以顺动之，则众悦而
从之。

【案例】

一

后晋天福二年（937），张从宾欲造反。后晋高祖石敬瑭让马重绩
筮算吉凶，得一《随》☷卦。马重绩就以卦象解释说："南瞻析木，木
不自续，虚而动之，动随其覆。岁将秋矣，无能为也！"至七月，张从
宾果然大败。

《随》卦初至四成大离，离为火、为目，主南方。下卦震为木，上
卦兑为金，为毁折，金克木，震木动而入于兑，故曰"南瞻析木"。下
卦为震，震为动，离火心虚，故曰"虚而动之"。然上卦兑金克下卦震
木，故虽动而随，终因木受克而不能"续"，而"无能为"。其实，就
整个卦象而言，《随》有"动而有悦"的境界，但是因事为造反，故宜
从不吉处论断。所以即使是有好的卦象，吉利的卦辞，也不可能因应
在凶恶的事件上来，一如古人所谓的"《易》为君子谋，不为小人谋"。

二

《左传》记载：鲁成公十六年（前575），鲁成公的母亲穆姜与叔
孙侨如通奸，阴谋推翻成公，遭遇失败后，穆姜被迫迁入东宫。迁居
时，她进行占筮，筮得《艮》之初六、九三、六四、六五、上九动，
动而变为《随》。根据卦象，占卜的史官说："《随》卦的意思就是出
走，您必须迅速逃走。"穆姜说："不必了！如果用《易》来分析这件事，
《随》卦的卦辞不是说'元亨利贞，无咎'吗？元，指头脑元首；亨，

象征着美好的事物会聚在一起；利，指有利于事物的和谐；贞，事物的根本主体。人只有实践仁爱之德，才能统治众人。只有具备美德，才能使人们的言行合乎礼仪。只有有利于事物，才能合乎道义。只有主干坚固正直，才能做大事。只有不违背'元亨利贞'的四种德行，才能以《随》卦的意义出走而'无咎'。现在，我作为一个妇人，本应该守正在下位，却参与了危害国家的祸乱，完全背离的《随》卦所说'元亨利贞'之德，不仅没有尽我的本分维护国家的安定，还害人害己，把自己打扮得像一个老妖精一样诱惑别人。都做出这样丑恶的事来了，我还能没有过错吗？唉！这是我自己做的孽啊！我一定要死在这里，不出去了！"于是就顺从成公的意思迁入东宫，最后在鲁襄公九年（前564）死在了那里。《随》卦虽然卦辞是吉利的，但具体到爻象，我们还是看到了六二之"失"；九四"贞凶"；上六"拘系"。由知可知，当"随"之时，也要懂得"行成于思毁于随"。

健康的生命在于适当有序的运动

蛊
第十八卦

䷑

元亨。利涉大川，先甲三日，后甲三日。

《蛊》卦象征着弊乱和整治：大为亨通。有利于涉过大河，应当在"甲"日的前三天准备，至"甲"日的后三天行动。

《蛊（gǔ）》，卦名，巽下☴艮上☶。《说文》曰："蛊，腹中虫也。"可引申为蛊惑、蛊乱等意。《序卦传》曰："蛊者，事也。"事乱则至于"蛊惑"，故《左传》云："女惑男，风落山，谓之蛊。"初六至六四为大坎之象，初六在巽下，巽为入，入于坎，故曰"利涉大川"。古代以天干、地支记日。天干，甲、乙、丙、丁、戊、己、庚、辛、壬、癸。"甲"为天干之首，是一个创制法令的日子，先甲三日即为"辛"，后"甲"三日即为"丁"。欲要治乱，就要在先"甲"之日宣传政令，以期于后"甲"三日采取行动。

初六，干父之蛊，有子，考无咎。厉，终吉。

初六，纠正父辈的弊乱之事，这是说有儿子可以依靠，那么即使是父辈去世了，也不会造成太大的危害。而且即使是有一些危害，因为有儿子能纠正并继续父辈未竟的事业，最终也是吉利的。

干父之蛊：纠正其父辈的弊乱。干，《易》注多训为"正"。

乾为父，然初六失位不正，乾象毁；乾象毁，则父有失，如父"有蛊"。初六失位无应，故曰"厉"。巽为长女，秦汉以前，女也称为"子"，如现在仍有"女子"之称；再者，三至五互为震，震为长子，故曰"有子"。乾为父，父死曰"考"，初六失位则乾象毁成"考"；动而有变则正，正则"无咎""终吉"。

九二，干母之蛊，不可贞。

九二，纠正母辈的弊乱之事，是不可以做的。

九二失位于巽，就如同母亲有"蛊"，母蛊则"不可贞"。九二居下卦之中，此女主内之象，但以阳居阴，故有失位不正之嫌。儿子有纠正母辈弊乱的责任，然而作为儿子，在正其弊乱时也要顺其性情。

九三，干父之蛊，小有悔，无大咎。

九三，纠正父辈的弊乱之事，稍有悔恨，但没有大的过失。

九三当位居正，处巽之上，互兑（二至四互为兑）之中，互震之下。按卦象，巽为入，兑为口、为言，震为动，口动而言入，意在"干父之蛊"。与初六相比，九三虽同有"干父之蛊"之辞，然辞同而象不同。初六失位，乾象毁，所应在四，四也为阴，故父已为"考"；九三当位而正，如父有生气，故辞称"父"不言"考"。

六四，裕父之蛊，往见吝。

六四，慢慢地纠正父辈的弊乱之事，前面肯定会遇到困难。

裕：宽缓，宽容。

六四居艮下，艮为止，止而不前。因缓"正"父"蛊"而有"吝"。

六五，干父之蛊，用誉。

六五，纠正父辈的弊乱之事，因而得到人们的赞誉。

六五以柔尊居中位，有威而不猛、温而不厉之德，秉持美德，子承父业，故有"誉"。《中庸》曰："夫孝者，善继人之志，善述人之事者也。"子能"干父之蛊"，可谓善继、善述。此《蛊》卦之大义。

上九，不事王侯，高尚其事。

上九，不侍奉君王公侯，并把自己的行为看得很高尚。

上九居《蛊》卦之极，逍遥于"治乱"之后，故可以逍遥于"不事王侯，高尚其事"的超然境界。

【解读】

《蛊》以巽下艮上来形容"入"而遇"止"的情景，这种情景可以从三个层次来观察：第一层，巽入于艮，艮止其入则有蛊乱之事；第二层，二至四互兑，三至五互震，悦而有动，君子有"利涉大川"之象和"振民育德"之功；第三层，巽上在动（三至五互震，震为动），动而乱，乱而有止，即乱而有治，一如《象传》之所谓"天下治也"。总起来看，如果说"入而止"是产生蛊乱的原因，那么，"动而有止"就蕴藏着治乱的动力。苏轼在《东坡易传》中曾就《蛊》卦做了细致的分析："器久不用而虫生之，谓之'蛊'；人久宴溺而疾生之，谓之'蛊'；天下久安无为而弊生之，谓之'蛊'。""蛊之灾，非一日之故也，必世而后见，故爻皆以父子言之。"

《蛊》卦对我们的启示突出表现在四个方面。

其一，要想整治蛊乱，必先化被动为主动，打蛇的人不能钻到蛇窝里，而要引蛇出洞。这样做固然可能出现一时的蛊惑动乱，但是《蛊》之《象传》讲："蛊，元亨，天下治也。""天下大乱达到天下大治"这句话的出处就在《蛊》卦的《象传》里。

其二，事亲与事君有别，事父与事母有不同。春秋时期，郑国的国君郑庄公，一生下来就遭到自己亲生母亲的嫌弃。因为他的母亲武姜生他的时候难产，因此厌恶他，给他取了名字"寤生"，意思就是说，他是倒着生下来。后来，武姜还和自己的小儿子段暗中勾结，想要让段取代郑庄公成为国君。事情败露后，郑庄公盛怒之下，将自己的亲生母亲武姜放逐到外地，还发誓说："不及黄泉，无相见也！"不久，庄公就后悔自己气头上说的话太重了，世上哪有儿子惩罚自己的母亲的呢？此事传到民间后，百姓议论纷纷。可是君无戏言，说了就必须做到啊！正在他一筹莫展时，边境上有一个叫颍考叔的官员，带着猎物来拜见他，说："您让人挖地见水，不就是'黄泉'吗？在里面和母亲见面不就行了吗？"郑庄公于是采用这个办法见到了自己的母亲，母子从此和好。当时的君子们听说这件事后，还引用《诗经》夸赞颍考叔说："'孝子不匮，永赐尔类'。颍考叔就是一个这样的人啊！"

在中国两千多年的封建王朝中，儿子纠正父亲的错误，甚至逼父弑父的大有人在，而对于母亲的错误却不敢干预，即使是像秦始皇那样的人，也对犯了错误的母亲赵姬无可奈何。就如《蛊》卦各爻爻辞所体现的，因为二、五皆失位不正，无法挟制众爻，加之众爻之间阻隔难通，必有"弊乱之事"，有乱必要治之，故初、三、五皆以匡正父弊而或无咎、或终吉；唯九二以匡正母弊为喻，说出九二的难堪与无奈！

其三，知乱而不入于乱，知蛊而远离于蛊。君子应该像上九那样"不事王侯，高尚其事"。比如，范仲淹镇守浙江桐庐时，在东汉隐士严子陵垂钓处建立严先生祠堂，并亲自为祠堂做记，用《屯》之初九爻辞"磐桓，利居贞，利建侯"，颂扬光武帝的建国大业，又以《蛊》之上九的爻辞"不事王侯，高尚其事"，赞美严子陵的清高超然。

其四，蛊之所以"乱"，主要是因为受到艮山的阻止后，滞而不通。中医讲："通则不痛，痛则不通。"世间万物，说到底都是一个相互联系的整体。在这种相互联系中，有时有逆来，有时有顺受。但是，联系的过程是交流，交流的目的是亨通。《易经》六十四卦中，用到"亨通"的地方很多，是非常重要的。因此，《蛊》卦对我们最重要的启示，就是要"动"起来，只有适当有序的"动"，才能破除因"入而止"造成的"蛊乱"，形成"亨通"的局面。

【案例】

完颜亮是金朝第四个皇帝。他曾宣称自己有三大志向：其一，"国家大事皆自我出"，"天下一家，然后可以为正统"；其二，"帅师伐国，执其君长问罪于前"；其三，"得天下绝色而妻之"。其中第二个志向主要是冲着南宋王朝来说的。为此，他曾作有《题西湖图》一诗："万里车书盍混同，江南岂有别疆封。提兵百万西湖上，立马吴山第一峰。"心中一直有占江南而灭南宋的野心。

公元1161年12月，金主完颜亮侵入南宋。当时，南宋为此筮得《蛊》☶之六爻皆动，动而变为《随》☳。占卦的人说："本卦为贞，象征我方，之卦为悔，象征着对方。《蛊》三至五互为震，这说明我方有雷震之威；而之卦上为兑，兑为毁折，震动而入于兑，可知敌有必败之象。且《随》之三至五互为巽，二至四互为艮，合成风山《渐》☶卦。《渐》卦的爻辞曰'夫征不复'，又怎么能再返回呢？况且《蛊》之上九变为《随》卦之上六，《蛊》之下巽也变为阳刚之震。《随》卦是从《否》卦转变而来的（否之初、上皆不得位，二者爻位相易则变为《随》），乾为首，《否》变为《随》，就使得原来象征首的乾落到底下

蛊				随		
应	▬▬▬	丙寅	兄弟	应	▬　▬	丁未 妻财
	▬　▬	丙子	父母		▬　▬	丁酉 官鬼
	▬　▬	丙戌	妻财		▬▬▬	丁亥 父母
世	▬▬▬	辛酉	官鬼	世	▬　▬	庚辰 妻财
	▬▬▬	辛亥	父母		▬　▬	庚寅 兄弟
	▬　▬	辛丑	妻财		▬▬▬	庚子 父母

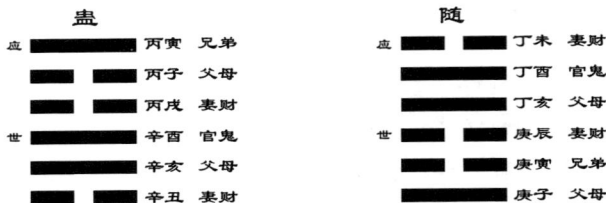

（初九）。完颜亮一定兵败被杀。"

结果，宋将虞允文大败金朝水师于采石矶，金军的战船本来就小于宋军，此役又被宋军烧毁殆尽，金军伤亡惨重。完颜亮不甘心败走，于是集中兵力，并勒令将士："三日渡江不得，将随军大臣尽行处斩。"结果激起了兵变，被叛军所杀。

宋朝筮者通过《蛊》卦变为《随》卦，推断了两种将要发生的情况：一是金兵失败；二是完颜亮会人头落地。因六爻皆动，按筮法之惯例，就取贞悔二象，以贞为我方，悔为对方。《蛊》有止入之象，故可知金军必为宋军制止其入侵之势。《随》有雷木震动入于兑毁之中，故可知金兵有失败毁折之事发生。

宋朝筮者所做的断语，虽出于卦象，却有牵强的地方。比如"《随》从《否》来"等等。其实即使不牵来涉去，就本卦与变卦就足以说明。首先，按《易》例，代表我方的《蛊》之世爻是"酉"，五行的属性为金，代表敌方的应爻"寅"，五行的属性为木。金是克木的，即我方克制敌方。其次，《蛊》有"利涉大川"之"元亨"，这本来说的就是我方，且相对金人，南人熟习水战。再者，世爻当位，应爻不当位，可知正义在我方。最后，就是代表敌方的《蛊》之上艮变为兑，兑为毁折，越变越弱，而代表我方的《蛊》之下巽变为震，由风变成雷电，越变越强。

君临天下的气势从何而来

临
第十九卦

元亨，利贞。至于八月有凶。

《临》卦象征着君临天下：大为亨通，有利于做大事。但是时至八
月则有凶险。

《临》，卦名，兑下☱坤上☷。《序卦传》云："临，大也。"《临》之
阳气渐长，其德壮大，临之于阴，故曰"临"。

卦辞中的"元亨，利贞"是指九二。九二以阳居阴，居于下兑之
中，即"刚中"，虽有失位之嫌，然巧的是六五也失位，故上有所应，
此谓之"刚中有应"，阳刚、居中、相应，九二兼此三德，故有"元亨
利贞"之庆。但是任何事物的存在与发展都是一分为二的，有无相生，
祸福相依，故《临》"至于八月有凶"。为什么是"八月"，前人多有歧
解。既然"八"是一个数，在此我们从卦象本身的数理推理。按先天
八卦，乾一、兑二、离三、震四、巽五、坎六、艮七、坤八。九二上
应六五，六五在坤，"坤为八"。再者，《临》世爻在九二，九二纳甲为
卯，卯为二月，应爻在六五，六五纳甲为亥，上六无应，孤悬于外，
又无所应，上六纳甲为酉，酉为八月。

初九，咸临，贞吉。

初九，以感化之道君临天下，大事吉祥。

咸：有感应的意思。阴阳相感。

因为初九在兑，按《说卦传》，兑为少女，所应在六四，二至四互为震，震为长男，少女之象应于长男之象，必有感应，以阳临于众阴，故曰"咸临"。或释"咸"为"全"，实非其象。汉语讲字根，一个字根可以造出很多的汉字来，如以"咸"作字根的字有：感、憾、撼、喊等。这些字的意义从根上讲都与"感应"有关，也因此，《易经》的"咸"，其正确的读音当读hàn，如《经典释文》所释："咸，本亦作感，户暗反，感同憾。"男女相应，悦而有感，故"贞吉"。

九二，咸临，吉，无不利。

九二，以感化之道君临天下，吉祥，没有不利的事情。

九二虽以阳居中，上应六五，然位在下兑与互震之中，与初九同应坤象，故辞同初九曰"咸临"。又九二在兑，兑为悦；在互震，震为动；三至五互有坤，坤为顺；于是由下至上悦而动，动而顺，以愉悦之情入顺利之境，以阳中之德上应六五之尊，故"无不利"。

九二所涉卦象有兑、有震、有坤，兑为口、为言，震为动，坤为民、为众，则九二虽失位于《临》，却类有初九之"吉"：悦以言之，动以言之，阳以临之。故九二之临，并非仅以阳刚临之，实以德临之，一如《中庸》之所谓："君子不赏而民劝，不怒而民威于铁钺。"

六三，甘临，无攸利；既忧之，无咎。

六三，靠甜美之巧言统治人民，无所利益；若已经为此感到忧虑，则无过失。

甘：美味，引申为美言。

六三以阴居阳，失位不正，上无所应，其位不当，故此"甘"指花言巧语。有过能改，善莫大焉！六三虽有巧言佞人之嫌，然忧而改之，故如《周易正义》所言："改过自修，其咎则止，不复长久，故'无咎'也。"

六四，至临，无咎。

六四，以极为亲近的方式统治民众，没有过失。

至，《说文》曰："鸟飞从高下至地也。"六四"从高下至地"以应初九，故曰"至"。六四当位居正，至初九而应，当位有实，故"无咎"。

六五，知临，大君之宜，吉。

六五，以聪明睿智统治民众，大人君主应当这样，吉祥。

知（zhì）：同"智"。

大君，指六五。六五居君王之位，下与九二相应，犹如任用刚健能干的大臣辅佐自己"君临天下"，此可谓明智之举。又，六五以柔居中，处君王之位，柔而能行中和之政。《中庸》曰："唯天下至圣，为能聪明睿知，足以有临也。"故六五之所以"知临，大君之宜"，就在于他既能贤能于上，又有垂拱而治之妙。

上六，敦临，吉，无咎。

上六，温柔敦厚地统治民众，吉祥，没有过失。

敦：敦厚。

上六处于《临》之极，又处坤之上，"坤厚载物"，故曰"敦临"。上六柔居《临》之终极，且无所应，本可以逍遥于世，超然于外，然心系二阳之贤，故而无意乘刚，有志助贤。怀此"敦厚"之德，则得《临》之善、之德、之吉。

【解读】

《临》蕴涵着"君临天下"的大气象，但这个"君"不是传统意义的"九五"之君，而是一个以阴居阳的谦虚谨慎的"六五"之君。因其爻位在坤，坤为地。《诗经·小雅·北征》云："溥天之下，莫非王土，率土之滨，莫非王臣。"有土才能养民，有民才能有君，"六五"之君实为"得土""得民"之君，故《临》六五曰："知临，大君之宜，吉。"又因其卦象为地中有泽，悦而能顺，故全卦无凶、无咎而有吉。其吉利如此，在六十四卦中并不多见。正因为六五能以《象传》《象传》所谓"大亨以正"的美德行"保民无疆"之政，使得人民安其居，乐其俗，既有"乐土乐土"之庆，又得"宜民宜人"之君，所以其以《易》言，则如《象传》《象传》所云"刚浸而长"，"吉无不利"；以《诗》颂，则有《大雅·生民》所谓"受福无疆，四方之纲"。

按《象传》的说法，《临》有"君子以教思无穷，容保民无疆"之象。阳为君子，九二以阳居阴，故谓之"君子"。兑为口、为悦，坤为顺，言语顺而悦之，故有"教思无穷"之象。坤为地，如《坤》之《象传》有"坤厚载物，德合无疆"，"牝马地类，行地无疆"。厚载万物，故有"容民"之德，"含弘广大"，故容而"无疆"。

【案例】

一

在《临》卦里，初九与九二的爻辞几乎完全一样，这在整个《易经》中是很少见，也是十分难得的。同德同功，故"吉"而"无不利"。

东晋时期，就有一个应验了此爻象的故事。有一个任职中郎参军的人，名叫景绪，他久病不愈，就派遣其弟景歧求郭璞筮卦以看究竟。

时至六月癸酉日，郭璞筮得《临》䷒卦。据其《洞林》断辞曰："卯与身世并，而扶天医。"按卦理，这种病吃一只兔子即可治愈。景绪之弟按郭璞的说法，于途中捕获一兔，景绪食后即愈。

临

```
██  ██      癸酉  子孙
应  ██  ██      癸亥  妻财
    ██  ██      癸丑  兄弟
    ██████     丁丑  兄弟
世  ██████     丁卯  官鬼
    ██  ██      丁巳  父母
```

郭璞推卦是按六爻纳甲之法，世爻位纳卯，卯于五行为木，于动物为兔，又天医位在卯。时值六月，六月于十二支中为未，未为土，卯木克未土，未为木之库，库有墓归之义，木于此时入墓。食兔则破去木库而出，病毒也随之而去。

其实，郭璞筮算有两个步骤三个情节。两个步骤：一、推断卦理；二、寻思治病方法。三个情节：一是从六爻纳甲中找出病根，按京房六爻，爻值官鬼则为疾病。二是世爻为阳爻，阳生阴死，故可知其病可治。三是卯在兑中，互有震，震覆为艮，艮为狗，象类为兔，从整个卦象看，就有兑口食兔之象。郭璞的方法是从时间的概念类化为象，又从象的概念运用普遍联系的方法来分析问题并进而解决问题。

二

相传朱元璋在准备登基前，他的老丈人郭山甫为他筮得一个《临》卦。朱元璋问是吉是凶。郭山甫解释道："此为《临》卦，卦辞是'元亨利贞'。下卦为兑，上卦为坤。坤为地，兑为泽，成'泽上有地'之象。以上对下为'临'，如君对臣、父对子等等。筮遇此卦大吉，利于贞正，从卦气上来看，《临》卦为十二月卦，今天恰是十二月，历八月后为《否》卦，《否》卦即为凶卦了，如此看来，登极是大吉。"朱元璋听了大喜，又问："几爻动？爻辞的意义好不好？"郭山甫回答说："《临》卦的第三爻动。《临》卦的六三爻辞曰：'甘临，无攸利，既忧之，无咎。'""这是什么意思呢？"朱元璋问。郭山甫解释道："甘，是强制；忧，是行宽和之道。此爻是说，皇上你要对百姓好，切不可强制严酷，如行以宽容之法，才不会有灾祸。"朱元璋听后点点头说："这就好！"接着郭山甫列举秦朝用酷政对付百姓，结果官逼民反，元朝也是这样的；汉唐用体恤百姓的"黄老"之术，清静无为，与民休息，垂拱而治。讲述了一阵后，郭山甫又问起国号定了没有。朱元璋说："国号大明，明朝，如何？"郭山甫手捋着长髯道："大明，好，好啊！《易经》不是说'日月相推而明生焉'，有日有月，岂不是就有天了吗？"

观民风而施教化，居中正以观天下

观
第二十卦

䷓

盥而不荐。有孚颙若。

《观》卦象征着观察：在观看祭祀神灵与祖先的"灌礼"时，还没有献上祭品，就已经能看到人们的虔诚的样子了。

《观》，卦名，坤下☷巽上☴。六三至九五互为艮，艮为观。下为坤，坤为民。九五居巽中，正《象传》所谓"中正以观天下"，故曰"观"。古人以为祭祀与战争是国家大事，"国之大事，在祀与戎"（《左传·成公十三年》）。盥（guàn），是古代祭祀宗庙时用香酒浇地以降神的祭礼，也叫"灌"。荐，献贡，指盥礼完毕后，陈列祭品的仪式。"盥"礼隆重，"荐"礼简略。故卦辞曰："盥而不荐。"《论语·八佾》记载孔子说："禘自既灌而往者，吾不欲观之矣！"即《周易注》之"王道之可观者莫盛乎宗庙，宗庙之可观者莫盛于盥也"。至于"荐"则仪式简略，不足复观，故观盥而不观荐。颙（yóng），指严肃端正的样子。若，语气词。万民敬信而"观"，即为"教化"，故云"有孚颙若"。

初六，童观，小人无咎，君子吝。

初六，若如幼童一样观看事物，这对于小人而言并没有什么过失，如对君子而言则为可羞之事。

初六失位不正，稚如"童子"，类比"小人"，上无所应，咎不在童子，故童子"无咎"而君子有"吝"。这就像在日常生活中，如果小孩子错了，一般我们不能直接惩罚小孩子，但我们有理由责怪家长。

六二，窥观，利女贞。

六二，从内向外窥视，利于女子守正持固。

三至五互为艮，艮为门，又为止，巽为入。六二上应九五，有"入"而又"止"，有"窥观"之象。且六二以阴居阴，当位中正，有女子"正"于内之象，故曰"利女贞"。

六三，观我生，进退。

六三，观察我的百姓，就可知进退之可否。

生：生民，指百姓。

六三在坤，坤为民；六三应于上九，即有"观我生"之象。坤又为顺，三至五互为艮，艮为止，"顺"而又"止"，故有"进退"之象。

六四，观国之光，利用宾于王。

六四，观看国家壮丽辉煌的大气象，有利于成为君王的宾客。

六四本该下应初爻，初失位不正，则无以应。然六四上承九五，如君王之"宾"，故曰"利用宾于王"。

九五，观我生，君子无咎。

九五，观看天下生民，就可以使君子不犯错误。

九五当位居尊，德居中正，有"观我生"的大气象，且能下应六二，故曰"君子无咎"。

九五为一卦之主，有君王之气象，而且秉持阳刚之德"大观天下"，下应六二，观民于下，就像一个慎于政事、勤政爱民的君王，观民风而察得失。巽为风，坤为民，民有民风，则王者必有所观，然后能知得失，设文教以服天下。

上九，观其生，君子无咎。

上九，观察他所治理的百官庶民，君子就可以不犯错误。

上九与九五相比，下应六三，故而能观生民而"无咎"。

【解读】

《观》的核心是"风"，如《象传》曰："风行地上，观。先王以省方观民设教。"巽为风，坤为地，即"风行地上"之象。方，指邦国。坤象为邦国，故曰"省方"。从卦象上看，"观"象有二：一是三至五互为艮，于建筑而言，艮为观；二是于气象而言，"九五之尊"临坤之众民，就有了观民风而知得失。有了这两个条件，君主就能以"中正"之德下临民众而"设教"。

《观》之九五当位居正，又有六二应之，由此形成一个万民仰望的形势与气象。若以卦象论，《易》之所谓"观"，非仅以君观民，更有民观君、君自观、君观天地的情形。《系辞传》曰"天垂象，圣人则之"，此"观"是"观乎天文，以察时变"之观；《观》之三、五、上爻辞均曰"观其生"，则为"观乎人文，以化成天下"之观；《左传·襄公二十九年》载吴国季札在鲁国观乐，当其欣赏到《韶箾》之乐舞时，赞叹"观止矣！若有他乐，吾不敢请已"，则是"观国之光"之观。

讲到《观》卦，我们有必要分析一下它的《象传》，在此前的卦象里，我们一般多忽略《象传》，因为"象"者，断定一卦之大意，说到底，它就是注解卦辞意义的，在语义上与卦辞多有重复。《观》卦的

《象传》则不然，它在解释卦象的同时，也有新的发挥：

第一，它提出了"中正以观天下"的王者气象。《观》之上卦为巽，巽为风，风无孔不入，穿越、宣扬、渗透力可用于教化，故古人以为巽主教化。九五当位中正，高高临于坤地之上，坤为国、为地、为民，民有民风，中正以观，观民风而察政之得失。

第二，"下观而化"。《诗经·大序》曰"上以风化下"，古代圣君期望以中正之德"修身也，尊贤也，亲亲也，敬大臣也，体群臣也，子庶民也，来百工也，柔远人也，怀诸侯也"（《中庸》），以期行教化而善风俗；《观》之下为坤，坤为民、为顺，巽为入，民顺而入于王之教化。《观》卦辞蕴涵这样的意义：在参与和观看祭祀神明、宗祖的盛大场面时，应秉持诚信，主要在强调祭祀之庄严肃穆的场面对人心的净化作用。而《象传》则从"祭神如神在"（《论语·八佾》）之"祭思敬"（《论语·子张》）的神秘气氛中解放出来，重点强调教化功能。需要指出的是，《象传》的作者并没有背离卦象，而是将"推天道以明人事"的易学准则贯彻到《观》卦的解释中，因而能在不违背卦象与卦辞意义的前提下，使《观》卦的意义更加丰富，更接近王道，更贴近民生。

第三，"圣人以神道设教"，就是利用鬼神之道教化百姓。其实，古代君王举行宏大庄严的祭祀盛典，本意并不在于祭祀，其主要目的是想通过天道的神圣来显示王者的威严和气象，并以此来感化处在下层的百姓，使他们目有所观，心有所感，感而化之，化则能服。《礼记·祭义》说："合鬼与神，教之至也。""因物之精，制为之极，明命鬼神，以为黔首则，百众以畏，万民以服。"说的就是"以神道设教"的道理。例如上古五帝中的颛顼被奉为太阳神，商的始祖契、周的始祖弃都被说成是神的儿子，汉高祖刘邦被说成是"赤帝子"，此后历代开国之君都有着神异的祥瑞；甚至不言怪力乱神的孔子，也被渲染成"水精子"传世，出生的时候"夜有神女擎香露沐浴，奏钧天之乐，空中言曰：'天感生圣子，故降以和乐。'"（《拾遗记》）

【案例】

一

据唐朝张鷟作的《朝野金载》记载，唐朝开元年间，有一个名叫梁虚州的道士用九宫图为张鷟推算吉凶说："五鬼加年，天罡临命，一生之大厄以《易》筮之，得《观》☶六二爻动而变为《涣》☵。主有惊恐之事发生。后来遇到风行水上的情况，祸事就会散去。"

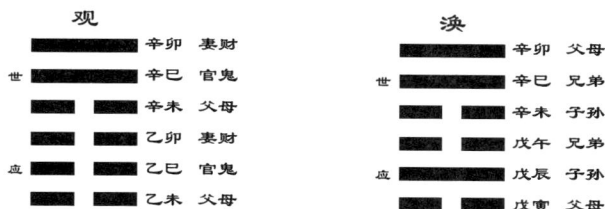

观			涣		
	辛卯	妻财		辛卯	父母
世	辛巳	官鬼	世	辛巳	兄弟
	辛未	父母		辛未	子孙
	乙卯	妻财		戊午	兄弟
应	乙巳	官鬼	应	戊辰	子孙
	乙未	父母		戊寅	父母

从梁虚州得出的结论来看，他是运用纳甲法推知吉凶而没有用卦爻辞来推知。因为《观》之六二的爻辞曰"窥观，利女贞"，这与"惊恐"之事毫无关系。但是若从纳甲法看，则《观》之六二为官鬼爻，按传统筮法，官鬼主惊恐之事，上应九五，九五也为官鬼，然六二动而变为阳爻，则为子孙爻，子孙能克制官鬼，子孙在坎水之中，上卦为巽，巽为风，风行水上，故可知"一生之大厄"当随风而去。

二

　　《左传·庄公二十二年》记载，陈厉公之子敬仲出生时，有一个周王的史官来到陈国，用《易》筮算此事之吉凶，筮得《观》☷☴之四爻动而变《否》☷☰。辞曰："观国之光，利用宾于王。"史官推断说，这可能预示着敬仲长大后，可能会代替陈国而兴起，其子孙后代很可能会主持国政，但是这个国家不在此国，而在域中有大山的异国。后来果然敬仲为避国难去了齐国，他的后代陈无宇使陈氏成为齐国最强大的宗族，到了其孙陈恒则掌握了齐国国政。

　　周朝史官在推理过程中，主要运用了卦象来分析《观》卦中隐喻的意义。首先，因《观》之六四爻动，六四当位，象征着诸侯之位，有"宾于王"的征兆。其次，六四下应初六，但初六失位不能上应六四，动而变为阳爻，则卦成《否》，乾为君，坤为土，君临于土则有国，然而这种情况需要从变中得来，变化需要时间，故可知"非此其身，在其子孙"。再次，三至五互为艮，艮为宫阙，宫阙临于坤土之上，且近于九五之君，故曰"观国之光"。变卦《否》中，上为乾，乾为玉；三至五互为巽，巽为绳；下为坤，坤为帛；如此天地之美具陈列于宫阙之上，故曰"利用宾于王"。

雷电交加的威力与公正严明的法律

噬嗑
第二十一卦

亨，利用狱。

《噬嗑》卦象征着啮合与刑罚：亨通。有利于施行刑罚。

《噬嗑（shì hé）》，卦名，震下☳离上☲。噬，通"啮"（niè）。嗑，合。《颐》☶卦为食养之象，《噬嗑》之九四如《颐》中有物，有啮嗑之状，故名之以"噬嗑"。六三至六五互坎，坎为狱，也指刑罚。上卦为离，离为日，日照光明；下卦为震，震为动，动而见明，故曰"利用狱"。

初九，屦校灭趾，无咎。

初九，脚上戴着刑具伤没了脚趾，没有太大的罪过。

屦（jù）校：戴上脚镣。屦，指草编织的鞋。现在所谓"履"，在汉代以前通称之为"屦"。校，古代刑具，桎梏之统称。

震为足，初九在震下，有脚趾之象。初九上应四，四不正，然四在互坎之中，坎为刑，震在坎下，则"足"为"刑"伤，故曰"灭趾"；然初九当位而正，则"无咎"。因初九动之于下，动之于初，则象征着罪之所始、刑之所始。因"小惩"而防止"大过"，如《系辞传》之所谓"小惩而大诫，此小人之福也"，故虽有"灭趾"之苦而终"无咎"。

六二，噬肤灭鼻，无咎。

六二，如咬脆肉一样地割除犯人的鼻子，以使其不再犯大的罪行。

《颐》中有物谓之《噬嗑》，二者对比，就是《颐》中四爻为阳爻，于是"朵颐食物"之《颐》就变成了《噬嗑》。九四不正，动而变正，则有鼓腮嚼食的"朵颐"之象；又二至四互为坤，坤为肤，故曰"噬肤"。二至四互有艮，艮为鼻，鼻在坎下，坎为刑具，故曰"灭鼻"。然六二当位中正，故"无咎"。

六三，噬腊肉遇毒，小吝，无咎。

六三，噬咬腊肉却遇到毒物，稍有困难，却没有大的灾祸。

毒，指九四，九四失位不正，当以"毒"理解。再者，九四在离，离为火，火味苦，按正常逻辑，毒味是苦的；又，离为干肉，类腊肉。六三失位不正而应上九，没想到遇到九四，故曰"遇毒"；然上有所应，故虽有"小吝"，终无其咎。

九四，噬干胏，得金矢。利艰贞，吉。

九四，噬咬干肉，却遇到了骨中的金属箭头。这有利于在艰难中守正，吉祥。

干胏（zǐ）：干肉脯。胏，带骨的肉脯。

离为"干胏"。又三至五互为坎，坎为弓，离又为甲胄矢戈之象，类如"金矢"之象。本来四当与初应，然九四失位不正，不得与初九相应，于是承受三之"遇"而得"金矢"。九四虽失位但有得，也是吉利的。九四为卦主，以其刚直之力施刑于人，故"利艰贞，吉"。

六五，噬干肉得黄金。贞厉，无咎。

六五，噬咬干肉得到黄金一样的东西。事有危险，但最终没有灾难。

离为日，日有金黄之光芒，六五失位不正，动而变正，则上卦由离变乾，乾为金；离又为干肉，故"噬干肉得黄金"。六五失位不能应六二，故曰"贞厉"。然以阴居阳，尊居在中，故"无咎"。

上九，何校灭耳，凶。

上九，肩上荷负的刑具伤没了耳朵，有凶险。

何：通"荷"，承受、担负。

上九下应六三，六三在互坎，坎为刑具。上九在离上，离为目，坎为耳，故有"何校灭耳"之"凶"象。上九失位不正，作恶多端，恶积不改，必罚至其首，其恶也甚，其罚也重。《噬嗑》卦中唯上九有"凶"，余则以"无咎"论，皆因其失位不正，穷居《噬嗑》之极所致。

【解读】

《噬嗑》以"雷电合而章"来象征先王"明罚敕法"的力量和智慧，又以啮咬食物为喻，形象地说明刑罚、罪行的轻重之别。总的看来，《噬嗑》初九、六二、六三皆因罪小、罚轻而"无咎"；上九积恶太甚，故罪大而"凶"。虽然爻象多有凶刑之事，但是依据爻象所处的位置不同，其刑罚也有所不同。故《周易折中》引李过言曰："五，君位也，为治狱之主。四，大臣位也，为治狱之卿。三、二又其下也，为治狱之吏。"值得注意的是，在《噬嗑》中，并没有过分强调"刑罚"要严，而是着重说明"狱治"要明。《噬嗑》，《彖传》释其为"颐中有物"，《象传》释其为"雷电交加"。若以《彖传》言，"噬嗑而亨"，咬碎其物则可亨通，如《周易正义》所言："物在于口，则隔其上下，若啮去其物，上下乃合而得'亨'也。"《象传》是借口之象以喻刑法。凡物有不亲，因其有间；物之不齐，因其有过。有"间"与"过"，啮而合之则能通。以喻刑法，则为"利用狱"，此刑法之所以明。若以《象传》言，"雷电合而章"，则威而有明。雷动之以威，震之以明，法明则民服，刑威则民惧，此刑法之所以存。"公生明，廉生威"，廉洁与光明是维护法律公正的前提，公正与威力则是法律存在的基础。《噬嗑》的卦象，既以互坎、互艮象征着刑律与囚狱，又以雷电交加象征着刑与法震撼性的威力，更以"动而明"的意义昭示执法者要"明镜高悬"。

《噬嗑》有离火之明，也有雷霆之威，好像是一个威力无比的卦象。具有这种威力的事物，它也许有不可战胜的力量，但是它也有敌人，这个敌人就是它自己，因为"位不当"而"遇毒"。

秦始皇的宰相李斯，本来是一个极有才华的人，可是因为受到赵高的胁迫，害扶苏而辅胡亥，既亏心又亏理，使自己陷入"位不当"的窘境，结果受制于赵高，不仅再无作为，而且还受到赵高的陷害。赵高就是李斯遇到的"毒"。他常常设置一些陷阱，让李斯跳进去。表面上，他奉承李斯、夸赞李斯，再三敦促李斯谏阻秦二世胡亥的昏庸无道，暗地里，故意在胡亥与宫女玩乐时，让李斯入朝上奏，结果惹得胡亥一次次地扫兴动怒，厌恶李斯而不再信任他。

再看，唐朝的李林甫，他看到宰相李适之很受唐玄宗李隆基的宠幸，就心怀嫉恨。有一次，他对李适之说："华山有金矿，开采后可增加国库的收入，可惜皇上还不知道这件事。"李适之听后为了邀功，就劝唐玄宗开采金矿。唐玄宗就问李林甫知不知道这件事，李林甫回答说："我早知道华山有金矿，但华山是您的王气龙脉，一旦开采就会破坏了王气，所以，我就没有对您说这件事。"玄宗于是嫌恶李适之考虑不周，言语草率。

赵高和李林甫用的阴谋，民间称之为"上屋抽梯"之计。在《易经》里，这种毒计就出自《噬嗑》六三爻辞的"噬腊肉遇毒"，《象传》解释："遇毒，位不当也。"《尚书·大禹谟》曰"人心惟危，道心惟微"，我们要想避免受到阴谋的伤害，最主要的方法，就是要"无欲"而"自强"。也就是我们常常说的"修身为本，无欲则刚"，如果我们对某种事物过分的喜好，那么这种过分喜好的欲望必然成为我们身上最薄弱、最容易受到攻击的缺点。

【案例】

宋政和末年，有个平江（今湖南平江）来京考进士的举人筮得《噬嗑》☲卦，有六二爻动而变为《睽》☲卦。由此推断说："离有戈兵之象，二至四互为艮，艮为东北，按《说卦传》，主门阙。按卦象，艮居于离下，必有东北之敌向南进犯，这将对君王造成不利的局面。又艮为鼻，鼻子在面部居中高耸，象征着国君。"后来，宣和七年（1125），金兵犯宋，赵佶让位于皇太子赵桓（钦宗）。靖康二年（1127），汴京沦陷，北宋覆亡。赵佶、赵桓父子及后宫嫔妃被掳往金国，拘囚于五国城（今黑龙江依兰）。高宗绍兴六年（1136），赵佶病死，享年五十四岁。结果与所占筮的情况相同。正应了《噬嗑》卦的凶象。

震为雷，雷动而止于艮，艮在东北。雷震而上行进入离中，离为南方，离中失位而不正，又有甲胄兴兵之象。六二动则变为《睽》卦，睽下为兑，兑为毁折，也有兴兵之象。《噬嗑》之六二曰："噬肤灭鼻，无咎。"二至四互为艮，艮为鼻，三至五互为坎，坎为刑。又离为附着，有皮肤之象。鼻入于坎而受刑，故曰"噬肤灭鼻"。鼻居中为主，"灭鼻"则预示着君主受刑于外卦。外卦之离下有艮，艮为门阙，由此而进，则可知金兵至于京城。

"文化"源于这个卦象的"人文"与"天文"

贲
第二十二卦

亨。小利有攸往。

《贲》卦象征着文饰：亨通。较有利于有所前往。

《贲（bì）》，卦名，离下☲艮上☶，意为美饰、文饰。"小利"有三：一是指《贲》卦的六五爻为阴爻，阴为小；二是指下卦离，离为光；上卦为艮，艮为止，光被止住，故"小"；三是指互下为坎，坎为险，上为艮，为止，下险而上止，故曰"小利"。结合《彖传》"柔来而文刚""分刚上而文柔"的解释，我们可以看到，"离"以六二阴柔之美来文饰"艮"之阳刚之德，故"亨"而有"小利"。

初九，贲其趾，舍车而徒。

初九，把文饰好的鞋穿着在自己的脚上，不坐车，徒步而行。

徒：步行。

初九上应六四，六四在震，震为足，初九在《贲》下，位应于"足"。坎为车、震为车，初九不在坎、震，故曰"舍车而徒"。

六二，贲其须。

六二，文饰胡须。

六二在艮下，艮为鼻，鼻之下，故为"须"象。

九三，贲如，濡如，永贞吉。

九三，文饰得那样俊雅，润泽得那样滋润，做事能够长久的吉祥。

濡：润泽，滋润。

九三在互坎之中，坎为水，故曰"濡如"。当位而正，正为君子，以其美质，故曰"永贞吉"。

六四，贲如皤如，白马翰如。匪寇，婚媾。

六四，文饰得那样俊雅，一身洁白素雅，白色的马奔驰如飞。那不是来抢劫的盗寇，而是拿着聘礼来求婚的人。

皤（pó）：白色。翰：《说文》曰："天鸡也，赤羽也。"引申为羽飞之状。此处喻马奔驰如飞。

六四下应初九，动而变，则二至四互为巽象，巽为白色；三至五互为震，震为马，为馵足（白色后足的马）、为的颡（白额头的马），故曰"白马"；震又为动，马动如飞，故曰"翰如"。六二至六四互有坎象，坎为寇，然六四动而变，变则坎象毁，故曰"匪寇"。六四在互震，震为长男，下应初九，初九在离，离为中女，有"婚媾"之象。

六五，贲于丘园，束帛戋戋，吝，终吉。

六五，一束束洁白的丝帛装饰着山上的园圃，虽有困难，但是最终是吉祥的。

戋（jiān）：盛多的样子。

艮为山，有"丘园"之象。六五失位不正，动而变正则上卦为巽，巽为绳，类如"束帛"。六五本来是失位不正，然因居中于尊位，虽初有"吝"而"终吉"。

上九，白贲，无咎。

上九，用纯净洁白的颜色文饰，就不会有过失。

六五变正则上卦为巽，巽为白色，故有"白贲"之象。求"素"而得"素"，故"无咎"。

【解读】

综观《贲》卦六爻，九三最吉，而上九则"得志"于《贲》，有君子之风。《贲》以"山下有火""刚柔交错"和"柔来文刚"象征着文饰之美，然君子之德在"正而质"，而不在其"美而饰"。"山下有火"的卦象，使人在火光中看到了文采，也看到了光明，这种光彩对于人类而言，上可以焕发出"天文"，下可以焕发出"人文"。圣人以此知《贲》之光明和文采能有"明庶政""化天下"之功。除此之外，《贲》从初九至六五互有《丰》䷶，离为日，震为雷，二者皆为天文之象，故曰"天文"；从六二至六五又互出《解》䷧，《解》的关键在于"动"，即人要有所作为。由此三重卦象，《贲》即有《象传》所云，上可"观乎天文，以察时变"，下可"观乎人文，以化成天下"。以"人文"而言，具有"化成天下"的文明；以"天文"而言，则为"以察时变"的方法。所以，虽说《贲》之"小利"有点美中不足，但是《贲》之取象不为"小利"而在"大用"。

《贲》在象征性的说明文化的意义时，还昭示了"明政""折狱"的智慧。如《象传》曰："山下有火，贲。君子以明庶政，无敢折狱。"按卦象的意思，艮为山，离为火，二者形成"山下有火"之象。君子因为"离"的光明而理政，但是，因为六五失位不正，己身不正，故"无敢折狱"。若将同具"离"象的《噬嗑》与《贲》做比较，我们就发现了二者因为离象的位置上下不同，其作用也有所不同。《贲》的离象在下，象为山下之火；《噬嗑》的离象在上，象为天上之火。前者的"火"象用以文饰，后者的"火"象则用于威猛，所以，《噬嗑》能"明罚敕法"而"利用狱"，而《贲》虽"明庶政"，却"无敢折狱"。

【案例】

据《论语》《史记》等文献记载，孔子曾经说："加我数年，五十以学《易》，可以无大过矣。"又说："南人有言曰：'人而无恒，不可以作巫医。'善夫！'不恒其德，或承之羞。'"又说："不占而已矣。"《史记·孔子世家》也记载："孔子晚而喜《易》，序《彖》《系》《象》《说卦》《文言》。读《易》，韦编三绝。曰：'假我数年，若是，我于《易》则彬彬矣。'"由此可见，孔子喜《易》之事是确实有证的，而且无论是他对《贲》卦的解释，还是作《易传》，他的"喜"已经超越了一般意义上的实用占卜，上升并深入到了"义理"的境界。

《孔子家语》载孔子自筮得《贲》卦，因其有"文饰"，不得黑白之正色而"愀然有不平之状"。子张问其故，孔子对曰："在《周易》，山下有火谓之《贲》，非正色之卦也。夫质也，黑白宜正焉。今得《贲》，非吾兆也。吾闻丹漆不文，白玉不雕。何也？质有余，不受饰故也。"按《说文》，"贲"字的本义为文饰，在孔子看来，"丹漆不文，白玉不雕"，因为本身的美，如果再文饰就是画蛇添足，就是多余。如"文过饰非"，"过"，就要用"文采"来美化；"非"，就要用"美饰"来掩盖。老子也说"信言不美，美言不信"。在日常生活中，我们常常会遇到有人刻意、故意"美饰""掩盖"虚假或缺陷，但是欲盖弥彰，我们也就常常讽刺这种情况是越描越黑，其结果也就免不了"此地无银三百两"。西晋大学者张华的《励志诗》云："如彼梓材，弗勤丹漆。

虽劳朴斫，终负素质。"诗中的"素质"与我们现在所谓的"素质"完全不是一回事。现在意义上的"素质"是指一个平时养成的品质、习惯、学识及行为方式。"素质"作为词的本来的意义是"白色的质地"。素，就是白色的意思,《论语·八佾》记载着这样一个故事：有一次子夏问自己的老师孔子,《诗经·卫风·硕人》篇云："巧笑倩兮，美目盼兮，素以为绚兮。"是什么意思呢？孔子回答说："绘事后素。"子夏想了想，又问孔子："礼后乎?"孔子高兴地说："卜商啊！你的话也启发了我，现在开始可以与你谈论《诗》了。"按孔子的意思，绘画本身虽然也是重要的，但是比起白色的素丝，绘画还是没有原本的白色重要。以孔子之德得"小利"之卦，孔子又怎么能高兴呢？他本来的愿望是经天纬地、治国安邦，是以天下为己任的，但是,《贲》只是"文饰"这种后于"素"的"绘事"而已。

古人是如何将不利因素变为有利因素的

剥

第二十三卦

不利有攸往。

《剥》卦象征着阳气被剥落：不利于有所前往。

《剥》，卦名，坤下☷艮上☶，象征着剥落。群阴自初至五剥消上九之一阳，阴气盛极，阳气被剥，至于将尽，故曰"剥"。阴长阳消，君子道消，小人道长，故"不利有攸往"。

初六，剥床以足，蔑，贞凶。

初六，去掉床的足，这就等于削去了正道，结果必然是凶险的。

蔑：通"灭"。剥：消除。

艮为山，山形容高出地面的事物；坤为地，坤有阴虚之象。高出地面而又中虚的东西，古代的床是可坐可卧的家具。初六在下，动而变，变而为震，震为足，"剥"去床足，故曰"贞凶"。

六二：剥床以辨，蔑，贞凶。

六二，把床桱（bì）剥落下来，这同样也是毁灭正道，必有凶险。

辨：通"间"，即两者之间。如我们说"辨别"，实际上就是区分两者之间的不同。这里指床足与床身之间的部分。

六二本该应于五，五失位，阴阴相斥，不能相应，于是六二就"剥"于床足与床身之间，也是"贞凶"。

六三：剥之，无咎。

六三，处剥落之时，却没有过失。

六三上应上九，虽也在"剥"，因应其阳刚之德，故"无咎"。

六四，剥床以肤，凶。

六四，把床撤掉而使自己的皮肤紧贴着严寒的地面，有凶险。

"肤"，本义为皮肤，前人注此多喻指"床面"，但此句的《象传》断辞曰"切近灾也"，六四的位置处于阳气将要被剥尽的状况，如果把占辞释为"把床面剥去"，则句义与阳气将要剥尽的情况没有关系，所以释"肤"为"床面"不仅不通，而且也与爻辞与卦象的意义不合。其实，要正确的训解"剥床以肤"的意义，除了重视"肤"的转训之义，还要考虑到"以"的语法作用。"以"若释为介词，则不得不释"肤"为床面，因而也就没有了转折的意义，也就无法承接"切近灾"的意义。若释为连词，则"肤"为名词用作动词，于是此句可解为：把床撤去不用，而直接使自己身体皮肤贴在地面上，那样肯定是有凶险的。如此，不仅符合古代汉语的习惯，而且有了转折的语气，使"切近灾"的结果有了合理的解释。再从卦象看，六四为阴，阴虚无，为无床之象，无床则只得使自己的皮肤贴在地上，在阳气剥落殆尽，阴气逼人的寒冬，直接使自己的皮肤贴在地面，其"凶"当然是"切近灾"的。实际上，六四爻辞是在讽刺那些身处危险境地的人们，不仅不借助已有的条件克服困难、脱离危险，相反还破坏有利的条件，使自己直接面临危险的侵害。而这一切实际上与六四所处的位置有关。至六四，阴杀之气已盛，故不再如初、二言"蔑，贞凶"，而直言其"凶"，这是因为剥道切身，阴气逼人，故曰"切近灾"。卦以象喻理，则人于害之深、凶之切感受更深。

六五，贯鱼以宫人宠，无不利。

六五，引领宫人鱼贯而入承受君主的恩宠，没有什么不利。

六五失位不正，动而变则在巽，巽为鱼，鱼为阴性的生物，巽下以类相从，故曰"贯鱼"。我们"鱼贯而入"的成语就出自这里。五，本为"九五之尊"，因以阴居阳，有王后之象，王后为宫人之长，故曰"宫人"。因居中位尊，又处于互坤之顺，故"无不利"。

上九，硕果不食。君子得舆，小人剥庐。

上九，硕果不曾剥食。当此之时，君子得到大车就会装载着硕果去济世，小人得势则会使天下百姓的房屋也会被剥落殆尽。

按《说卦传》，艮为果蓏（luǒ），上九下应六三，然应皆虚而无物，故曰"硕果不食"。上九为阳，阳为君子，下应六三，六三在坤，坤为大舆，应而有"君子得舆"之象。小人指六三，六三失位，阴为小人，上九为阳，一阳之下，比为阴虚厚土之象，故《剥》之《象传》曰"上以厚下安宅"，于是就有了"小人得庐"之象。在此，我们需要把与房屋有关的几个字做一些比较，以便更好地理解"小人得庐"的意义。讲到房屋，古人有室、家、房、户、屋、宅、庐。室，有所止的房子，一般在正堂的后面，因此就有所谓"正室"的说法。房，则指室两边的屋子。家，原指大夫之家，从宀从豕，上古民力物产贫乏，对于一般小户人家而言，自己生存都是难事，又怎么有余粮养猪，所有宀中养有豕，就是大家、公家，即三公大夫之家，如《孟子·梁惠王》所言"大夫曰何以利吾家，士庶人曰何以利吾身"，"万乘之国，弑其君者，必千乘之家；千乘之国，弑其君者，必百乘之家"。户，我们说一门一户、小门小户，户特指只有一扇门进出的住处。屋，相当于今天所说的卧室。宅，从宀从乇又乇声，有寄托的意思，指连同房子一起的住处，有地、有花园、有院子，如"五亩之宅"，又"方宅十余亩"。庐，特指在田野里盖的小茅草屋，如杜诗中的"吾庐独破受冻死亦足"，按《说文》讲，这种小屋，春夏季节可以住，到了秋冬时节就不能住了。《剥》之上九所谓的"小人剥庐"，指的就是这样的房子。艮上止，艮为房子，艮下皆坤，坤为地，则有庐象。

【解读】

　　阴盛阳衰，这是《剥》卦总的特征。对于自然而言，阳气即将为阴气剥尽，秋风肃杀，草木凋落；如对社会人生而言，则小人得势，世道混乱，国运衰微。故君子观象而知天道，当识时务。一方面，于"剥"之时，顺而止之，"不攸往"；另一方面，于《剥》象之中，通达物理，"厚下安宅"，守身自重。

　　《剥》象在阴阳消长方面的表现是十分明显的，众阴剥消一阳直至渐尽之地，上九如一缕残阳，装点出"落日楼头"的凄怆，这使得整个卦象笼罩在"日落西山""气息奄奄"的惆怅之中。在此情境的影响下，卦中六爻无一爻是吉利的，其中竟然有三爻带"凶"字，其他三爻的情况也不乐观。但正如曹操《龟虽寿》所言，"盈缩之期，不但在天；养怡之福，可得永年"，天气有"消息盈虚"的形势，君子有"顺而止之"的智慧，于"道消之时，行消道也"，"在虚之时，行虚道也"（《周易正义》）。尤其是《象传》"厚下安宅"的准备，又使君子在修身养心的期待中，重新唤起了"飞雪迎春到"的乐观信念。

　　就《剥》卦的卦象来看，一则众阴剥阳，"《易》为君子谋"，不利君子，故"不利有攸往"；二则坤的卦德为"顺"，顺而至于艮，艮为止，顺而止，也不利于"攸往"。在《丰》卦的《彖传》里讲"天地盈虚，与时消息"，庄子讲"《易》以道阴阳"。其实，《易经》六十四卦的所有道理讲的都是阴阳消息之理、刚柔变化之道。消，就是减少、去掉的意思；息，就是增长、得到的意思。比如，在日常生活中，我们说的利息，就是利的增长。《易纬》讲："阴消则阳息，阳消则阴息。"概言之，就是通过阴消与阳息来反映事物的"变化"规律。我们日常生活中所说的打听"消息"，就是指在新的时空里，有什么新的"变化"情况。《易》之"三义"，其中根本的"义"就是"变化"，换言之，就是"消息"。按《彖传》的意思，所谓的《剥》就是五个阴柔要变去一个阳刚，"阴为小人，阳为君子"，先是顺，后被止住了。因此，观察这样的情况，君子就应该遵照"消息盈虚"的变化情况的天道，懂得此时是"不利于有所往"。同时，在《剥》的卦象里，还有"安宅"之象。《剥》卦下为坤，上为艮，坤为地，艮为山，山在地上，故曰"山附于地"。按自然之理，天高地厚，坤在下，初至五又互为《坤》，坤上有坤，故为"厚"；艮为观、为门，故有"厚下"之土与"安宅"之象。

虽然《剥》卦能激起一些不愉快的感觉，但是，在一片肃杀凄然的景象中，也能够使我们冷静地想到一些谋略和智慧。

其一，就整个《剥》象来看，一阳高居在上的情况，我们既可以将它看成是阳气即将剥失殆尽的凄惨败落，但也可以看成一个扎紧的口袋，还可以看成是"一夫当关，万夫莫开"的雄关要道。

其二，"厚下安宅"的生态理念。《剥》卦的卦象成"山附于地"，"地厚"实为土厚，土厚则可以"安宅"。坤为地，地上建筑的房屋如同地上矗起的山岗一样。现在很多人喜欢谈论"风水"，其实，"风水"

的最高理想就是"安居"，但没有"安宅"，也就谈不上"安居"。乱石嶙峋、土地瘠薄之处，草都难生，又怎么能生人、养人呢？

其三，形势决定进退之策，"不利有攸往"。《剥》上为艮，艮为止，且除二、四之外，其余各爻均失位不正，难以相应。更为严重的是，象征君子的上九，仅有的一丝阳气，也即将为聚集在一起的阴气剥尽，君子若存若亡。在这种情况下，君子就不利于有所前往。

其四，有一种策略叫"欲擒故纵"，这个策略的出处就是《象传》讲的"顺而止之"。在很多情况下，我们要想劝阻别人不要做什么，最好的方法是先顺着他的意思，顺之将尽，则不止而止，自当制止。也就是说，用不着再劝阻了，他自己就会停止。

【案例】

北齐吴遵世在大将军府里任参军之职。有一天，他跟随大将军文襄一起游猎东山，文襄看到山上一阵云起，怕下雨而取消射戏，于是就让吴遵世占筮以测究竟，筮得《剥》䷖。一起出游的李业兴推断：《剥》艮卦在上，坤卦在下。艮为山，山里出现阴云，所以可以推知要下雨。吴遵世却推断：坤为地，于五行属土，土克制水，由此来看，是不会下雨的。文襄与他们约定了赏罚标准。过了一会儿，天上的阴云散去，正如吴遵世所测。于是二人也各自接受了赏罚。

此二人推断一从卦象推断，一以卦象并结合五行推断，结果后者应验，前者失验。其实从李业兴的分析来看，他也没有准确运用卦象，因为按《说卦传》及古法，坎为水，坎为云，坤为土。卦象中既然没有坎象，也就没有雨水之形。

天道生生不息，人事顺势而为

复
第二十四卦

䷗

亨。出入无疾。朋来无咎。反复其道，七日来复，利有攸往。

《复》卦象征着阳气往而复来：亨通。阳气从内生长，出入之间则无从得疾患。朋友前来也不会有什么过失。转来回复是有其规律性的，一般而言，过不了七日就会到了回复之时，在这种情况下，有利于有所前往。

《复》，卦名，震下☳坤上☷。群阴剥尽阳气后，有一阳来复生于下，故曰"复"。阳气为"生气"，阳气生长之时，人之出入则"无疾"。按卦象解，阳生于初而成震，震为动，动则出。上卦为坤，坤于卦德为"顺"。动而出，出而顺，故曰"无疾"。阴阳相亲，阴以阳为"朋"，"一阳来复"，则曰"朋来"。阴阳相感，阴以阳通，阴阳相悦，故"无咎"。《兑》之《象传》曰"君子以朋友讲习"，朋来则阳生，故"无咎"。阳气剥尽之时，一阳归复于下，故称"反复"。前人于"七日来复"说法很多，总体而言可归纳为两种：一为卦气说。《剥》自《乾》来，剥尽众阳，需六个月，然后成《坤》，至一阳来复则为七个月，一爻为一月，古人称月为"日"。如《诗经·豳风·七月》曰

"一之日觱发，二之日栗烈"。二为爻象说，《坤》之纯阴六爻，以一爻为一日，至一阳来复，计有七日之长。二说均通。因阳气来"复"，下卦成震，震为动，动而顺，顺而往，阳气更生，故曰"利有攸往"。

初九，不远复，无祇悔，元吉。

初九，往而不远就来回复，这样做就没有大的悔恨，大为吉祥。

在《复》卦里，初九是最早进入"复"道中的，最早当然就是"不远"。初九上应六四，因"震动"至于"坤顺"，当位则"无祇悔"。当位而应则"元吉"。

天道虽远，然《复》自《坤》来，七日来复，初阳先动，"不远"来"复"，故其所复之"阳"应众阴来而来，显得尤为珍贵，仿佛是黎明前的光明，在给了人们温暖的感觉时，又给了人们光明和希望。《中庸》曰"修身为本"，而修身之道就在于改过，故孔子赞扬颜子之贤是"不贰过"。"知过能改，善莫大焉"，初九迷而不远，即能来复，真可谓善于改过的表率。

六二，休复，吉。

六二，美的回复，吉祥。

休：美，善。

震为木，六二以柔顺处于震中，当位中正，然上无所应，只好依于震木。所依为震阳之木，木有秀美、仁爱之性，所以有"吉利"之象。

六三，频复，厉，无咎。

六三，蹙额皱眉地回复，虽然有危险，却没有什么灾祸。

频：皱眉。后写作"颦"。厉：危难。

六三处下体之终，于复道已远，且上无所应，近无所亲，独行于

"复"途，所以蹙额皱眉而"厉"。然身处坤顺之中，故"无咎"。

六四，中行独复。

六四，居群阴之中而行为正当，独与先行复道的初九相应以实行回复之善。

六三与六四都是处于"中"的位置，那为什么不说六三"中"，而独言六四"中"呢？这是因为六四当位而六三失位。震为大途之象，震为行，坤为大舆，以大舆而"中行"，唯独六四应于初九，故曰"独复"。

六五，敦复，无悔。

六五，敦厚忠实地的回复，没有悔恨。

敦：厚。

三至五互为坤，六五居于互坤之上；上卦为坤，六五又居上坤之中。坤为地，地博大而厚，六五居中而得厚之实，以厚实之德行回复之道，则必无所悔。

上六，迷复，凶，有灾眚。用行师，终有大败；以其国，君凶，至于十年不克征。

上六，迷入歧途而难以回复，有凶险，有灾难。在这种情况下，若用兵作战，则最终必然是大败；同样，若在此时用于治理国政，则必然使国君也有凶险，以至于十年也不能出征。

眚（shěng）：灾异，灾难。

上六远离"复"道，易迷路失道，故曰"迷复"有"凶"。若三动而得正，二至四互为坎，坤临坎象，则成《师》象。坤为众，两象均有"行师"之象，故曰"用行师"。因上六在坤上，坤为国，故曰"以其国"。坤有阴死之象，互坎有陷险，有凶、兵败则国难存，所以"君凶"。"天九地十"，坤以十数，故曰"十年"；按先天八卦，坤位在亥，"亥为十"，故数亦是"十年"。因"迷复"误国而师败"君凶"，在这种形势下，估量其国力，以至于十年不能再行征伐之事。

就《复》之六爻来看，上六距离初九之阳复之德最远，远离"复"道则迷；再者，坤有阴闭之象，如《坤》卦《象传》之所言"先迷失道"，下无所应，又"迷"于"复道"，故"凶"有"灾眚"之象。以"迷复"之身行师，也会因迷失方向而"终于大败"。汉朝威名赫赫的"飞将军"李广就因迷路而误了军机，遭到大将军卫青质问，因不愿受辱而自杀身亡。

【解读】

《复》以一阳勃勃生于众阴之下，象征着阳气回复、正道复兴。其象下为震，震上为坤，震为动，坤为顺，"动以顺行"，故"出入无疾"。卦之初九因及时地回复阳刚之气而得"元吉"，如屈原在《离骚》中所吟"回朕车以复路兮，及行迷之未远"，其余五阴均以初九为"朋"来应，相应皆有所得：六二因近于初阳以"休复"而得到赞誉；六三因能勉励"回复"而"无咎"；六四因下应于初阳而独"复"其善；六五以敦实之德回复善道而"无悔"。唯上六因远于初阳而迷复，所以有"凶灾"。其各爻均以"复"来说事，而其吉凶皆生于与初阳的关系之中。天道循环，生生不息，阳气剥尽后，往而来复，复之以时，应以七日（阳气自上至下，数有七）。

虽然《复》象征着阳气回复的状态，但是从阴阳两气的对比来看，阴气远远盛于阳气。《复》卦的《象传》曰："雷在地中，复。先王以至日闭关，商旅不行，后不省方。"《复》的卦象应在冬至之日。至，在这里的意义指最、很、极。冬至，就是指天气冷得不能再冷了。时令冬至，寒气袭袭，"天垂象，圣人则之"，先王法天取象，因《复》"雷在地中"的情景看到阴寒死闭之气，先代圣王因卦象而想到昭示百姓"闭关"而"不行商旅"之事，作为君王的自己也不省视邦国，以实现养生之善政而应天时。古之先王圣贤"善政"为民，以民为天，故能如《象传》所云"见天地之心"。后来，人们在冬至日想起死去的亲人，就以为他们在另一个世界也受寒挨冻，于是就有了送寒衣的风俗，这便是中国最早的鬼节。

雷在地中的卦象，还能让我们想起中国抗日战争时期的"地雷战"。坤为地，震为雷，地下有雷就能炸得鬼子魂飞魄散、心惊胆颤。六二爻辞所说的"休复，吉"，休，就是美好的意思。我们既可以把"休复"理解为美好的"回复"，也可以理解为"复"道的最好运用。当一种威力能够埋伏在地下时，这种威力的作用就远远大于它本身的力量。《复》的动力来自于"雷"，《复》的道路形成于"坤"。震雷给我们带来动力和活力，坤顺则给震雷的力量和活力开拓出顺利的形势。《复》卦启示我们，震动的力量要顺应形势。

雷在地中的卦象，还让我们看到生命的希望和活力，就比如冬至冷得不能再冷了，所以天道循回，"一阳来复"，自冬至以后，阳气逐渐增长，天气又一天天转暖和。《象传》讲"动而以顺行，是以'出入无疾'"，震之所以能以雷的威力震动，就在于初阳在下。古人以为"纯阳为仙，纯阴为鬼"。按中医讲，阳气象征着生命的活力，只要有阳气，就能消除病毒。中医讲"扶阳固本"。《老子》讲："夫物芸芸，各复归其根。归根曰静，是谓复命。"《复》以"动而以顺行"的力量和形势给我们的生命带来"无疾"，带来健康。

【案例】

　　鲁成公十六年（前575），晋厉公讨伐郑国，楚共王出兵解救郑国。晋厉公让太史占筮。太史说："吉利。得到《复》卦。卦辞说：'南方的国家陷入困难之中，如果射它的国王，箭头会射中他的眼睛。'国家受难，国王受伤，不失败，还等待什么？"晋厉公于是就出征了。晋楚在鄢陵大战，结果果然如卦辞所言，晋国的吕锜射中了楚共王的眼睛。后来虽然楚共王召唤善于射箭的养由基射死了吕锜，楚军还是败退而去，晋国重新成为中原霸主。

　　《复》之世爻在初九，当为晋国，初九当位而正，应爻为六四，六四当位，"四多凶""四多惧"，六四位置上不在天，下不在地，处于"蹙迫"困难之中。按太史所占，《复》之六三动，动而变为离，离为目，《复》变为《明夷》☲☷，《明夷》之《彖传》曰："内文明而外柔顺，以蒙大难，文王以之。"明夷有伤，伤在离，即伤在目。整个故事一如卦象、卦情所示。

如何应对生活中发生的意料不到的事情

无妄
第二十五卦

元亨，利贞。其匪正有眚，不利有攸往。

《无妄》象征着不妄为：大为亨通，有利于做大事。若背离正道就会灾难降临，所以不利于有所前往。

《无妄》，卦名，震下☳乾上☰。天下有雷，雷震天威，戒人不可妄行，故卦名"无妄"。其卦体上为乾，乾元得正，下为震，震为动，"正"而"动"，故曰"元亨"。二以阴居阴，五以阳居阳，二者皆以中正之德当位居正，故曰"利贞"。匪，通"非"。眚，灾祸。因卦中的六三、九四、上九均不正，故曰"匪正"。非正则有灾，故不利于前往。六三在震，震为足、为动，其所应在乾之上九，乾为健行，在"匪正"之时动而上行，就是"妄"，"不利有攸往"，就是"无妄"。就卦象而言，天下有雷，预示着暴雨的来临，给出行带来困难和危险，故曰"不利有攸往"。

初九，无妄往，吉。

初九，不要妄然前往，就会得到吉祥。

初九当位而正，本当上应四，四失位不正，又有二至四互艮为止，

"止"而不与不正的九四相应，就是"无妄往"，故"吉"。

六二，不耕获，不菑畬，则利有攸往。

六二，不耕种收获，不开垦良田，却有利于前往。

菑畬（zī shē）：即耕种。

《无妄》卦辞说"不利有攸往"，初九说"无妄往"，六二的爻辞却说"利有攸往"，这是为什么呢？卦辞是针对六三、九四、上九的"匪正"说的，初九是针对上无所应而言的。六二则不然。六二当位中正，上应"九五之尊"，应而相亲，这当然是"利有攸往"。且因其上应"九五之尊"，也就不需要"耕获""菑畬"这样田间劳作之事。再者，六二所应在九五，九五在乾，乾为野，乾为君王，也非劳力之所为。

六三，无妄之灾，或系之牛，行人之得，邑人之灾。

六三，不虚行妄为却遇到灾祸，这就像有一个人把牛拴在树下，过路的人将它牵走，居住在他家附近的人却受到怀疑，遭到拘捕，这可真是飞来的横祸。

六三失位不正，当属《无妄》之"妄"，其所应在上九，上九也失位不正，此二者正当其卦辞所谓的"匪正"，故而因"无妄"之"妄"而有"灾"。动而变，变而正，则位在离象，离为牛；二至四互为艮，艮为手；三至五互为巽，巽为绳；于是就出现了"或系之牛"；但有人把牛牵走了，结果反而让邑人受了灾祸，正应了所谓"黑狗偷食，白狗当灾"。看起来这是偶然的，其实，任何偶然的现象都有一个必然的原因，如果不是六三、上九失位不正，又怎么能"偶然"到他们身上呢？

九四，可贞，无咎。

九四，能够坚守正道，则没有灾害。

九四虽然失位不正，也无所应，然临近九五，且独善于乾下，有六三上承，与九五相比，乘柔履正，不妄为，故"无咎"。

九五，无妄之疾，勿药有喜。

九五，行为不虚妄却染上了疾病，即使是不服药也能有病愈之喜。

上九失位，动变则为正，正则四至上成兑象，兑为悦；三至五互为巽，巽为药；九五在乾，乾为纯阳，阳生阴死，既为纯阳，不吃药也能活，故可推断其"勿药有喜"。且本来中医崇尚的就是"上医不治已病，治未病"，"善治者，治皮毛"，故"勿药"，也是应着中医的"医道"行事的。

上九，无妄行，有眚，无攸利。

上九，没有虚妄之行，却有灾祸，无所利之事。

上九失位不正，且在乾上，乾为健行，失位不正且有健行之事，即"无妄"之"行"。因上九失位不正而成《无妄》，若动而变，则三至上互为《大过》☱，兼有"灾眚"之事，因而"无攸利"。

【解读】

在六十四卦中，《无妄》卦的行动是最为刚强猛烈的。卦中六爻：初九因不妄行而获吉；六二以柔处中正之位，故利于所往之地；六三因其在《无妄》之中居位不正，所以虽无"妄为"之实，却遭遇灾祸；九四因"正"而"无妄"得"无咎"；九五处尊而"无妄"，能"勿药有喜"；上九因于《无妄》之中有"妄"而遭"灾"。通观《无妄》之象，虽有像六三遭遇的"无妄之灾"，但也有九五侥幸之"勿药有喜"。唐代元稹《痁卧闻幕中诸公征乐会饮》诗中说："布卦求无妄，祈天愿孔偕。"古人筮得《无妄》，因"其匪正有眚，不利有攸往"，多感怅惘愁闷，于是就如诗中所言，常常"祈愿""孔偕"以避险灾。虽然如此，卦象中也有《彖传》所谓"刚中而应，大亨以正"的"天命"，因此，若"物与无妄"之时，能因时而动，其小，则可以有初六、九五之"往吉""有喜"；其大，则可"育万物"。

《无妄》的《彖传》曰："无妄，刚自外来而为主于内。动而健，刚中而应，大亨以正，天之命也。'其匪正有眚，不利有攸往'，无妄之往，何之矣？天命不佑，行矣哉！"其中所言的"刚自外来而为主于内"，按《易》之通例，震为内卦，乾为外卦，"阳为刚"，震初为阳，其类在乾，乾在外，故曰"从外来"而"为主于内"。震为动，乾为健，故曰"动而健"。"刚中"，指九五，九五下应六二，故曰"刚中而应"。乾为大，九五当位中正，此为"天道"之自然，故曰"天之命"。因其六三、九四、上九均失位不正，故"不利于攸往"，若勉强而往，就是"无妄"，这种行为本身就是违背"天道"的，故"天命不佑"。

天有健行之强刚，雷有雷霆之猛烈。《无妄》为我们描绘了这样一个情境：雷声震动，云行雨降，伴随着雷声、雨水，万物蓬勃地在大地上生长，在一阵阵清风的拂动下，我们仿佛能嗅到鲜花、青草、麦苗的清香。雷声带给大地的是一片生机，带给圣人的是生育万物的启示和勉励。天有健行，雷有威力，大地上所有的生命都与时俱行，与时俱生，这就叫"物与无妄"。与，就是俱、全的意思。

与此相反则是"妄"，就是"反常"。常言说"事有反常必为妖"，《红楼梦》里第九十四回，就有这么一段"反常"的故事：在贾府里有一棵本来枯萎的海棠花却违背时令地在这年的十一月开花了。贾母道："这花儿应在三月里开的，如今虽是十一月，因节气迟，还算十月，应着小阳春的天气，这花开因为和暖是有的。"王夫人道："老太太见的多，说得是。也不为奇。"邢夫人道："我听见这花已经萎了一年，怎么这回不应时候儿开了，必有个原故。"李纨笑道："老太太与太太说得都是。据我的糊涂想头，必是宝玉有喜事来了，此花先来报信。"探春虽不言语，心内想："此花必非好兆。大凡顺者昌，逆者亡。草木知运，不时而发，必是妖孽。"只不好说出来。人们常常说"明《易》先知"，其实，这种所谓的"先知"，并不是神乎其神的事，只是"君子见机""见微知著"的观察能力而已。有了"物与无妄"的判断前提，那么也就有了遵循"无妄之道"的必要性，所以《象传》特别强调"先王以茂对时育万物"，也就是说行动要遵循天道。

【案例】

一

唐昭宗时，赞皇县尉张师久病不愈，病情一天比一天严重。就请黄贺为他卜卦，筮得《无妄》卦。黄贺看过卦象说："无妄之疾，勿药有喜。请不要再服药治疗，五日后，病情会大愈。"果然就在第五日，张师的病好了。

黄贺为张师所占的卦是《无妄》，因为九五爻动，故只取九五爻的爻辞作为推断吉凶的依据。九五当位中正于乾上，下应六二，六二在震，震为动。"健行"而"动"，"动"而"通"，故病愈。

二

唐朝刘辟科举登第后，前去找盲人卜者葫芦生筮算前程。葫芦生布成卦形后，就对刘辟说："从现在开始往后的二十年里，你的官职和俸禄在西南方，但最后不得善终。"后来刘辟跟随韦皋前往西川，官至御史大夫，担任行军司马。时至二十年，韦皋病重时，派刘辟进京奏请增加东川，但是他的这个请求未得朝廷应允。刘辟就微服单骑，再次到葫芦生那里卜问。葫芦生揲蓍成卦，对刘辟说："我二十年前曾为人卜得《无妄》☰☳动而变成《随》☱☳，今天又筮得此卦，莫非你就是以前的那个人吗？"刘辟没有应声。葫芦生说："如果就是这个人，这个人马上会遇到灾祸。"刘辟不是很相信葫芦生的话，就回了蜀地。后来他果然因为发动叛乱被唐宪宗打败擒获，在藁城的街道上斩首。

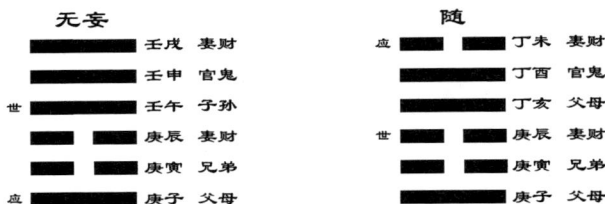

无妄		随	
壬戌 妻财		应　丁未 妻财	
壬申 官鬼		丁酉 官鬼	
世　壬午 子孙		丁亥 父母	
庚辰 妻财		世　庚辰 妻财	
庚寅 兄弟		庚寅 兄弟	
应　庚子 父母		庚子 父母	

按《无妄》卦辞曰"匪正有眚"，"不利有攸往"。刘辟叛逆实为"匪正"，下震而上乾，动有健行，然健行遇二至四互艮，艮为止，止则不能行。又上乾为健行，健行于震雷之上，也实属不利，故曰"不利有攸往"。《无妄》世爻为子孙，子孙在京房六爻判断中象征着福禄。葫芦生筮得《无妄》之上爻动，《无妄》上卦为乾，乾为西北，乾动而变为兑，兑为西，俸禄在西，子孙在午，午为火，火主南方。又，初至四互大离，离为火，也主南方。由此可知俸禄在西南。然上九动则变为兑，兑主毁折，乾为首，乾变为兑，则知乾首变于毁折之中，所以刘辟最终被斩首。二十年者，《无妄》世在四爻，古人以一爻值五年。过此则入兑，毁折至矣，故曰祸将至。

贤良的内涵在于养德，国家的富强在于养贤

大畜
第二十六卦

利贞，不家食，吉。利涉大川。

《大畜》象征着大有蓄积：利于做事，不使贤能之士在家自食，就有吉祥之事。利于涉越大河。

《大畜（xù）》，卦名，乾下☰艮上☶。乾为阳，阳实而天大，藏之于山，此"畜"之蓄，象征着大有蓄积。既然有大蓄之资，就应当养贤能之士，以不使其在家自食，如此则有吉祥。有大蓄之资，又顺应天道，则无需忧险，故"利涉大川"。

初九，有厉，利已。

初九，有危险，有利于停止前行。

初九上应六四，六四在艮，应而有止，不能"利涉大川"，所以"利已"。

九二，舆说輹。

九二，车脱掉了车輹而不能前进。

说：通"脱"，脱落。輹（fù）：车箱下部勾连底板与车轴的部件。

九三至六五为震，震为动，为车。九二至六四为兑，兑为毁折，有脱落之象，故曰"舆脱輹"。

当止则止，当行则行，象以"说輹"警戒人心，行而有止。

九三，良马逐，利艰贞；曰闲舆卫，利有攸往。

九三，驾着良马在奔逐时，即使是道路艰险，也是吉利的；不断地熟练车马防卫技能，有利于有所前往。

闲：习，即练习。卫：护，防备。

乾为良马，震为警走，故曰"逐"，即奔走。三本与上应，然均为阳爻，当如无应而有进之象。上九为天衢之途，畅通无阻，故曰"良马逐"。九三得位而正，又有良马为骑，故曰"利艰贞"。虽有良马，也要每日练习，有娴熟的驾驭技能和防卫准备，才能上合其志，故曰"利有攸往"。

六四，童牛之牿，元吉。

六四，将横木做成的框束缚在小牛的角上，大为吉祥。

牿（gù）：缚在牛角上以防牛触人的横木。

六四为阴，阴为小，又九二至六四为兑，兑也为小。兑又为羊，因有角而类如小牛；且以动变而言，则六四动则与上九成离，离为牛，牛象在下，也有小牛之象。小牛的角初生时，喜用其触物。触物则易折，束缚以横木框架，既可防牛角不伤，也可防牛角伤人，故曰"元吉"。

六五，豮豕之牙，吉。

六五，被阉割过的猪，其尖利的牙被制服，故吉利。

豮（fén）：阉割过的猪。

九二动而变正，与六四成坎象，坎为豕。九二居坎中为豕，豕牙尖利，六五将其阉割，虽有其尖牙，也不能害人，故"吉"。

上九，何天之衢，亨。

上九，何等通达的天上大路，亨通。

何：感叹词。衢（qú）：大路。

上九居《大畜》之极，"大畜"其德，于其路则有通途入天之感，于其志则有通行无阻之快。德大则路也大，德通则路也通，故"道大行"。

【解读】

贤良的内涵在于养德，国家的富强在于养贤。"畜"之所谓"大"，有两个方面的意义。一方面是相对于《小畜》而言，《小畜》之所以谓"小"，因其以一阴而蓄众阳；《大畜》之所以谓"大"，有二阴蓄四阳。另一方面就卦象而言，有天藏之于大山之中，不可不谓"大"。《道德经》之二十五章说"域中有四大，道大，天大，地大，人亦大。"天大而蓄于山，那么，到底是山大还是天大？这里需要指出的是，这里的山，非平常所见之山，而是可以藏着一片蓝天的山；这里的天，也不是头顶的蓝天，而是一种如君子的情怀一样的意象。所以《大畜》中的天，明言是"天"，实则比喻为"贤"。按《说卦传》来看，乾为君。《易》在其他卦象中多言君子，此处却言贤人，实因山中可以"养贤"。《大畜》的《彖传》"刚上而尚贤"，"不家食吉，养贤也"，既提倡"尚贤"，又提出"养贤"。由此来看，那个在《大畜》之中刚健笃实、日新其德的人，就是一个"贤人"。对于一个国家而言，"养贤"是强国富民、安定天下的关键。同时，我们也需要提出，对于贤人而言，还应该坚持不断地养德。再者，如果不能"畜"，也算不得是"大"，《大畜》卦的"畜"主要是"止"，不"止"也"畜"不得。这里"止"主要来自于上卦艮。《大畜》的卦象是下乾为天，上艮为山，从卦象看，正好包容有"止"与"大"的气象。

　　总之，"畜"之所以为"畜"，"畜"之于己，则为"以畜其德"；"畜"之于人，则可"尚贤"；"畜"之于上，则可"上合志"而"道大行矣"。概而言之，山有藏物之性，天有刚健之德；山有笃实厚重之诚，天有君子乾乾之行。"大畜"的根本意义不仅在畜"物"，更在于畜"德"。

　　《大畜》的卦象，总是有一种行而有"养"的情景，这种"养"，有自身的修养，也有生命的育养。但关键的是"养"的境界，"山不在高，有仙则名"，昆仑山、庐山、终南山等等，虽有"终南捷径"的踪迹，但大体上还是养贤的胜景；而道家的崆峒山、青城山、龙虎山、武当山、天台山，佛家的峨眉山、九华山、普陀山、五台山，则不是道家炼丹的地方，就是佛家菩萨弘愿的道场。《西游记》第十六回，有诗云："上刹祇园隐翠窝，招提胜景赛娑婆。果然净土人间少，天下名山僧占多。"但是"只言归卧青山好，何处青山非世中"？因此《大畜》卦象里的"养贤"，更应该是儒家"穷则独善其身"的情怀：它是李白的"问余何意栖碧山，笑而不答心自闲"，"相看两不厌，唯有敬亭山"；是陶渊明的"采菊东篱下，悠然见南山"；是王维的"空山新雨后，天气晚来秋"；是德祥的"居山岂为山，只爱此中闲。野菜何消种，柴门不要关"。在我们的人生经历中，与其以《大畜》为筮，不如以《大畜》为情，有了这样的情，则人生又何需、何必筮卦而推测吉凶呢？有了这样的情，本身就是人生美好的愿望。如孔子之所言："求仁得仁，又何怨乎？"不怨，则心无所疑；既无所疑，则无须筮。正如辛弃疾的《贺新郎》："我见青山多妩媚，料青山见我应如是。"《大畜》里的大山和高天给我们的心灵以最为自在、自由的释放。

【案例】

一

　　据《孔子家语》记载：孔子的弟子商瞿年龄过了三十八岁了，他的夫人还没有给他生个孩子，商瞿的母亲很着急，就想让他把老婆休了再娶，可是商瞿不忍心这样做，他的母亲就要让他纳妾，可是商瞿还是不愿答应，于是商瞿就去找自己的老师孔子出主意。孔子让他到齐国去，想让他暂时躲避一时。没想到走漏了消息，商瞿的母亲来找孔子。孔子对商瞿的母亲讲："老人家，您不要担忧，商瞿四十岁以后会有五个儿子。"后来，商瞿果然有了五个儿子。这个故事在《易纬·辨终备》中有了更多内容，记载了孔子此说的缘由。《易纬》说，孔子的学生子贡听说此事后，就问孔子："先生您是怎么知道商瞿四十岁后能有五个儿子的？"孔子答道："我为商瞿算过一卦，筮得《大畜》卦，其九二爻甲寅木为世爻，六五爻丙子水为应爻。世爻为木，应爻为水，世应相生；艮为土，乾为金，卦象也相生。来爻六四丙戌生出互卦兑（戌为土，兑为金，戌土生互卦兑金，对于内卦乾而言，六四丙戌即为来爻）。艮为子，应有五子，其中有一子短命。"颜回又问："您是怎么知道的呢？"孔子回答："艮象为子，《大畜》之四爻动，则

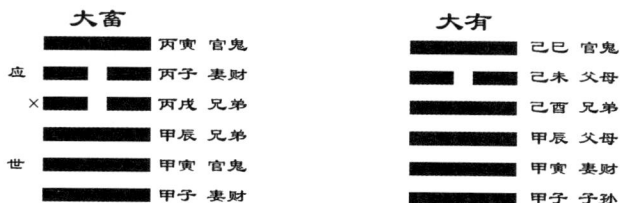

大畜		大有	
▬▬	丙寅 官鬼	▬▬▬	己巳 官鬼
应 ▬ ▬	丙子 妻财	▬ ▬	己未 父母
× ▬ ▬	丙戌 兄弟	▬▬▬	己酉 兄弟
▬▬▬	甲辰 兄弟	▬▬▬	甲辰 父母
世 ▬▬▬	甲寅 官鬼	▬▬▬	甲寅 妻财
▬▬▬	甲子 妻财	▬▬▬	甲子 子孙

变为离，艮之一爻（《大畜》之九四）变则卦成《大有》卦，卦有五阳爻，故知有五子。其所以一子短命，是因为子水出则被戌土所克。"或也可以推断：艮宫本有之纳甲为：辰、午、申、戌、子、寅，其中"申"为艮土所生之子，辰飞伏在申爻之下，辰土生金，辰数为五，故有五子。

俗话说"养儿防老"，所以命理中子孙又被称为"食神"，有了"食神"也就是有了老有所养的保障。对古代中国人而言，生儿育女是人生根本性的大事，孟子在其《离娄》篇讲"不孝有三，无后为大"，用今天的话说，就是"不孝的事有很多种，但最不孝的事就是不能传宗接代、延续血脉"。商瞿的贤德就在于，他并没有把三十八岁还没有孩子的事委过于他的妻子，也没有听他母亲的话休妻或再娶，而是想方设法保持他们的夫妻感情，商瞿可以称得上一个开明通达、有情有义的贤人。

二

清代儒学大家李塨，字刚主，号恕谷。据他回忆：丁丑年，遇到郭子一定要邀他一起到南方去，郭子还在为他谋划南行之事时说，南行后他会遇女子而立为侧室并生子。筮得《大畜》☶之六五、九三爻动，动而变为《中孚》☵。当时他以为这只是一个吉卦，但是因为不懂占筮之法，因此也不明了其中的道理。习《易》后，推演当时所筮《大畜》卦辞是："不家食，吉，利涉大川。"仔细分析其卦象，可以看出，二至四互为兑，兑为口，上艮为宫阙，有就食于宫阙之象，故曰"不家食"。变为《中孚》卦后，上卦为巽，巽为木、为风。下卦为兑，兑为泽。有风送木舟于泽上之象，故曰"利涉大川"。凭借这种形势南下，则"有孚"而"吉"焉。而且这次南行之事，其中含有《大畜》的景象。卦中九三阳爻变动，变而出兑，兑为少女。《中孚》的卦辞有"豚鱼吉"，"豚"，即豕。按字形，"宀"下入"豕"为"家"，少女进入家中，这可能指的就是他的妾。变卦《中孚》的二至四互震，震为长男，震动而进，遇艮而止，《大畜》之上卦为艮，三至五也互为艮，故可知有生男之象，因艮之上九爻纳支为寅，可知于寅年得子。

平安与健康的秘诀在于"慎言语"与"节饮食"

颐
第二十七卦

䷚

贞吉。观颐，自求口实。

《颐》，象征着颐养：吉利。观察事物的颐养情况，应当明白自食其力的道理。

《颐》，卦名，震下☳艮上☶。《序卦传》曰："《颐》者，养也。"《尔雅·释诂》曰："颐，养也。"其卦象中虚外实，上静下动，虚以养实，动而养静，有口中含物咀嚼之象，故象征着颐养。贞，正。人得颐养则吉，而"养正"则更吉。"自求口实"，是养生的道理。如"颐养天年""颐和园"里的"颐"都是"养"这个意思。"观颐"，就是观颐养之道，人们应该从中懂得"饭总是要自己吃的"。艮为止，震为动，指咀嚼食物时的一动一静。艮为鼻，震为动，鼻下可动的部分的就是"颐"；"颐"的本字是"臣"，本指面部的"牙床与颊骨"，也只有面颊的这个部分才能活动。如我们说"颐指气使"时，这里"颐指"，实际上也说明人的面部只有"颐"处才能以"动"来"指"示。按《说卦传》，艮为果蓏（luǒ），震为蕃鲜，都是食物。中虚而有食物，故有"自求口实"之象。能"自求口实"而滋养生命，当然是一件"贞吉"的事。

初九，舍尔灵龟，观我朵颐，凶。

初九，舍弃你的灵龟，却来观看我鼓起腮帮子大吃大嚼，这是有凶险的。

首先，我们要在《颐》的卦象中找到"灵龟"。有"灵龟"之象的原因有三：一是按《说卦传》，离为龟，整个《颐》卦，中虚外实，就是一个大的"离"象；二是初九上应六四，六四在上艮，按汉《易》的说法，艮有龟象；三是《颐》下卦为震，震为覆艮之象，既然艮象覆而为震，就是"舍尔灵龟"。朵颐，就是咀嚼的样子。从道理上讲，初九在震，震为动，二至四互为坤，坤为顺，可是六四在上艮之初，艮为止，动而顺的形势却被艮止住了，故曰"凶"。再以卦象论，舍弃你美好的灵龟，却看我吃饭的样子，如果你的灵龟丢了，这岂不是一件凶险的事！

六二，颠颐，拂经于丘颐，征凶。

六二，颠倒"颐养"之理，违反以下养上的常理，而向处在山丘之上的六五去求食，其前行必有凶险。

颠：颠倒。拂：违背。经：常道。

二本该上应五，然六五以阴居阳，阴必要依从于阳，六二上无所应，只有颠倒下应初九，故曰"颠颐"。这样就违背了常理，即"拂经"。丘，指六五，上艮为山，五在半山之上，故曰"丘"。六二一则与六五阴阴相敌不相应，二则为上艮所止，若强征妄行，就会有凶险。

六三，拂颐，贞凶，十年勿用，无攸利。

六三，违背"颐养"之常理，做事就会有凶险，因为十年也不能为君王所用，故无有所利。

六三应上九，上九在艮，艮为止；三至五互为坤，六三在互坤之中，坤为顺，顺而止于艮，故曰"贞凶"。坤数为十，故"十年"不能顺行"颐养"之道，自然"无攸利"。

六四，颠颐，吉。虎视眈眈，其欲逐逐，无咎。

六四，颠倒颐养之道，却有吉祥。这是因为六四如老虎一样威猛地注视着初九，不断地求取所养之食，却没有过错。

眈眈：威严地注视。逐逐：不断求取的样子。

六四以当位之正下应初九，所谓"颠倒"，往下就是颠倒。六四以当位之正养初九之阳，这本就是一件吉利的事。六四在互坤之中，"坤厚载物"，以"虎视眈眈，其欲逐逐"形容六四求取食物之状，既然是"颠颐，吉"，那么食物盛多也是"无咎"。

六五，拂经，居贞吉，不可涉大川。

六五，既然违背颐养的常道，那么就停居不动坚持正道，这样也是吉利的，只是要注意不可以涉越大江大川。

六五失位不正，故曰"拂经"。艮为门阙、为阍寺，因地高类如房屋；六五失位不正，下无所应，又为艮止，近顺于上九而居，故曰"居贞吉"。按《易》之古象，坤为川，六五既然为艮所止，又无所应，故应"居贞"而"不可涉大川"。

上九，由颐，厉吉。利涉大川。

上九，天下众生赖之而获得颐养，虽有危险，但最终仍然能获得吉祥。有利于涉越大河。

由：顺从。

上九失位不正，故曰"厉"。然下应六三，六三在互坤，坤有中虚之象，则上九能实行"朵颐""颐养"之道，故曰"吉"。又因六三在互坤之中，坤为顺，上九应而能顺，故曰"利涉大川"。

【解读】

　　《颐》中含有"山下有雷"的景象。艮为山，震为雷，山为静止，雷以震动，一动一静之间，有了"颐养"的意义，由"自求口实"到《象传》的"养贤以及万民"。或"求实"自养，或为人所养。自养者动，被养者静。震在下为动、为朵颐、为自养；艮在上，为静、为灵龟、为贤者。自养者动而"自求口实"；贤者以灵龟比德，故被养。下上各得其正，如《象传》所言"养正则吉"。就卦象而言，中虚而外实，有颐养饮食之象；下动而上静，有以下养上之理。众生得养而能生，贤者得养而能用，故圣人以"养"义入《易》道，即颐养之道在于"养正"：自养者，以正道自求其饮食；养贤者，养其有德之士。故《颐》养之贵，在于有厚德贤能之士被人所养。颐养的真正含义还在于养人的东西不仅仅指饮食，更重要的是道德，"食"能养人，"德"也能养人。作为君子，更应该用"德"来自养，或者说，要能从"饮食"之事中悟出"养德"之道。例如"食无求饱"，实际上是提倡"君子远庖厨"，以及"食不厌精，脍不厌细；食饐而餲、鱼馁而肉败不食；色恶不食；臭恶不食；失饪不食；不时不食；割不正不食；不得其酱不食；肉虽多，不使胜食气；唯酒无量，不及乱；沽酒市脯不食；不撤姜食不多食"的礼仪与原则。这就是君子的"节饮食"。

　　"颐养"要讲的德，更为具体的是口德。孔子说"君子道人之善，不道人之恶"。古人讲"群居守口，独居守心"，说的就是口不出恶言，更不能以恶言伤人。常言道"好话一句三冬暖，恶语一言六月寒"，"祸从口出"，就是这个意思。《论语·宪问篇》有一则故事，讲的是孔子的弟子子贡喜欢批评别人，孔子看不惯，就说："端木赐啊！你这个人也看不上，那个人也瞧不起，你自己就那么贤良吗？要是我啊，可没那么多闲工夫去说别人，做好自己就行了。"唐朝项斯为人清奇雅正，尤其善于写诗。当时有个叫杨敬之的人赠他一首诗云："几度见君诗句好，一观标格胜于诗。生平不解藏人善，到处逢人说项斯。"说别人好话的人，也会被别人说好；说别人坏话的人，终被言语所误、所伤。这几乎是一条人生规律。赞成和称赞别人是一种美德，损人、尤其是背后损人，就是失德。实际上，赞美别人，往往会使我们自己心情愉悦、心理健康；举荐一个好人，不仅种下善因，而且还会使自己和世人得到善果。反之，用言语损人，不仅会使自己心情败坏，而且严重的会危害心理健康；举荐一个坏人，也就为自己种下了恶因，最终必然遭受损人害己的恶果。对很多人而言，尤其是对从政做官的人而言，他们最终的结果怎么样，晚年的运气怎么样，过得好不好，直接与他们举荐的人有关。一个人的生命很短，得意的时间就更短，要想延长生命的美好，最重要的是找到好的继承人，所以，《孟子》讲："为天下得人者谓之仁。"

由此君子即于《颐》中见到颐养之道二则：慎言语，节饮食。

【案例】

《颐》卦在卦象方面是生动而贴切的，它不仅有贴近生活的真实性，而且其卦象有震、艮、坤、大离、并互有《剥》《复》之象，现在我们就古代应验的两个有关《颐》卦的故事，深入细致地分析、拓展、旁通它的卦象及其意义。

一

晋时世人传言当时的弦超不是凡人所生，众人议论此事时，有的人以为弦超是神仙，有的人以为他是鬼魅。时任著作郎的干宝想用

《易经》筮算真情，筮得《颐》▤之六五爻动，动而变为《益》▤，让在场的同僚看。郭璞看着卦象说："颐，贞吉，正以养身，雷动山下，气性唯新。变而之《益》，延寿永年，乘龙衔风，乃升于天：此仙人之卦也。"

颐		
▬▬	丙寅	兄弟
▬ ▬	丙子	父母
世 ▬ ▬	丙戌	妻财
▬ ▬	庚辰	妻财
▬ ▬	庚寅	兄弟
应 ▬▬	庚子	父母

益		
应 ▬▬	辛卯	兄弟
▬▬	辛巳	子孙
▬▬	辛未	妻财
世 ▬ ▬	庚辰	妻财
▬ ▬	庚寅	兄弟
▬▬	庚子	父母

郭璞根据干宝筮得的卦象，推断弦超就是天上的神女所生，而不是什么鬼魅。

郭璞的筮法可以归纳为以下几个步骤：其一，据以卦辞和《象传》的大意来为整个推断定下调子，即"正以养身"，排除了"鬼魅"的议论与传说。其二，《颐》下为震，上为艮，震为雷、为动，艮为山，雷动于山下的卦象，隐喻着弦超的生来不凡。其三，《颐》变为《益》，《益》下为震，上为巽，震为龙，巽为风，龙御风而动，故谓之"乘龙御风，乃升于天"。其四，《颐》之六五为阴爻，为父母爻，父母爻主君王、父母、宗祠、神祇，变而为《益》之为阳爻，为子孙爻，由此可见，弦超为神女之子。

二

据《洞林》记载：郭璞家乡柳休祖的妻子患有鼠瘘（颈腋溃烂），好多年都难以治愈，一直等到生命垂危时，才让他的儿子找到郭璞占卜。筮得《颐》䷚上九爻动，动而变为《复》䷗。按卦象应有一个姓石的人能够治疗此病，应该在获得一个被灸灼的老鼠才会治愈。柳休祖的儿子回去后，有一个姓石的家奴找上门来说他擅长治疗此病，并用火罐和艾草灸灼了患处的三个部位。柳休祖妻子的病很快有了起色。有一只毛色苍黄的老鼠，一直走到柳林祖之妻的前面，喘息着一动不动，人们呼来狗咬死了它，蹊跷的是那个老鼠的头上也有被灸灼的三个疤痕。后来，柳休祖妻子的病就彻底好了。

郭璞推断运用了卦象，内卦为柳氏，外卦为治病者。外卦为艮，艮为石，故可知治病者姓石。按卦象，艮为止、为鼠。下卦震，震而遇止，则不通，不通则拥堵，堵塞不能则溃，故病为鼠瘘。上爻动则上卦变坤，坤为地，艮山变坤地，有平复之象。

老树开新花与老太太头上插花，遇到非常之事，必须非常之人

大过
第二十八卦

```
▬▬▬▬▬▬▬
▬▬▬▬▬▬▬
▬▬▬▬▬▬▬
▬▬▬▬▬▬▬
▬▬▬▬▬▬▬
▬▬▬  ▬▬▬
```

栋桡，利有攸往，亨。

《大过》卦象征着大有过越：栋梁扭曲；有利于有所前往，亨通。

《大过》，卦名，巽下☴兑上☱。阳为大，阴为小，其卦四阳过盛而居中，上下皆为阴小，故曰"大过"。《大过》之义有二：其一，强大过人者才能拯救危难；其二，阳刚之气过大而有失。下巽为木，中阳为大，大的木头，故为"栋"，即房屋的栋梁。桡（náo），通"挠"，弯曲，扭曲。两阴在外而柔弱，力不胜其任，故"栋桡"。下巽为入，上兑为悦，入而悦之，故曰"利有攸往"。

前人注《易》多以为"大过"是"大的过失"。然细考其卦象与卦义，此种注解似有所误。其一，从《彖传》之卦辞看，并未言及"大有过失"；其二，就其卦象而言，含有恭顺地进入喜悦之境界，既无"过失"之理，更不要说"大"；其三，从六爻看，初六"无咎"，九二"无不利"，九三"凶"，九四"吝"，九五"无咎无誉"，上六"无咎"。六爻之中唯有一"凶"一"吝"，岂能至于"大的过失"。《周易正义》解释"大过"说："大者，乃能过也。"《疏》曰："谓盛大者乃能

过其分理以拯难也。"因此解释此卦时，我们还是应当以《周易正义》为正，兼容他说。

初六，藉用白茅，无咎。

初六，用洁白柔软的茅草衬垫在祭品之下，就没有过错。

藉（jiè）：衬垫。

白茅，洁白的茅草，指初六。因其在巽下，巽为草木，阳爻为木，阴爻为草，巽为白，故曰"白茅"。古代祭祀时，要用洁白柔软的茅草衬垫祭品，以示敬神之意，敬则"无咎"。

九二，枯杨生稊，老夫得其女妻，无不利。

九二，枯槁的白杨树生出了嫩芽和新枝，一个老汉娶了一个年少的娇妻，这没有什么不吉利的。

稊（tí）：杨柳树上新生的枝叶。

下卦为巽，巽为木；九二至九四互有乾象，乾为父、为老。巽木之"父"，故曰"枯杨"。九二生于巽中，上应九五，九五无应，九二动则变，变则有应，应在兑，兑为少女，故曰"老夫得其女妻"。

九三，栋桡，凶。

九三，栋梁弯曲，有凶险。

桡（náo）：弯曲。

九三处巽之极，故有"栋"象。九三上应上六，上六柔弱不能支持，又在兑上，兑为毁折，故曰"栋桡"。"栋桡"而不能支，故有"凶"象。

按照天道常理，人之所助应该是"抑强扶弱"，如《老子》所谓"天之道其犹张弓乎! 高者抑之,下者举之"。而《大过》之九三则反天道而行之,欲赖上六之弱以支撑,此可谓"大过"之"过"了。子曰"过犹不及"，用这句话的意义去理解此爻再合适不过。

九四，栋隆，吉。有它，吝。

九四，栋梁隆起，吉利。若应于其他，则有难。

九四，以阳处阴，在"栋桡"之险中，阴而得阳，犹弱而得强，所以能拯救其弱，使栋梁隆起而获得吉利。本有弱质，因居阳得免，若应于初，将过柔而不能救，故曰"有它，吝"。

九五，枯杨生华，老妇得其士夫，无咎无誉。

九五，枯槁的白杨树开出了新鲜的花朵，一个老态龙钟的妇人配了一个强壮的丈夫，没有什么过错，也得不到人们的赞誉。

下卦为巽，巽为木，九三至九五为乾，乾为老父，木之"老父"即为"枯杨"。九五在兑卦中，兑为少女，少女如花，故曰"生华"。九五在乾为君，故曰"士夫"。乾旁通于坤，坤为老母，坤生乾而有"士夫"，故曰"老妇得其士夫"。以士夫之才，于"栋桡"之时，未拯难建功，只与老妇相配，说得好一些，这是"无咎无誉"，而严格地讲，实"可丑"之事。

上六，过涉灭顶，凶。无咎。

上六，涉水过深以至于淹没头顶，有凶险。但没有什么过错。

过：超过。涉：徒步过水。

兑为泽为水，"过涉"即水太深难以徒步涉越。"灭顶"本为凶事，因上六处在穷老极弱之地，又逢危难时艰之世，然死于拯难之义，也是死得其所，故"无咎"。

《大过》之"过"莫过于上六，其凶也莫过于上六。因其处在穷老极弱之地，又逢危难时艰之世，有救难之心，无拯难之力，正所谓"心有余而力不足"。然君子之志在于知其不可为而为之，故上六虽致

"灭顶"之灾，仍以当位之正来尽节于时艰危难，故虽有"过"处，其义气可嘉而"不可咎"。

【解读】

《大过》蕴涵着三种卦象：其一，下巽上兑，也就是《彖传》中所说的"巽而说行"；其二，"刚过于中"而"本末弱"，因而有"栋桡"之象；其三，二至四与三至五均互为乾，乾上有兑，故有"老夫少妻，枯杨生华"之象。卦中的六爻也是从这三个方面逐次展开：初有巽木来入，按《说卦传》，巽为木、为入、为白色，故辞曰"藉用白茅"，就是用白色柔软的茅草衬垫乾刚之健行之德，故"无咎"；九二以乾刚之德上应兑卦，乾为老夫，兑为少女，于是就有了"枯杨生稊，老夫得其女妻"的喜事；乾在九三之位，是刚中之刚，正应了《彖传》之所谓"刚过于中"之象，九三上应上六，上六在兑，按《说卦传》，兑又有毁折之象，应在毁折之中，故有"凶"；九四失位不正，本应有咎吝之事，但是因其下应初六，初六在巽，巽为入，乾为行，入而行，行而至于兑悦之中，故而有"吉"；九五位在互乾，又在兑中，按《说卦传》，兑为少女，少女如花，故有"枯杨生华"之象，"枯杨生华"就如"老妇得其士夫"一样，虽然说不上有"咎"，但想来老树开新花与老太太头上插花，也是"可丑"之事；上六在兑上，兑为毁折，下应在九三，九三在巽，巽为木，就是《彖传》形容的"泽灭木"之象。

通过以上的卦象、卦爻辞，我们可以看到，《大过》所谓的"过"，并不是什么"大的过错"之类的事件。《周易正义》将"过"解释为过越之"过"，非经过之"过"。衰难之世，唯阳爻乃大能过越常理以拯患难，故曰"大过"，"以人事言之，犹若圣人过越常理以拯患难也"

（《周易正义》）。马其昶《重定费氏学》也说："《易》卦名每兼数义。过，越也；过，差也；过，误也。义各有当也。"以这种见解去细察《大过》卦爻辞，则其义多通。

综观《大过》之六爻象，本有"本末弱""栋桡"之难，但是君子面对这样的困难与危机，却能如《象传》所言"独立不惧"，"遁世无闷"。子曰："知者不惑，仁者不忧，勇者不惧。"（《论语·子罕》）沧海横流方显英雄本色，独立寒秋本是君子气质。在《大过》中，君子于灭顶之灾时，进而不惧，退也"无闷"，"泰山崩于前而色不变，麋鹿兴于左而目不瞬"（苏洵《权书》），其"独立不惧"的精神证明了君子"拯救危难"的能力和品德。

【案例】

一

《大过》的九二通过"枯杨生稊"来形容"老夫得其女妻"，其九五又通过"枯杨生华"形容"老妇得其士夫"。相应的，二者断语也有明显的倾向性。九二的断辞是"无不利"，九五的断辞却是"无咎无誉"。当然，在中国古代像九二这样的事，并不是什么稀奇的事，早在春秋时期，晋国的公子重耳就完全应验过这样的故事。

晋公子重耳，四十三岁逃亡出晋国后，在外流落十九年，先后到了翟、齐、楚等国，六十一岁时，到了秦国，已是一位老人。秦穆公听说重耳来了，十分高兴。早年间，重耳的侄子子圉到秦国做人质，秦穆公夫妇因为秦、晋多年有婚姻关系，就将女儿嫁给了他，称怀嬴。后来子圉听到父亲晋惠公病重，就偷偷潜回晋国继了位，就是晋怀公，而将怀嬴丢在了秦国。秦穆公对子圉非常不满，如今见重耳到来，就想把怀嬴再嫁给重耳，再续秦晋之好，并帮助重耳回国夺位。也就在这个时候，秦穆公探知晋怀公在晋国不得人心，晋人希望重耳回国执政，于是就派出一支军队辅助重耳。重耳得到秦穆公的帮助，回到晋国当上国君，就是著名的晋文公。重耳得婚怀嬴，就完全应验了"枯杨生稊，老夫得其女妻，无不利"。

二

汉武帝想要讨伐匈奴，就命太卜官筮卦，筮得《大过》☰☰的九五爻动。太卜官因九五爻辞有"何可久也"一语而推断说匈奴不久就会被打败，于是汉武就派遣贰师将军李广利帅军讨伐匈奴。但后来李广利却战败投降了匈奴，武帝因此责怪太卜官的卦没有算准。

其实，太卜官的推断是有道理的，或许他还有所顾虑，所以并没有深推《大过》蕴涵的其他意义。就所筮之《大过》卦而言，则巽下兑上的卦象所揭示的主要特征就是因"本末弱"而导致的"栋桡"之过。但是因为其中还有"刚过而中，巽而说行"的意义，所以"利有攸往"。同理，九五当位居中，下无所应，中互有乾，乾为金，为健行，下为巽，为木，金能克木，也就有利于征伐之事。但是因为九五动，九五上临"末弱"之势，因而有"枯杨生华"的情况，故即使是胜利了，这种胜利也如同"枯杨生华"，不可长久。后来，李广利征匈奴先是取得了胜利，但由于有人告发他出征前曾与丞相刘屈氂谋立外甥昌邑王为太子，刘屈氂之妻又用巫蛊诅咒武帝，武帝遂杀死刘屈氂全家，囚禁了李广利的妻儿老小。李广利想用大胜赎罪，也确实取得了胜利，但他继续冒进，终至大败，最后投降了匈奴。整个事情的过程与结局正应了占卜的结果。

战胜险难要心怀诚信

坎

第二十九卦

习坎：有孚维心，亨。行有尚。

《坎》卦象征着重重陷阱和险阻：若以诚信之德维系心灵也能亨通。勇敢前行会得到人们的赞赏和崇尚。

《坎》，卦名，坎下☵坎上☵。坎为水，阳陷于阴中，故曰"坎为险"。坎又有坑象，故又为"陷"。坎上有坎，就是陷而有险，险中有险，这样的险难，必须经过练习，才能平安通过。按卦象，习有"练习""重叠"两义，"习坎"就有重险和练习两个意思。孚，诚信。阳为实，为君子，阳居坎中，中有诚信，故曰"有孚"。维，语气词。"有孚维心，亨"，即心通如一、心诚如一，才能涉险。尚，崇尚，这里指九二。九二失位，若变而前行，则与九五之君相应，故《象传》曰："行有尚，往有功。"从《坎》卦的卦象，我们可以得到的启发是：诚信是勇气的心理根源。

初六，习坎，入于坎窞，凶。

初六，在重重险陷中，又陷入坎中的坑里，这真是凶险啊！

习：重（chóng），指坎坎相重。窞（dàn）：指小而深的坑。

初六在坑底，处在坑中之坑中，故"凶"。

君子需有"不贰过"之谨慎，否则便会使自己如初六深处坎险，遭遇凶祸。东汉末年，董卓打着"保驾"的旗帜，窜入京城，僭越专断，肆意妄为，当他发现自己的政敌丁原的部将吕布"勇不可挡"，就派亲信李肃游说吕布，吕布为重礼所惑，又听信李肃鼓吹董卓能"终成大业"之类的鬼话，亲手杀了原主丁原，投靠董卓。后来，吕布又接连投谁叛谁，终被曹操俘虏，斩于白门楼。"人中吕布，马中赤兔"，这位三国第一勇的"飞将"最终为他的"反覆"与"暗投"付出了惨重的代价。举凡历史，吕布与类如吕布的"暗投"一如《坎》卦初六爻辞"习坎，入于坎窞，凶"的演义。

九二，坎有险，求小得。

九二，坎水之中有凶险，只能于险情中谋求小得。

九二以阳居阴，失位无应，且九五也陷于"坎中"，无力为援，只能乘初比三，然初、三均失位，故曰"有险"。九二以刚处中而与初、三相比，此二爻皆力小，故只能"求小得"。

六三，来之坎坎，险且枕，入于坎窞，勿用。

六三，来去都会陷入坎险之中，凶险难安，因为他深陷入坎水的陷坑之中，处于这种境地，即使是有才能，也不能使用。

来之：犹言"来往"。枕：深。

六三以阴居阳，失位无应，身处两坎之间，出则有"坎"，居则亦"坎"，故曰"来之坎坎"。又六三处于两坎之间，为下坎之极，临上坎之初，其险情、险象迫近于身，故曰"险且枕"。进退入于坎中之坑穴，且来往皆遇"坎"险，纵然是有力也是徒劳而已，故曰"勿用"。

六四，樽酒，簋贰，用缶，纳约自牖，终无咎。

六四，一樽薄酒，两簋淡食，用朴拙的瓦缶盛物，从窗口递给受难的人，最终不会有过错。

樽（zūn）：古代盛酒的器皿。簋（guǐ）：古代盛放食物的器皿。缶：陶土制成的罐子。纳：入。约：少，俭约。牖（yǒu）：窗户。

《坎》互为《颐》☲，有坤象、食象。坎为酒，坤为器，艮为食物。六四在互震之上，上临九五之阳，位于"刚柔"之际，似有"中虚之窗"和"樽""簋"之象，故谓之"樽酒簋贰"，"纳约自牖"。六四于重险之时，居多惧之地，近于九五之君，比而承之，有亲五之象。因九五陷于坎险之中，六四"用缶"将"樽酒簋贰"从窗户送入室内，这种情形就是内结其诚，外尽臣道，故虽有险象环生，却终得"无咎"。

九五，坎不盈，衹既平，无咎。

九五，陷坑尚未填满，小丘已经整平，没有灾祸。

衹（zhī）：通"坻"，小丘，指九五。

《坎》互为《颐》，颐上为艮，艮为山，九五为半山之象，故曰"丘"。九五尊居中正之位，险中遇阳，然下无所应，上下皆险，故平复险情的能力不大，仅"无咎"。

上六，系用徽缠，置于丛棘，三岁不得，凶。

上六，被绳索捆缚后，又被投置于监狱中囚禁，三年不能释放，这真是一件凶险的事。

系：系缚。徽：三股线扭成的绳索。缠（mò）：绳索。置：安放。

上六动则变，变则上卦成巽，巽为绳，故曰"系用徽缠"。丛棘，喻指监狱。坎为棘，故曰"置于丛棘"。上六居险峭之处，就如触犯严刑峻法，所以被"徽缠"系缚后，"置于丛棘"。其"三岁不得"，是指

"凶"之长久。

【解读】

"坎为水",清代郑寿全（字钦安）的《医理真传》中，有以《坎》的卦象做的诗："天施地润水才通，一气含三造化工。万物根基从此立，生生化化沐时中。""天施地润""一气三化"的水是生命之源、万物根基，"生生化化"的生命其实就是从一滴水开始的。但是，水也带给人们艰险。

古人在理解《坎》卦时，对此卦象有一个基本的感知与共识，即它的卦德是：因"陷"而"险"。由"坎为陷"到"坎为险"，实际上也是从具体到抽象、从表象到深入的理解。就水的存在而言，表面上看，它存在于大地陷下去的地方，或者，也可以说，只要陷下去的地方，即使没有水，也是"陷"，这个道理演入风水学中，就变成"地高一尺即为山，地低一尺就是水"。但孔子说"仁者乐山，智者乐水"，我们在看到困难与危险时，更要看到老子所说的"上善若水。水善利万物而不争，处众人之所恶，故几于道"。"险而有凶"与"险而无凶"各占一半，险能害于事，也能利于人。

《坎》有一个奇妙而有趣的巧合，同样是坎卦，处在下卦的三爻均失位，故爻辞多凶；处在上卦的三爻皆当位，其爻辞少凶。初六失位于坎下，陷入坎险深处，失道有"凶"。《坎》之九二失位当中，坎中遇阳，上无所应，唯有"小得"；六三坎上有坎，险中遇险，故"勿用"；六四在互震之上，上临九五之阳，位于刚柔之际，故处险中而"终无咎"；九五尊居中正之位，在坎中有救世济民之志，故"无咎"；上六以"徽纆"取"水平"，如今之所谓"以法律为准绳"，惜下无所应，故而虽有取正为用，然在"荆棘"之中，故有"三岁不得"之难。

从《坎》的卦爻辞中，我们可以看出古人对待险陷的态度是积极而乐观的，主要体现在三个方面：其一，"行险而不失其信"，"行有尚，往有功"；其二，以重险为"习"，"以常德行习教事"，战胜险难还要心怀诚信之德；其三，险有"天险""地险"，王公观象取法，"设险守国"。凡此三种意义，正应了《象传》之所谓"险之时用大矣哉"！按《易》常例，卦名前不加其他的字，唯独《坎》卦因为险难重重，所以特加"习"字。这一方面说明坎"重"则险也"重"，另一方面，强调以常德来行事，以常德来"习教事"。

事实上，处于险中的《坎》卦，演绎出很多经天纬地、关系民生的智慧。如因《坎》之险，中国古代就想起"设险守国"，于是古代中国有城就有护城河。因《坎》之险，古代中国大学的建设规制就是水绕着讲课的地方一周，叫"辟雍"，辟雍，就是大学，是天子所设大学；水绕着讲课的地方半周，就是泮宫，就是地方大学；古人于是总称其为"行习教事"。因《坎》之险，中国古代就有"绳之以法"的法治理念。《九家易》曰："坎为丛棘，又为法律。"今天人们讲到"绳之以法"时，多以为抓捕罪犯就是差役拿着绳子抓人，其实法的本义是公平，那怎么做到公平呢？用绳子沾染墨汁，然后在木板上拉直弹一下，一条直直的线就出来了，这就叫"绳之以法"，也就是用墨绳取直，以显示公平的法则。譬如断案，断案的根本目的是什么？是"公平"。因《坎》之险，中国人民依靠长江为"天堑"，保护了中华民族的延续与生生不息。没有黄河，就没有中华民族，没有长江，中华民族也存在不到今天。因《坎》之险，古代建造了跨江渡河的桥梁与舰船。因《坎》之险，中国人常常把水的灵性与人的智慧联系起来，并因此在军事上创造了一个个奇迹，"以火佐攻者明，以水佐攻者强"。借助"水"的形势是《孙子兵法》中的重要手段。古代中国既有用水的险情"设险守国"的智慧，也有用水"水淹七军"的谋略，智如韩信、关羽、曹操等，都创造过水战胜敌的战例。这种智谋一直到了现代战争中的抗美援朝也能震惊世界。如吴信泉统率三十九军借朝鲜的华川水库淹没美军的机械化部队，并成功地阻挡了美军七天。吴信泉的水攻战法令美军司令李奇微和联合国军惊愕不已，从惊愕与懵懂中醒过神来的李奇微感叹："仗还能这么打！"

【案例】

《金楼子》记载萧绎在荆州筮算天何时下雨，筮得《坎》☵九二爻动，动而变为《比》☷。于是放下蓍草感叹说："坎为水，世爻为子，今夜三更应该会下雨吧。地上有水，《坎》变为《比》，那里下的雨是好雨啊。"

按，坎为水，按纳甲世爻上六为子，天要下雨，时间可能在今夜子时，即三更。变卦为《比》，《比》有水在地上之象。比，有亲附、亲和的意思，因此，如果下雨，也是好雨。

地球上所有生存与成长的能量都来自于太阳

离

第三十卦

利贞，亨。畜牝牛吉。

《离》卦象征着附着于光明：有利于做大事并且能"亨通"于事理人情。畜养母牛可获得吉祥。

《离》，卦名，离下☲离上☲。《释文》："离，丽也；丽，着（zhuó）也。"也就是说，万物各有所附着，附着于光明，故谓之"离"。《离》卦的二与五俱是阴爻，处于上下两卦之中，以柔处中而通于外阳，故谓之"亨通"。畜，畜养。牝（pìn）牛，即母牛。《离》旁通于《坎》，《坎》之二、五变则为《坤》，坤为牛，牛外强而内顺，《离》之本义即"柔顺于正"；又《离》之二、五皆为阴柔，如牝牛之象，故曰"畜牝牛吉"。

初九，履错然，敬之，无咎。

初九，走路小心翼翼，慎重地对待自己的言行，就不会有过错。

错然：谨慎小心的样子。敬：慎重。

因初九在下，为《离》之始，上无所应，故警惧慎重则"无咎"。

初九象征着旭日东升之时，正所谓"一日之计在于晨"。从自然规律和生活习惯来看,这时也是人们严肃认真、恭敬谨慎地对待自己的工作的时候。

六二,黄离,元吉。

六二,黄色附着于天空时,就会有大的吉利。

黄,中和之色,这里是以黄色喻六二居中不偏的美德。土为黄色,中国古人具有很深的重土情结,因此也就有很深的崇尚黄色的观念。当黄色的云霓出现在空中时,就会被视为吉祥的瑞兆,故曰"元吉"。

九三,日昃之离,不鼓缶而歌,则大耋之嗟,凶。

九三,看着西落的太阳附着于天空,此时若不敲打缶器、唱歌自乐,那么,垂暮之年就只能徒自哀叹,这本身就是一件凶险的事。

昃(zè):偏斜,太阳偏西。耋(dié):六十岁至八十岁的老人,这里泛指老人。嗟:忧叹之辞。

九三处下离之终,其明将没,故曰"日昃"。承上句以"日昃"喻"暮年",劝勉人们要珍惜时光,乐观地对待人生,否则垂暮之年就会空有哀嗟之叹。

九四,突如其来如,焚如,死如,弃如。

九四,太阳的起落仿佛突然之间来到,然后上升到高处,炎热得似燃烧一样,再如死一样的静寂,最终因背离了以柔顺正的"离"道而为众人所抛弃。

突如其来如:这里喻指太阳的起落仿佛突然之间的事。

九四则太阳高照,就像点燃焚烧东西一样的炎热,故曰"焚如";而且九四逼近至尊的九五之位,但是因九四失位,想要再往上进,炎热更甚,故其命必不能长久,故曰"死如";又上无所应,下无所承,无处可容,故曰"弃如"。九四因失位不正,在盛极一时后,就迅速地走

548355395662968744775

向衰落与死亡。

六五，出涕沱若，戚嗟若，吉。

六五，泪水涟涟，忧伤地哀叹着，但是结果是吉祥的。

沱：流泪的样子。戚：忧伤。

六五失位，弱居中位，九四迅速地逼近，欲伤害六五，加之离有甲胄兵事之象，故有"出涕""戚嗟"之哀。然六五有柔顺之德，上下皆有阳刚为助，故终有"吉"。

上九，王用出征，有嘉折首，获匪其丑，无咎。

上九，君王出师征伐，斩断敌人的首级，建立了丰功伟绩，又俘获与我方敌对的人，没有过错。

嘉：嘉美之功。折首：斩断敌人的首级。丑：类。

日为君，则离也为君王。离为甲胄，为戈兵，有"出征"之象，上九处《离》之极，众皆亲附，若有不亲附者，上则出征用师以伐之。《离》互为《大过》☱，上卦为兑，兑为毁折，故曰"折首"。因上九失位不能应于三，故曰"匪其丑"，即非其类。

【解读】

《离》卦的卦辞说："《离》卦象征着附着于光明：有利于做大事并且能'亨通'于事理人情。畜养母牛可获得吉祥。"乍一看，这是一个非逻辑的语言表达。把卦辞与卦象联系起来看，因为《离》有上下两个中虚外通之象，阴阳相亲相和，有利于做事，既然是有利的，当然也就有"亨通"的道理。但是这个意思怎么又跳到"畜牝牛"的意思上了呢？首先，"利贞，亨"是因为"中虚外通"讲的理；而"畜牝牛吉"，则是因"中虚外通"之理讲的象。《易》者，象也。"《易》理本身也是从《易》象中得来的。就"利贞，亨"而言，它的"亨通"本来就是建立在"中虚外通"的卦象上的。在现实生活中，牛是人畜养、驯化的最大的牲口，也是最重要的生产资料，在以农耕为主的时期，它最为人们所重视。与几乎同样大的马相比，牛的肚子很大，这就是"中虚"之象，它的吃苦耐劳就是"外通"，于是也就有了"畜牝牛吉"的卦象。

《离》还有"明两作"之象，这个象，既指卦象，又指卦德，而且在《离》卦中卦象与卦德均融入于"光明"的景象之中。"天垂象，圣人则之"，中国古代的圣贤通过观察太阳画出《离》卦以象征太阳，因此当我们赞美《离》卦的卦德时，我们实际上也就是在赞美太阳，"万物生长靠太阳"，一如《象传》赞美《离》有"化成天下"的光辉。在日常生活中，我们时常会意识到"水为养命之源"，但我们很少想到地球上所有的能量，包括生命本身都来自于太阳。如果没有太阳，即使有水，也不可能有生命。

按《说卦传》，离为火。《离》中有虚象，外附光彩，灿烂辉煌。于其上，太阳为火；于其下，火焰为火；于其方向，则南方为火。常言道"人心要实，火心要虚"。《离》卦的卦象，中虚而外实，"火"才能燃烧起来。但是在五行中，火性因炎上而不能长久，同样太阳的光辉也显现升起与沉落的轮回，世间的光阴就在这太阳的升起与沉落中如江河水一样地流淌、消失，其"来如"像八九点中的太阳"黄离，元吉"，迎接着希望，但随之而来的"日昃"，那些"不鼓缶而歌"的人们则无奈地哀叹"夕阳无限好，只是近黄昏"。在光天化日的离象里，我们不仅看到初九因为对太阳"错然""敬之"而"无咎"，六二因为虚中和气而"元吉"，也看到九三荒废光阴、蹉跎岁月终成"大耋之嗟"，这种嗟叹一如蒋捷《虞美人·听雨》："少年听雨歌楼上，红烛昏罗帐。壮年听雨客舟中，江阔云低、断雁叫西风。　　而今听雨僧庐下，鬓已星星也。悲欢离合总无情，一任阶前、点滴到天明。"

恩格斯说："就世界的解放作用而言，摩擦生火还是超过了蒸汽机。因为摩擦生火第一次使得人支配了一种自然力，从而最后与动物界分开。"火，可以用来防御野兽；火，可以御寒取暖；火，可以驱暗照明，扩大人类活动的时间和空间。更重要的是，火，使熟食成为可能，使食物易于消化和吸收，促进身体特别是大脑的发育，结束了人类茹毛饮血的时代，开创了人类文明的新纪元。诗人艾青说："小小的一根火柴，划开了一个新的境界。"火的发明无愧为人类文明的起点。所以，发明"钻木取火"的燧人氏一直受到人们的敬重和崇拜，并尊他为三皇之首，奉为"火祖"。赵朴初先生曾作诗道："燧人取火非常业，世界从兹事事新。"人类的文明进步与发展的阶段总是以"火"为标志的。第一个阶段，"火"用为照明和熟食，使人类与动物区别开来。第二阶段，人类发明了火药、火炮、火枪后，增强了人们的力量，扩大了人们视野，使人类有了世界的概念和意识。第三阶段，人类将火用作动力，极大的扩张了生产力。第四阶段，人类造出了可以毁灭自己的火器。这个结果就是《离》卦九四所说的"突如其来如，焚如，死如，弃如"。

中国的上古时代管理与火有关事务的官叫"火正"。据《史记》，帝颛顼高阳氏的后代重黎"为帝喾高辛居火正，甚有功，能光融天下，帝喾命曰祝融"。重黎数传之后至于鬻熊，就是楚国开国之君熊绎的曾祖父，因屈、景、昭三家通为楚国王族，都是芈姓，所以屈原说自己就是"帝高阳之苗裔"，也是祝融的后代。祝，就是大的意思，融，就是火光明亮的样子。2020年7月23日12时41分，在中国文昌航天发射场由长征五号运载火箭发射升空的火星探测车就取名为"祝融号"。

"火正"的"火"，本指大火星，它是"二十八星宿"中东方苍龙七宿里"心宿"的主星。中医里所谓的"心为火"，《黄帝内经》"心为君主之官"就是按照"天人合一"的哲学思想，上应天星心宿而言的。心宿每年夏历六月出现于正南方，位置最高，七月后逐渐偏西下沉，如水流从上往下流淌，故有"七月流火"之说。《诗经·豳风·七月》云："七月流火，九月授衣。春日载阳，有鸣仓庚。女执懿筐，遵彼微行，爰求柔桑。春日迟迟，采蘩祁祁。女心伤悲，殆及公子同归。""七月流火"成为引发女子春愁的"兴"象，"天火"引出"心火"，更能触动人们与诗人的共鸣。

【案例】

一

《离》之九四爻失位于《离》中遭到"死如，弃如"的悲剧，令人感慨不已的是，在中国历史上就有应着九四爻爻象的悲壮故事和朝代。

据《国朝类要》记载：宋太祖赵匡胤于庚申年（960）即位，召陈抟入朝筮算赵家的国运，陈抟筮得《离》☲之九四、上九动，动而变《明夷》☷。陈抟看过卦后说："宋朝在中原之地立国，却筮得象征着南方火盛之卦《离》，这不是什么吉兆。"赵匡胤问："我的寿命有多长？"陈抟说："万岁，但是子年子月子日，陛下终于火日之下。离为火日，陛下之子孙尽矣。"据《宋史》，赵匡胤去世于丙子年十月癸丑日。按纳甲法，《离》之九四、上九爻动，动则《离》为《明夷》，其九四爻的己酉变为癸丑，如此则妻财爻变为官鬼爻，按纳甲筮法，官鬼主死难之事，故当应在癸丑死难。赵匡胤又问："谁敢害我并取而代之呢？"
陈抟指着《离》卦的九三及《明夷》卦的九三爻说："就是这个人。他
一定在西北，是陛下的亲人。"按纳甲法，九三为亥，亥为官鬼，亥主
西北方，亥水克世爻巳火，巳为兄弟爻。当时赵匡胤的弟弟赵光义的
封地就在西北。赵光义，本名赵匡义，因避其兄赵匡胤的名讳，改名
为赵光义。据《湘山野录》《涑水纪闻》等史料记载，太祖赵匡胤就是
被他害死。《离》九四、六五爻均失位，有主弱臣强之象。赵匡胤又问
宋之子孙后代将来会怎么样？陈抟说："甲午之岁，有金女者出，丁酉
（按，当为己酉）金为妻财，子孙生之，其祸滋甚。又六年而通于中
国，又六年丙午腾蛇，宋其危乎，明两作乎。焚如，死如，弃如。有
二君者，实受其祸。"大致意思是说，到了丙午年，宋朝会有危难，当
时有两个君主在位，他们都会遭遇凶祸。按纳甲筮法的"六神说"，九
四爻己酉为腾蛇，按《离》之纳甲有两个子孙生己酉，因为上一个子
孙爻临白虎，下一个子孙爻临朱雀。白虎为凶灾之象，朱雀一则为纷
争，一则应了《离》象，离为雉，其类如鸟，于是就加重了宋朝的危
亡，其时应在靖康元年（1126），即丙午年，正应了《离》卦之"明
两作"的卦象，九四的爻辞也说"焚如，死如，弃如"，宋徽宗、宋
钦宗二君确实遭受这次灾祸。赵匡胤问："接下来是不是就要亡国呢？"

	离				明夷	
世○		己巳 兄弟	玄武			癸酉 父母
		己未 子孙	白虎			癸亥 兄弟
○		己酉 妻财	腾蛇			癸丑 官鬼
应		己亥 官鬼	勾陈			己亥 兄弟
		己丑 子孙	朱雀			己丑 官鬼
		己卯 父母	青龙			己卯 子孙

陈抟说:"宋秉火德。这时火德犹盛,宋室会有子孙兴于东北,终于东南。"赵匡胤问:"中原还可收复吗?"陈抟说:"陛下得国之初卜得东南旺卦,最终也会在东南终结。"

得国于中原,却筮得《离》,《离》六五失位不正,有弱主昏君之象。又《离》之"明两作"变为光明湮灭的《明夷》卦,其兴亡盛衰的轨迹已经是了然分明。赵匡胤一共问了陈抟四个问题:国运,寿命,谋害他的人,子孙后代。陈抟通过《离》变为《明夷》,运用六爻、纳甲、卦象、爻辞一一做了回答,历史也一一应验了陈抟的推断。

二

结合《离·九四》"焚如,死如,弃如"的爻辞,以及《离》卦主南方的意义,让我们再深入地思考一些因"火"演义的中国历史。就以《三国演义》为例,魏、蜀、吴三国中,来自北方的曹操统帅的魏从来就没有用过火攻,却在久攻不下下邳城时,采纳谋士郭嘉与荀彧二人提出的"水淹之策",掘开沂水和泗水,用引水淹城的办法来挫败吕布。反观处在南方的吴、蜀两国,其著名的战役皆为火攻,赤壁之战,诸葛亮与周瑜想到的都是火攻,他们二人各自在手心写下破曹于赤壁的良策同时亮出时,都写的是一个"火"字,结果,曹操的百万大军就是被"火"烧得七零八落。除了赤壁之战,诸葛亮用火攻的大战还有:火烧曹军于博望坡、火烧藤甲军于盘蛇谷、火烧司马懿于上方谷,连同吴国陆逊火烧刘备的七百里连营,一部《三国演义》,真可以说是火烧出来的。

人类最为美好的情感源于少男少女的两情相悦

咸

第三十一卦

亨，利贞。取女吉。

《咸》卦象征着感应：亨通。有利于做事。若娶女子为妻就吉祥
如意。

《咸》，卦名，艮下☷兑上☱。咸，借为"感"，感动，感应。如
《周易正义》曰："咸，感也。"下卦为艮，艮为少男；上卦为兑，兑为
少女。相与而悦，喜有感应。取，同"娶"。阴阳相感，男女相亲，六
二与九五相应，当位居正，有"亨、利、贞"之美德，更有六爻皆应，
故曰"取女吉"。

初六，咸其拇。

初六，使大脚趾有所感应。

拇：足大趾。

艮为指，初六在艮下，位置类同于脚拇指。初六上应九四，九四
在兑，兑为悦，脚趾有了感应。足趾相交、相应、相感，且感于此而
应于彼，两情相悦，大都始于这样感动人心的情景。

六二，咸其腓，凶，居吉。

六二，当小腿肚有所感应时，就会有凶险。若居住在家，将获得吉利。

腓（féi）：胫骨后的肉，俗称"腿肚子"。

咸，意在感应，因感而动。六二当位中正，上应九五，这本该是好事，然而因感而动则失其正，故"居"而不动则吉。《咸》卦卦象的整个意义反映着"取女吉"，六二以阴当位于艮，艮为止，当止则止，即为"居吉"。若"咸其腓"就动而上行，如此则互巽（二至四互为巽）上行至兑象之中，兑为毁折，也是不吉。因此当我们筮得此卦之六二动变时，或者应爻、用神为此爻时，应以"居吉"之理而戒动。

九三，咸其股，执其随，往吝。

九三，使大腿有所感应，牢牢地掌握住跟随自己的人，若急于前往会遇到困难。

股：大腿。

从初六的足趾到六二的腿肚子，九三当然就应着"股"而来。巽为股，艮为手，故有"执其随"。随，指六二。按理，九三本该上应上六，可是六二上承而随九三，九三当就近执六二；如果九三舍六二的亲随而远应上六，就会"吝"，即遇到憾恨之事。"千鸟在林，不如一鸟在手"，应着九三来讲这个道理，就是与其远应难以捉摸的"千鸟"，不如先就近掌握住已经在手的"一鸟"。处在《咸》之初六、六二、九三，本来要应着"感动"而来，爻辞却尽是劝诫不动的意思，究其卦象本身来看，主要是初六、六二、九三属于艮卦，为止，也是从"当止则止""非礼勿动"的道理而来的。

九四，贞吉，悔亡。憧憧往来，朋从尔思。

九四，做事吉利，悔恨的事也将会消失。不断往来之时，朋友们会顺从你的意愿。

憧憧（chōng）：往来不绝的样子。

九四在上兑，兑为少女，下应初六，初六在艮，艮为少男，少女下应少男；又下艮为房屋，二至四互为巽，巽为入，少女下应而入于少男之屋，两情相悦，完全因应了"取女吉"的卦象，故而"悔亡"。三至五互乾，九四位在互乾，乾为健行，有"入"有"健行"，故曰"憧憧往来"。九四有初六相应，故曰"朋从尔思"。

九五，咸其脢，无悔。

九五，使脊背有所感应，就没有什么悔恨。

脢（méi）：背脊肉。

从九三的"股"，隔了一个九四后，九五的位置也就相当于背部。九五当位中正，下应六二，男女相合，阴阳相应，两情相悦，故曰"无悔"。

上六，咸其辅颊舌。

上六，使面颊口舌有所感应。

辅：面颊。

相较于九五的"脢"，"辅颊"相当于"面颊"。上六在兑，兑为口，也就是感应到整个的面部。

【解读】

《咸》卦象征着阴阳相感的和谐关系与"男女相亲"的动人情景，这种关系与情景在《说卦传》里被解释为"山泽通气"，"山泽"为景，"通气"是情，情景感应，于是就有了初六的"咸其拇"，六二的"咸其腓"，九三的"咸其股"，九五"咸其脢"，上六的"咸其辅颊舌"。

唯九四无"咸"而"贞吉"，然"憧憧往来，朋从尔思"的美妙岂止是一个"咸"字说得尽！

我们常常形容男女相合为"心心相印"，这个"印"就是"感应"的一种反映方式。《诗经》里以"少女怀春，吉士诱之"和"窈窕淑女，君子好逑"来赞美男女之间的相悦相亲。如果我们把"咸其辅颊舌"与少男、少女的相悦之情联系起来，就可以从卦象直接感受到《咸》卦因情而亲的美妙情景，这就是这种"感应"方式的生动体现。从卦象来看，一少男在下而一少女在上，有男求亲于女之象。从《咸》卦的卦爻辞来看，它不仅为人们谈到娶女的方法："男下女"，"以虚受人"，而且从下至上地依次介绍了两情感应的五个步骤：即从初六的"足趾"开始到上六的"辅颊舌"。也因此，我们还可以看到《咸》卦为我们描绘了人性最美好的一面，因为在两情交感中，热烈、真挚、纯洁、神圣的情感真正融为一体了。

【案例】

一

在六十四卦中，《咸》卦的卦爻辞不仅是说明，而且这些"说明"更是形象生动，象中有情，情中有象。在此，我们可以通过郭璞《洞林》中有关《咸》卦的两则案例，更加深入地理解《咸》卦的丰富内容。

郭璞为他的朋友占卦，筮得《咸》卦之九四、上六爻动，动而变为《渐》卦。按古代筮法通例，或有问而来，或有疑而来。有问，则向筮卦者说明要问什么问题；有疑，则无需说明要问什么问题。从这个案例来看，郭璞的朋友并没有说明要问什么，于是郭璞就直接从所筮的卦象里分析他的朋友近期可能遇到的事情。因《咸》之上兑变为巽，按《说卦传》，巽为长女，为近市利。兑为少女，为沉静贤良之淑女，然三爻皆动，动则失少女之象而变为长女之象。因其有“近市”之嫌，且“巽为寡发”，“寡发”则丑；再者，长女年长，已失少女之德，则可知友人有纳妾之事，且所纳之妾为倡门之女。

二

据《洞林》记载：东晋时的丞相王导在扬州遇到郭璞时，他让郭璞筮卦以卜晋之安危。遇《咸》䷞之二、四爻动，动而变为《井》䷯。郭璞看着主卦与变卦说：按照卦象来看，东北方带有“武”字的郡县会出现六枚铜铎，其中一枚上面有龙虎之象。《咸》卦的外卦为兑，兑为金、为口，以此来看，应当属于发号施令的铜铎。山陵之中有神奇之物出现，这表明丞相应当创立良好的制度以号令天下。因为《咸》卦的下卦为艮，艮象征的方位在丑地，即东北方，丑在十二地支中属金库。因此可知，具体地方当在晋陵武进县。从卦象中还可以看到，将会有猪狗相互交合的怪事发生，《咸》变为《井》，则戌狗居于《井》之上卦坎中，其下有申酉同为官鬼之爻连在一起。在《井》卦之中，戌土为世爻，亥水为应爻，土能克水，二物相交，象征着人与物合为一体。这表明丞相将获得江东之地。但不幸的是，百姓将会在亥年受

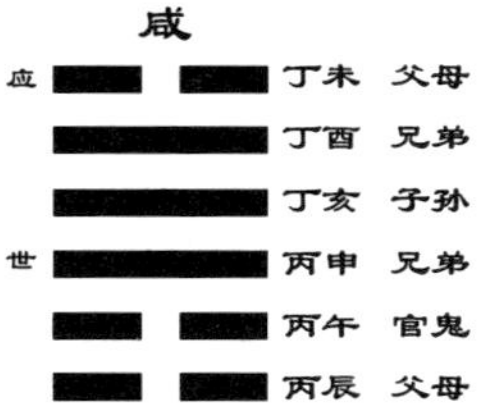
咸
应 丁未 父母
丁酉 兄弟
丁亥 子孙
世 丙申 兄弟
丙午 官鬼
丙辰 父母

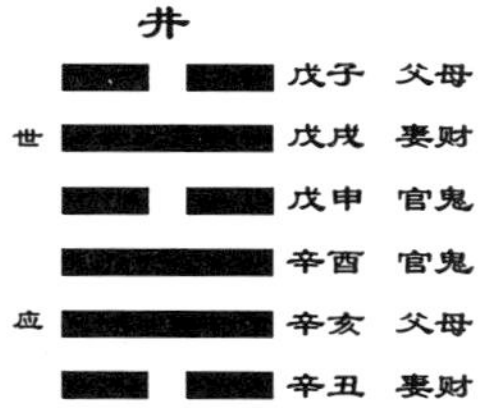
井
戊子 父母
世 戊戌 妻财
戊申 官鬼
辛酉 官鬼
应 辛亥 父母
辛丑 妻财

到水妖的惊扰。《咸》卦之九四爻亥水动而变为《井》之上坎之象，这表明将会发大洪水。巽木能说话，果实生妖物，本属怪异之事。时至此年二月，变为官鬼爻，但为戌土所克。水本为金之子，来扶其母。这是表明丞相将要兴起的征兆。又，西南郡县有一个名字中带"阳"字的地方，井里的水会自己喷涌而出。《咸》卦变为《井》卦，则六二爻丙午动变为九二辛亥，就分野而论，应在历阳地界。有虎进入城市。从卦象上看，兑虎出于艮山而入于门阙。时至正月，有寅木来克戌土，此时即为大人你兴起的时候。此后，则东方有蟨鼠噬食稻稼，造成灾害。

那一年，晋陵武进县民陈龙果然在田地里得到六枚铜铎。之所以从卦象看到是六枚。按先天八卦，坎数为六。而看出铜铎，是因为《咸》本宫为兑，兑为金。铜铎的边口有龙虎纹，得到它的人也名龙，这就更是精审准确了！因为陈姓的"阝"旁，是土厚之意，按五行当属土。土能生金。丹徒县的流民赵子康家里，有狗与猪交合。当年六月连着下了好长时间的阴雨，百姓以为怪异，惊恐不安。当时民间有传言说"会发十丈高的大洪水"，于是百姓听了更加惊骇不已。到了第二年六月十五（己未）日的未时，历阳县的井水沸腾喷涌而出，过了好几天才停止。天地万物，阴阳相感，皆各以其类相应，发大洪水当属金水相生。时至当年六月，有老虎闯入城中。这年的秋天，吴地诸州郡皆有蟨鼠为灾。鼠为子，子为水，水也是金生之物。当年，晋王登上帝位。

从《洞林》的记载来看，郭璞主要以"纳甲"兼用互体推断了东北武名、铜铎六枚、猪狗相交、雄有江东、大水泛滥、井水沸腾、虎来入城、蟨鼠为灾诸事，现一一疏解如下。其一，"东北武名"：《咸》

上为兑，兑在西方，主兵戈之象，《咸》下为艮，艮为止，"止戈为武"，故知其有武名。其二，"铜铎六枚"：《咸》上为兑，兑为金，又为口，又三至五互有乾，乾也为金，乾数六。《咸》下为艮，艮为手。卦名《咸》，有相撼而动的意思，手中撼动之金属物件，故知其为六枚铜铎。其三，"猪狗相交"：《咸》卦名有相撼交感之意，变为《井》，戌在上卦坎中，坎为猪，戌为狗，艮也为狗，《井》下巽为入，故知猪狗相交。其四，"雄有江东"：《井》下为巽，巽为东南，又《井》有九五居中正之位，故知其"雄有江东"。其五，"大水泛滥"：《咸》卦兄弟爻持世，按古法，兄弟爻持世当有忧患之事。变卦坎水居上，应爻亥为水，上爻子也为水，故知其有"大水泛滥"。其六，"井水沸腾"：与"大水泛滥"道理相通。其七，"虎来入城"：《咸》下为艮，艮为门阙，上为兑，兑主西方，西方为虎，《井》之下卦为巽，巽为入，故知有虎来入城。其八，"蟪鼠为灾"：《咸》上爻纳支为未，未为羊，动变为子，子为鼠，"鼠羊相害"，故知有蟪鼠为灾；因《井》在震宫，震为东方，故知鼠灾在东方。

成功属于坚持到最后的人

恒
第三十二卦

䷟

亨，无咎，利贞，利有攸往。

《恒》卦象征着永恒持久：亨通，没有过错，有利于做事，有利于
有所前往。

《恒》，卦名，巽下☴震上☳，中实外虚，上下俱有所应，男女皆
有所亲，因具守恒之志，故以"恒"名。上有震动，下有恭顺，"顺"
而"动"，故能"亨通""无咎"。

初六，浚恒，贞凶，无攸利。

初六，深入地求取长久之道，占问结果却是"凶险"，无有所利。

浚（jùn）：深。

初六以阴柔之性位居于下，软弱无力，欲有深求，则何以能久？
故一开始就深求"恒"道，本身就违反了"恒"久之道。因初六以弱
质深求"恒"道，必要与九四相应，然九四为九二、九三所阻隔，且
四也不"正"，故"无攸利"。初六失位，上应九四，九四在互乾，乾
为天，所应在"天"而深挖，与事理不通；再者，九二在田，初六在
田下，深挖地底下，故"凶"。

九二，悔亡。

九二，悔恨之事将要消失。

九二失位，故有"悔"。然动而得正，处中守正，则"悔亡"。又，九二上应六五，六五为君，能上应君上，故亦"悔亡"。

九三，不恒其德，或承之羞，贞吝。

九三，不能持久地保持自己的美德，时或受到别人的羞辱，做事会遇到困难。

九三为《恒》之卦主，位于三阳之中，当位而上应上六。然处巽之末，临震之初，或上或下，心无所定，不定则动，动则变，故曰"不恒其德"。变则上下皆成坎象，坎为险，失身而入险，故曰"或承之羞"。既"不恒其德"，又"承之羞"，故有"吝"。

九四，田无禽。

九四，打猎没有获得猎物。

田：打猎。禽：同"擒"，即擒获。

九四失位不正，虽有田猎之事，然居位不正，所以只能"无禽"而返。九四下应初六，初六为巽之初，巽为雉，应而有雉，为什么还说是"无禽"呢？因为田猎有禽的条件是基于"在田"，九二在田，初六不在田，故曰"田无禽"。

六五，恒其德，贞，妇人吉，夫子凶。

六五，恒久地保持自己的美德，占问吉凶，对于妇人有吉祥，对于男人则有凶险。

六五虽不当位，然居中而与九二之阳刚相应，阴阳相亲，中中相应，故能"恒其德"。因六五以阴居阳而"恒其德"，此妇道之"正"，故于"妇人吉"。然六五失位于震中，震为长男，故曰"夫"。失位而应，则有利于彼，无利于己，故曰"夫子凶"。

上六，振恒，凶。

上六，振动不安于恒久之道，有凶险。

恒久之道为静，上六处《恒》之极，震在《恒》上为动，本来就很难持久坚守正道，又振而动之，"振恒"则无"恒"，故有"凶"。

【解读】

就卦象而言，《恒》卦下卦为巽，巽为风，上卦为震，震为雷，形成"雷风相与"的兴旺景象。从卦德而言，下巽为入，上震为动，入而有动象征着生机勃勃的力量和希望。因此，《恒》卦的意义在说明"雷风相与"的卦象的同时，更深层的意义蕴涵在卦爻辞和卦德，即希望与期待大于现实与存在。而且其说理的方式似乎也不是从卦象中阐发，而是就义理说义理，或者说，是以义理说卦象。《易经》的实践价值和意义，用《系辞传》里的一句话来概括，就是"推天道以明人事"。《恒》卦以天道之"恒"比喻人事之"恒"，于是，就有了《象传》的"久于其道"的"从一而终"之德和《象传》之所谓"立不易方"的坚定信念。

与《咸》卦相同的是，《恒》卦中也包含着一男一女的情景，但是，这种情景不再描述两情相悦的感应方式，而是在强调男女双方为了情感所应坚持的道德与责任：对于女子而言，"恒其德"则"妇人吉"；对于男子而言，"不恒其德"则"或承之羞"。《象传》对《恒》卦基于"有亲则可久"的认知发挥其"亲"的意义。总的来看，《恒》的"有亲"体现在四个方面：一是巽为长女，震为长男，男女相悦而"亲"；二是二、五爻虽则失位，却能相应而"亲"；三是中间三爻互为乾，乾为天、为老，有天长地久、"久于其道"之"亲"；四是《恒》卦中虽有初、二、四、五失位，但也正是因为失位，初与四、二与五、三与上皆能阴阳相应而"亲"。

《论语》记孔子曰："南人有言曰：'人而无恒，不可以作巫医。'善夫！'不恒其德，或承之羞。'"《易》道有恒，无恒则无以为《易》道，诚如《象传》所言："日月得天而能久照，四时变化而能久成，圣人久于其道而天下化成。"天下事"靡不有初，鲜克有终"，天下人"行百里者半九十"，唯贞恒之心风雨不改。

《恒》是一个"雷风相与"的卦，震为雷，为长子，巽为木，为长女。因此，当我们看到"雷风相与"的和谐自然，我们也就同时感觉到了"男女相亲"的伦理亲情。由此，我们还会认识到和谐的根本就在于阴阳和谐，亲情的根源就是男女相亲。天地有阴阳，人伦有夫妇。男以女为室，女以男为家。"一阴一阳之谓道"。孤阴不生，独阳不长。古代男子以三十成婚而立，女以二十而嫁。三十加二十成"大衍之数"五十。由此一一推演，就会演出一万一千五百二十策，以象征万物之数。在实际生活中，男婚女嫁也是保证社会稳定与发展的基础。

《易传》曰："君子以言有物，而行有恒。""恒"的意志与精神又最能反映中华民族的精神。中国人向来就有滴水穿石、百折不挠、坚定不移的耐心和恒心。不论是个人还是国家民族，每当遇到危难时，中国人总是依靠这样的美德坚持到最后，取得胜利。比如在第二次世界大战时期，就在那些自以为"优越""高贵"的民族和国家一个个向法西斯屈辱媾和、屈膝投降时，唯有中国一直坚持抗日，支撑着正义的旗帜，坚持着，持久坚持着，无论多么艰难危险，都没有出卖其他国家的利益而换取自己的平安无事，这在整个二战史上是绝无仅有的。

与之相反的是，当时强大的苏联，为了保全自己、获取利益，与德国签定了互不侵犯条约；而英美等西方列强，不仅为了自身的利益和安全，以《慕尼黑条约》牺牲过整个欧洲，而且还暗中支持日本侵华，要不是日本人愚蠢地发动珍珠港事件，中国的正义力量将可能会一直被孤立着！如果说日本的侵华战争犯下了反人类罪，那么英美等西方国家则在抗战初期和中期做的都是违反道义的勾当。在整个二战史上，中国人以持久的抗战为世界反法西斯做出了巨大的牺牲，中国人坚持的不仅仅是抗战，更为可贵的是，中国还坚持着正义。这一事实将给全人类以重要的启示：建立了四大文明古国之一的中国的中华民族之所以仍然而且永远屹立于世界民族之林，就是因为她永远代表善良和正义。

【案例】

明朝成化年间，刑部狱中逃逸了一个重囚，主事的官员让善于卜筮之术的台州人王奇对此事结果进行筮算。王奇筮得《恒》☳☴六五爻动变为《大过》☱☴，就说："五为囚禁囹圄，贼入其中，怎么能逃得了！"并算出了抓获贼人的日期和时辰，后来果然没有一点错误。王奇是以京房六爻之法推断：五爻为官鬼，官鬼主刑狱之事，官鬼纳支为申，申为金，金在木旺之时，有休咎之象，故贼无力再逃。又以《恒》象论，六五在互卦兑中，兑有刑具之象，至变卦仍在兑中，故贼终将被投入监狱。王奇所用方法不是以卦爻辞来断卦，而是以卦象及六爻卦情推理，但其推断的结果与卦爻辞的大义基本相合。上六曰："振恒，凶。"上六与九三应，九三因为上应"振"而不能"恒"，而上六本来就是让九三不"恒"的来由。古代的易学家还能从《恒》卦中看出"鱼来撞网"之象，因为按《说卦传》，巽为鱼、为入，震为动、为藩篱，鱼入于藩篱，故有"鱼来撞网"之象。如此贼也终不能逃脱法网。

君子怎么才能战胜小人的攻击与迫害

遁

第三十三卦

亨。小利贞。

《遁》卦象征着退隐和逃避：亨通。做事小有利益。

《遁》，卦名，艮下☷乾上☰。卦下为艮，艮为止。卦上为乾，乾为君，为健行。君子之健行为艮所止，故有逃避、退隐之意。又内阴而外阳，阳为君子，阴为小人，小人入于内，君子避之于外，故曰"遁"。小人得势，君子避之，则得亨通，故曰"亨"。小，指六二，居中曰"利贞"，阴为小，故曰"小利贞"。

初六，遁尾，厉，勿用有攸往。

初六，退避之时落在末尾，这是有危险的，不宜有所前往。

二至四互为巽，巽为雉，其类如鸟，初六在巽下，犹如飞鸟之"尾"。"小人道长"之时，遁而落在"遁尾"，恐不及脱离小人之害，故曰"厉"。又，初六上应九四，因初六失位，所应之九四也失位不正，以不正应不正，故曰"勿用有攸往"。且初六在下艮，艮为止，应以清静为主，故"勿用有攸往"。

六二，执之用黄牛之革，莫之胜说。

六二，用黄牛皮制成的绳索捆绑，没有人能够解脱。

说：通"脱"，即脱离、解脱。

初六失位则动而变正，变正则六二在离中，离为黄牛；二至四互为巽，巽为绳，即为"黄牛之革"。艮为手，"手"之于"绳"，即"执之"。六二当位上应九五，九五为君子，乐于为君子所执，"执之"牢，如革之紧固，故曰"莫之胜说"。

九三，系遁，有疾厉；畜臣妾吉。

九三，心有所系，不能遁去，有疾患的危险；若是用于畜养臣仆侍妾，可获吉祥。

二至四互为巽，巽为绳，九三在巽中，故有"系遁"之象。健康的前提是阴阳的平衡与和谐，九三上无所应，失于阴阳之和；又，九三以阳受到阴气浸长的紧逼，故"有疾厉"，即有患病的危险。九三为君子，既然上无所应，退而临下之二阴，阴为臣、为妾，九三以君子临之，故曰"畜臣妾吉"。

九四，好遁，君子吉，小人否。

九四，喜欢遁隐，对于君子则吉，对于小人则不吉。

九四失位不正，下应初六，初至四互为《渐》䷴，"渐"，有渐进之势。此时，距离阴小之人已远，上下皆阳而在乾，故曰"君子吉"，小人之势尚在弱下，故曰"小人否"。综观《遁》卦之六爻，至九四才开始显示出遁志与遁形来。

九五，嘉遁，贞吉。

九五，嘉美的遁隐，是很吉利的。

九五在乾，且为《遁》之主。《乾》之《文言》曰"亨者，嘉之会也"，又曰"乾以美利利天下，不言所利"。九五在乾，故以"嘉遁"

而"贞吉"。

上九，肥遁，无不利。

上九，高飞远举般地退隐而去，没有不利。

肥：借为"飞"。

既然"遁"的目的是为了远遁以避开小人，那么上九是距离小人最远、也是"遁"得最远的，故而"无所不利"。

"飞"之于遁，是遁形与遁志的最高境界，也是完全超然物外的遁隐。

【解读】

《遁》的意义是围绕着"天下有山"的卦象展开的。乾为君子，艮为山林，阴气在内，阳气在外，表面上看，有君子遁入山林之象。因此，上九因"飞遁"而"无不利"；九五能"嘉遁"而"贞吉"；九四因"好遁"而利君子；九三因不能速速遁去而有危险；六二于《遁》中不能解脱，只有自固其志；初六远离于"遁"而有"厉"。《遁》之爻辞，越往上走就越吉利，至上九则更吉，这在其他的卦象中是很少有的现象。由此可见，"遁"本没有遁入山林、去而又来的形迹，有的只是飞遁而去的逍遥。清代诗人阎尔梅在其诗《戊申人日》中云："遁野有情看拾翠，封侯无相写凌烟。"以卦象论，"遁野"之"野"要比"山林"切当，因为按《说卦传》讲，乾为野。九三至上均为乾象。至于后人多说《遁》有君子"遁入山林之象"，也是联系卦象的解释，一则初与四应，二与五应，初、二爻均在内卦艮中，艮为山，故有此说。但我们需要研究的是，中古之人并非"遁"必有山，而且若"遁"而又"入"，也就没有了《遁》的意义，更不会有四、五、上三爻好于下三爻的意义。

按《易》通例，阳为君子，阴为小人，"遯"象有阴气渐长之势，阳气渐消之形，小人渐长而得势，于君子必不利。王弼注解《遯》之卦辞时，只一句"遯乃通"，一点即透，一语了然，真切、深刻地概括了《遯》卦的真正意义。

《论语》载孔子曰："邦有道则仕，邦无道则可卷而怀之。"又曰："邦有道，谷；邦无道，谷，耻也。"进则亡身，不如退而守正，因为小人之道与君子之道不同，故君子不能与小人斗，只能采取《象传》所云"不恶而严"的态度，不与小人同朝为政。如《论语》中孔子之赞扬南容："邦有道，不废；邦无道，免于刑戮。"在《遯》卦中，需要特别指出的是初六、六二。就初六而言，它有两个方法可以用来避开小人、远祸守正：一是已有遯隐之志，就不能落后于遯形之中，而应从速而去；二是既然已经隐退，就不宜有动，以期达到无"厉"之目的和"不恶而严"的效果。春秋时晋国的赵盾虽有逃避"晋灵公不君"的遯志，然逃而不远，使自己负有"弑君"的恶名，以至于孔子也惋惜地慨叹"越境乃免"。朱熹在《周易本义》中解释初六说："遯而在后，尾之象，危之道也。占者不可以有所往，但晦处静俟，可免灾耳。"但是，从赵盾的事例来看，"无往"和"静俟"虽然能以"但求无过"之心做到"不求闻达于诸侯"的效果，却不能因为以"不求有功"的自在从容而求得"明哲保身"的结果。比之其他的爻象，六二不仅没有遯形，也没有遯志，也许他出于不得已，但是，正是这种不得已的处境说明了他有很强的责任感。《论语》中孔子赞扬直臣史鱼时说："直哉史鱼！邦有道，如矢；邦无道，如矢。"六二的境界就如同史鱼一样，身逢乱世，小人乱朝于内时，有固志守正之心而无退隐之志。且在小人得势时，并非所有的人都愿遁隐，也并非所有的人都能遁隐。如吴王夫差在位后期骄奢狂妄，听信太宰嚭之言放过越王勾践而北上伐齐争霸，伍子胥屡谏不听。伍子胥自知可能遇害，但仍然劝谏不止，终遭谗被杀。大丈夫以天下为己任，或殉君王以忠心，或殉国难以壮志，或独善其身、洁身自好，皆为分内当然之事，三者有孰轻孰重之分而无孰是孰非之别，一切皆在形势之所然。

【案例】

一

南齐时有一个善于卜筮的人叫张有道，对阮孝绪说："你有遁隐之心，但心存疑惑，难以决断，如不通过龟卜筮算就不能察验是对是错。"等到布卦至第五爻时，张有道说："此卦可能将成为《咸》☷卦，以应感之法来看，非《遁》卦之所谓'嘉遁'之兆。"阮孝绪说："最后一爻怎么就不可能是阳爻上九呢？那不就成《遁》☰卦了吗？"后来，果然筮得《遁》卦。张有道说："《遁》卦上九爻辞曰：'肥遁，无不利。'由此来看，卦象确实能够因应人的品德，反映出人们布卦时的心思。"阮孝绪看过卦后说："虽然筮得《遁》卦，但是上九爻并没有发动。如果真能如上九爻辞说的那样脱离尘世，超然遁去，我就要像许由一样归隐了。"

二

包公曾遇到一个难断的案。有张迟、张汉弟兄二人共居一室。张迟娶周氏为妻，周氏回娘家探望母亲，一月后，张迟因赴朋友的约见，不能前去接周氏，就派自己的弟弟张汉去接。回来的路上，已经快到家时，周氏因脚疼走不动了，张汉就说："嫂子在此等候，我去雇一个轿子来接你回家。"可是等他带着轿子回到原地时，却发现一具女尸和他嫂子的包袱。后来，周氏的娘家报官，张汉含冤入狱，只等着秋后问斩。所幸遇到包公巡审案情，他看了张汉的案情觉得有疑，但又一时难以决疑，于是就派张龙和赵虎到街上找一个算卦的人来。结果找来一个姓张的术士，包公对他说："今天请你帮我用《易经》推占一事，你一定要谨慎诚心地算好这个卦。"张术士问："不知大人所占何事？"包公说："你只管推占卦象，我自有主意。"术士筮得一个《遁》卦，对包公讲："大人所占之卦为《遁》，'遁'者，匿也。您是不是问阴幽之事。"包公问："卦辞如何？"张术士回答说："卦辞意义，渊深难明，需要大人自己测出。卦辞是：'遇卦天山《遁》，此意由君问；聿姓走东边，糠口米休论。'"包公看了卦辞后，沉吟一会，问当地人道："此处有没有一个叫糠口的地方？"众人都说没有。包公退入后堂后，想了一整夜，第二天一早，他派人叫来张迟家的邻居肖某，让他到建康（今南京）的旅舍转悠，三天之后，回来报告张家的案情。肖某不敢拒绝，就上路了。结果在建康的一家旅馆里碰见了被贼人挟持的周氏，原来周氏并没有死，只是贼人为蒙蔽破案而设的局。破案之后，众人都很佩服包公，就问他是怎么从卦辞找到答案的。包公对众人说："卦辞上讲：'聿姓走东边'，天下哪有姓聿的人？实际上，'走东边'就是聿上加一个走之旁，就形成了一个'建'字。再看'糠口米休论'，'米休论'，就是去掉'米'字旁。因此，两句合起来，就是暗指建康。因周氏的邻居肯定能认识她，所以就让肖某去找她。"

如何避免陷入进退两难的困境

大壮
第三十四卦

利贞。

《大壮》卦象征着大为强盛：有利于做事。

《大壮》，卦名，乾下☰震上☳。乾阳主内，内壮于阳，阳气上升致使阴气消退殆尽，阳盛而阴衰，故曰"大壮"。君子当"泰而不骄"，"富而不骄"，故"大壮"之时，有利于做事。

"壮"，古人的解释主要有两种：一是损伤，二是强壮。乾与震均为阳刚之卦，乾为健行，震为动，阳刚健行，且阳上升而应，如《彖传》之所言"刚以动"，故曰"利贞"。《彖传》曰："大壮，大者壮也。刚以动，故壮。'大壮，利贞'，大者正也。正大而天地之情可见矣！"震为雷动于上，乾为天处于雷之下，成"雷在天上"之象，这种景象是正大而强壮的。由此可见，释为"强壮"更合卦意。

初九，壮于趾，征凶，有孚。

初九，把刚猛强大的劲头用在足趾上，前行则会遇到凶险，走路的人应当心中怀有诚信。

此前学者，大都解释"壮"为戕，"戕"为伤。于是"壮于趾"的意思就成了伤了脚趾。伤了脚趾当然就不利于出行远征，所以"征凶"。但是，既然卦名是"大壮"，卦辞为"利贞"，又怎么会是"伤"呢？其实，这里"壮"，指过于刚猛勇决的意思。《大壮》下为乾，乾为健行，上卦为震，震为动，震为足，一个为健行，一个为震动。初九在下，"千里之行，始于足下"，故初九于行为"趾"。初九上应九四，九四不当位，初九以壮用壮，过于刚猛，不合常规，所以说"征凶"。中国人喜欢走起路来四平八稳，并且把这种走路方式当做"安步当车"欣赏，而且一向认为走路慢的人心里就清静安祥，所以是君子。为了避免人们因为走路过于刚猛失态而"征凶"，初九就后缀了一句话"有孚"，孚就是诚信，也就是说，如果我们心怀诚信，那么就会使心态平和安静下来，路也会走好了。有一个故事，可以劝诫我们走路不要"壮于趾"。

公元前627年春天，秦穆公不听蹇叔的劝阻，派军队长途奔袭郑国。军队在路过周天子都城的北门时，按照当时的礼节，所有的军士必须脱去身上的甲胄步行通过。但是，秦国的军队全无礼仪，刚猛急进，三百辆战车上的战士都是象征性地下车就又跳上了去，疾驰而去。周朝的大夫王孙满看到这种情况后，就对周王说："秦国的军队如此轻狂无礼，军纪涣散，一定会失败。"结果等他们快到郑国时，遇到了郑国的商人弦高赶着十二头牛到周王朝的都城（即今河南洛阳）去卖。弦高急中生智，假托郑国国君之命犒师，同时暗地里派人到郑国报告，因而使得袭郑之事流产。秦军不得已回师，结果，在途经崤山时被事先埋伏在那里的晋国军队打得全军覆没。

这个故事就叫"王孙满观兵"。王孙满为什么能看出秦国的军队一定会打败仗呢？因为人的行为方式实际上能够反映思想品德和心理特征。军队要军纪严正、军容严整，猛而乱形，就打不了胜仗。同样的道理，走路还是稳稳的好，即使是有了急事，也不要急，急则生乱，乱了更慢，更耽误事。

九二，贞吉。

九二，做事吉利。

九二位居正中，上应六五，乾之"健行"而至于互兑之"喜悦"，故曰"贞吉"。

九二居阴失位，怎么会是吉利的呢？这是因为九二虽然失位，但仍居下卦之中。也就是说，有时我们或许做一些自己职责之外的事，这叫"失位"，但是只要自己内心正直，做的是好事，那么结果还是吉利的，不算是不务正业。比如，雷锋同志常常到车站帮助妇女提行李、抱孩子，这本不是一个战士要做的事，但是因为他有一颗春天般美好的心灵，心里想的是全心全意为人民服务，所以结果仍然是吉利，得到了人民群众的赞扬，是值得我们学习的。《大壮》卦六爻中唯九二"贞吉"，很合乎《象传》之所谓"大者正"的道理。

九三，小人用壮，君子用罔，贞厉。羝羊触藩，羸其角。

九三，小人妄用强壮之体，君子则不用其壮，占问结果有危险。就像羝羊顶触藩篱，结果角被纠结缠绕。

罔：无、无有。羸：缠绕。羝（dī）羊：公羊。

小人，指上六。上六处于《大壮》之极，又阴为小人。震为藩篱。三至五互为兑，兑为羊。

九三以阳居阳，本来属于当位，而且还能上应上六，上六也当位，怎么会"贞厉"呢？按爻象，九三所处的位置是君子的位置，如《乾》之九三的爻辞就是"君子终日乾乾"，可是，这里却出来了"小人"，这是怎么回事呢？其实，这句话要倒着理解。九三本为君子有壮用壮之时，如是小人用了壮，君子没有用壮却感到迷惘，那就是"厉"，就如同羝羊顶撞藩篱，将角戳进藩篱之中，进也进不去，出也出不来，陷入进退两难的境地。

九四，贞吉，悔亡。藩决不羸，壮于大舆之辐。

九四，做事吉利，悔恨也会随之消亡。藩篱被冲裂开后，羊角也就不会被纠缠住了，大车的辐条也变得强壮起来。

九四在互兑，兑为羊，二至五互为《夬》 ䷪，"夬"，就是"决"的意思，故有"藩决不羸"之象。与九三不同的是，九四是"决"而"不羸"。九四失位，动变为正，则"贞吉"而"悔亡"。变正，则四至上变为坤，坤为大舆，健行而至于决，然后有动变为坤，故有"壮于大舆之辐"之象。

九四失位不正，本应有"凶"有"悔"，然爻辞却说有"贞吉""悔亡"。亡，就是无有的意思。悔亡，就是指悔恨的事都没有了。因为九四上承六五，六五为君王，阴阳相亲，于壮大之时守正而无所悔恨。而且九四所处的位置已经使藩篱决散，因而羊角不羸。《大壮》下乾为天，天圆地方。乾为健行，又为圆形之物，上震为动，圆上有动，可知是此卦有车行之象，九四处《大壮》之上，所以称作"壮于大舆之辐"。

六五，丧羊于易，无悔。

六五，在变易中丢失了羊，这没有什么悔恨的。

六五在互兑，兑为羊，六五失位，动变则兑象不见，或九四已经动变，则上卦变坤，坤象现而兑象灭，六五因变化丧失了羊，但是"丧羊"而得"大舆"，故"无悔"。

　　九五爻辞"丧羊于易"的"易"字，前人注有三种：一是《周易集解》所谓"乾以易知"，"易"被释为难易之"易"，《周易本义》《周易正义》所注即为此义。二是《释文》以"易"通"埸"（yì），指国界，田埂。三是高亨认为，易为国名，即有易氏。三者均有理可说，然三者皆非卦之本象，也非辞之本义，因为无论是六五因"轻易疏忽"而丧羊，还是丧羊于"埸界"，还是丧羊于"有易"国，皆应有"悔"，而辞却曰"无悔"。试想，若"丧羊"而"无悔"，其原因只有一种，那就是"丧羊"而有所得，即失于此而得于彼，这种情况只能以变易之"易"来解释。再看卦象，九三至六五互有兑卦，按《说卦传》，兑为羊，然六五失位而得羊，变而得正则失去兑象，兑象失则乾象成，乾为马，丧羊而得马，故曰"无悔"。又六五以兑应于二，二在乾，兑入于乾象也有失羊得马之象。综上所述，我们可知"易"本为变易之"易"。

**　　上六，羝羊触藩，不能退，不能遂，无攸利，艰则吉。**

　　上六，羝羊冲触藩篱时被缠绕住，不能退出，也不能前进，无有所利，虽陷入艰难的困境中，却有一个吉利的结果。

　　《大壮》的上卦为震，原卦的"震为藩篱"的卦象仍然存在，但是与九三的"触藩"、九四的"藩决"不同，上六已经置身藩篱之中，也就是羊角已经被藩篱缠绕住了，所以不能退也不能进，这种情况本身就说明"无攸利"。但是，上六最终还是要应于九三，九三为君子，故经过艰苦的努力，最终还是能得到吉利的结果。

【解读】

　　《大壮》以"大而正"的气势和"刚以动"的威力形成堂堂正正、

气势威严的强大阵势，这是雷在天上发出的力量，但是这种力量并没有通过"雷在天上"爆发出来的，而是借助人在困境中的艰难行动来体现。例如：当上六像"羝羊触藩"一样陷入"不能退，不能遂，无攸利"的进退两难的困境之中时，其断辞却以"艰则吉"的自信心乐观其胜利的结果，这种自信与乐观的意志实际蕴涵着君子的道德力量和非礼勿行的严整人格。《论语》曰："其身正，不令而行；其身不正，虽令不从。"故君子唯有"大"而"正"，方可实践其天地仁爱之心。从整个《大壮》卦象来看，《大壮》中的卦爻辞并没有"用壮"的形迹，我们可以看到《大壮》的卦象是"大者壮"；其卦德也并没有"强壮"而猛烈的行动，这说明《大壮》的真义并不是恃强用"壮"。这用《老子》的话来说，就是"知雄守雌"；若用《象传》的话来说，就是"非礼勿履"；若用孔子的话来说，就是要"泰而不骄"，"富而好礼"。追念古代的君子作风，我们可以看到，越是处于"大壮"之时，就越是守持正道。比如，同是"羝羊触藩"的九三与上六，九三有"小人用壮"之事，结果使自身纠缠在藩篱之中不得脱身，而上六则于进退两难之中谨慎地经历着艰难而获得吉利。

我们再换个角度来审视这个卦象：乾为父，在下，震为长子，在上。子在上而父在下，这也就是"大壮"的"壮"被解释为"伤"的原因，也是《象传》警示"非礼勿履"的理由。《论语》记载孔子说："君子有三戒：少之时，血气未定，戒之在色；及其壮也，血气方刚，戒之在斗；及其老也，血气既衰，戒之在得。"在中国历史上，有两个奇怪的现象常常纠结着帝王的神经，一是未立太子之前，立太子是一个很敏感的话题；二是立了太子之后，太子极少有能够善终的。这种"奇怪"在《大壮》里可以看到，作为父的"乾"与作为子的"震"之间的微妙关系，有时因为潜在的"斗"而"势均力敌"；有时又因为"斗"的必然性而"你死我活"，如常言之所谓"无情最是帝王家"。就连《坤·文言》都说"臣弑其君，子弑其父，非一朝一夕之故，其所由来者渐矣"。仅就《春秋》记载的二百多年历史而言，司马迁在其《史记·太史公自序》中写道"《春秋》之中，弑君三十六，亡国五十二，诸侯奔走不得保其社稷者不可胜数"。这就是《大壮》之"伤"。从《大壮》之《象传》里的"非礼勿履"，再联想到整个六十四卦的每个《象传》的"君子以……"，我们就可以看到，《易》确实是"为君子谋"的，或者说《易》谋的就是"君子之道"。有人认为，儒家文化就是君子文化，仅就"君子"出现在"五经"的频率而言，其他诸经都难以与《易经》相比。由此我们也应该意识到，在我们看到卜筮算卦的现象时，我们看到的只是《易》之"术"，这些说到底只是"形而下者谓之器"的东西，我们更应该注意那些君子从易象中体会出的《易》之"道"，这才是"形而上者谓之道"的天理。

【案例】

据郭璞的《洞林》记载，殷鸿乔让郭璞算卦，筮得《大壮》之六五爻动，动而变为《夬》卦。于是郭璞对殷鸿乔说：你一定谨慎小心，不要与姓许的人一起在田地里做事，否则会发生械斗相伤之事。殷鸿乔回到宣城后，并没有在意郭璞的告诫，就与一个许姓的人一起耕种田地。等到庄稼成熟后，他们之间发生了争执，那个姓许的人举起木杖想要打殷鸿乔。情急之间，殷鸿乔想起郭璞的告诫，赶紧向那个人道歉，侥幸躲过一难。

此卦的推断可通过纳甲法并结合卦象按五步展开。首先，按纳甲法,《大壮》所纳地支为六冲,冲则不和。另,乾与震同为阳卦,中爻失位,上下不亲,两强相遇,也有不和之象。其次,《大壮》三至五互为兑,兑为口,上卦为震,兑上有震,有口动之象。又变卦为兑,形成《夬》卦,夬有刚而毁折之象,象征着因言语相伤而致有械斗之事。其三,《大壮》之九四午火为世爻,按卦象,震为言,兑震而言。"言"与世爻之地支"午"火同处一位,故知其人为"许"姓。其四,震于五行为木,按《说卦传》,乾为野,木动于田野之上,故知其事为耕作,为禾稼,故曰"田作"。其五,《大壮》之六五动,六五纳支为申,申为金,为坤宫土所生,为子孙爻,应爻为官鬼,官鬼主灾祸,然子孙爻动而克官鬼,故终于化险为夷,转危为安。

大壮		夬	
庚戌 兄弟		丁未 兄弟	
× 庚申 子孙		世 丁酉 子孙	
世 庚午 父母		丁亥 妻财	
甲辰 兄弟		甲辰 兄弟	
甲寅 官鬼		应 甲寅 官鬼	
应 甲子 妻财		甲子 妻财	

柔顺开明的品德与光辉灿烂的面貌

晋

第三十五卦

䷢

康侯用锡马蕃庶，昼日三接。

《晋》卦象征着长进：尊贵的公侯接受天子赏赐的众多车马，一天
之内被多次接见。

《晋》，卦名，坤下☷离上☲。《尔雅》释："晋，进也。"康侯，根
据前人的注解，基本有三种认识：一是指周武王之弟；二是"康"为
"安康"，因《晋》下为坤，坤为地，广大厚重，有安康之象；三是
"康"为美，离为日，六五以阴居阳，映入丽日之中，因阳而"美"，
即如美髯公一样的侯王。锡，通"赐"。蕃庶，即众多。昼日，谓一日
之间。三接，下坤为三阴，数为"三"，故曰"三接"。在古代"三"
泛指多次，这里指多次接见。如果我们想象着创作卦爻辞时情景，我
们就会看到：在象征着长进的《晋》卦里，有一个长得像美髯公一样
的侯王得到众多赐给他的马，并且一日之间多次受到君王的接见。

初六，晋如摧如，贞吉。罔孚，裕，无咎。

初六，无论是上进还是退却，占测到这种结果都是吉利的。不能
被人相信，暂时宽以时日，等待时机就没有过错。

晋：进，上升前进。摧：因遭受摧折而退却。罔孚：没有受到别人的信任。裕：徐徐宽缓。

初六爻的爻象在坤卦之中，坤为纯阴，阴沉暗昧，失位不正。然上应九四，九四在离卦之中，离为日，以阴暗上应光明，就叫"晋如"。在初六上应九四的过程中，遇到六二、六三的阴阴相敌，又遇到艮（六二至九四互为艮）的阻碍，再遇到坎（六三至六五互为坎）险的威胁，于是在前进的过程中就出现了"摧如"的情况。

初六柔弱，进而遇阻、遇险，遇险而"摧"，交人则"罔孚"，此本难免之事，但是因初六远则有进明之象，近则有处顺之道，进退俱不失其《象传》所谓"独行正"的精神，故终"无咎"。

六二，晋如愁如，贞吉。受兹介福，于其王母。

六二，无论是上进还是忧愁，都能获得吉利。将从尊贵的王母那里接受宏大的福气。

介福：大福。介，大。王母：此指六五，六五以阴爻居于君王之位，所以称"王母"。前人所"王母"，多指六二，因其所居在坤，坤为母，故曰"王母"。但是，既然六二为"受"者，又何以能为"王母"？况且，若以六二为"王母"，辞之"于其王母"的"于"又指向何处呢？按卦例、卦象，六五为君王之位，因五为阴爻，本与二应，则"王母"所指为六五，于理才通。

观察六二，我们仿佛看到三千多年前的一个情景：一个人走在路上，一边走，一边在发愁。他心事重重地走到一个算卦的人那里，占测了一下，结果是吉利的，因为他将要从王母那里接受大的福气。

六三，众允，悔亡。

六三，获得众人的信任，悔恨就会消失。

允：信任。

六三的卦象在坤，坤为众。六三获得了众人的信任后，悔恨的事情就消逝了。对六三的信任，实际上也就是来自于对六三的考验。六三失位不正，然位在坤中，坤为顺，顺而上行，在上行的过程中，他遇到了"坎险"（六三至六五互为坎），但是他终究能战胜艰难险阻，上应于上九，完成进入光明的任务。

九四，晋如鼫鼠，贞厉。

九四，上进之时犹如贪婪的鼫鼠，会遇到大的灾祸。

鼫（shí）鼠：硕鼠。形容那些贪婪不正的人。

六二至九四互为艮卦，九四在互艮之中，艮象征的动物是狗，狗类如鼠。因其失位不正，下应初六，初六在坤，坤为地，有田土之象。鼠在地中为害，对人对田而言，都是"厉"。而且，因为它身陷坎险之中，所以占测的结果是"会遇到大的灾祸"。

六五，悔亡，失得勿恤；往吉，无不利。

六五，悔恨即将消逝，不要戚戚忧虑于失与得的问题；只要有所前往，就会吉祥并无有不利。

六五虽在尊崇的君王之位，因其失位，中而不正。既临离卦之中，又陷坎险之极，难免有患得患失的心理。爻辞的意义是在劝诫六五戒除这样的忧虑。

上九，晋其角，维用伐邑，厉吉，无咎，贞吝。

上九，上进至极，就像高居兽角尖端一样，宜于征伐邑国建立功绩，虽有危险，但最终还是吉祥的，没有什么大过错，只有一些困难而已。

上九位居穷尽之地，偏居一角，故曰"角"。按《说卦传》，离为甲胄，所以爻辞有"伐邑"之象。上九下应六三，六三在坤，坤为城邑。上九就像高居兽角尖端一样，岌岌可危。迫不得已，他只有通过征伐其他的邑国来建功立业，这样做虽有危险，但最终还是吉祥的，也没有什么大的过错。当然，困难还是存在的。

【解读】

在《晋》之六爻中，唯六二当位"贞吉"且"受福"于"王母"。这是因为，六二不仅具有中正的位置与柔和的心性，而且还有"顺而正"的美德和态度。柔进上行，向光明前进。

离为日、为光明，坤为地，如一轮红日冉冉升起在大地之上，它明亮但不刺眼，温暖而非炙热，这就是《晋》，君子因此有了像阳光一样光明敞亮而温和的情怀。这种旭日东升的情和柔顺开明的品德与光彩照人的面貌，对于君子而言，就是《象传》"自昭明德"的光明进行曲，对于世间万物而言，就是《象传》"顺而丽乎大明，柔进而上行"的生命成长史。《序卦传》曰："晋者，进也。"《象传》中所谓"大明"就是指太阳，"柔进"就是指冉冉升起的样子。于是《晋》卦中凡合乎"柔进"则能吉利兴旺。

《晋》卦对我们的人生有四点启示：

其一，《晋》卦为我们描绘了一轮红日从大地上冉冉升起的景象，为大地创造了生命，也创造了美。但是，太阳的运动是冉冉地上升，柔顺地上行。

其二，"柔进而上行"的光明就如同一个谦谦君子，他有"自昭明德"的勤谨、进取精神。

其三，《礼记·大学》篇曰："大学之道，在明明德，在亲民，在至于至善。"《晋》中的君子，在地为柔，于上为进，在天有光辉灿烂之美，在地则有亲民之象，所以《象传》有"丽乎"之言、"三接"之颂。

其四，《晋》卦六爻都在向光明前进，但是所有这些前进都遇到险阻。

我们痛恨九四；我们为六二而感到庆幸；我们期待着上九取得"征伐"的胜利；我们祝愿六三能够得到大家的信任，有所作为；我们更为六五的"无所不利"而感到兴奋和鼓舞。但是，"前途是光明的，道路是曲折的"，这就是《晋》卦。大地上升起的太阳，给我们带来的不仅有喜悦，也有力量和智慧。

【案例】

晋		剥	
己巳 官鬼		丙寅 妻财	
己未 父母	世	丙子 子孙	世
世 己酉 兄弟		丙戌 父母	
乙卯 妻财		乙卯 妻财	
乙巳 官鬼	应	乙巳 官鬼	应
应 乙未 父母		乙未 父母	

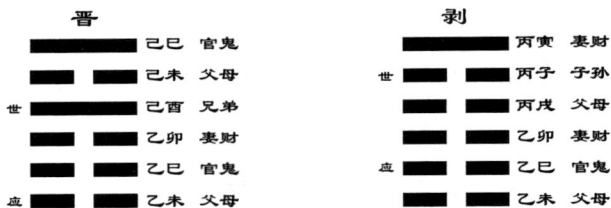

据《洞林》记载：临淮太守柳道明请郭璞为其占卦，筮得《晋》之九四爻动，动而变为《剥》卦。在八宫卦中，《晋》本为乾宫"游魂卦"，"游魂"象征着做梦，且九四失位不正，其爻辞曰"晋如鼫鼠，贞厉"，故可知其占事有凶。《晋》为乾宫卦，《乾》之九四爻为官鬼，纳甲为壬午，五行属火，《晋》世爻纳甲为己酉，五行属金，伏在《乾》之官爻（丈夫）之下。其第四爻变动则为《剥》，纳甲为丙戌，戌为火库，库，即为墓，火入墓则为"鬼"，《晋》卦世爻之纳甲之"己酉"

身在丈夫之墓上而不见丈夫。本宫《乾》之上爻纳甲壬戌（土）为壬午官鬼之墓，《晋》之上九"己巳"从戌火之库中出来，去寻找自己的丈夫。根据卦象，郭璞问柳道明："您的夫人是不是常梦见出嫁？"柳道明回答说："是这样的。"于是郭璞让他取井底之泥涂抹灶台，柳道明按照郭璞的说法在日中时分涂灶台，时至黄昏时分，灶间起火十余处后熄灭，从此，他夫人就不再做怪梦了。郭璞的解释看起来有点玄乎，其实说透了，也是自然之理。常言道"见怪不怪，其怪自败"，首先，我们不应该把这件事看成怪事。其次，根据卦象，我们可以推知，这不是一件好事。因为一者世爻为兄弟，按京房《易传》，"兄弟持世主忧患"。二者应爻为"未"，属于木库，有卯木为"妻财"，巳火为"官鬼"，由此可知，"妻财"（木）来寻其夫"官鬼"（火），"怪"因为"火"出，解决的办法就是想办法让火入库。灶，即为火库。火入库则"官鬼"灭。于是郭璞让柳道明用井泥涂抹灶台，使火入其库。

君子受难时应该坚持的品德和原则

明夷
第三十六卦

䷣

利艰贞。

《明夷》卦象征着光明殒灭：有利于在艰难中守正的人。

《明夷》，卦名，离下☲坤上☷。夷，毁灭、伤害。郑玄曰："夷，伤也，日出地上，其明乃光，至其入也，明则伤矣，故谓之明夷。"《明夷》以光明陨灭于地中比喻"暗无天日"的世道和君子"蒙受大难"的境况。艰，繁体"艱"，从堇，艮声。按《说文》的解释，"艰"是土难治理的意思，因为这种土是黄色的黏土。"利艰贞"，用现在的话说，就是在艰难的时候，如果能保持正直的品德和修养，也就是《彖传》所谓"晦其明"而"正其志"，就会等到有利的时机。

初九，明夷于飞，垂其翼。君子于行，三日不食。有攸往，主人有言。

初九，光明殒灭时，向外飞翔要低垂掩抑着翅膀。君子行走在路上，已多日没有吃饭了。要有所前往，因为主人有责难之言。

初九在离下，上应六四，六四在坤，坤为地，光明沉降湮灭于地底下，就叫"明夷"。初应于四，二至上互有《师》䷆，师，有远征之象，故曰"君子于行"。"离为三"，初应于四，四在坤，坤皆阴爻，阳实而阴虚，故曰"三日不食"。三至五互为震，震为长子，如"主人"，六四动变则三至五成兑，兑为口，由不变之长子"主人"，到变兑而"言"，故曰"主人有言"。

六二，明夷，夷于左股，用拯马壮，吉。

六二，在光明殒灭的时候，就像一个人左边的大腿遭受创伤，此时若能借助良马来拯救他，他就会恢复强壮，如此，事情就会变得吉祥了。

六二在离，离为光明，本应于五，五失位而无应，五在坤，坤象阴暗，六二在坤下，陷入黑暗之中，故曰"明夷"。离象在"左"，六四动变则二至四互为巽，巽为股，故曰"夷于左股"。二至四互为坎，坎为马，六二当位中正，其上三至五互为震，震为动，故有"用拯马壮，吉"。

《明夷》之六二的爻象，曾经就应验在王阳明先生身上。阳明先生因得罪权臣刘瑾，受廷杖四十之辱后，又被贬谪到贵州龙场驿当驿丞。起初他想从此归隐山林，但是途遇异人劝解说："你还有亲人在世，如果你逃走触怒刘瑾，他逮住你的父亲，并因此诬告你们逃到叛贼那里去了，怎么办？"于是他占了一卦，得《明夷》之六二："明夷，夷于左股，用拯马壮，吉。"其所应六五："箕子之明夷，利贞。象曰：箕子之贞，明不可息也。"应着这个爻象，阳明先生韬光养晦，既躲过了刘瑾的加害，又以其功勋事业证明了"利艰贞"而"正其志"则"明不可息"。

九三，明夷于南狩，得其大首，不可疾贞。

九三，于光明殒灭之时在南方巡狩并实行征伐，俘获元凶首恶，但不可以过急行事，应当坚守正道。

疾：通"急"。

九三在离，离为正南，有甲胄、兵戈之象，故曰"南狩"。同时，初至五互为《丰》䷶，丰者，大也。九三上应上六，上六在头首之位，故曰"得其大首"。然九三虽有其应，其自身却在互坎（二至四互为坎）之中，坎为险、为陷，因而"不可疾"。凡干大事者，犹豫则不能成，欲速则不能达。

六四，入于左腹，获明夷之心，于出门庭。

六四，退处于左腹，深刻领会光明殒灭的内涵，然后才跨出门远走高飞。

六四下应初九，初九在离，离象在左；六四在坤，坤为腹，故有"入于左腹"。是光明总是要上行的，上行至六四时，就如同进入到人的腹部一样，六四也因光明殒灭的伤痛而感悟，最终像一只鸟一样飞出门庭。

六五，箕子之明夷，利贞。

六五，殷纣时的箕子处于光明殒灭时，其终得吉利就是因为他内蕴光明，坚守正道。

箕子是纣王的叔叔，也是纣王的臣子。通过比干与微子劝谏纣王一被剖心、一被囚禁的事，箕子知道纣王已经不能劝谏，就外装癫狂疯傻，内怀忠贞正直之德，因此既避免了灾祸，又维护了君臣之礼。后来，据《史记》记载，武王伐纣灭商，封箕子于朝鲜，箕子于是就带着华夏文明、礼乐、教化"走之朝鲜"，在那里建立东方君子之国，受到了那里人民的拥戴。

箕子的故事，揭示着《明夷》最深刻的意义和最有价值的智慧。

在中国历史上，君臣关系是贯穿并主导中国历史进程的主要线索之一。君有明君、贤君、暴君、昏君、弱君，臣有忠臣、直臣、良臣、奸臣、佞臣，等等。总的说来，像殷纣王一样昏庸无道的君主多的是，但是像箕子那样贤达明哲的臣子却少得很。很多学者认为儒家提倡"文死谏，武死战"，但是"死谏"却根本违背了孔子的教诲。孔子担任鲁国的司寇时，齐国人害怕孔子执掌政事会使鲁国变得强大，就给鲁国赠送了一批文饰漂亮的马与美丽女乐，以消磨鲁国君臣意志，扰乱鲁国国政。孔子没有谏阻，三天后就逃离鲁国。《礼记·曲礼下》讲："为人臣之礼，不显谏，三谏而不听，则逃之。子之事亲也，三谏而不听，则号泣而随之。"意思就是讲，作为臣子一定要尊崇君王，若发现君王有错误，可以谏阻，但是如果进谏三次君王还不听，作为进谏的臣子就要迅速离开。

由此可知，作为具有光明磊落品德的臣子，面对不可挽回的局势，要坚守自己的自己正直，但不要犯险直谏，而应该远离是非之地，明哲保身，以免自己遭受杀身之祸。

上六，不明，晦；初登于天，后入于地。

上六，不发出光明却带来昏暗，起初登临于天上，最终却坠落于地下。

上六当位于坤卦的穷极之处。坤，阴昧晦暗。上六本来可以下应九三，九三在离，离为日，上六与九三相应，光明应天，但是光明刚刚飞升到天空中，显示出一点光辉，又陷落到地下。

【解读】

我们经常说"天无绝人之路"，用在《明夷》的卦象上还是能说得通的。虽然有"明入地中"的湮灭和黑暗，也有《象传》所谓文王"蒙大难"的例子为证，但是就六个爻象来看，竟然没有一个有"凶"，倒是在黑暗的重压下还透露着喘息的一线生机。

以卦象而言，离为明，坤为地，明在地下，有光明隐陷入地中之象。当光明受到殒灭之伤时，君子就应该像地中有明一样，在心中保持自己的光辉品德，不宜干预朝政大事，以避免小人的暗算、陷害。

《明夷》以光明形容君子之德，光明埋没压制于地下，就是君子蒙难受伤害之时。李白说："仲尼旅人，文王明夷。苟非其时，圣贤低眉。"当他为"古来圣贤皆寂寞"而伤痛时，这样的故事又岂止于文王和仲尼？《象传》也引述"内文明而外柔顺"的文王和"内难而能正其志"的箕子具体印证这一卦象蕴涵的意象。

"明夷"有君子的伤痛，也有悲剧的美！越是黑暗，就越是能显示出光明的美丽和珍贵。身逢乱世的君子，就是乱世与黑暗中的光明。受伤的战士自有坚毅刚强、劲酷肃肃的美；一个官员的美德体现在他为坚持正义而坦然承受被伤害的痛苦；最感人的爱情，必然有一个为爱情受伤的心灵。同时，在《明夷》的卦象里，我们还要看到，君子对待殒伤之痛的态度并非一味地忍受，而是有所作为的。九三的"南狩"就可以被看作是君子对光明被夷伤的反击。然而，当上卦为众阴把持时，君子面临着的是一片阴晦和整个局势的黑暗，所以他只能"出户庭"而终入极晦之处。

但是《明夷》真正启发我们的是，遇到痛苦和忧患时，我们应该坚持怎样的人生态度和处世原则，而这都聚集于六五所列举的殷纣时箕子对待"明夷"的态度和方法："利贞"。在孔子看来，谏君与谏亲的方式是不同的：劝谏父母而不被采纳，要随之以哭泣，动之以情，直到父母真正明白你的心思，不要听之任之，陷父母于不义；劝谏国君时，假如再三规劝国君而不被采纳，那就要远走高飞，另谋出路。世人都歌颂并庆幸唐太宗有一个敢于直谏的魏徵，可是魏徵绝不是一个没完没了进谏不停的人。有一次，唐太宗听信了其他人的谗言，批评魏徵包庇自己的亲戚，后经查实，唐太宗知道自己冤枉了魏徵。魏徵对唐太宗说："我希望陛下您能让我做一个良臣，而不要让我做一个忠臣。"太宗听后很吃惊地问："难道良臣和忠臣有什么区别吗？"魏徵说："区别很大啊！良臣身享美名，君主也得到好声誉，子孙相传，流传千古；忠臣则一味地直谏，冒犯君王，终被杀身灭门。忠臣得到的只是一个美誉空名，而君主则因此得到一个昏庸的恶名。"唐太宗听后，十分感动，连声称赞魏徵的话很对，并奖赏了他。

需要指出的是，君子在坚持"利艰贞"的道德信念时，不是勉强的、无奈的选择，而是一种积极进取的精神。清代诗人魏源在其《定军山诸葛武侯祠》诗中云："明夷自正志，艰贞蒙大难。"也就是说，当光明殒灭时，作为君子就应该如《明夷》一样，主动地隐晦自己的美德以使其未来有更大的光明展现出人生的新光辉。在中国的历史上，有许多的品性端方、贤明正直的仁人志士以此卦象来启发、培养自己韬光养晦、明哲保身的处世哲学以期更"明"于将来。

【案例】

一

北魏吴遵世从小就学习《易经》，精通卜筮。北魏孝武帝元修将要即位时，请他用《易经》卜筮，筮得《否》䷋之上九动而变为《萃》䷬。于是吴遵世就告诉元修："卦意为先否后喜。"元修问："喜在何时？"吴遵世回答说："从卦象来看，上面的乾刚变为兑，兑为柔，时间应该在春末夏初。"元修听后心有不甘，于是再筮一卦，筮得《明夷》䷣之上六动而变为《贲》䷕。吴遵世说："初登于天，当作天子；后入于地，不得久也。"后来元修在中兴二年（532）阴历四月末被高欢扶立为帝，正是春末夏初，后又被高欢所杀，发生的情况均与筮算的结果一样。

古人常说"卦多不灵"，"心诚则灵"，《蒙》卦也说"初筮告，再三渎，渎则不告"。在我们引用的案例里，极少有筮算两次的，古人讲《易》道，也讲《易》德，这在《筮仪》里有明确的说明。吴遵世本不应为同一件事、同一个人筮算两次，也许因为慑于元修的命令，不得不违心地违背了《筮仪》和《易》德。即使是如此，后面发生的事情还是应验了他筮算的结果。

总的说来，吴遵世的演算有三个步骤：第一步，根据"刚决柔"的卦象，推导出事情发生的时间。第二步，通过《否》卦动而变《萃》的情况，推导出"先否后喜"的变化，因为《否》指阻塞不通的情况，动而变为《萃》，就有了顺（坤为顺）而至悦（兑为悦）的情形。而且《否》之上九以阳居阴，本不当位，变为上六，则以阴居阴，为当位。第三步，从再筮而得《明夷》卦来看，有光湮灭于地下的情形，且如《明夷》之上六之所谓"不明，晦；初登于天，后入于地"。由此他推断出元修虽做了皇帝终不得长久的命运。

二

春秋时期，鲁国曾经有过三大贵族世代把持国政的局面。这三家人是鲁桓公三个儿子的后代，分别是孟孙氏、叔孙氏和季孙氏，被称为"三桓"。叔孙氏的掌门人叔孙庄叔生了两个儿子，哥哥是叔孙宣伯，弟弟是叔孙穆子。在叔孙穆子刚刚降生的时候，叔孙庄叔就算了一卦，筮得《明夷》，初九爻动，动而变为《谦》䷎。于是，庄叔就去找卜楚丘解卦。卜楚丘看着这个卦象说："你的这个孩子将来会远行他乡，但最终会归来继承你。而且他回来时还会带着一个坏人来，这个坏人的名字叫'牛'，最终穆子会被他饿死。从《明夷》的卦象来看，下卦离为日，上卦坤为地，坤对应的数字为十。《明夷》变为《谦》，说明太阳的光辉未能融通天空，就好像早晨的阳光一样，所以这个孩子应当成为你的后代。因为《明夷》的下卦为离，离为日，动而变为《谦》，这样的卦象，就像受伤的鸟一样，正如爻辞上讲的'飞升的日光就像受伤的鸟一样'，阳光就不能融通天空，这种景象就像'垂着翅膀的鸟一样'。离卦对应的数字为三，这可能意味着他将来有三天吃不上饭啊!《明夷》下卦为离，离为火；动变为《谦》，《谦》的下卦为艮，艮为山。火变为山，火焚山，山就会受到败坏。对于人而言，败坏人的话就是谗言，所以爻辞上讲'虽然能够有所前往，但会遇到言语相伤的灾祸'。同时，离象征的动物是牛。人逢乱世的时候，进谗言的人将会取得胜利，这就是'离'，因此可知，穆子带来的那个人名字叫'牛'。唉! 从整个卦象来看，穆子过分谦让，阳刚之气不足，像鸟一样飞着，却飞不高，耷拉着翅膀，一点也无峻拔之气。看来，这个孩子将来没有好的结果。"

从《左传》的记载来看，后来事情的发展一一应验了卜楚丘的预测。叔孙穆子早年流亡齐国，后叔孙宣伯有罪出奔，穆子回到鲁国继承了叔孙氏。他流亡时生了一个私生子，取名为"牛"，后来也回到他身边并受到宠信，人称"竖牛"。竖牛用计谋害死了兄弟孟丙，又赶走另一兄弟仲壬，自己恃宠专权，祸乱叔孙氏。穆子病重，竖牛不进饮食，穆子病饿而死。

　　《左传》里记载的这个卦例，主要是从卦象上预测一件事情的吉凶祸福。其中的结论是从卦象中推导出来的，其中的道理也是从卦象中得来的。这种推理方式对我们今天的社会实践仍然有着重要的警示作用和深刻的指导意义。

看古人如何建立并维护家庭的亲睦和谐关系

家人
第三十七卦

䷤

利女贞。

《家人》卦象征着一家人：利于女子守持正道。

《家人》，卦名，离下☲巽上☴。六二象征女子居正于内，九五象征男子居正于外，"男女正"则一家正。又据卦象来看，下卦离为妇人，上卦巽为入，女子来入则有家。按古代文化传统，女子主内，男子主外，家内之事，当以女子为正，故曰"利女贞"。

初九，闲有家，悔亡。

初九，防止邪恶才能保全家人，悔恨也因此消逝。

闲：本义是门前的栅栏，引申为防止、限制。有：相当于现代汉语的介词"于"。

初九，当位于离下，离为火，上应六四，六四在互坎之中（二至四互为坎），坎为盗，"闲"防于家，就不会有失窃之类的悔恨事情发生。

六二，无攸遂，在中馈，贞吉。

六二，没有随着别人出门，而是在家中主管饮食供给之事，占测到这样做的结果，自然是吉利的。

攸：所。遂：前往。中馈：指家中供膳诸事，也指妻室。

六二在离，离为中女，上应九五，九五在巽，巽为人，故因"中馈"而"贞吉"。

九三，家人嗃嗃，悔厉吉。妇子嘻嘻，终吝。

九三，一家人相处，家主表现出严厉的样子以治其家，虽有悔恨、危险之事，而最终仍然会得到吉祥。妇人、子女在一起嘻嘻闹闹，最终则有灾难。

嗃嗃（hè）：本义为严酷、严厉的样子。

九三以当位以正的阳刚之德当一家之主，然上无所应，故有严厉的表情，可知其家法严整，故"吉"。三至五互为离，九三在互离之初，离为中女，九三之上是六四，六四在巽，巽为长女，二女在一起当有"嘻嘻"之态，则失于管束，故"终吝"。

六四，富家，大吉。

六四，使家庭富裕，大为吉祥。

六四以当位之正居于《家人》，上承于尊贵之九五，有食君禄之象，并下应初九，九五、初九皆为阳爻，阳实阴虚，当位居正而得实，故能"富家"而"大吉"。

九五，王假有家，勿恤，吉。

九五，有君王来到家里，无须忧虑，这件事是吉祥的。

假（gé）：到来。恤：忧虑。

六二因"中馈"之身象征着家庭，九五因中正之德贵为君王。九五下应六二，故曰"王假有家"。二与五皆当位中正，故"勿恤"。

上九，有孚威如，终吉。

上九，心存诚信，威严治家，终得吉祥。

上九处于《家人》之极，物极则变，变正则上卦为坎，坎为孚，故曰"有孚"。上九本该下应九三，然以阳居阴，失位不正，不得相应。动而变正以应九三，九三有"嗃嗃之严"，故曰"威如"，相应而治家则"终吉"。此即治家之道中，常常为人称道的"严是爱，宽是害"。

【解读】

《易经》里的《家人》卦是一个内容丰富的"意境"，这是因为它已经不是一个具体概念，而是它能使我们联想到很多亲切的内容。《家人》的卦辞是《易经》中少见的"利女贞"，那么怎样才能有利于女人呢？古人认为那就是"在中馈"，即守好自己的家。在日常生活中，我们深切体验的一些人生智慧，如"相敬如宾""中馈贞吉""男耕女织""严父慈母""言之有物，行之有恒""男主外，妇主内"等等，都来自《家人》的卦象给我们的启发。《家人》有两个卦象：其一，《象传》曰"风自火出"，二至四又互出一个坎卦来，坎为水，于是整个卦象就有了火、水、草木、女人，基本具备了家事生活之要素。另一个卦象是下卦为离，离为女子；上卦为巽，巽为入。两象合在一起解释，就有了女子入室之象，女子来入则是《诗经》所谓"之子于归，宜其室家"，女子入室才算得上是《家人》。一种关系是：六二以中正之位为主于内，九五以中正之位为主于外。男主外，女主内，于是女正于内和男正于外的卦象自然就蕴涵着家庭兴旺和睦的亲切关系。这种关系是维系家"正"的道德准则，它具体体现在父子、兄弟、夫妇的相处之道中，即《诗经》中描绘的"妻子好合，如鼓瑟琴。兄弟既翕，和乐且湛。宜尔室家，乐尔妻帑。是究是图，亶其然乎"。孟子曰："天下之本在国，国之本在家，家之本在身。"《礼记·大学》曰："修身，齐家，治国，平天下。"这些都在说明家庭在"天下国家"中的重要性。那么如何才能"齐家"呢?《彖传》的答案是"男女正"，就是说男子要像九三一样威严治家，而女子要象六二一样，在家中主管饮食之事，男女各职其事，就是各守其正。从卦象而言,《家人》内卦为中女，外卦为长女，上下皆为阴卦。且二女皆得正位，故卦辞曰"利女贞"。

《家人》卦给我们的启示有很多。中国历史演绎就像是一本家谱，叙述着一个家庭的兴衰变迁。"事君如事父"的宗法礼制，使作为臣子的人侍奉君王就像侍奉自己的父亲一样。伦理亲情与忠君爱国融为同一种品德和精神。皇帝以孝道治理天下，臣子以忠孝为根本。家庭成为社会的基本单元，也成为整个国家的基本单位。

对于大多数人而言，家是一个温暖亲切的名字，也是一个理不清、说不明的概念。《易经》以"风火"为象来说明如何才能建立一个幸福安和的家庭。在这个家庭里，有水（二至四互有坎，坎为水），有火（离为火），有木（巽为木），可以成就饮食。有一个美丽的女人进入家里主持家务，供给饮食。有一个严整的家君掌管家政。六二、六四居"女正"于内，初九、九三、九五皆居"男正"于外，当位居正于内的六二与当位居正于外的九五，形象地说明了《家人》在女子入于家的"情理"中融入了"家有严君""言之有物""行之有恒"的齐家理念和智慧。几千年来，"男有分，女有规"，"男女正家"一直是中国人奉行坚持的"家人"观和伦理关系。

《世说新语》的《德行》篇品评的第一个人就是陈蕃，书里说他"言为士则，行为世范，登车揽辔，有澄清天下之志"。王勃在其《滕王阁序》中说:"物华天宝,龙光射牛斗之墟,人杰地灵,徐孺下陈蕃之榻。"这里提到的陈蕃就是《世说新语》里品评的陈蕃,是东汉末期的名士。在那个风雨飘摇的时代,他成为当时士人敬慕的楷模和典范。陈蕃起先被举为孝廉,后来入朝为官,也曾出任为乐安太守,官至太尉、太傅。范晔在《后汉书》里为他立传,称他"以遁世为非义,故屡退而不去;以仁心为己任,故道远而弥厉",夸赞他忠贞坚定的品德和政治立场,并且认为后汉乱而不亡,所依靠的就是陈蕃这样的人。陈蕃年轻时就胸怀大志,有一天,他在院子里读书,他父亲的朋友薛勤来访,发现院子里杂草丛生,乱七八糟,就问他:"为什么不把院子整理得干净整齐,迎接宾客呢?"他很自负地回答说:"大丈夫当扫天下,何以扫一屋?"薛勤听到陈蕃有这样大的志向,暗暗称奇,但是为了勉励陈蕃将来能做成大事,反问道:"一屋不扫,何以扫天下?"提醒他"扫天下"也要从"扫一屋"做起。儒家思想里有一个重要的立身之道,就是"修身齐家治国平天下",其中"修身"是个人之事,是本;"齐家"是基础,是前提;"治国"是方向,是目标;"平天下"是抱负,是理想。

【案例】

三国时的蜀国杨仪曾筮算自己代替诸葛亮执政的事。

诸葛亮去世后,杨仪诛灭叛将魏延,自以为可以代替诸葛亮秉持蜀国政权,然心存疑虑,于是就命都尉赵正筮卦,筮得《家人》☲。杨仪默然不悦。因为就卦辞而言,《家人》是一个"利女贞""家道正"的卦。就总的卦象而言,它讲的是女子"正家于内"之事,这与杨仪当时的心境是大相径庭的。其二,从卦象来看,内卦为离,离为火,外卦为巽，巽为木，木在火上，"火自木出"的卦象实际说的均为"家事"而不是"国事"，这与杨仪当时的理想与抱负是不合的。

其实诸葛亮生前认为杨仪性格偏急而狭隘，已定蒋琬接续己任，故杨仪仅被任命为中军师。后杨仪因多出怨言，被削职流放至汉嘉郡。杨仪至郡又上书诽谤，言词激切，遂被捕下狱，自杀于狱中。

与自己喜欢的人相处好是本能，与自己不喜欢的人相处好是智慧

睽

第三十八卦

小事吉。

《睽》卦象征着乖异背离：做小事还是可以吉利的。

《睽（kuí）》，卦名，兑下☱离上☲。睽，乖异，背离。《说文》曰："睽，目不相视也。"按卦象，下兑为泽，泽有润下之性，上离为火，火有炎上之志，上下所行背离不和，没有交流的条件。阴为柔小之态，做事以小心、轻柔为是，故曰"小事吉"。

初九，悔亡。丧马，勿逐自复。见恶人，无咎。

初九，悔恨消逝。马匹走失，不用追逐，它自己会回来。遇见恶人，也没有灾祸。

初九当位居正，上应九四，九四在互坎（三至五互为坎），坎为马、为寇，且不能应于初九，故"丧马"，"见恶人"。但是，既然不应初九，那么即使是不去寻找"丧马"，它也会"自复"，懊悔因此就会消逝；即使"见恶人"也没有灾祸。所以，从整个爻象看，不会有什么严重的过失。

九二，遇主于巷，无咎。

九二，在巷道中不期而遇地碰到主人，必无灾害。

九二上应六五，六五为君主，即"遇主于巷"，所以爻辞说"无咎"。这里所说的"遇"，就是不期而遇的意思。世上的好事，大多是可遇不可求。九二的幸运就在于他"失位"而不"失道"，因此能遇主于"不期"之中。当然，九二与六五皆失位于《睽》中，他们都有"求同"的主观志趣和"相应"的客观条件。

六三，见舆曳，其牛掣，其人天且劓。无初有终。

六三，看见大车被吃力地拖曳着，拉车的牛被牵来拉去，难以前进，就如同一个人受了"刺额涂墨"之刑后，又受到割鼻的酷刑。六三刚开始失位受困，而最终却有一个好的结果。

天：墨刑，古代在人额上刺字涂墨的刑罚。劓：古代割鼻的刑罚。

六三身在兑中，兑为毁折，又在互坎，坎有刑具之象，故六三不仅有"舆曳""牛掣"之象和睽乖之事，而且还要遭受"天且劓"的刑罚。

九四，睽孤，遇元夫，交孚，厉无咎。

九四，乖异背离的时运使自己孑然孤立，这时遇到了刚强的大丈夫，二人秉持诚信，相互交流，虽然有危险也不会产生灾祸。

元夫：指初九。六爻中，唯初九当位，阳大称"元"，于人则称"夫"，故曰"元夫"。

九四因失位而无应于初，然初九当位，且同为阳爻，同志则"交孚"，虽处乖异背离之时，也能"危无咎"。

六五，悔亡。厥宗噬肤，往何咎？

六五，悔恨消失。与之相应的宗亲犹如噬柔咬脆一样容易亲和，就此前往有什么祸害呢？

厥宗：指九二，因与六五相应如同宗亲戚一样，故曰"厥宗"，以喻亲之甚深。噬肤：兑为口，九二居中，离为附着，如肤之于身，六五居之，口之于"肤"，则有"噬肤"之象。此处，辞以"噬肤"喻亲和之情。

六五下应九二，九二以阳刚之德居于中位，又身居互离之中（二至四互为离），离为火、为光明，六五以阴应阳，以暗应明，顺乎常情，故因"噬肤"之亲而无咎。

上九，睽孤，见豕负涂，载鬼一车，先张之弧，后说之弧；匪寇，婚媾；往遇雨则吉。

上九，乖异背离至极，孤独狐疑，恍惚看见猪背上沾满污泥，又仿佛看见一辆大车满载着鬼怪奔驰，先张开弓箭欲射，后来又放下了弓矢；原来那不是强寇，而是来与己婚配的人；若继续向前走，遇到雨天就会吉祥而不会再有这样的误会。

因上九与六三阴阳相应，有婚媾之象。但是他们之间的婚姻存在于"睽之时"，就有了一种多疑之心。中间又有四、五隔离，就有了第二种多疑之心。人常言"疑心生暗鬼"，多疑则心生恍惚，于是就有了"见豕负涂，载鬼一车"的幻觉，但是，"遇雨"则一切疑团都被洗得一干二净。

【解读】

《睽》卦蕴涵着"求同存异"的世界观和方法论。六爻同形一卦，同居一室，此为"同"象；而动则乖离，"志不同行"，此为"异"理，如《象传》之所喻："二女同居，其志不同行。"卦除初爻外，相错而不当位，此其一"睽"；二女同室，其志不同，此其二"睽"；泽性润下，火性炎上，其质不同，此其三"睽"。睽则不和，故"不可做大事"，只能"小事吉"。正因为如此，卦辞中多无凶、无咎。在产生"三睽"原因之中，其主要原因属"不当位"，因为如果当位则后面的二种"睽"均不存在。但是《睽》象中虽有异质、异志，却不失其求合之心，故六爻中以遇合之爻为吉，如上九能与六三遇合，就终得其"吉"。

　　相较于其他卦象的《象传》，《睽》卦的《象传》就其卦象发挥的道理还是很有意思的。如《象传》根据兑为少女、离为中女而讲到"二女同居，其志不可同行"。《睽》之为"睽"，根本原因是卦象里有上离的"火动而上"和下兑的"泽动而下"，上下睽违；然唯其有"睽"，才能从矛盾中求发展，对立中见统一，也即《象传》之所言"天地睽而其事同也，男女睽而其志通也，万物睽而其事类也"。天上、地下，但是天地相互依存，正是它们的上下之"睽"，才成就了万物；男女的性质是相互睽违的，但是他们相互依赖，生育生命，互相支持的心志是相通的；万物之间的差异是千差万别的，但正是这样纷繁复杂的差异也成就世间万物的类"别"与类"同"。因此，《睽》卦于事，则"小事吉"；于象，则大千世界；于理，因应同情于世间万象。如《象传》之所谓"睽之时用大矣哉"！孔子以为"君子和而不同，小人同而不和"，在《易经》的智慧里，君子需要从《睽》的卦象与义理中认识并实践《象传》的"以同而异"，就是观察事物要"因同见异"，要区别事物之间的差异性，观察得越仔细越好；解决问题、处理事情时，要"异中见同"，归纳判断，抽象概括。

　　古代君子观此象而悟觉求同存异的方法和道理。其实，世间万物本来就是以既有区别又有联系的关系相互依存、相辅相成的，没有绝对相同的存在，也没有绝对相异的存在。而且有时相同不一定就是好事，同样，相异未必就是坏事。在《易经》六十四卦中，具有"二女同居"之象的一个是《革》卦，一个是《睽》卦，都有同中有异的情况，但是《革》卦的相异体现在外在的形式方面，而《睽》卦的相异却表现在内在的心志方面。因此，《革》卦的目的是以"纳新"的方式求得变革，而《睽》卦的任务则是以"求同"的方式解决矛盾。对于我们常人而言，秉持求同存异的处世方针，不仅是必须的，而且是必然的。"与人方便，自己方便"，在具体问题上，即使是别人不同意我们的意见，甚至遇到反对我们的意见，不要纠葛郁结，"海纳百川，有容乃大"，或者和解，或者存异，或者求同，在所有的可能性中，要有耐心和智慧求得最适宜解决问题的方法。只有具备存异"和同"的胸襟和雅量，才有可能"和"其不同而"大同"。

在《易经》六十四卦中，有很多爻辞以跳跃式的思维形式为我们描绘讲述着那些发生在几千年前的故事。只要我们用心领悟，就能连接起这些断断续续的情景和故事，读来亲切生动，恍如眼前，有如见其人、如闻其声、如临其境的感觉。当然，这些近似抽象的思维形式和表达方式，都是因为《易经》的象不是形象，而是符号，这样就使得实际意义和形象之间形成很大的思维空间。这种思维空间既有长处也有缺点，如果我们不能具备理解《易经》的基本知识，就无法将我们的想象拓展到它对应的形象和情景之中。

就以《睽》之初九为例，初九的爻辞是："悔亡。丧马，勿逐自复。见恶人，无咎。"初九虽有当位之实，然上无所应，故有"悔"，本该上应四，四以阳居阴，失位无应，四在互坎之中，坎为马，初九不得与四爻相应，故有"丧马"之象，然初九动变而成《未济》☲，其初至六五互有《坎》☵，坎中有坎，则有双马之象，故曰"勿逐自复"，就是它能自己回来。坎为寇，《睽》与《未济》皆互有离，离为目，故曰"见恶人"，因动变而应，且"丧马"有"自复"之象，故无咎。

再以《睽》之上九为例，它下应六三，六三在互坎，坎为猪、为雨、为寇，雨中见猪，恍惚鬼魅。又坎为弓箭，所以爻辞说"先张之弧"；六三在兑上，兑为毁折、为脱落，所以爻辞又说"后说之弧"。"先张""后脱"之后，"群疑"消失，"婚媾"有"吉"。

【案例】

唐昭宗时，藁城的镇将段诲夜晚住宿在邮亭，他的马咬断缰绳逃逸而去，好几天过去了，仍然不见踪迹。于是段诲就派人请黄贺筮算马跑到何处去了。黄贺筮得一个《睽》卦。说："根据卦情，初九爻动，应该有遗失东西方面的事情发生，大概是丢失了马匹吧？不要到处乱找了，它会自己回来的，一定会有人把它送来。"结果，问完卦后，人还未回到住处，就已经有几个游手好闲的乡下少年牵着马还给段诲。当时的人们称赞黄贺为"易圣"。

遇难知止是理智，奋发自强是行动

蹇
第三十九卦

利西南，不利东北；利见大人，贞吉。

《蹇》卦象征着征途艰难：有利于西南，不利于东北；有利于出现大人，做事吉利。

《蹇（jiǎn）》，卦名，艮下☶坎上☵。下艮为山，上坎为险。艮阻坎险，成险阻之象，象征着行旅中的艰难困苦。按后天八卦，坤为地，象应在西南；艮为山，象应在东北。地平而山险，行路之人取道平地则顺利，跋涉高山则艰险，故应向西南行，则"利西南，不利东北"。大人，指九五，九五当位居正，下正坤邦，群众顺从，故曰"贞吉"。

初六，往蹇，来誉。

初六，往前行走会遇到艰难，返身归来则会得到赞誉。

初爻本来应该上应四爻，四爻在坎，坎为险，所以爻辞说"往蹇"。初六失位不正，既不能上应六四，又遇到艮山的险难和阻隔，只有往而复来，来，则既没有险，又没有阻隔，还应着《象传》之所谓"反身修德"。这样的明智之举，当然会赢得赞誉。

六二，王臣蹇蹇，匪躬之故。

六二，君王的臣子往来艰难，但是他不是为了自己，而是为了社稷。

躬：即自身。

六二上应九五，阳为君，阴为臣，且相对九五之尊，六二就是"王臣"。在其上应九五的过程中，遇到了险中之险。因为六二至上六互为《坎》☵，"蹇者，难也"，《蹇》因"坎"而"难"，"坎"而又"坎"，故曰"王臣蹇蹇"。六二当位中正，且上应九五，他所做的当然是为了九五，故六二之"蹇蹇"受难，不是为了自己，而是为了国家和君王。他的"蹇"，非自身所致，实因卦象所致，故曰"匪躬之故"。

九三，往蹇，来反。

九三，因为往前行，就会遇到艰难险阻，因此就又回到原处。

九三在艮，艮为山、为止；本当上应上六，上六在坎，坎为水，山路崎岖难行，本来就很难行走，又加上雨水淋漓，道路泥泞，险中有险，难上加难，故"往"应则"蹇"。不"往"则"来"，"来"则如《象传》之所谓"内喜"。九三是《蹇》卦中最艰难的一爻。好在九三在"止"而止，知难而退。

六四，往蹇，来连。

六四，往前走会遇到艰难，归来又遭遇艰难。

六四在坎，本该下应初爻，然初六失位而无以应，则"来"而于坎中有坎，故曰"连"。

九五，大蹇，朋来。

九五，出门行路有很大的艰难，朋友们纷纷前来相助。

以"九五之尊"，当位居正于《蹇》，则当其"大"；引得六二来应，众阴亲附，故曰"朋来"。

上六，往蹇，来硕，吉，利见大人。

上六，往前行会遇到艰难，归来则能建立大功，吉祥，有利于去觐见大人。

上六当位于《蹇》上，位在"难"上之"难"，故曰"往蹇"。不"往"而"来"则应九三，九三在艮，艮为果蓏，如硕果，故曰"来硕"。九三为"君子"，应之则如"利见大人"。

【解读】

《蹇》有"山上有水"之象，坎水为险，艮山为止，遇险而止，则何咎之有？在古代，崎岖蜿蜒、陡峭严峻的山路本来就很难走，又遇到雨水淋漓，这样艰险的情况就是"蹇"。但是，我们不要因为"蹇"的险难而畏惧。因为在蹇险困难之中却有二利：一则"利西南"，二则"利见大人"。更有二、五"当位贞吉"，故《象传》赋予《蹇》卦"以正邦也"的信心与希望。于是《蹇》卦辞告诉我们：当面临危难的时候，要到西南方去找朋友。对于《蹇》卦而言，险在艮，也止于艮。故"蹇"之"难"并没有给卦中各爻带来灾祸，相反，六爻皆无咎，更无一凶。即使是唯一失位的初爻也因"不往"而"来"受到赞誉。六二上应九五，虽有所往，然往为公事，非为自己，故《象传》谓其"无尤"。九三、六四皆知难而返。九五得友朋来归。上六因与九三相应，心志在内，所以能获得"吉利"。蹇难之中，无一爻冒险妄行，有的则是遇险而止、"往蹇，来反""往蹇，来誉"的智慧和"往蹇，来硕""往蹇，来连""大蹇，朋来"的患难之交和幸运。

《蹇》之"利西南"，有三个理由：其一，九五在坤而成坎，应于六二，故曰"利西南"；再者，"蹇者，难也"，坤为顺，遇难，则往

"顺"的方向走，也成"利西南"之象；其三，"东北丧朋""西南得朋"，故曰"利西南"而"不利东北"。"大人"指九五，下应六二，并因此而使众阴前来亲附，故曰"利见大人"而"贞吉"。也因此《易传》的作者对《蹇》的卦象还悟出一种意义："君子以反身修德"。根据卦象，艮为止，坎为险，遇险而止则为"反身"，因九五、六二当位中正，故有"修德"之象。用我们今天的话讲就是，越是艰险越是能考验人。

《蹇》卦描述的艰险和困难，表面上看是行道之难，实际上更多的意义则是治国理政之难，故《彖传》以"利见大人""以正邦""往有功"解释卦象。历史也往往是"或多难以固其国，启其疆土；或无难以丧其国，失其守宇"（《左传·昭公四年》）。《蹇》之六二与九五俱当位有应，虽辞以"艰难"释其卦象，仍有二利可见：一利于西南行，二利于见大人。故尽管《彖传》表述中有"险在前""其道穷"之难，而同时也有"往得中""往有功""贞吉""正邦"之"大用"。这些道理不仅演绎着中华民族的历史，而且也反映着这个民族"多难兴邦"的坚韧精神。

【案例】

一

三国时，魏将邓艾奉命将讨伐蜀国，梦见自己坐在山上，而且山上还流着水。于是就问殄虏护军爰邵。爰邵说："按《易》之卦象，山有水为《蹇》☶。《蹇》之繇曰：'蹇，利西南，不利东北。'孔子作《彖传》曰'蹇，利西南，往有功也；不利东北，其道穷也。'将军此去，必定成就克蜀大功，但是，恐怕去了就回不来了！"邓艾听后，怃然不乐。后来邓艾果然攻下了蜀国，却被诬陷而遭杀害，终究没能回到中原。

蜀国在西南，魏国在蜀国的东北，艮为山，为小径，为阻碍；坎为水，为险。山上有水则形成险阻之象，艮为止，止于险则不能返。爱邵引孔子《彖传》之言，发挥其义，就整个卦象而言，也是符合情理的解释。

二

据《桂苑丛谈》记载：竟陵有一僧人在水边拾得一婴儿，养育成自己的弟子。这个孩子长大后，就自己筮得《蹇》之上六动而变为《渐》，其繇曰："鸿渐于陆，其羽可用为仪。"于是就取姓为陆，名羽，字鸿渐。等到陆羽二十岁行冠礼时，文章奇妙，聪明多思，做事无不求其巧妙。后来，陆羽经过悉心研究得出煎茶的妙法，著为《茶经》，闻名于世。从这个故事来看，陆羽先是应着"蹇"象被弃之于水边，陷于坎险之难中，然后被僧人拾得，则为"来"，"来"而大有作为，终成"茶圣"。

发挥最大的力量，英勇无畏地脱离险境

解
第四十卦

利西南。无所往，其来复吉；有攸往，夙吉。

《解》卦象征着解脱：有利于西南众庶之地。没有危难就不必前往，回复到原来的住地就吉利；若有危难必须前往，早行会得到吉利。

《解》，卦名，坎下☵震上☳。下坎为险，上震为动，险而动，动而解难，故曰"解"。"解"字的本义为分判、离析，引申为解开、解脱等。初六本与四应，然失位，若与四相易位，则四至六成坤，坤为西南，各得其正以相应，故有利。初至四互有《未济》☲，《未济》有"小狐濡首"之难，"难"则应"无所往"。初失位，动变而正，则成《归妹》☱，故曰"其来复吉"。初应于四，二应于五，故曰"有攸往"。夙，初，早。二至四互为离，上卦为震，震出东方，东方为甲乙木，为春天开始的地方和日出之地，故曰"夙吉"。九二在坎险之中，失位不正，本应有所往，然往则入于坎险之中（六三至六五成坎），故与其往而入险，不如守中。故《象传》曰："九二贞吉，得中道也。"六五尊居震中而为卦主，震动则可纾解各方之难；"解"难更需早动。《解》的关键在于"动"，震为动，六五在震中，震动必有所往，往则纾解危难。

初六，无咎。

初六，没有什么罪过。

初六上应九四，九四在震，震为动，坎为刑，刑动而"解"，故"无咎"。初六身居坎水之下，失位不正，上应九四，九四在震，震为长子，秉持阳刚之德。初六与之应，应该是有"吉"的，但爻辞只是"无咎"而已，一则因为初六失位，二则九四在互坎之中，所以"无咎"已经是幸运了。

九二，田获三狐，得黄矢，贞吉。

九二，打猎时捕获了好几只狐狸，并获得金黄色的箭矢，做事很吉利。

田：打猎。

九二上应六五，三至五互有坎，六五在互坎之中，坎为荆棘，就是现在所说的灌木丛；坎又为弓箭，有了弓箭和丛林，就有打猎的意思了。九二在互离之中（二至四互为离），离为矢、为黄色，故有打猎与"黄矢"之象。按后天八卦，震为三；按先天八卦，离为三；九二动变则二至四互为艮，艮为狗，类如狐，故有"三狐"之象，猎获"三狐"，并得"黄矢"而"贞吉"。

九二的爻辞为我们描述了一个打猎的故事。一个人前往一片丛林打猎，他猎获几只狐狸，其中一只狐狸身上还插着一枝金黄色的箭头，他担心占了别人便宜，不知所措，就占测了一下，结果是吉利的。

六三，负且乘，致寇至，贞吝。

六三，身负财物而乘坐大车，这样就会招致强寇来劫掠，做事会遇到困难。

坎为舆，舆即车，则有车象。九二动变则二至四互为艮，艮为背，故有"负"象。有"背负"、有"车乘"，故曰"负且乘"。坎为寇，故有"致寇至"而"贞吝"之象。

六三的样子很滑稽，他身上背着财物，乘在车上，常人尚且知"财不外露"，而他却违背了基本的生活常识，以至于招致匪寇，这种情况预示着危险马上就要来到。六三在坎，坎为寇，也许他本身也是"寇"。

九四，解而拇，朋至斯孚。

九四，解除依附在你足上拇指，你的朋友就会来到你身边，并相信你。

"拇"，手脚的大拇指。九四失位在震，震为足，阳大而阴小，九四为阳，故曰"拇指"。下应初六，初六在坎，震象下应坎象则为《解》，故"解而拇"。因其下应坎，故而有"朋"；又坎为孚，震为足，故有"朋至斯孚"之象。九四失位不正，与六三相比，六三从下来附，就如拇指附之于足。如果他默许六三的依附，就会因为自己的"不正"沾连上别人的"不正"；但是如果他解除依附的"不正"，那些正直的好朋友就会相信他，并来到他的身边。

六五，君子维有解，吉，有孚于小人。

六五，君子思考舒解危难，是吉利的，因为六五以君子之道舒解别人的危难，所以即使是遇到小人，也一样以诚信的态度对待他。

维：通"惟"，思考。坎为心，有思考之象。

六五以阴居阳，虽失位不正，然尊居君子之位，也当得成君子。下应九二，九二在坎，坎为寇，且失位不正，相较于六五，则有小人之象。坎为孚，六五一心思想着九二，故曰"有孚于小人"。需要指出的是，在卦爻辞形成的时代，即殷末周初时，那时所谓的"小人"与今天人们骂人的"小人"在意义上是大不相同的。那时的"小人"，一般而言多指社会地位低下的人和年龄幼小的人。古人固执囿拘于阳为君子，阴为小人的说法，多以六五为小人，实为不妥，且若以六五为小人，又何以"吉"？再者，若九二为"君子"，为什么九二爻辞不言"君子"，反而六五爻辞言"君子"？还有，"有孚"当指六五而言，若是九二"有孚"，岂不是颠倒说了？

六五在互坎之中，本来身陷危险，但是他又在震中，震为动，在坎险中震动，目的是为了脱离坎险。此卦名为《解》，而"解"的意义就集中在九四、六五上。九四的"解"只是解"拇"，而六五的"解"则是彻底解放。《解》卦的《象传》讲的"动而免乎险"和"天地解而雷雨作"，说的正是六五爻。

上六，公用射隼于高墉之上，获之，无不利。

上六，王公用箭射下了栖落在高城墙上的恶隼，猎获它，没有什么不利。

隼（sǔn）：一种猛禽。墉（yōng）：城墙。

二至四互为离，离为朱雀，上六下应六三，三在互离中，故为"隼"。下卦为坎，坎为弓矢，故上六临之，有射"隼"之象。

【解读】

《易传》的作者为《解》卦作《象传》曰："雷雨作，解。君子以赦过宥罪。"宥，宽恕。震为雷，坎为水，水从震雷而至，故曰"雷雨作"。坎为刑、为寇盗，九二动则变为坤，于是坎象没而坤象成，故曰"赦过"。再者，坎为险、为桎梏刑具；震为动，刑具的作用是让人动弹不得的，"险而动"，则刑具震动而"解"，故曰"赦过宥罪"。

《解》告诉我们一个最基本的道理：发挥最大的力量，英勇无畏地脱离险境。如果说《蹇》卦主要是以静止和退却而免于危难，那么《解》卦则以震动免除了险难。雷动于上，雨施于下，雷雨大作，这是来自天上的力量。《解》卦之卦辞，主要谈论动于何地，动于何时；而《象传》主要归纳了"解"的结果和功效："天地解而雷雨作，雷雨作而百果草木皆甲坼。解之时大矣哉！"《象传》则将"解"的本义发挥到治国安民的真理上："解"实则因"雷雨作"，"君子以赦过宥罪"。

雷雨大作的《解》卦，在我们的眼前展现了危险和危机，又释放了雷霆万钧的伟大力量。这种危机与力量并存的形势，对于我们具有以下几点启示：

其一，雷声的震动像战鼓一样，鼓舞着我们战胜危险的意志。在危险中，我们应该激发力量，积极应对而不是消极等待。

其二，面对危险，我们要审时度势，善于从不利的形势中找到化险为夷的方法。《解》卦的卦辞说"利西南"。因为初六本与九四应，二者均失位不正，若二者相互易位则上卦变为坤，坤为顺，其相应的方向在西南。坤象成则坎象毁。所以我们摆脱危险的方向就在西南。在中国历史上，每当出现大的危机时，就有王师往西南方挺进。如唐明皇李隆基逢安史之乱，避祸于四川。抗战时期，国民党政府的首都南京陷落，遂迁都于西南的重庆。

其三，在《解》卦的卦辞里，有两个完全矛盾的说法，先说"无所往，其来复吉"，又说"有攸往，夙吉"。其实，这两种说法分别指的是《解》卦中的两个爻象：一是九二，一是六五。九二上应六五，位在中正，去而复来，所以吉利。六五下应九二，以君亲臣，以阴应阳，因而"往"而"夙吉"。

其四，做人做事应该适当有节，而不能像六三那样，背着财物乘着车，愚蠢滑稽，结果招致了强盗寇匪的侵害。在电影《红岩》中，甫志高为了在江姐面前表现自己，扛着一个很大的行李箱给江姐送行。江姐批评他说："你看看，码头上哪有穿着西装皮鞋、打着领带的扛着行李箱？这样不等于暴露给敌人，你自己就是共产党吗？"

其五，君子在身处危险时，既要像九二和六五一样，有勇有谋，震脱险境，还要像九四那样，摆脱束缚，使"朋至斯孚"，增强、壮大摆脱险境的力量和条件。反之，如果不能"解而拇"，就会失去脱险的时机，就如袁术贪恋玉玺和皇帝的虚名不肯放弃而最终灭亡。

【案例】

唐朝有一个名叫朱邯的人，他精通《易经》及京房、管辂流传下来的筮卦方法。建中初年，他游居楚地，以卖卦为生。楚地青山县的董元范之母患有一种怪病，每到夜里就发病。朱邯为其筮得《解》☲之上六爻动。朱邯说："你在今天日斜时分，穿着长衫立于道侧，等到一个拿着弓箭的人走过来，你就向他求救。"董元范遵照执行。这天太阳西斜时果然见县里好打猎的李楚宾走了过来。董元范邀请他来到自己家里，好酒好菜招待他，到了晚上，又留他住在自己家里。这天夜里，月光亮得能看见书上的字，李楚宾从房中走出来，徘徊于月光下，发现一只大鸟飞来栖息于屋舍之上，伸着嘴巴啄食屋檐，就在这时，屋内也传来病人痛苦的叫喊声。李楚宾拉开弓箭射击，两发皆中鸟身，那只鸟带着箭飞走了，屋内的痛叫声也停止了。到了第二天早晨，李楚宾与董元范一起四处找寻，结果在一个破败的屋中寻得"碓桯古

解			未济		
	庚戌	妻财		己巳	兄弟
应	庚申	官鬼	应	己未	子孙
	庚午	子孙		己酉	妻财
	戊午	子孙	世	戊午	兄弟
世	戊辰	妻财		戊辰	子孙
	戊寅	兄弟		戊寅	父母

址",两支箭皆插在上面,沾染着血光。于是将它焚毁,不久,董元范母亲的病患果然平复如初。

朱邗用卦象推知并纾解了董元范母亲的怪病。首先,《解》卦三至五爻互为坎,按《说卦传》,坎为疾;其次,坎为弓,坎上有震,震为长男,震为动,此三种情形成男子携弓而行的情景。其三,按纳甲,《解》上六纳戌,戌时为傍晚七至九时,可知携弓之男子来的时间应在戌时。其四,按纳甲兄弟爻主疾病,子孙爻主医药,上六的应爻为六三,六三为子孙爻,由此可知其病可医。有人以为朱邗全以上六爻辞解卦,当然,若从解卦的爻辞"上六,公用射隼于高墉之上,获之,无不利"看,其病也是可以治愈的。但是,这种情况只是符合李楚宾开弓射箭的情形而不能解释事情的全过程。

看古代的君子用什么样的智慧和心态应对得与失

损

第四十一卦

有孚，元吉，无咎，可贞，利有攸往。曷之用？二簋可用享。

《损》卦象征着减损：心存诚信，大为吉祥，没有灾难，有利于有所前往。减损之道用什么来体现呢？内心真诚，二簋淡食就可以用来祭祀。

《损》，卦名，兑下☱艮上☶，象征着"减损"。初九应六四，九二应六五，下为阳实，上有阴虚，以实应虚，故卦有损下益上、损刚益柔之象。让人们去接受"损"，这是一件很难的事，但是有所损，必有所益。损下益上时，若心存诚信，则"元吉"；若心不诚，则损之何益？故"有孚"则自然"元吉，无咎"。艮为少男，兑为少女，艮在上而兑在下，上下皆正，故曰"可贞"。二失位，所应在五，五也失位，若往而易之，则成《益》☲卦，且皆得位中正，故曰"利有攸往"。曷，《说文》曰："何也。"言损下益上，将何所用？享，祭祀。簋（guǐ），指古代祭祀时盛禾麦黍稷的圆形器皿。二至四互为震，震为竹，又震为筐，故有"簋"象。上卦为艮，艮旁通为震，且有覆震之象，故有

"二簋"之说。《损》通过初与四应，二与五应，三与上应而"损下而益上"，以"二簋之享"祭祀祖先。

初九，已事遄往，无咎，酌损之。

初九，迅速前往祭祀，那样才不会有过失，要根据个人的情况，酌情减损多余的东西。

巳：通"祀"。在有的本子里写作"已"，指已经做过的事，于理也通。不过因卦辞里有"二簋可用享"，显然卦象中有祭祀的事情，因此我们认为在此把"巳"当"祀"来解释，结合卦象与初九与六四的爻象更确当合适。遄：急速。酌：取出。

初九得位于下，上应六四，减损阳实而增益阴上，符合损下益上之道，故"无咎"。初九上应之六四在互震（二至四互为震），震为动、为长子。又六四在艮下，艮为阍寺。这样，我们就可以在卦象中看到主持祭祀的"长子"，祭祀的场所"阍寺"。在古代，祭祀是人们重视的大事，因此参加祭祀活动要"遄往"，这样才能"无咎"；同时还要在这个祭祀活动中量力而行地"酌损"自己的财物当作祭品献上。

九二，利贞，征凶。弗损益之。

九二，利于守持正道，出行则会有凶险。不用减损自己就能达到益上之目的。

九二"中以为志"，上应六五，故曰"利贞"。二者皆从失位而应，六五在艮，艮为止，又三至五互有坤象，互震为动，坤为死，动而行，谓之"征"，"征"至死地，故曰"征凶"。然二往而易之，则二至上互有《益》象，《损》象没而《益》象成，故曰"弗损益之"。

六三，三人行，则损一人，一人行，则得其友。

六三，三人出行，损失了一人，一人出行，得到了朋友。

六三在互震，震为三，震为动，故曰"三人行"。六三失位不正，应于上九，上九在艮，艮为东北之卦，又《坤》卦辞曰"东北丧朋"，《损》三至五互为坤，故曰"损一人"。若六三动而变正则为乾，乾为一，乾为健行，故曰"一人行"。行而不疑，三与二、初同，故曰"得其友"。

六四，损其疾，使遄有喜，无咎。

六四，减损其疾病，迅速地接纳上行的阳刚之气以便使病患得到治愈，这是一件可喜的事，没有什么灾祸。

六四动而变则三至五成坎象，坎为疾，然六四于《损》未动，故曰"损其疾"，即因"损"而去了坎疾之象。初九自损而"遄往"，六四当位而下应兑，兑为悦，故"使遄有喜"而"无咎"。

六五，或益之十朋之龟，弗克违，元吉。

六五，有人献上价值"十朋"的大宝龟，不能拒绝他，大为吉祥。

朋：上古以贝壳为货币单位。一说五贝为一朋，一说两贝为一朋，或说十贝为一朋。

六五失位不正，动变而正，则四至上成巽象，巽为"近利市三倍"；六五在艮，艮为龟，坤的数字是"十"，所以爻辞说"十朋之龟"。六五以阴虚谦和之德居于阳实之位，损上益下，最合乎《损》道，故曰"元吉"。

上九，弗损益之，无咎，贞吉。利有攸往，得臣无家。

上九，不用自我减损就能使他人受益，没有灾祸，做事会获得吉祥。有利于有所前往，因为得到广大臣民的拥护就不再是一己之家了。

上九下应六三，六五已变，变则二至上互为《益》，在《损》而《益》，即"弗损益之"而"无咎"有"吉"。下应六三，六三在兑，变而正，则为《大畜》䷙，故曰"利有攸往"。上九所应在六三，六三在互震，相对于乾，震为臣。又，上九应六三，六三在互坤，阳为君，阴为臣，则"坤为臣"，故曰"得臣"。《大畜》卦辞曰"不家食"，故曰"无家"。

【解读】

在六十四卦里，《损》卦是难得的爻爻相应的卦，故其于情、于理均有"有孚""元吉""无咎"的"可贞"之象。《损》有"损下益上"的作用，阳爻上升，阴爻下沉；阳为君子，阴为小人。《损》下为兑，有两阳一阴，《损》上之艮，则为两阴一阳。且二至四互为震，震为动，三至五互为坤，坤为顺，"动"而"顺"而益上，由此来看，这个"损"更是符合情理自然的。《损》之《象传》曰："山下有泽，损；君子以惩忿窒欲。"艮为止、兑为悦，《损》当然有"忿"，但是君子"窒欲"则何忿之有？故而《损》有"惩忿窒欲"之象。

就整个《损》卦的卦象而言，下卦兑为悦，上卦艮为止。悦而有止，说明事情的发展有所变故。是什么事呢？让我们参照互卦来认识这个问题。《损》二至四互有震，震为动。三至五互有坤，坤为顺。悦而动，动而顺，六三在互震，带着愉悦的心情与六四、六五一起"顺"而上行，结果，六三应而去，则损去一人。真正体现其主旨的就在于六三。六三不当位，上应上九，上九也不当位，二者均以失位不正之身相应，相应则"得友"。本来三人一起走着，现在六三应上九而去，只剩下六四、六五二人。孔子曰："君子居必择邻，游必择士。"出行"择士"则得其友，出行不"择士"则损一人。虽然六三的"得友"使六四、六五失去了一个伙伴，但六四因此而"有喜"，六五因此而"元

吉"。由此来看，六三因有"得"而"损"，六四、六五因"失"而
"得"。正如老子所说"福兮祸所伏，祸兮福所倚"，从长远来看，得
失关系是可能发生转换的，塞翁失马，焉知非福；塞翁得马，焉知
非祸。

当人们看到《损》卦的卦名时，很容易联想到生活中的损失、损
害等与"损"有关的事情，是我们想方设法要避开的，因此不喜欢这
个卦。但其实《损》卦的"损"与人们平常认识的"损"有很大的不
同，它有着积极的目的和良好的愿望，即"损而益之"。卦中二、五相
应，然二者皆失位，损下之阳而益上阴，则二、五易位，得《益》象，
此一益；三与上应，二者也不正，因有应而相易位，则成《既济》䷾，
此二益；损下益上，因损得益，此三益。君子遇"损"而得三"益"；
就正应了《系辞传》之所谓"损，德之修也"。因此，它不是被动的
承受损害和损失，而是把损失看作是受益的方法。从这个角度来看，
《损》卦的意义真实存在于实际生活中，并时时刻刻与我们每个人发生
着联系。我们必须有所损，才能有所得，更重要的是，损去那些多余
的东西，不仅是必需的，而且是有益的。基于这种认识，《损》卦的卦
辞就有"有孚，元吉，无咎，可贞，利有攸往"，只要我们与其他的卦
比较一下，就知道在六十四卦里，只有《损》卦的卦辞才集中着这么
多的好处。损去多余累赘的东西，是好事！如果我们不能正确地对待
损失，那么我们就会因此而招致更多、更大的损失。在《损》卦的《象
传》里提出君子要"惩忿窒欲"，不乱其志而"修其德"。卦中六爻不
仅无"凶"言，而且六五有"元吉"之庆，上九有"贞吉"之喜。因
为《损》卦之损，并非一损俱损，而是通过"损下益上"方式，一方
面培养坚贞利人的品德，另一方面也是通过"损而益之"的方式实现

一种上下有别的秩序。那么，古人为什么要"损下而益上"呢？若我们从古代祭祀活动上理解，就能发现其中的本义。祭祀的方式是：其一，损下之所有；其二，以簋献之以益上；其三，所献要有诚心。换言之，臣侍君要损身，人祀神要损食，子事父母要损力。上之所益，即下之所损，这在过去被视为天经地义的事，即使是现在，也是值得尊重的美德。

【案例】

一

据《嘉鱼县志》载，明朝时期，有一个名叫尹相的湖北人，字商衡。在他升任南京刑科给事中之职时，正值严嵩父子擅权乱政，他因弹劾严嵩被害入狱，与当时的另一个忠臣烈士杨继盛成为狱友。有一天，杨继盛对尹相说："在蒙受厄难中还能秉持正直的品德，现在可能只有尹子你才能做到吧？"

尹相在狱中筮得《损》动而变为《需》䷄。就卦象而言，《损》之下卦为兑，兑为毁折，为刑狱。上卦为艮，艮为宫室，上下之间形成室中毁折即刑狱的情形，动而变《需》后，就有六三、六五两个阴爻变为阳爻，兑去而乾来，艮象毁则"狱"形也随之毁掉，乾象成而刑具也随之脱离而去。两月之后，商衡安归故里，后来被召为太常寺少卿，晋中仪大夫。

二

春秋时期，宋景公听史官说，天上的火星进入并停留在心宿。宋景公就召来司星子韦问这种异常的天象有什么说法。子韦回答说："通常出现这样的天象时，所在地的国君就会遭受灾祸。不过，可以想办法将这种灾祸转移到宰相身上。"

宋景公听后说："宰相是帮助我治理国家的人，我怎么能这样做呢？"

子韦说："那就转移到百姓身上去。"

宋景公说："老百姓死了，我将做谁的国君呢？"

子韦又说："那就转移到收成上面去。"

宋景公说："没有收成了，老百姓就会饿死，作为人主国君而害了老百姓，谁还拿我当人君啊？"

子韦很感动，对宋景公说："国君您具有三种至高无上的品德，上天一定会回报您的，您看着吧，荧惑星一定会退避三舍。"后来，果然如此。

宋景公就是通过"自损"而得到了上天的福佑，从"损"得"益"。

三

中国有一个广泛流传的哲学故事。过去，一座山上有座小庙，庙里有个小和尚。他每天挑水、念经、敲木鱼，给观音菩萨案桌上的净瓶添水，夜里不让老鼠来偷东西，生活过得安稳自在。不久，来了个大和尚。他一到庙里，就把半缸水喝光了。小和尚叫他去挑水，大和尚心想一个人去挑水太吃亏了，就要小和尚和他一起去抬水，两个人只能抬一只水桶，而且水桶必须放在扁担的中央，两人才心安理得。这样做，总算还有水喝的。后来，又来了个胖和尚。他也想喝水，但缸里没水。小和尚和大和尚叫他自己去挑，胖和尚挑来一担水，立刻独自喝光了。从此谁也不挑水，三个和尚就没水喝。大家各念各的经，各敲各的木鱼，观音菩萨面前的净瓶也没人添水，庭院里的花草也枯萎了。夜里老鼠出来偷东西，谁也不管。结果老鼠猖獗，打翻烛台，燃起大火……

人们把这个故事总结为："一个和尚担水吃，两个和尚抬水吃，三个和尚没水吃。"其实，《损》卦中早就对此建立了"三人行，则损一人；一人行，则得其友"的模型，用数理解析了其中的秘密：

一个人出去带着一个人回来，变成两个人；

三个人一齐出去，就会损失一个人，只有两个人才能回来。

天道的恩德在于长生，富国的根本在于富民

益

第四十二卦

䷩

利有攸往。利涉大川。

《益》卦象征着增益：有利于有所前往，有利于涉越大河。

《益》，卦名，震下☳巽上☴。卦下多阴，卦上多阳，阴虚阳实，阳以实授之，阴以虚承之，象征着"增益"。震为出，巽为令，故卦象有人君出号令于上，而臣民服从于下。令出则必有行，又动而入，故曰"利有攸往"。二至四互为坤，坤为川，初九得位，动而上行以应四，故曰"利涉大川"。巽为风，震为雷，故《益》之卦象成"风雷"。震为动，巽为木，坤为大川，木动于大川之上，可以"利有攸往"，也可以"利涉大川"。

初九，利用为大作，元吉，无咎。

初九，有利于做出大事业，大为吉祥，没有灾祸。

初九在震，震为动，初九上应六四，六四在互坤，坤为地、为顺。初九动而入于坤象之上，动而顺应于含弘广大、厚德载物的大地，也就自然能够"利用为大作"，即大有可为，所以有"元吉"之庆。

六二，或益之十朋之龟，弗克违，永贞吉。王用享于帝，吉。

六二，有人赠予价值"十朋"的大宝龟，不要拒绝，因为它可以永久地给人带来吉祥。君王用它来祭祀天地，祈求幸福和吉祥。

六二在互坤，坤数为十。上应九五，九五在互艮，艮为龟，故曰"或益之十朋之龟"。又，艮为寺，震为长子，长子主祭，九五为王，故曰"王用享于帝"。总之，六二以柔中为美，符合《象传》之所谓"中正有庆"，所以能获得"十朋之龟"的利益。

六三，益之用凶事，无咎。有孚中行，告公用圭。

六三，所得之增益应用于拯凶救难，就没有灾祸。心怀诚信，保持中正平和的行为，然后手持玉圭致意王公以求得信任。

六三失位于互坤，坤为死，失位在死，就是"益之用凶事"；然上有所应，应在上九，故"无咎"。六三在震上和《益》之中，震为动、为足，动之于足，故曰"中行"。艮为手，艮为小石，类如玉圭，故曰"告公用圭"。六三处在天道利益众生之时，又能上有所应，如果心怀诚信地行事，并将玉圭献给王公，就可以取得他的信任。

六四，中行，告公从，利用为依迁国。

六四，以中正平和的心态向王公致意自己有顺从之心，就会有利于依附君王做出迁都这样的大事。

按《易》通例，六十四卦皆形成于两两相重的八卦，如此则各卦的三四爻均为中爻，在《益》卦中，六四、六三均为中爻，且六四在互坤，坤为顺，其《象传》又有"君子攸行"和"行地无疆"之说，故曰"中行"。坤有柔顺之德，故能"告公从"并行"用为依迁国"之大事。六四柔怀善志，以公正平和的心情表白自己的顺从之心，就会因为自己有"尊上"而获"益下"，从而因应《象传》所谓的"见善则迁"之德，受到君王的重用，所以有喜而"无咎"。

九五，有孚惠心，勿问元吉，有孚惠我德。

九五，真诚地怀着一颗施惠于民的心，就无需问是否会大为吉祥，天下人将会真诚地感念我的恩德。

九五当位居尊，为《益》卦之主，当天下之王，当其出于诚信广施恩惠于天下，就有超越"元吉"的情志，因为他不再是为了自己，而是心怀天下百姓。有济世益民之心，所以用不着问吉凶如何，天下的百姓感佩其恩德，故其"益"之大莫之能比。有惠有信，唯《益》之九五可以当之。

上九，莫益之，或击之。立心勿恒，凶。

上九，没有人增益他，有人攻击他。居心无常，有凶险。

在《益》卦中，上九处《益》上穷极之地，其位不正，虽有下应六三的可能，但遇到六三至九五互出的艮象，艮为阻隔，这样就使得上九不能自损而益下，并且有受到攻击的可能。在这种情况下，如果不能坚定不移地保持自己利益天下的决心和意志，就会被"击"而有"凶"。所以益不可极，若求益不已则令人生厌，被"击"之"凶"是自招其祸。

【解读】

《象传》曰："风雷，益。君子以见善则迁，有过则改。"《益》卦的卦象可以分解出一连串的情景：《益》之震下为动，二至四互为坤，坤为顺，巽上为入，而二与五又当位居正，正为君子，动而顺、顺而入，为的就是亲近君子，于是前贤受到这个启示，认为这个卦象隐含着"见善则迁"和"有过则改"的道理。又，《益》震动巽入，动而入则为"益"，因此我们把收入当作收益。另外，互坤为顺，顺而入，入至艮（三至五互为艮），艮为宫室。由动而顺，由顺而入。整个卦象的关键点在于一个"顺"字。

相较于其他的卦而言，《益》卦的卦爻辞及《象传》有着更多乐观进取的情趣和精神。从卦辞来看，它没有"元亨利贞"式的抽象思维的表达形式，而是直接说出"利有攸往，利涉大川"，中间也没有过渡性的隐喻和象征性的话语，是六十四卦中少有的连用两个"利"字的卦辞。顺着这样的形势，《象传》的解释也就赋予此卦"民说（悦）无疆"，"其道大光"和"日进无疆"的大好形势。《益》通过卦象启示我们，利益万物众生的力量来自于自然天道，这是天道的"恩德"。但是天道施予的恩德，不是一个抽象的道理，而是一个具体实在的利益，这种利益有着明确的对象：富国与富民。从整个卦象来看，上下均有阳爻之实，中虚为坤，坤为土，为城邑，有土则有民，有民则有国，坤象以虚受实，象征着生生不息的天道通过富民的方式来实现强国的理想。所以说：天道的恩德在于长生，富国的根本在于富民。

对于天道而言，上天有好生之德，所以天下万物都在上天利益众生的恩德之下生生不已，生长壮大。对于君王而言，富国先要富民，只有人民富裕了，国家才能长治久安；只有人民富裕了，国家才能有源源不断地财富利益天下。正所谓民为邦本，本固而邦宁。

《益》卦的卦象不仅有《象传》"天施地生，其益无方"的物质利益，而且还在以下几个方面给予我们智慧的启迪：

从做人方面来看，我们要由动而顺，由顺而入，因应形势，顺应潮流而动，也就是《象传》里讲的"与时偕行"。唯有这样，才能掌握"利有攸往，利涉大川"的顺利形势，实现如初九所言的"大有作为"。《益》卦之所以有这么多的好处，主要原因就是在"震动"之前，已经有了"坤顺"前景。因此决定我们行动的因素，应该是"顺利"的形势，而不是主观愿望。

从军事方面来看，震雷的威力是潜伏在巽木之下的。上九爻辞讲"莫益之，或击之。立心勿恒，凶"，上面我们已经有过一种解释，在此我们还可以做第二种解释。莫，通"暮"。或，通"惑"。上九处在《益》之穷极之处，下应六三，六三在互坤之中，坤象纯阴，暗昧如"暮"。这时候，就应该在巽木之下潜伏一只军队，迷惑敌人，打击敌人。但是，如果潜伏的士兵"立心勿恒"，不能长久的坚持，那么就会有"凶"。

从身体健康方面来讲，《益》有中虚之象，中虚而受实，实而养人。但是，养人的方法，一要中虚，二要下动，三要上入。按卦象，坤为腹，但是仅有坤虚容纳食物还是远远不够，纳入中虚的食物还要震动，只有动了，才能消化。直至《益》上的巽入，才能使人们吸收到营养。

从做事方面来看，要当益而受益。人常说"当断不断，必受其乱"，又说"天予不取，必受其咎"。《益》卦之"益"，是"天施地生"的天道所赐。要想得到"十朋之龟"那样的利益，一方面，我们要像六三那样"有孚中行"；像九五那样"有孚惠心"，另一方面，我们要果断地、及时地掌握有利形势，争取得到理应得到的、上天赐给我们的恩德。在生活中，我们常常会因为坐失良机而懊悔不已，其关键的原因，就是因为我们缺乏对"天施地生"的正确理解。其实，有时我们不相信天道，就是我们不相信自己，就是因为我们自身还缺乏诚信，以至于混沌茫然、麻木不仁地错过了上天赐给我们的利益。

【案例】

据《尚书》和《吕氏春秋》记载：商汤王时，曾有谷物生于庭院之中。黄昏时分长出来，到了第二天早晨就已经长到两手合围般大。大家都觉得很怪异，担心有不祥之事发生，商汤王的卜筮官想通过占卜的方式看看究竟是怎么回事。商汤王斥退了这个卜筮官说："我听说吉祥的事物是福运的先兆，但是如果看到吉祥的先兆而不做善事，那么福运也不会来到。同样，妖物怪异是灾祸的先兆，如果看到妖物怪异后仍然一心向善，那么灾祸也不会来到。"于是商汤王每天开始早上朝，晚退朝，勤政爱民，访病问苦，哀悼死难者，安抚百姓，结果，三天之后，那个妖谷就枯死了，商汤王也平安无事。

《益》卦的"顺利"虽然来自《象传》所谓"木道乃行"，行而有顺的有"利"形势，但是，君子却不能满足于这种形势，而是要以"凡益之道，与时偕行"的精神和道德，"见善则迁，有过则改"。反之，如果我们满足于已有的成绩，就会因为"满足"而招致"损害"。《益》之上九的"莫益之"，说到底，就是因为他自满于《益》道，"立心勿恒"，没有"与时偕行"。《说苑》记载孔子读《易》至《损》《益》两卦时慨叹："自损者益，自益者缺。"说的就是《益》之上九。因此，人的进步必须使自己处于"虚心"的状态之中。

一个小人是怎样压倒五个君子的

夬

第四十三卦

扬于王庭，孚号，有厉告自邑，不利即戎，利有攸往。

《夬》卦象征着决断：在王庭上发挥阳刚之德与小人决断，怀着诚信号令众人戒备危险，从城邑号令告知即可，不利于发兵作战，有利于有所前往。

《夬（guài）》，卦名，乾下☰兑上☱，象征着"决断"。一阴为上六，阴为小人，小人凌越于五阳之上，五阳以阳刚与之决断，故卦名"夬"。扬，按卦象当为"传扬"，王道荡荡，磊落无隐，以五君子决一小人，毋须隐，故曰"扬于王庭"。孚，诚信。号，号令。与小人"决"本来就是件危险的事，而二辅五以决小人，二失位，故以"厉"自警其事。即，从，就。九五为王，有众阳辅之，故治邑当以号令告之即可，若用刚动武，以力取胜，必有不利，故曰"告自邑，不利即戎"。众阳消一阴，故曰"利有攸往"。

初九，壮于前趾，往不胜为咎。

初九，足趾的前端受伤，贸然前往则不能得胜，反而会导致灾祸。

壮：通"伤"。

乾为健行，"千里之行，始于足下"，初九位于"健行"之初，故有"前趾"之象。行而上应九四，九四在兑中，兑为毁折之象。"往"而无应，一开始就刚猛前行，轻敌冒进，又遇毁折，前趾受伤，故"不胜"而"为咎"。

九二，惕号，莫夜有戎，勿恤。

九二，发出警惕的号令，尽管暮夜时分将有战事发生，也不必忧虑。

莫：通"暮"。恤：忧虑、害怕。

九二失位而上无所应，动而变正，变则下卦为离。离为日，乾为野、为天，日在天下之野，有暮夜之象；又离上应兑中，兑为西方之卦，夕阳西下，亦有暮夜之象。离又为干戈，有甲胄之象，故曰"暮夜有戎"。然九二在乾中，乾为君，上下皆有阳比附为助，故虽有戎，也"勿恤"。

九三，壮于頄，有凶。君子夬夬独行，遇雨若濡，有愠无咎。

九三，颧骨受了伤，有凶险。君子坚决果断地独自出行，遇到雨天淋湿了衣服，心中有气，但最终并没有差错。

頄（qiú）：颧骨。

乾为首，九三在乾上，位如颧骨之处。九三以君子之德上应上六，上六阴为小人，孤立于一隅，九三应之颧骨受伤而"有凶"。然九三本有君子之德，在众阳决胜一阴中，唯九三与之有应，故曰"夬夬独行"，但终归因为自己有君子之德，就像是遇着下雨天只是沾湿了衣服而无大碍一样，虽然有些愠怒之情而没有差错。

九四，臀无肤，其行次且；牵羊悔亡，闻言不信。

九四，臀部被杖笞皮开肉绽，趑趄难行；若牵着一只羊献给当权者，则悔恨就会消逝，但是他没有听从此言。

次且（zī jū）：即趑趄，跛瘸迟缓之态。

九四在兑，兑象旁通巽，巽为股，股如臀。兑象显则巽象没，一如"臀无肤"而"其行次且"。又，兑为羊，巽为绳，兑覆艮，艮为手，故有"牵羊"之象。兑为口、为言，然九四失位不正，又下无所应，比附于九五，故"闻言"而不听从。

九五，苋陆夬夬，中行，无咎。

九五，如斩断柔脆的苋陆草一样，刚毅果断地清除小人，居中行正，则没有过错。

苋（xiàn）陆：多年生草本植物，春初发苗，嫩叶可食，其根有毒，可供药用。夬夬：果决的样子。

以一阴对决众阳，则一阴之弱小、柔脆类如苋陆草一样，九五率众阳刚共决之，故有"夬夬"果决之快。但以九五之尊当位中正，然"中"于兑象之中，所以即使是能够刚毅果断地清除小人，也仅仅是"无咎"而已。

上六，无号，终有凶。

上六，不必号啕痛哭，因为小人最终也是难逃凶险。

常言道"有口难言"，说的就是《夬》之上六。上六在兑象，兑为口，下应九三，九三"有凶"，难以上应，上六自身又处于众阳的决除之中，气息奄奄，无力以"号"，即使如此，众阳也不会放过它，因为《夬》卦的形势决定了上六必定要灭亡，故其"终有凶"。

【解读】

《夬》卦就卦象来看，兑为口、为悦，九五为君王，有宣扬号令的威望，故有"扬于王庭"之象。"孚号"，即明确实在的号令，这个号令的内容就是从城邑传来的危险。乾为野，兑覆艮象，艮有门阙楼观之象；兑为毁折，故曰"有厉告自邑"。以众阳决一阴，以德服之为上，不应动用武力，故曰"不利即戎"。兑为口，九五在乾上兑象之中，号令天下，故曰"利有攸往"。当然，"孚"字也可以释为"俘虏"的"俘"，这样我们还可以理解成这样一种情境：在王庭之上，有一个俘虏大声喊叫说："有危险！有危险！"就在这时，又从下面的城邑报告了同样的军情，君王权衡利弊，觉得不利于马上发生战斗，有利于通过交往和谈判解决问题。

　　《夬》卦给人总的印象是一个小人压制了五个君子。"夬"字的本义为"果决"，但是《夬》卦中五个阳爻的"果决"并没有为他们赢得吉利，反而无一"吉利"。兑为泽，乾为天，"泽上于天"的卦象，从形势上看，《夬》有五阳之刚与一阴之柔对决之象；从卦象上看，有远近两个意象，远则下乾为健，上兑为悦，有"利有攸往"和健行致悦的瑞兆；近则上兑为口，下乾为君，君在王庭，有"孚号有厉"之象。这一方面说明小人蠢蠢欲动，形势危险，君王有危机感，另一方面，也可见在五阳与一阴的决斗中，阴阳双方均处于不得安宁的困境，所以说《夬》卦实在是一个杀气腾腾的卦。而《象传》之所谓"施惠于下，居德则忌"，则是强调在五阳决战一阴时不能"夬夬"于王庭之上，号然而言，大放厥辞，居功自傲，而应该具有"施惠"而不"居德"的雅量和"为而不有，功成身退"的智慧。

【案例】

　　唐明宗时，有一个名叫路宴的人夜晚如厕时，黑暗中发现有一个

		夬			革
	▅▅ ▅▅	丁未 兄弟		▅▅ ▅▅	丁未 官鬼
世	▅▅▅▅▅	丁酉 子孙		▅▅▅▅▅	丁酉 父母
	▅▅▅▅▅	丁亥 妻财	世	▅▅▅▅▅	丁亥 兄弟
	▅▅▅▅▅	甲辰 兄弟		▅▅▅▅▅	己酉 父母
应	▅▅▅▅▅	甲寅 官鬼		▅▅ ▅▅	己亥 兄弟
	▅▅▅▅▅	甲子 妻财	应	▅▅▅▅▅	己丑 官鬼

人持剑埋伏在那里。路宴深感惊惧，拿着蜡烛一照，那个强盗看到路宴发现了他，就告诉路宴说："请你不要害怕！我是奉他人的命令埋伏在这里。看到你为人正直，未敢动剑伤你。"说着便将剑装在匣子里走了。从此后路宴每天晚上和白天都在惊惧之中保持着高度的警惕，以防备不测之事发生。为此，他召来当时深通《易》象的董贺为自己筮算吉凶。董贺筮得《夬》，二爻动而变为《革》。董贺看了卦象及爻辞后说："根据卦象及爻辞里蕴含的意思，有人大有害你之心，不过现在危难已经过去了。以后只要你守持中正之心，就不会有事。"后来路宴果然再也没有遇到类似的危险。

董贺的判断主要是运用的纳甲法，《夬》二爻为官鬼，按古法，官鬼动主有忧患危难之事发生，然二居乾中，上应九五，九五虽不能应，然二、五皆为阳，又居中，象征着当事人有君子一样品德，所以若坚持这种品德，灾祸与危难也就会逐渐消除。恰如盗之所言"察公正直，不敢动剑"。其实，若以纳甲法推断，还有更深一层的意思，九二动则变为《革》，其二爻为兄弟爻，兄弟主有忧患而无危难。且《夬》动而有应，应在九五，九五为君，处于中正之位，又为子孙爻。按古法，子孙为福神，专能克制官鬼。再从爻辞来看，九二辞曰："惕号，暮夜有戎，勿恤。"也是有惊无险的意思。

"女强勿取"的教条和"天地相遇"的力量

姤
第四十四卦

女壮，勿用取女。

《姤》卦象征着邂逅相遇：女子过分刚强，则不宜娶之为妻。

《姤》，卦名，巽下☴乾上☰。下巽为风，为入，上乾为天，"天下有风"谓之《姤》。郑玄曰："姤，遇也。"如其言"不期而遇"。因此，"姤"字宜读为"逅（hòu）"，即邂逅相遇的意思。巽为长女，然初六失位不正，又以一阴对五阳，故有"女壮"即过分刚强之象。这个卦一方面提示我们会遇到过于刚强的女子，另一方面又劝诫人们不要娶此种女子。

初六，系于金梶，贞吉。有攸往，见凶，羸豕孚蹢躅。

初六，系缚于刚强灵敏的制动器上，守持正道则吉。有所前往，则会有凶，像病弱的猪一样徘徊。

梶（nǐ）：指挡住车轮不使其转动的木块。羸：病弱。孚：通"浮"，浮躁。蹢躅（zhí zhú）：徘徊不前的样子。

按《说卦传》，巽为绳、为入，乾为金，以绳而入于乾金，故曰"系于金梶"。坎为豕，因其初六、九二为半坎之象，故为"羸豕"，因初六失位不正而阴柔弱下，如"羸豕孚蹢躅"的样子。

九二，包有鱼，无咎，不利宾。

九二，把鱼包裹起来，没有什么过错，只不过不利于宴请宾客。

巽为鱼、为白茅，白茅用以包裹祭品，故曰"包有鱼"。二本应上应九五，但因自身失位，不能上应，动而变正，则艮止之象成而巽入之象没，故"不利宾"。或以为"包"，通"庖"，意为厨房；艮为门阙，故有庖厨之象，也是通的。

九三，臀无肤，其行次且，厉，无大咎。

九三，臀部被杖笞皮开肉绽，趑趄难行，有危险，但是并没有大的灾祸。

次且（zī jū）：通"趑趄"，犹豫不进的样子。

巽为股，类如臀；坤为肤，有巽象而无坤象，也就是有"臀"象而没有"肤"象。或九三动变则成坎象。坎为刑，则臀因受刑"无肤"而"其行次且"。这本来是有"厉"的，但是因九三以当位之正和君子之德，虽上无所应，也"无大咎"。

九四，包无鱼，起凶。

九四，厨房里没有鱼，就会因兴起争端而有凶险。

下巽为鱼，九四失位，虽下应初六"有鱼"，然初六、九二失位，动变之正，则再无鱼象，"无鱼"则"起凶"。

九五，以杞包瓜，含章，有陨自天。

九五，用高大的杞树叶荫护树下的甜瓜，这就像内心含藏有华彩彰美的品德，必然有可喜的遇合从天而降。

杞：杞柳。含章：包含美质。

在八卦里，巽为木，震也为木，同属于木，但其本质却大不相同。巽为顺生的植物，也就是往上生长的植物，果实在上。震为反生的植物，指所有那些果实结成在泥土里的植物。九五本应下应二，二失位在巽，巽为木，则类在杞柳之类。因巽木的果实在上，乾为圆，如瓜之类。乾为天，瓜熟而落，如"有陨自天"，合于天道。

上九，姤其角，吝，无咎。

上九，遇到的只是空荡荡的一角，心有悔吝，但终究是没有灾祸。

乾为首，上九在乾上，如在额上，有日角、月角之象，故曰"姤其角"。上九失位不正，下无所应，然同处五阳之中，又在"乾君"之类，故虽"吝"而"无咎"。

【解读】

总的来看，《姤》卦中"巽"的长女之象因为一阴从五阳而有"女壮"之嫌；但"巽"入而"乾"行的卦象，又启发我们从教化、诰命、风化等方面理解这个卦象更为重要而广大的意义。

《姤》卦从人事与天道两个方面来阐释卦义。就人事而言，初六以阴居阳，失位不正，上则消剥众阳，以一阴遇五阳，如一女对众男，卦辞谓之"女壮"，《象传》谓之"柔遇刚"。在古代，要求女性要柔顺，《后汉书·列女传》载班昭作《女诫·敬慎》就说："阴阳殊性，男女异行。阳以刚为德，阴以柔为用，男以强为贵，女以弱为美。故鄙谚有云：'生男如狼，犹恐其尪；生女如鼠，犹恐其虎。'然则修身莫若敬，避强莫若顺。故曰敬顺之道，妇人之大礼也。"这与《易》道是相通的。女子本应柔弱，壮强则可谓人事逆于天道，故卦辞断之"勿用取女"（取，同"娶"），《象传》以"不可长也"言其"女壮"之失。个性太过强势的女性大多结局不好。《世说新语·忿狷》里有一个故事：曹操养有一个歌女，声音清丽高亢，可是性情冷酷暴躁。曹操要杀掉她又怜惜她的才华，要留下她又不能忍受她的脾气。于是选来一百名歌女，同时教她们唱歌。不久，有一个歌女声音超过了那个人，魏武帝就立即把那个脾气坏的歌女杀了。就天道而言，因有"天风相遇"，则众类兴旺，品物咸章；用之于政，则政令通行天下，故《彖传》谓之"天下大行"，《彖传》谓之"命诰四方"。圣人从风行天下、无物不遇的作用中，看到大行教化和诰命四方的政治力量。按《说卦传》，巽为风、为入，风行无所不入，行所必行，卷舒流行于天下，古人将风行之象比于"风化""教化"，如《尚书·说命》曰："四海之内，咸仰朕德，时乃风。"《毛诗序》曰："风，风也，教也，风以动之，教以化之。"又曰："上以风化下，下以风刺上。"《姤》之《彖传》曰："姤，遇也，柔遇刚也。'勿用取女'，不可与长也。天地相遇，品物咸章也。刚遇中正，天下大行也。姤之时义大矣哉！"初六因失位而相对五阳之刚，非所应当，故曰"遇"之而非"应"之。《姤》自《乾》来，初六为阴，乾为天，阴为地，巽为风，风物归于地上，故曰"天地相遇"。因九二、九五居中，故有"刚中"之德，且以"乾为君"和"九五之尊"，行"天下有风"诰命、教化与政令，故其"义大矣哉"。同样的，《姤》之《象》曰："天下有风，姤；后以施命诰四方。"这里的"后"，指君王。因风有"无所不入"之能，又有宣扬天下之象，因应形势可行"命诰四方"之政令与教化。

由《姤》象我们也可以看出，《易》用之于大则义大，用之于小则义小。

【案例】

姤

	壬戌	父母
	壬申	兄弟
应	壬午	官鬼
	辛酉	兄弟
	辛亥	子孙
世	辛丑	父母

履

	壬戌	兄弟
世	壬申	子孙
	壬午	父母
	丁丑	兄弟
应	丁卯	官鬼
	丁巳	父母

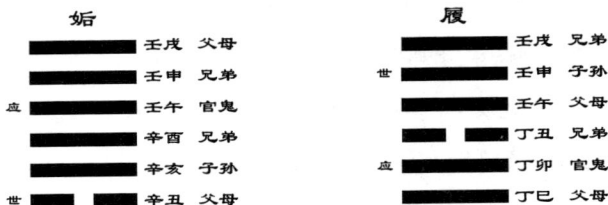

　　梁元帝萧绎精通易术，尤其用以玩猜物的射覆游戏，常十中八九。有一天，南平王萧恪将金、玉、琥珀做的三枚指环扣在一个盆子底下，请他猜测盆子底下放着什么。萧绎筮得《姤》，其初、三爻动而变为《履》，于是说："上既为天，其体则圆，指环之象，金玉在焉。寅爻带午，寅则为虎，琥珀生光，在合中央。合中之物，凡有三种。按卦而谈，或轻或重。"他认为，《姤》之上卦为乾，乾为天，天圆地方，可知盆中物体为圆形。按《说卦传》，乾为金、为玉，其物体的属性应当是金、玉。能扣在盆底的东西，而且有三件之多，应该是指环之类的东西。因初爻纳支为丑，丑为牛，初、三动则卦变为《履》,《履》下为兑，兑在西方，西方为白虎，且爻辞曰"履虎尾，无忧"。因其卦象有虎象，纳支应牛象，所以萧绎说："指环之象，金玉在焉。寅爻带午，寅则为虎。琥珀生光，在合中央。合中之物，凡有三种。"

　　从以上的分析，我们可以看出，萧绎运用了三种推断方式：其一，根据本卦与变卦形成的乾、巽、兑三个卦象，他推断出盒中有三个物件。其二，因为本卦为《姤》，上乾为圆，下兑为口，口形还是类似圆，由此可知，三个物件均为圆形。再从容在盆下的大小，结合圆形的形状，即可推断出它们是指环。其三，基于卦象与五行之间的关系推断出三个物体分别为金、玉、琥珀之质。

射覆，是古代一种智力猜测游戏。射，就是猜测、猜度的意思；覆，就是覆盖的意思。射覆就是随意将一个和几个物件同时隐藏在器物之内，让他人通过占筮的方法，算出里面藏的究竟为何物。据《汉书》记载，东方朔就多次为汉武帝射覆，屡射屡中，深得汉武帝的赞赏。三国时代的管辂、晋代的郭璞、唐代的李淳风、宋代的邵雍都有过这方面的实践经验。射覆所用的卜筮方法，与卦爻辞的意思有很大的区别，因为射覆者主要用的是卦象去猜出隐藏的物件，而卦象本身则是《周易》的根本。

顺从的心量汇聚成功的能量

萃

第四十五卦

亨。王假有庙，利见大人，亨利贞。用大牲吉，利有攸往。

《萃》卦象征着会聚：祭祀时人物大聚集，此时君王至于太庙祭祀祖宗、天地，所以有利于见大人，亨通而利于做事。用牛来作大的祭祀品，有利于有所前往。

《萃》，卦名，坤下☷兑上☱。坤为地，质本在下；兑为泽，其性润下；同有聚下之德，萃聚一起，故卦名"萃"。亨，祭祀。王，此指九五。假（gé），到，至。大人，亦指九五。九五当位与六二有应，二阳处众阴之中，故曰"利见大人"。五、二皆居中处正，故曰"亨利贞"。下卦为坤，坤为牛，在古代牛为祭祀之"大牲"，下坤顺而上兑悦，故"利有攸往"。

初六，有孚不终，乃乱乃萃；若号，一握为笑，勿恤，往无咎。

初六，心有诚信之德却不能持之以终，于是就心生疑乱，于是就与他人妄聚；若向自己的所应之爻九四呼号，则能与之握手欢笑，所以不必忧虑，前往没有灾祸。

初六上应九四，九四在互巽，巽为绳，以绳加之于初六；初六失位在坤，坤为地，地之卑下，贱如"俘"，又因失位而志"乱"。九四在兑，兑为口，乱之于口，就有了号叫之声。二至四互为艮，艮为手，三失位而动，则三至五互为乾，四在互乾，乾为行，兑为悦，故有"一握而笑"之象。初六既有了九四之应，应之以《萃》，故"勿恤"而"往无咎"。总之，初六失位应九四，九四至上九有大坎之象，四在大坎之下，又在兑下，坎为寇，兑为毁折，有"乱"有"萃"，若有"孚"则无"乱"也"无咎"。

六二，引吉，无咎，孚乃利用禴。

六二，被牵引到聚集之道中，这是吉祥的，没有什么过错，心怀诚信则有利于祭祀。

禴（yuè）：指夏祭或春祭。

既然《萃》卦说君王来到庙里主持祭祀，九五为王，六二应九五，当然也就与祭祀有关。六二上应九五，九五当位中正而为君，应之则吉，三至五互为巽，巽为绳，故有"引吉"之象。

六三，萃如嗟如，无攸利。往无咎，小吝。

六三，相聚而朋无应，故嗟叹连连，没有利益。但是，有所前往则不会有过错，唯有小的困难而已。

六三以坤象失伴于《萃》中，以阴居阳，下比于六二，上承于九四，虽有"荟萃"的样子，但二至四互有艮，艮为山、为止，又因上六以阴敌阴，也不能相应，故不利于交往；勉强往上，以阴遇阳，也没有大的过错，只不过是遭遇到小的困厄而已。《萃》的卦象本来说的就是"聚合与荟萃"，其总形势是初与四相应，二与五相应，唯有三与上互不相应，因此这两个爻象是不吉利的。相较而言，上六虽有"涕洟"之悲，但终"无咎"；六三则有"小吝"，似乎更不吉利。《象传》

对六三的解释是："往无咎，上巽也。"也就是说六三虽有"小吝"之失，但是因其能上入而遇九五之尊，还是能"往无咎"的。

九四，大吉，无咎。

九四，大为吉祥，无所咎害。

六十四卦里最讲究聚合的就是《萃》卦，而《萃》卦里九四又最能体现"聚合"的道理与方法。九四在《萃》卦中以阳居阴，下应初六，并因初至五互有《观》☴，二至五互为《渐》☴，三至上互有《咸》☴，这几个互出的卦象都是有气象的好卦；再者，九四比承于九五，乘于六三，应于初六，一个九四，"乘承比应"的关系全有了，于"萃"中最得好处，故曰"大吉"。

九五，萃有位，无咎，匪孚。元永贞，悔亡。

九五，聚集之时处尊当位，没有过错，但是尚未能取信于民。作为德之元首，应当永远守持正道，那么悔恨就会消逝。

九五当位中正于《萃》，故曰"有位"而"无咎"。九五当位于互坎（四至上互有大坎），坎为孚，九五在乾，乾为元，"元"则有利于占测之事，故有"元永贞"之象，那些悔恨之事也随即消失。

上六，赍咨涕洟，无咎。

上六，带着咨嗟哀叹的声音痛哭流涕，可以免于灾祸。

赍（jī）咨：咨嗟哀叹。一说指把资财送给别人。赍，送给。咨，通"资"，即资财。涕洟（tì）：哭出的眼泪、鼻涕。

古来对此爻总有两解，一是"赍咨"释为咨嗟哀叹，上六在兑，兑为口；下应六三，六三在互艮，艮为鼻、为手，三至五互为巽，巽为入，又坤为丧、为财。如此，我们就可以看到：丧、财、鼻、口、入、手，连在一起，就有了"赍咨涕洟"之象。二是拿着资财参加丧礼，一把鼻涕一把泪地哭着，于丧致哀，当然是"无咎"。

【解读】

《萃》卦六爻，六二柔中居正，上应九五，正应了《象传》之所谓"刚中而应"，所以"无咎"；六三失位无应，无应、无聚则"无攸利"；九四虽不当位，却能上近尊五、下应初六而得"大吉"；九五因为尚未取信于民，所以要自修其德以求"悔亡"；上六求聚无得，故以泪水洗面表达诚信，其终"无咎"。

《萃》卦想要表达的第一个意义就是"亨"。在《易经》里，"亨"无疑是出现频率最高的几个字之一，它的基本意义主要有二：一同"享"，指祭祀、奉献；一指亨通顺达，即《乾》之《文言》所言"亨者，嘉之会也"，《坤》之《文言》所讲"品物咸亨"。《萃》卦的卦象就是一件由有关"亨"——祭祀的事情引起，这样的事在当时是君王经常要做的。按《左传》的说法，"国之大事，在祀与戎"，可见当时在两件最重要的国家大事里，祭祀还列在战争的前面，是第一位的。再看在《论语·述而》里记载："子之所慎，齐（斋）、战、疾。"由此可见，孔子所慎重对待的事里，祭祀也列在战争与疾病之前，而且《论语》记载孔子在参与祭祀时的态度也是"祭神如神在"的。在《尚书·洪范》里所列出的治国理政之"八政"："一曰食，二曰货，三曰祀，四曰司空，五曰司徒，六曰司寇，七曰宾，八曰师"中，祭祀也列在第三位。《萃》的卦象既有"亨"的情景，也表达了君王来到庙里祭祀神明想要达到"亨"的效果——将众"嘉"荟萃，并亨通顺达。将《萃》卦的卦辞连起来看，就是君王来到庙里祭祀祖先和神明，在种场景中有利于出现并见到"重要人物"；当君王献上祭品时，最好用上大的牲口当祭品，这样就会吉利，有利于出入往来之事。

　　从卦象上看，《萃》卦下坤为地，坤为顺，上兑为泽，兑为悦，"泽上于地"，又《萃》卦还互有巽（三至五）、艮（二至四），巽为花木，为长女；艮为山，为少男，这就有了"会聚"所必须的条件。在文字方面，一看到"萃"，我们就会想起人文荟萃、出类拔萃，总之要聚集能量与力量，而要聚集、荟萃能量与力量，就必须要有"刚中而应"的方法和"顺以悦"的态度。在生活实践与社会活动中，没有"刚中"则无所"应"之，也无以"应"之；而没有"顺从"的心量，既不能让自己欢悦，也不能让别人欢悦，也就无从谈起《萃》卦所谓的"聚"了。由"顺以悦"的情理到"顺天命"的道理，都是为了"聚合"与"荟萃"。这就正好因应了《彖传》的"观其所聚，而天地万物之情可见矣"的"情"。《易经》六十四卦里最讲究聚合的就是《萃》卦，它启示我们：顺从会聚合力量，使人感到快乐。

　　《萃》以"顺而悦"的情景和"刚中而应"的形势，不仅使得万物来聚，而且使得"聚以正"。也正是基于这样的情景和形势，使《萃》象具有两种利益：一为"利见大人"；二为"利涉大川"。《系辞传》曰："方以类聚，人以群分。"《萃》所言的会聚之道，就事理而言，为自然法则；以事情而言，则为"顺以说""顺天命"。正如《彖传》之所言："顺以说，刚中而应，故聚也。"《水浒传》里梁山泊上的"聚义厅"的"聚"就是根据《萃》卦而取名的。举凡天下起事者，首要的前提就是"聚"，没有聚集、聚合一定的人力、物力、财力，就无以得势。没有项梁招纳的江东八千子弟，聚合了江东英杰之才，他的侄子项羽也称不了霸王；《三国演义》里的袁绍召令"十八路诸侯"讨伐董卓是"聚"，刘备"三顾茅庐"也是"聚"。

　　综观《萃》象及其爻辞，可见圣人设此卦象的本意在于启示人们：萃聚本为天下之难事。《萃》象中也生出一个自然法则来——下有地，上有泽，有泽则有水，泽水润于地，则地能生长万物，万物生而相聚。此为《萃》卦之本象，而《象传》则从象中分析出"顺以悦""聚以正"的道理，使得原有的自然情态升华出理性的光辉，并因此使《萃》有了社会关系的本质内容。其实，"聚以正"这只是圣人对"萃聚"的理想，社会现实则往往与此相反，所以在《萃》卦这样热烈喜悦的情景中，《象传》还是说"除戎器，戒不虞"，提醒人们要"整理兵器，以戒备那些意料不到的危险"。正如《系辞传》所言："作《易》者，其有忧患乎？"

【案例】

一

　　如果把六三向往九五，虽有"小吝"而终"往无咎"的情况比作君臣关系，就可以预示着君主未必乐于接纳臣下的意见，但是只要臣下有一种尊崇的态度，君臣之间还是能聚合在一起的。

　　如唐初的"玄武门之变"，李世民杀兄即位后，仍然能重用原太子手下的人才，如原太子洗马魏徵。"玄武门之变"后，唐太宗严厉斥责魏徵："你为什么要离间我们的兄弟关系呢？"魏徵从容不迫地说："如果皇太子当初听了我的忠告，一定没有今天的祸事。"听魏徵这样说，李世民不仅没有震怒，反而甚喜，于是封魏徵为主簿，相当于今天的最高秘书长，后来又改任谏议大夫。唐太宗励精图治，经常在内宫召见魏徵，向他咨询政事。魏徵有经邦济世之才，堂堂正正，遇事总是能直言切谏。一次李世民赐宴大臣，喝得半醉，对魏徵说："我有时不听从你的进谏，问你话，你也不吭声，这是为什么呀？"魏徵说："我认为某件事不可做才进谏，如果陛下还未同意，我就应声，恐怕陛下会误认为那件不该做的事又可以做了。"李世民听后大笑道："别人说魏徵行动傲慢，我却看他妩媚可爱啊！"魏徵死后，唐太宗亲自去向遗体告别，痛哭流涕。他感慨地对侍臣说："以铜为镜，可以正衣冠；以古为镜，可以知兴替；以人为镜，可以明得失。魏徵去世，朕永远失去了一面镜子啊！"

二

九四全应了"乘承比应"的道理，如此和谐美好的关系，让我们想起齐桓公、鲍叔牙与管仲的故事。起初，鲍叔牙辅佐公子小白，管仲则辅佐公子纠。为支持公子纠继位，管仲曾以箭射小白，小白诈死，管仲带着公子纠不急不忙地回到齐国，结果小白已经提前赶回国继位了，这就是齐桓公。鲍叔牙向他举荐管仲，齐桓公念念不忘一箭之仇，鲍叔牙劝道："难得的是臣下忠于其主啊，如果你重用了管仲，以他的加倍忠心和才能，可以替你射得天下，岂止射钩可比呢？"在鲍叔牙的力荐下，齐桓公决定不计前嫌，任用管仲为相。管仲在齐国推行了一系列的改革，压制住受宠的易牙、竖刁、常之巫、卫公子启方等奸佞之臣，成就了齐国的霸业，而齐桓公也成为"春秋五霸"中第一个霸主。这里，管仲与鲍叔牙，就是"比"的关系；管仲与桓公的关系就是承与比的关系；而管仲与易牙、竖刁等佞臣的关系就是"乘"的关系。正是因为处理好了这些复杂微妙的关系，管仲才能游刃有余地治国理政，使齐桓公"九合诸侯，一匡天下"而成为霸主。

大地滋养生命欣欣向荣地生长

升

第四十六卦

≣

元亨。用见大人，勿恤。南征吉。

《升》卦象征着上升：大为亨通，宜出现大人，无需担忧，向光明的南方行进就能获得吉祥。

《升》，卦名，巽下☴坤上☷。巽为木，木生地中，必有生长上升之势，故曰"升"。巽为人，坤为顺，入而顺，故曰"元亨"。因五失位在坤，三以上皆阴柔晦暗，故出现大德之人则"勿恤"。坤主西南，《系辞传》曰："易，逆数也。"由坤逆数则至于离，离为日，主南方，顺生而见"日"则可以生长而"升"，故曰"南征吉"。又南方为火，坤道阴暗，上卦过于阴柔，故宜往南方光明之地。

初六，允升，大吉。

初六，宜于上升，大为吉祥。

初六失位于《升》，上无所应，如此看来，"吉"则已甚，可为什么它竟然要比当位相应的其他各爻还要"吉"，而且是"大吉"呢？首先，《升》的卦主在初六，因为《升》的前提需要有种子、根苗深植于土中，初六于下巽而言，就是种子、根苗，于上坤而言，就是播种扎根所必需的土壤。因此不能按一般的卦理来推理是非，而是要从天道与物理的自然规律来看吉凶，初六显然就是顺应了这个自然规律。入于下而升于巽、承于上，才有了《升》，如果没有初六，其他各爻也就无从"升"起。

九二，孚，乃利用禴，无咎。

九二，若心存诚信，即使是祭品微薄也能达到祭祀的目的，没有灾祸。

禴（yuè）：《周易集解》曰"薄祭也"。

祭祀是国之大事，九二因上应于五，故"利用禴"。虽禴祭微薄，然其刚中而有诚信之德，故虽薄也"无咎"。《尚书》曰："至治馨香，感于神明。黍稷非馨，明德惟馨。"实际上，古人祭祀过程的真正用意，不是为了满足神享于"馨"，而是在培养人们的诚信之德。

九三，升虚邑。

九三，上升至山丘上的城邑。

虚：同"墟"，山丘。

九三在巽上，尽其巽入之心，巽为高。九三又在互震之初（三至五互为震），震为动、为足，动而上应上六，上六在坤，坤为邑。九三当位有应，上应则"入而顺"；又居巽上互兑之中，有"入而悦"之象。

六四，王用亨于岐山，吉，无咎。

六四，君王来到岐山祭祀神灵、祖宗，吉祥，没有过错。

三至五互有震象，"震仰盂"，有盛献祭品之形；震为长子，长子主祭祀。君王在岐山奉献上祭品来祭祀神明，当然是一件吉祥的事。六四当位居正，虽无应于下，然能率众阴以升，故"无咎"。

六五，贞吉，升阶。

六五，做事吉祥，如沿着阶梯步步上升一样。

《升》下有巽，巽有入而升高之象。又，三至五互有震象，震为足、为动，坤为地，足动于地上而"升高"，故有"升阶"之象。

上六，冥升，利于不息之贞。

上六，在昏暗中上升，有利于永不停息地生长。

冥：幽深阴暗。

《升》上为坤，上六为阴，又处在晦阴冥暗之地，故曰"冥升"。古人以为阴用事为消，即阴消灭阳；阳用事为息，即阳除去阴。上六虽处在幽深晦暗之地，然下有九三为应，九三为阳，又在巽中，巽为入，阴入至之阳中，故有利于生生不息。

【解读】

《升》是一个开拓、发展性的卦，入而行，行而顺，地中生木，生而升之，升而顺之，仿佛给人以一顺百顺的舒畅感。大地以喜悦之情滋养着生命，使其欣欣向荣，所以较之其他的卦而言，《升》全卦无一凶字，更无"吝、咎、悔"字样。二与五相应，三与上相应，阴阳相交，合和融通，所以卦辞有"元亨"之庆并有利于出现高尚伟大的人物，处在这种景象中的人们当然也就无需担忧什么，而且如果向南出发做事，一定是吉利，至于六五之爻更让人感到有阶阶高升的喜悦。卦辞以"南征吉"来喻指生命需要阳光的温暖。《象传》以"柔以时升"来说明"升"因时来，不能强求。从卦象上看，生长是一个持续不断的过程，也是一个积小成大的过程，所以卦中六爻皆有向上演进的情境：初六能顺着阳气上合"升"道，所以"大吉"；九二以阳居中，上应六五，"孚"而"有喜"；九三身在巽之上，巽为入，又在互震之下，震为动，上应上六，上六在坤上，坤为顺，于是入而动，动而顺，因此上升得很顺利；六四若以诚心顺事于上，就可以"吉"而"无咎"；六五能阶阶上升，"大得"其志；上六于"冥晦"之中上升，升而有道，也无大碍。

　　总体而言，因为"升"所表达的卦象符合天道自然，也就基本没有不好的爻象。其中以初六最吉，尽管失位于下，但是它处在顺利上升之位，以"入"象为《升》卦创造了一个基本前提，成就了"顺"而上升的有利条件。入而能顺，顺则能"升"，"入"势与"顺"情二者共同形成《升》卦的本质特征。

　　在《升》卦各爻相应的《象传》里，还有一种微妙美好、兴会有趣的文学体验：

　　　　初六：上合志也。

　　　　九二：有喜也。

　　　　九三：无所疑也。

　　　　六四：顺事也。

　　　　六五：大得志也。

　　　　上六：消不富也。

这些判断句式，排比整齐，音韵和谐，而且都奋发昂扬着一种欣欣欢喜的进取上升的正能量。

　　就卦象而言，"入"与"顺"象征着欣欣向荣的自然情态，而卦辞却将自然情态中的动人情景融入人的行为特征中，因而有了"利见大人"和"南征吉"的大顺大利的局面。从天道与人事的对应关系看，其中既蕴涵着圣人心系民生的深情，同时，入而顺的自然情态还启示

人们培养恭顺谦逊的美德。通过对卦辞和爻辞的分析,《升》卦给我们以下几个方面的启示:

其一,"先入为主","先下后上"。《升》卦给人们以生长的希望和前景,但这种希望和前景必须有一个前提,就是先要把幼苗和种子置入土中。从位置关系来看,就是要"先下后上";就卦象关系而言,就是先入而后顺。我们愿意理解和接受这种道理,可是在实际生活中,大多数人只愿意"上"而不愿意"下";对于"顺"没有丝毫的顾虑,而对于"入"却顾虑重重。结果,没有"下"的艰辛,也就永远地失去"上"的机会;犹豫迟缓于"入",也就永远地失去了"顺"的前途。

其二,先民在《诗经》里讲:"梧桐生矣,于彼朝阳。""湛湛露斯,匪阳不晞。"《升》卦没有"离"日之象,有的是"坤"之纯阴,但卦辞里却提出"南征吉",这是因为坤主西南,按照《系辞传》"易,逆数也",由坤逆数则为离,这样就有了主南方的"离"日之象。"日"见则可以生长而"升",这就是《升》卦意义产生的根据。"万物生长靠太阳",因为太阳象征着力量,象征着光明!

其三,"允升"与"大吉"的关系。允,即诚实、诚信。在"升"的过程中,坤不仅为生长提供了一个"虚"的空间,也造就了一个"虚心"的人格。从情理上讲,"虚"的空间是生长的条件,"虚心"的情怀是诚信的前提。我们很难想象,一个"满"的空间如何能再生长出新的东西来;同样,我们更难想象,一个不虚心的人怎么可能涵养诚信的品德。

【案例】

据《洞林》中记载,郭璞曾经筮得《升》之《比》,《升》的二、三、

升	比

```
      升                              比
     ▅▅ ▅▅ 癸酉 官鬼       应 ▅▅ ▅▅ 戊子 妻财
     ▅▅ ▅▅ 癸亥 父母          ▅▅ ▅▅ 戊戌 兄弟
   世 ▅▅ ▅▅ 癸丑 妻财          ▅▅▅▅▅ 戊申 子孙
     ▅▅▅▅▅ 辛酉 官鬼       世 ▅▅ ▅▅ 乙卯 官鬼
     ▅▅▅▅▅ 辛亥 父母          ▅▅ ▅▅ 乙巳 父母
   应 ▅▅ ▅▅ 辛丑 妻财          ▅▅ ▅▅ 乙未 兄弟
```

五爻因动而变。因为六五爻动变，上卦就变为坎。郭璞就因本卦与变卦而推断这个卦象有"和气氤氲感潜鸿"之象。

在此，郭璞并没有通过卦象占筮吉凶祸福之类的事，而是通过筮得的《升》卦的卦象观察到"和气氤氲感潜鸿"的情景。但是，究竟郭璞是如何观察到"和气氤氲"的，前人并无论证，而对于如何"感潜鸿"则多有议论。或以为《比》之上坎伏有离象，离为雉，雉类"鸿"；或以为《比》之三至五互有艮象，因为按《说卦传》，艮为黔喙、鹰隼之类，故"艮为鸿"。这些说法均从卦象方面来观察问题，多有可取之处，但是这并不是郭璞的完整思路，也没有完全说明郭璞的真正意图。

现依据前人推断的思路继续做一下说明：

首先，郭璞的真正意图是在肯定这个卦的卦象是吉利的。其吉利的原因并没有从卦爻辞来解释，而是从卦象中看出了一种"和气"。因为郭璞筮得的《升》卦，其二、三、五爻动而有变，阳变阴，阴变阳，则意味着阳中有阴，阴中有阳。再者《升》下为巽，巽为入，上为坤，坤为顺，由下自上，入而又顺，基于对这些卦象的认识，因而推断出"和气"来。

其次，《升》变为《比》，则《比》下为坤，坤为地，《比》上为坎，坎为水，地上有水，则有气，阴阳交感，则为"和气"。

　　第三,《升》之下卦为巽，按《说卦传》，巽为鸡，为禽类，类如鸿。"和气""潜鸿"意味着春意升发、激情昂扬的景象和进取精神。

　　当然，若对应人事，则应当从具体的爻位解释清楚。因为《升》之二、三、五爻均动而有变，究竟从何爻解释意义呢？通过分析比较，我们可以看到,《升》卦的五爻变后又为《比》卦之主，故取意当以五爻为主，因五为父母爻，从纳甲法与卜筮常识来看，父母象征着信息、文章等方面的事。结合"和气""潜鸿"等卦象，则可知郭璞解释的对象是与信息相关的事情。

总是陷在苦难中的人生是悲惨，从未经历苦难的人生是失败

困

第四十七卦

䷮

亨。贞，大人吉，无咎。有言不信。

《困》卦象征着困穷：亨通。对于有德的大人而言将是吉祥的，没有灾祸。在困难的时候有所言未必能受到人的信任。

《困》，卦名，坎下☵兑上☱。困，困厄穷艰。就卦象来看，九二困于两阴之中，陷而入险，此为一困；六三至上六成大坎之象，困九五于其中，此为二困；九四不当位，动则变，变则上卦成坎，仍然陷九五于险中，此其三困；水困于泽下而不能出，此为四困。卦虽为困，然卦中阴阳相感而通，故曰"亨"。九五以阳刚居中处正，变通而有应，故曰"贞大人吉"。兑为口，有言语之象；乾为实，乾为天，天道有"信"，兑成则乾道毁，故曰"有言不信"。

初六，臀困于株木，入于幽谷，三岁不觌。

初六，臀部被木棒击打，陷入幽谷之中，三年不见露出面目。

觌（dí）：见，看见。

初六失位而上应九四，九四在互巽（三至五互为巽），巽为股，类如臀；坎为荆棘，巽又为木，故曰"臀困于株木"。坎为水、为沟渎、

为隐伏，巽为入，故曰"入于幽谷"。二至四互为离，离为目，按先天八卦的数理逻辑，离为三，故曰"三岁不觌"。

初六的爻辞可以看成一个故事：一个人犯了罪被抓住，屁股挨了打，又被关进幽谷一样又深又黑的监狱，三年不见天日。按《周礼·秋官》："凡害人者，上罪三年而舍，中罪二年而舍，下罪一年而舍。"初六在《困》中的"失位"说明他是犯了重罪，所以被监禁了三年。

九二，困于酒食，朱绂方来，利用享祀，征凶，无咎。

九二，困于酒食之中，穿着红色祭服的人就要来到，是有利于祭祀的。至于出征则会出现凶险，但是没有大的灾祸。

绂（fú）：绂本为蔽膝，缝于长衣之前，为古代礼服的服饰。这里指祭服。

九二在坎中，坎为水，如"困于酒食"之中。九二在互离，离为红色，三至五互为巽，巽为绳，二者并视，则类如"朱绂"。巽为入，故曰"方来"。坎为险，故曰"征凶"。

六三，困于石，据于蒺藜，入于其宫，不见其妻，凶。

六三，困在巨石下，手攀附在刺多的蒺藜上，回到自己的家后，妻子不见了，有凶险。

蒺藜（jí lí）：一种植物，果皮有尖刺。这种植物的果实也称蒺藜。

九二失位，变而得正，则二至四互为艮，艮为石，六三身处互艮，又在坎险之中，故曰"困于石"。坎为荆棘，类如蒺藜，故曰"据于蒺藜"。艮为宫室，六三在互巽，巽为入，故曰"入于其宫"。巽为长女，故有妻象。六三失位，上无所应，故曰"不见其妻"而为"凶"。

这一段我们同样可以当一个故事理解：一个人犯了罪，被拴在石头上，后来又被关进围着蒺藜的监狱里，等到刑满释放后，回到家里，妻子已经不见了，这可真是又苦又凶险的事啊！

九四，来徐徐，困于金车，吝，有终。

九四，缓缓前来，受困于一辆坚固的车中，有困难，但是最终还是会有一个好的结果。

金车：指九二。九二以阳居阴，刚德过盛，位居坎中，坎为车。车过刚，喻其坚固。

九四有应于初，然为九二所阻，又要历坎险而至，故"来徐徐"。

九四失位，也象征着一个犯罪的人。他被关进一辆囚车里，慢慢地走在路上，这是一件应该悔恨的事，不过，最终他被释放了。

九五，劓刖，困于赤绂，乃徐有说，利用祭祀。

九五，遭受削鼻断足的刑罚，受困于赤绂之中，渐渐地摆脱困境，有利于举行祭祀。

劓（yì）：割鼻子的刑罚。刖（yuè）：砍掉脚的刑罚。

九四失位，动变得正，则三至五互为艮，艮为鼻，但因失位而艮象灭，故有劓鼻之象。兑为毁折，九五在互巽之上，震伏巽中，震为足，伏于巽则不见足，故有"刖"刑之象。巽为绳，类如"绂"，兑为说，"说"通"脱"。九五为君王，祭祀为君王国事，故曰"利用祭祀"。

上六，困于葛藟；于臲卼，曰动悔有悔，征吉。

上六，受困于藤葛蔓藟之间，受困于摇动不安之中，动则悔而又悔，若出征敌寇则获吉利。

葛藟（lěi）：一种葛藤植物。臲卼（niè wù）：动摇不安的样子。

兑有反巽之象，又上本应三，三至五互巽，巽为木，类如葛藟。因其当位而无应，故而"臲卼不安"。可是如果动变则失其正，失正则"有悔"，若以阴从阳而"征"，则上至九二互为《革》☲象，故而"征吉"。

【解读】

《困》下卦坎，上卦兑，坎为水，兑为泽，水本应在泽上，而《困》则水在泽下，故《象传》曰"泽无水"。又，坎为险，兑为悦，故《象传》曰"险以说（悦）"，即面临着险境而心中愉悦。"泽无水"的原因是阳刚为阴暗所遮掩，这是《困》象的主要特征及其内容。卦之九二与九五均为阴气所困，因而整个卦少有吉相，唯上六当位于《困》境之极，故可以于悔中"征吉"，余则或困而有凶，或困而有穷。六三既失位无应，又乘刚受困，是六爻中最凶的一爻。

对于君子，受困遇险之时，更应保持坚定的信念和决心，不惜以生命为代价来实现自己的志向，也即《象传》所谓"致命遂志"。君子处"穷"之道，当如王勃所说"穷且益坚，不坠青云之志"，而小人则会为穷所困。孔子失意于卫灵公，又饿于陈国时，子路愤懑不平，对孔子说："君子亦有穷乎？"孔子回答说："君子固穷，小人穷斯滥矣！"诚如《系辞传》之所言："困，德之辨也。"由此可知，人皆有受困之时，圣人是以《困》卦来警诫世人：困穷并没有使万物处于穷途末路，而是给了人们一个考验意志的机会。

相对于爻辞，卦辞中多了一层"有言不信"的意思，《象传》将其解释为"尚口乃穷也"，也就是多言而导致困辱。《困》之"尚口"多言在《论语》即所谓"未见颜色而言"，是遇险而妄言。孔子就提倡"君子欲讷于言，而敏于行"，又说君子"敏于事而慎于言，就有道而正焉"。《诗经》中有云："白珪之玷，尚可磨也；斯言之玷，不可为也。"意思是白玉上的污渍还可以磨去，言语方面有"污渍"，就磨灭不了。这正与《困》卦所警示的"尚口乃穷"相应。孔子的学生南容常常反复吟诵这句诗，孔子很欣赏他的敬慎于言，后来就把自己侄女嫁给了他。

总之，《困》卦"泽无水""险以说"的卦象包含着深刻而又实用的智慧，它启示人们处于困境时要保持坚定信念与乐观态度，不能向困难低头，同时于险境中更要慎言，谨防"祸从口出"。

【案例】

一

据《左传·襄公二十五年》记载：春秋时期，齐国有一个美女，姓姜，因为嫁给了棠邑大夫，被称为棠姜。后来，棠邑大夫死了，棠姜的弟弟带着权臣崔杼前去吊丧，崔杼看到棠姜貌美，就想娶她为妻。但崔杼与棠姜同为姜姓，按照同姓不婚的规矩，不能结婚。崔杼就占了一卦，遇到《困》卦六三爻动，变为《大过》卦。占卜的史官们为了奉承崔杼，都说这是吉卦。当他给陈文子看时，陈文子以为《困》六三爻变，这样《困》之内卦就由坎变为巽，按《说卦传》，坎为中男，坎变巽，巽为风，前后形成"夫从风"之象。巽为长女，内卦位置在下，所以，又有"风陨妻"之象。据此卦象，文子认为："不可娶也！"接着，他进一步引证《困》六三爻辞"困于石，据于蒺藜，入于其宫，不见其妻，凶"讲解说："'困于石'的意思是说，你所做的这件事是不好的；'据于蒺藜'的意思是说，你所依靠的东西会使你受到伤害；'入于其宫，不见其妻'的意思是说，你将来会因此失去一切，无家可归。"但崔杼色迷心窍，不听陈文子的解释，说："一个无夫之妇能有什么害处！即使是有，这些凶险也让她原先的男人都承受过了！"遂娶她为妻。后齐庄公与棠姜私通，崔杼杀死庄公，立庄公弟杵臼为景公，自任右相，与左相庆封共同执政。两年后，崔杼的几个儿子争嗣，庆封乘机灭了崔氏，其妻自杀身死。崔杼看到自己家破人亡，也上吊自杀了。

崔杼之败，非败于女色，实败于祸国乱政。其实，在现实生活中，我们每个人都有可能遇到《困》卦，但是大多还是活得好好的，而且还会好好活下去，为什么呢？因为大多数人都愿意做"困而不失其义"的好人！

二

纪晓岚幼年时应试乡举。试前，他的老师为他筮算考试的前景，筮得《困》☷之六三动而变为《大过》☱。老师说："结果可能不吉利。"纪晓岚说："不是这样。《困》之六三爻不是说'困于石，据于蒺藜，入于其宫，不见其妻，凶'吗？现在我尚未婚娶，还那有什么妻子可见呢？既然是无妻可见，那么就是没有人和我相配，说不定我还有可能中解元呢。所谓'困于石者'，或者是说第二名姓名中有石字或石旁。"待到榜发后，纪晓岚果然考中了第一名，第二名真是姓石，第三名姓米，"米"字形象蒺藜。

由此可见，同样是对《困》六三的爻辞，纪晓岚就与他的老师得到完全不同的理解。纪晓岚的老师根据《困》之六三爻动，就六三爻辞的意义判断其考试的结果不吉利，可是六三爻辞所谓的不吉利的意义与考试没有一点联系。以纪晓岚的聪明当然不相信这样的判断，而是从卦象上看到"吉利"的一面。所以爻辞所当的事，可以验之以象，不可验之以理，古人以为"《易》为卜筮作，不为义理作"，说的就是用《易》卜筮时，要从卦象占验事情，不能从义理上牵强附会。

村中有井人丁旺，屋内有井人败亡

井

第四十八卦

改邑不改井，无丧无得。往来井井。汔至，亦未缡井，羸其瓶，凶。

《井》卦象征着水井：城邑是可以改变的，井是改变不了的，即使是我们每天汲取许多次，井里的水也不见多，也不见少。就这样，我们天天上上下下地从井里汲水养活着人们。如果井里的水干涸了，或者是我们没有汲水，或者我们汲水的瓶子破损了，这都是凶险不吉的事。

《井》，卦名，巽下☴坎上☵。《井》下卦为巽，巽为入、为绳、为木，上卦为坎，坎为水、为陷。木因绳索而入于水下，故有井中汲水之象。汔（qì），本义为干涸，引申为即将。缡（yù），汲水的绳索。羸（léi），通"儡"，丧败，损毁。

初六，井泥不食，旧井无禽。

初六，井下淤泥沉滞，不堪食用。水井破旧不堪，就连禽鸟也不愿光顾。

初六失位不正，居于《井》下，如同井下之"泥"。淤泥浊滞，使井水不可食用，这和那些废弃不用的旧井是一样的。那些旧井因为久而不用，就连鸟也不会栖在井台上，更何况是人？

九二，井谷射鲋，瓮敝漏。

九二，在井中容水处射击小鱼，结果射穿了汲水用的瓮。

鲋（fù）：小鱼。谷：井中容水之处。

九二在巽，巽为鱼；二本该上应五，但九二与九五皆为阳爻，不能相应，则阳阳"相敌"而射之；坎为弓，三到五互为离，离为箭。以上的几个卦象连贯在一起，就有了"井谷射鲋"之象。离为贝、为大腹，类如"瓮"，二至四互为兑，兑为毁折，瓮被错射，故"瓮敝漏"。

九三，井渫不食，为我心恻。可用汲，王明并受其福。

九三，水井中的淤泥被掏干净，但还是没有人食用，这使我心中深感凄恻。可汲取饮用，只有遇到圣明君王，才能使众人同受其福禄。

渫（xiè）：除去污泥。

九三当位有应，上应上六，三至上互有水火《既济》☲之象。五与三同功，俱当位而正，九五为王，三至五互为离，离为明，故曰"王明"。相比于初六的"井泥"，九三已经是除去井泥，但是清澈的井水仍然得不到食用，就像德才兼备的人不被任用。人们同情他们的遭遇，更希望他们能知遇明王得到任用，使众人共同得享福祉。

六四，井甃，无咎。

六四，用砖瓦砌好井壁，就没有过错和灾祸。

甃（zhòu）：用砖瓦砌的井壁。

六四当位，然初六失位，与四不能相应，则六四只有用砖瓦来修建好井壁。

九五，井洌，寒泉食。

九五，井水清澈，寒冷的泉水可以食用。

九五当位中正，位列坎中，坎为水。井水经九三"渫"清、六四修整后，至九五则清洁可食。

上六，井收勿幕，有孚元吉。

上六，汲水后收起井绳，不要将水井口覆盖上，此时心怀诚信，就会大为吉祥。

收：汲水后收起井绳，指汲水结束。幕：覆盖。

汲完水后不要再盖住井口，这样自己和别人都可以往来不断地取用。上六为卦中最为吉利的一爻，因为修井与修德皆获大成而"元吉"。

【解读】

《井》在六十四卦中有两个明显的特征：其一，在表达方式上异于其他的卦象，其他的卦象总是用理喻物，即将义理蕴涵在具体的卦象中，而《井》卦则是以物喻义，即以具象的"井"来比喻抽象的义理。其二，它是六十四卦爻中唯一进入人们日常生活中的情景，"水"为养命之源，"井"遍布村村寨寨，进入活生生的庭院。《周礼·秋官·野庐氏》："宿息井树。"郑玄注曰："井共饮食，树为蕃蔽。"陆游诗云："井地以养民，整整若棋画。"在农村生活的情景中，我们还可以时常想象"小桃无主自开花，烟草茫茫带晚鸦。几处败垣围故井，向来一一是人家"（戴复古《淮村兵后》）。井水养人，绿树为荫，草舍芦亭，在恍如桃源的农家村居里，有了井，一院落、一村、一寨就有了生命；有了井，就了生活；有了井，就有了景，也有了情。孔颖达疏《周易正义》曰"井之为义，汲养而不穷"，"往来井井，无丧无得"，形象而生动地概括了"井象"所蕴涵的"井德"。但是有着如此至善至美的情景的《井》，却有着"井渫不食，为我心恻"的凄然无奈的悲怆，令人想起那些如辛弃疾《水龙吟》中"把吴钩看了，栏干拍遍，无人会，登临意"的德才兼备的英雄志士、仁人君子，他们期待"王明"的痛苦心情，就像孤独凄凉的井一样，在清寒寂静中成为人们凭吊的往事。当然，我们还看到"井养无穷"与"井收勿幕"的开明与慷慨，这样也就不会使我们对于今天及明天的希望过于悲观。诚如王安石《九卦论》中所云："君子之学，至乎《井》《巽》而大备。""井"水中所涵养的岂止是村落民居中的生命，更涵养着中华民族赖以生存的君子之德："上善若水"与"智者乐水"。

"《易》者，象也"，《系辞传》说圣人"仰则观象于天，俯则观法于地，观鸟兽之文与地之宜，近取诸身，远取诸物，于是始作八卦，以通神明之德，以类万物之情"，《易》最初并没有文字，更没有现在我们看到的作为经文的卦爻辞，所以在某种意义上，《易》从根本上讲就是"象"。六十多个文字也许可以标示"六十四卦"，但那只是"标示"，不是概括，也不能概括。据《左传》记载：晋平公继位执政后，按照当时的礼仪，他派韩宣子到鲁国聘问致礼。韩宣子在鲁国看到了《易象》和《鲁春秋》，于是他感慨道："周的文化和礼仪在鲁国才得到真正的体现。我今天总算懂得周公的德政有多么的伟大，同时，也懂得了周为什么可以统一并统治天下了。"由此可见，《易》本来就是"易象"。也许那时六十四卦还没有完全固定的卦爻辞，它的意义主要是以卦象的方式象征性地描绘着一种情景，并通过描绘这个情景的元素——阴爻和阳爻的结构和位置关系来启示人们揣摩、推断"吉凶悔吝"的道理。但是，在六十四卦里真正并完全以"象"的方式展现的只有两例，一是《鼎》卦，一是《井》卦。又因为在六十四个卦象里，"井"滋养着人，"井养而不穷"，因此《系辞传》说"《井》，德之地也"，意即井能以水养人，君子应养德以济民。具体则如王弼注所说："井，以不变为德者也。"井"德"即恒常"不变"，井的"无丧无得"即为"德有常"，"往来井井"即为"不渝变"，如卦辞所言"改邑不改井"，换言之，就是说城邑可改，而德不能改。

"改邑不改井"也总能引起人们"物是人非"的伤感，井则成为人们"慎终追远"的文物。古代有村落、城镇的地方总是有井。据《温州府志》载，东晋时，郭璞为永嘉郡城选址时，登上西北的山峰察看地形，发现有几座山峰像北斗七星，于是就绕山筑城，以防止贼寇入城，筑好城后，为了应象于天，取法于地，又凿了二十八口井，以对应天上二十八星宿。于是郭璞为这座城命名为"斗城"，以利防守，保护安全。即使在现在，在江南的民居村落里，凡有人家起了新房子、新院落，总是打一口井来象征一户人家的存在。在长期的民风传承中，打井的方位也有着明确的文化解释，即打井一般在西方白虎方向，这主要是因为西方为金，金生水，五行是相生的。同时，打井时，还必须要错开子、午、卯、酉"四正"之方向。井水是地下水，属性为阴，因此，不能紧靠着屋前打井，更不能把井打到屋里。"井水不犯河水"，因此，打井时还要远离河水，主要是防止河水涨水时会淹没并污染了井水。打井也不能对着大门口，"塘连塘，没了少年郎"，"前不守塘，后不开窗"，也就是在院子里，大门、房子的正前方不能打井，正屋后处的墙上不能开窗。时间流逝，人物变迁，"井"所包含的文化信息则被恒久保留传承，"有常""不渝"。

【案例】

一

三国时的蜀国大将魏延，原本为是荆州牧刘表的部将，后随刘备，勇猛善战，屡建功绩。刘备欣赏魏延的有勇有谋，提拔他为镇远将军、汉中太守督守汉中。当刘备召集部属商议如何抵挡曹军来袭时，魏延坚定而自信地回答："如果曹操以全部兵力倾巢而来，我为大王抵抗，把他们拒之门外！如果曹操派将军带兵十万来进攻，我替大王一口吞了他们！"刘备听了连连点头称"好"。刘备去世后，诸葛亮出祁山伐曹时，魏延向诸葛亮建议率部往斜谷攻击，而他自己率奇兵出子午谷直插长安，两路人马夹击曹兵。诸葛亮认为魏延的用兵过险，未采纳魏延的意见，使蜀汉失去了一次出奇制胜的机遇。更为严重的是，诸葛亮囿于"魏延脑后有反骨"的一己成见，始终不信任魏延。结果是在刘备麾下如鱼得水的魏延到了诸葛亮帐下就像"井泥不食"的废井一样。这样的情况在诸葛亮主持蜀国军政大权时，应该是一种普遍的情况，最终演变成"蜀中无大将，廖化作先锋"的窘境和遗憾，成为三国中最先灭亡的一方。

二

女皇武则天之所以能在众人的非议、反对、疑虑中稳定地治理大唐，最重要的原因就是她能唯才是举、知人善任，她选拔了一批诸如狄仁杰、姚崇这样的治世能臣。虽然她为维护自己的权力，鼓励告密，信任酷吏，但是另一方面，她也能起用刚直不阿、秉公办案的徐有功、杜景俭等人主持公道。当宽刑为治、不搞刑讯的徐有功在朝堂上多次严重拂了武则天的意，冒犯其天颜，武则天虽当时贬斥、罢免了徐有功，但终念其刚直无私、公正廉明，三度起用并坚持重用他。结合《井》卦的卦象和六四"井甃，无咎"的爻辞，武则天在治吏方面给我们的启示是：井水固然可以养人，得到井水固然重要，治理好井水则更为重要。如六四的"井甃"，如果没有用石木、砖块等砌好井壁，井水不仅不能滋养人，还是一种隐患和危险的存在。

为什么"革命"是因为象征着两个女人的卦象而发生

革

第四十九卦

䷰

巳日乃孚，元亨，利贞，悔亡。

《革》卦象征着变革：在祭祀的时候内心要满怀诚信，这样做就有大的亨通，有利于占测之事，那些悔恨之事也会随着祭祀的诚信而消失。

《革》，卦名，离下☲兑上☱。离为火，兑为泽、为水，水火相激，激而变，变则有所"革"。离为中女，兑为少女，二女同在一卦之中，如同居一室。"同性相斥，异性相吸"，"阴阴相斥，阳阳相敌"，同性相斥而有变。因象中具有变革之道，故曰"革"。

巳，通"祀"，祭祀，是古代社会的国家大事，也是常理。这里需要辨析的是，有的本子写为"己"，理由主要有两条：一是以"纳甲法"讲，"离纳己"；二是以为从"十天干"看，从甲数到己，"己"之后就是庚，"庚"者，更也。先辨析"纳甲法"：实际上在卦爻辞创作的时代，"纳甲法"还没有发明出来。再辨析"十天干"："己"后变"庚"，从甲数到己，并不是第五位，而是第六位，没有"变更"的理由；更何况，既然以"庚"强解为"更"，那么为什么卦辞不直说"庚日"而说"己日"呢？于此两点之外，我们再从卦辞本身看，如果用"己"日解，与"乃孚"的"孚"有什么关系？如果解释为"巳"，那就有理由了。孔子说："祭如在，祭神如神在。"祭祀需要"孚"的心理，也就是祭祀时人的心必要诚信，即人们说的"心诚则灵"。再看《象传》"巳日乃孚，革而信之"，如果以"己"解，这与"信之"又有何关系？

初九，巩用黄牛之革。

初九，用黄牛革牢牢地束缚其身。

巩：束缚物体。

《革》下为离卦，离为牛，二至四互为巽，巽为绳。初九上应四，四失位不能有应，如此初九就如同被黄牛皮牢牢地捆绑住一样，不能有所作为。

六二，巳日乃革之，征吉，无咎。

六二，祭祀后更改出征日期，出征则吉祥，没有什么过错和灾害。

巳：通"祀"，即祭祀。

六二上应九五，二者均当位中正。"国之大事，在祀与戎"，古人征战前要祭祀，祭祀一是为了问神明吉凶，二是选择出征日期。如筮出的日期不吉，就再筮改变出征日期，改变后，出征就吉利而"无咎"。

九三，征凶，贞厉。革言三就，有孚。

九三，出征远行则有凶，有危险。变革多次，已初见成效，就应当心怀诚信。

二至四互为巽，九三在互巽，巽为木；九三上应上六，二至上互为《大过》☰，其九三曰"栋桡，凶"。九三在互乾，乾为健行，健行上应上六，则"征凶"而"贞厉"。九三往应上六，遇九四、九五，阳阳为敌，九三遇重阳之阻，需多次革命方有成功。变革之道在九三才真正形成，故曰"革言三就"，这时，更应该坚持诚信。

九四，悔亡。有孚改命，吉。

九四，悔恨消失。心存诚信革除旧命，吉祥。

九四失位，动而变，变则四至上成坎，坎为孚，故曰"有孚"。上卦为兑，兑为言，类如命令，因九四动变，故有"改命"之事。因应而变，故"改命"则"吉"。

九四之变，应该是整个《革》卦最重要的一个环节。因为只有九四变后，才能六爻皆正而有应，才能如《象传》所言"革以当，其悔乃亡"，才能达到"变则通"的理想境界。

九五，大人虎变，未占有孚。

九五，大人的变革就如同老虎出现一样，面对老虎一样的王者之威，即使是还没有占测，就已经满怀诚信了。

九五为王者尊位，故为"大人"。九五在兑，兑卦在西，西方为白虎，九五有王者之尊，故曰"大人虎变"。

上六，君子豹变，小人革面。征凶，居贞吉。

上六，君子的变革像豹子的斑纹一样，而小人的变革则只是改变其颜面。此时若继续前行则有凶险，居以正位不动则吉祥。

上六在兑，兑象为白虎。九五是王者，故于革变为"虎"，上六为阴，次于王者，不敢言"虎"，豹类如虎，故以"豹变"比"虎变"。阴为小人，兑为小，故以"豹变"比喻"小人革面"。上六应九三，与九三应上六一样，互有《大过》，有"泽灭木"和"栋桡"之"凶"，故曰"征凶"。若不征而"居"，则因"当位"之正而"吉"。

【解读】

　　《革》中六爻：初九卑下，力量不足以革，为抑止其不当之革而用黄牛皮束缚其身。六二柔中得位，上应九五之君，故革之"无咎"。九三以"革言三就"形容革命的艰难曲折。九四"有孚"则"悔亡"，"改命"则有"吉"。九五以"虎变"之文章炳焕，来形容大变革的中正之德。上六居《革》卦穷极之地，有"君子"之变，守正则"吉"，有小人之革，然小人之"革"为"革面"，故"征凶"。就整个卦爻辞而言，《革》之六爻基本是无"咎"有"吉"，由此可见，圣人赞成变革的意志是明确而坚定的。

　　《革》卦在"水火相息"的变革因素冲击下，唯有九四不当位。革命的理由也正是因为这个不当位的九四爻象处在五个当位的爻象之中，其相互依存的事物发生了"水火相息"的对立情绪。革命形势和力量的对比是五比一；革命的力量以"物理"的结构产生，而人们的认识却将其对应于相同性质的社会关系；革命的经验是"汤武革命"，"革而当"。基于此，《革》之《象传》以"二女同居，志不相得"做比喻，形象而生动地揭示了变革的必然性和可能性。所有这些蕴涵在《革》中的意义，最终都集中在"变则通，通则久"的革命大义上。

　　《易经》的根本哲学观在于"变通"，而《革》无异是"变通"的典型。按《象传》的解释，《革》象是"泽中有火"；《象传》的阐释则有三层：用之于自然为"水火相息"，用之于人性有"二女同居"，用之于义理为"文明以说，大亨以正"。但是，"革"必须有前提：一是"革而当"，对此，《象传》一是举"汤武革命"为例，二是提出要因"时"而"革"。而且更为深刻的是，《象传》提出"顺乎天而应乎人"的变革原则，这既是变革的前提，也是变革的目的。

【案例】

据《魏书》记载：北魏高祖元宏意欲迁都洛阳，佯称要讨伐南方，于是诏令太常卿王谌筮算吉凶，筮得《革》䷰。高祖看着卦象说："这是汤武革命起事的卦。"朝上群臣听了，没有谁敢提出反对意见。任城王元澄说："革的意思就是更改，此卦象征着君王将要顺应天命和人心，革旧布新。如果是商汤王、周武王那样的伟大的君王得到这样的卦，就很吉利。陛下您现在统治天下，您的光辉已经普照人间几十年了。今天您想用卜卦的方法推测征讨的吉凶如何，可以称作是讨伐叛逆，不能称作是'革命'，因而不能算作是吉利的。"事后高祖向元澄解释了自己的真实意图，获得了元澄的支持。

按《革》卦的卦象，下卦为离，上卦为兑，自下至上，有光明至于愉悦的情景。虽然《革》卦有"文明以说"的吉瑞喜庆之象，也有"大亨以正"的堂堂正气，但是就元宏的行为本身而言，他所进行的不是"革而当"式的"汤武革命"，而是讨逆之事，"逆"是"逆"朝廷上的君王，但并不一定是"逆天行道"，因此元宏的征伐很难说是"革而当"，而"汤武革命"的革除桀纣则是"顺乎天而应乎人"的伟大义举。其实，这也说明了筮在中国古代的实践中并没有起到决定性的作用，它只是一种"决疑"的方法。如《论衡》记载："周武王伐纣，卜筮之逆，占曰：'大凶。'太公推蓍蹈龟而曰：'枯骨死草，何知而凶！'"事实上，中国历史上很多重大变革都是凭借一往无前的英雄气概和"革言三就"、百折不挠的革命精神而取得伟大成就的。

一个鼎器发生的故事

鼎
第五十卦

██████████████
██████   ██████
██████████████
██████████████
██████   ██████
██████████████

元吉，亨。

《鼎》卦象征着"鼎器取新"：大为吉祥，亨通。

《鼎》，卦名，巽下☴离上☲，象征着"鼎象"。《鼎》的卦象有两个基本意义：一是烹饪有享，二是物象取新。之所以卦辞说它有"元吉"之庆，是因为卦象下巽上离，巽为木，木有上升之性，升至五，则当位而正，故曰"亨"。

初六，鼎颠趾，利出否。得妾以其子，无咎。

初六，鼎器从跟部颠倒，有利于倒出废物。为了生个儿子而娶得小妾，没有过错。

否（pǐ）：恶，不善之物。

初六失位在鼎下，应在"趾"象，"颠趾"则鼎中之物倒出，上应九四而出其"否"，故曰"利"。三至五互兑，九四在互兑之中，兑为少女，类如妾妇。阳贵而阴贱，初六应阳贵，九四在互乾（二至四互乾），乾为君、为贵，故初六虽失位也"无咎"。

九二，鼎有实，我仇有疾，不我能即，吉。

九二，鼎中装满食物，我的仇敌身患疾病，暂时不来找我，吉利。

即：相就，接近。

阴虚阳实，九二为阳。故曰"鼎有实"。九二与六五应，五以阴居阳则不正，不正则非其友而为"仇"，阳刚健而阴卑弱，又《鼎》旁通为《屯》䷂，上为坎，坎为心疾，五在坎中，故曰"我仇有疾"。九二虽失位不正，然以阳居阴，阳实而阴虚，且毕竟处于巽中与互乾之初，乾为鼎身，以阳德而入于鼎新之器，也是吉利的。

九三，鼎耳革，其行塞；雉膏不食，方雨亏悔，终吉。

九三，鼎耳变异，鼎器暂时不能移动，途径为之阻塞；吃不上美味可口的雉膏，天正下着雨，鼎中之美味亏毁，此可谓悔恨之事，但最终是吉利的。

九三当位而正，上应上九，然阳阳相敌，不能相应。九三动而变，变则下卦为坎，坎为耳。坎又为险；除九三动而变出坎象外，初六至六五也是大坎之象，险阻而"行塞"，则虽有雉膏而不得食。坎为水，有"方雨"之象，鼎中美食被损坏，本为有悔，但九三为君子，以君子居于《鼎》，虽"亏悔"，却能有"终吉"之实。

九四，鼎折足，覆公𫗧，其形渥，凶。

九四，鼎器折断了鼎足，王公的美食被倾覆于地，地上和鼎器也被濡湿，有凶险。

𫗧（sù）：鼎中的食物，亦泛指美味佳肴。渥（wò）：沾湿。

九四失位不正，以阳居阴，下应初六，初六本有"颠趾"之象，应于"颠趾"，类如"折足"。且初六至六五互有《大过》䷛之象，即大的毁折，鼎折足倾覆，鼎中之"𫗧"也倾覆，渥湿一地，故曰"凶"。

六五，鼎黄耳，金铉，利贞。

六五，鼎器配上金黄色的鼎耳和坚固的鼎杠，这是有利的。

铉（xuàn）：横贯鼎耳以便扛举的木杠。

六五在离，离为日，日光辉煌，金光闪闪，"金铉"如之。六五虽失位离中，但能下应九二，故"利贞"。

鼎至于五则贵，以"黄"喻其贵，以"金"喻其刚。因为鼎至五已成王者之器，故言"金"而不复言"食"。

上九，鼎玉铉，大吉，无不利。

上九，鼎器配有玉质的鼎杠，大为吉祥，无有不利。

上九失位在离，下应九三，九三当位，上九失位，动而变正，则应在互乾，乾为玉，故曰"玉铉"。以玉铉之贵，处在"鼎新"之上，故"大吉"于《鼎》，也"无不利"于《鼎》。

【解读】

《鼎》下为巽，上为离，成三象：一则木来入火，有鼎食养贤之象；二则"柔进而上行"，有"耳目聪明"之象；三则"得中而应乎刚"（《彖传》），故有"正位凝命"（《象传》）、鼎立成功之象。于是初六因鼎颠其趾而倒出废物故"无咎"；九二"鼎有实"，"吉"而无过；九三虽因"鼎耳革"致使"行塞""不食""亏悔"，但居正当位，故得"终吉"；九四不堪重任，"折足""覆𫗧"；六五既有"黄耳金铉"之贵，又有"中以为实"之福；上九"玉铉"为饰，"大吉"有"利"。

按《序卦传》所言，"革物者莫若鼎，故受之以《鼎》"。《鼎》最明显的特征是它的革故取新之象，不过，"革故"与"取新"是一个过程的两个阶段，或曰两种现象。就鼎器本身而言，"鼎"之"革故取新"体现在四个方面：一是从金属变成器物，革去的"故"是一堆不成器的金属而已，金从火出，取新为"鼎"；二是食物一旦入于鼎中，革去的是膻腥之味，成就的是饮食美味；三是鼎立"新"则"故"去；四是《鼎》有"利出否"之象。因为"取新"，《鼎》之六爻象，多为吉兆。唯九四因失位而"折足"，爻辞为凶。

《鼎》食必有水火烹饪之事，但圣人以小喻大，因事而知义，赋予鼎象出否纳新、鼎食养贤的使命，使《鼎》象有了异于其他诸卦的特征。《集解》引虞翻曰："六十四卦皆'观象取辞'，而独于《鼎》言'象'，何也？'象事知器'，故独言'象'也。"虞翻指出的现象是很明显的，六十四卦的卦名多从理中来，因理而见象，唯有《鼎》的卦名是从"木上有火"这一卦象中联想出来的，即从象中来，作为器物的"鼎"本来就是象。由此可见，《鼎》下之物实为卦象，而鼎中之物正是卦理。

鼎，本为古代烹煮用的器物，一般是三足两耳。又因为它是青铜制造的器物，因而成为立国的重器，象征着政权，出现在重大的祭祀场合。因此，鼎成为《易经》卦象后也被逐渐地赋予很多与鼎器有关的意义，如一言九鼎、鼎鼎大名、革故鼎新、三足鼎立、钟鸣鼎食、问鼎中原、春秋鼎盛，等等。

【案例】

据《论衡》记载：鲁国将要讨伐越国，鲁国人为此筮得《鼎》卦九四爻动。九四的爻辞是"鼎折足，覆公𫗧，其形渥"，因有"折足"之象，子贡推断这个卦义为凶。因为"鼎折足"就不能立，由此再联想到人"折足"则不能行路，所以认为这件事是凶险的。而孔子则推断《鼎》卦的九四是吉利的。他说："越人水居舟行，用不着足，所以，应该是吉利的。"后来，鲁国果然攻克了越国。

同样是《鼎》卦，子贡与孔子的判断截然相反。实际上，子贡是用卦象和爻辞推断吉凶，孔子在此却抛开卦象和爻辞而用情理推断吉凶。就整个易学发展史来看，《易经》的爻辞只是先人的一般经验，并不是必然如此的定理，也不是数学计算的公式。《易经》是以卦象来象征事物的本质属性和变化规律，一个爻象可以解答无数的问题。同样，千千万万的人也会遇到同一个卦的同一爻，而爻辞却只有一种。有时我们或许会恰巧遇合这个爻辞的意义，那只是偶然的个例，不能成为一般真理。所以要想真正理解卦象和爻辞的意义，关键要看所占爻在该卦的位置。

以鲁卜问伐越吉凶之事而言，四爻本来应该属于阴爻，在《鼎》卦却失位为阳爻。九四失位不正，本应有凶，下与初六相应，初六也失位不正；初六之上有二至四爻互出的乾，乾为金，象征着金鼎，鼎下初六阴柔虚弱，所以爻辞就有"折足"之语。但是，《鼎》卦的世爻为九二，九二在乾，乾为君，应爻在五，六五阴柔，失位不正。按古法，世爻为自己，应爻为对方；世爻为问卦之人，应爻为所问之事。由此，我们就可以知道，《鼎》之世爻为鲁国，应爻六五为越国，以刚决柔，以正制邪，岂有不胜的道理。

雷声是生命赞歌

震
第五十一卦

䷲

亨。震来虩虩，笑言哑哑，震惊百里，不丧匕鬯。

《震》卦象征着震动：雷声的震动可以使得万物亨通。震雷会使有些人恐惧发抖，同时，也能使人因恐惧而强化修身后无畏无惧地又说又笑。雷声的威力能震惊方圆百里，不断的宗庙祭祀使社稷安稳。

《震》，卦名，震下☳震上☳，震而又震，象征着雷声的震动。《说卦传》曰"震为雷"，又曰"震为长子"。虩虩（xì），恐惧的样子。哑哑（è），即又说又笑的样子。初九为下震之始，当位居正，使九四来应，九四为上震之始，居位不当，且"四多惧"，故对九四而言，则"震来虩虩"。对于初九而言，则是"笑言哑哑"。百里，此喻地之广大，古人以为雷发声能震惊百里，故古代诸侯封地以百里。如孟子就有"文王以百里"之说，而《战国策》之《庄辛谏楚襄王》篇有"臣闻昔汤、武以百里昌，桀、纣以天下亡"之言。鬯（chàng），本指香酒，也指盛香酒的酒器。古人宗庙之祭，灌鬯以求神，故此处借指祭祀。震为长子，长子有主持祭祀的职权。《震》卦是震下震上，两两相重的卦象，即震之又震，既然能又震，故前震就有不丧之德，故即使有雷震之威、也不丧其用来祭祀的"匕鬯"，丧失祭祀之礼。此喻社稷之固，皆来自于雷声之威，长子之德。

初九，震来虩虩，后笑言哑哑，吉。

初九，震雷会使有些人恐惧发抖，因为恐惧而使人强化修身，然后无畏无惧地又说又笑，吉祥。

初九因为怀有恐惧之心而有"致福"之"吉"。

六二，震来厉，亿丧贝，跻于九陵，勿逐，七日得。

六二，雷声骤然响起，有危险，唉！财宝丢失了，这时正登于险峻的九陵之上，无需追逐，过不了七日必失而复得。

亿：前人有两种解释，一种释为"噫"，感叹词；一种释为"大"，因其数多而大。二者均与卦义通。跻（jī）：登高。九陵：形容山势高峻。陵，大土山。逐：追寻。

二爻本应上应五爻，但是，六二虽当位居中，有中正之德，可惜六五以阴居阳，失位不正，不能下应六二，六五在互坎之上（三至五互为坎），坎为险，故曰"来厉"。离为贝，坎为离之反，坎显则离失，故曰"丧贝"。二至四互为艮，艮为山；震为足，又为动，足动而至于艮山，故曰"跻于九陵"。按先天卦象，艮为七，又按《九宫图》左离为三，右坎为七，故曰"七日得"，即六二有失而复得之吉。

六三，震苏苏，震行无眚。

六三，雷声震动时令六三恐慌不安，在这样的震动声中警惧而行，就不会有什么灾祸。

苏苏：畏惧不安的样子。眚（shěng）：灾异。

六三以阴居阳，不当其位，不仅被雷声惊惧得"苏苏"发抖，而且还处在互坎之险中，故恐惧不安，但只要能惧而慎行，则可以

"无眚"。

九四，震遂泥。

九四，在雷声的震动中陷坠泥中。

遂：通"坠"。

九四身处云雷之中，又因处在互坎之阳爻，故曰"遂泥"。

六五，震往来，厉，亿无丧，有事。

六五，在雷声震动时上下往来皆有危险，唉！不会有所失，有祭祀之事。

亿：噫。感叹词。

六五往则乘阳，来则应阴，失位乘刚，故"往来"皆"厉"。四变正则有坤，五在坤，坤为丧，五变正则坤道毁，故曰"无丧"。居一卦之主，处尊居中，位应主祭之事，震为长子，为祭主，故可知"事"为祭祀之事。六五以柔中处于君位，祭祀为国之大事，六五能主持大事，因而没有像其他爻位的惊惧之象。

上六，震索索，视矍矍，征凶。震不于其躬，于其邻，无咎。婚媾有言。

上六，雷声的震动使人恐慌得脚下哆嗦畏缩，眼睛也显出惊恐不安的样子，此时出征远行则必有凶险。但是只要守正不"征"，那么其震动将不会降到自己身上，而是会降至邻居六五的身上，所以对自己而言，只要守正则无灾祸。有婚媾之约。

索索：指恐惧颤抖的样子。索，通"缩"，足行不前的样子。矍矍（jué）：回头惊顾的样子。矍，"目不正"。震从离中变来，离为目，离失而震显，则有目视不正之象。

上六处震之极，又处坎险之上（三至五互为坎），故有"索索"之

畏，其"视"也"矍矍"。上六下应六三，六三失位无应，且下应历坎
有险，故曰"征凶"。上六当位《震》上，则"不于其躬"，用不着自
己亲历亲为。因为比于六五，故曰"于其邻"。又因为震有"善言"之
象，坎为信，"善言"而"信"，故曰"婚媾有言"。总此种种，就因为
上六处在震之极处，上六就成为《震》卦中唯一个有"凶"的爻象。

【解读】

　　《震》卦的卦象是一曲雷与生命的赞歌。春天的美丽与地上的活
力、生气是随着雷声来临的。有时，我们在"草色遥看近却无"中感
知初春的意境；有时，我们在"多少楼台烟雨中"感受春雨的朦胧；
有时，我们在"客舍青青柳色新"中欣喜春天的清明；有时，我们在
"春色满园关不住，一枝红杏出墙来"中感怀春意的烂漫。但是，只有
听到雷声时，我们才能真正觉得春天来了。

　　在"以类万物之情""以通神明之德"的《易经》中，《震》卦象征
雷声，并以雷声解释我们所遇到的事情和所处的环境。按《说卦传》，
震为雷，它能"震惊百里"，"惊远而惧迩"。陆游的"雷车驾雨龙尽起，
电行半空如狂矢。中原腥膻五十年，上帝震怒初一洗"，让我们看到
雷震之威；龚自珍的"九州生气恃风雷，万马齐喑究可哀。我劝天公
重抖擞，不拘一格降人才"，又让我们期待风雷的振作；毛泽东的"四
海翻腾云水怒，五洲震荡风雷激"，更让我们兴奋昂扬于雷声震荡中
的变革与创新。

　　在六十四卦中，《震》卦虽不像《乾》卦那样是"万物资始"的由来，
也不像《坤》卦那样是"万物资生"的本原，但是《震》卦无疑是春
天的创造者，并因为创造了春天而给我们的世界带来生命和力量。震

动让我们感到威力，震惊让我们领会"恐惧"，观其六爻之义，多在恐惧之中，整个卦象多以象声的连绵叠音词"虩虩""苏苏""索索"来形容震惊恐惧的样子。但是，恐惧的结果并不是坏事，所以圣人从《震》中归纳出"恐惧修省"的道理。按《震》卦的卦辞，"震来虩虩"，"笑言哑哑"，一则为惊，一则为喜。惊从雷震之怒来，那么，"笑言"又从何来呢？因为雷震给大地带来春天，也带来生机，按《说卦传》，震有"善言"与"和乐"之德，故有"笑言哑哑"之象。

总之，具有雷霆万钧之威力的《震》卦，不仅使人们感到惊惧，更重要的是，因为有了这种惊惧之心，人们才可以"反省"和"修正"自己的言行，也正是有了"恐惧修省"之心，才有了"致福"的结果。《礼记·大学》曰："有所恐惧，则不得其正。"心有恐惧，则有所不正，故君子所惧，实惧其不得正，不得正，则恐惧必至。屈原心怀忠贞之志，仍然"愿承闲而自察兮，心震悼而不敢"（《九章·抽思》）；曾子是孔子弟子中最讲孝道的君子，还要每日"三省乎吾身"（《论语·学而》）。因此，君子之修身，惧过而无过，不惧过，则或不知有过。如《震》初九当位而惧，此非恶人之惧，也非小人之惧，而是《韩诗外传》中孔子之所谓"明王"之"三惧"之惧："一曰处尊位而恐不闻其过，二曰得志而恐骄，三曰闻天下之至道而恐不能行。"

【案例】

一

据《道藏要籍选刊》的《洞仙传》记载：有一个叫许季山的人，得了病治不好，就清心素食，不分昼夜祭祀泰山。后来遇到一个叫张巨君的人问他为什么总是在此拜祭山灵，他说："我是平舆的许季山，抱病三年了，还是治不好，不知我犯了什么罪，所以来此祭拜。"

张巨君对他说："我懂得《易》道，可以通过卦象来帮你找到病患来自何处。"

许季山于是连连下拜请求说："多亏神仙降临，请告诉我吧！"

张巨君为许季山筮得《震》卦之初九、六二、六三均动而有变，变为《恒》䷟卦。张巨君说："你是一个损德无行的人，病怎么能好！"这里需要说明的是，一个人祭拜神灵时，或有所求，或有罪疚。再者，一卦静，则说明心情稳定，有君子之德，反之，如果爻多有动，则说明心绪慌乱，有惧疚之事。

许季山说："请您为我详细说明一下。"

张巨君说："你曾经和一位客人同行，为了给你父亲报仇，你在半路上把那个客人杀了，把尸体扔在井里，井口盖了一块大石头。这个人到天府告了你，上天就用这病来惩罚你。"

许季山吃惊地说："我确实有这样的罪行。"

张巨君说："你为什么要这样做呢？"

许季山说："我父亲以前被人欺负过，他终身以此为耻辱。当时我想让那个客人帮我报仇，他不仅不干，还要告诉我的仇人，所以我就杀了他。"

张巨君说："'纸里面包不住火，雪里边埋不住人'，天网恢恢，疏而不漏，幽冥间的情理是很难欺骗的。你必须多做好事，勤奋修炼，才能弥补你的过失。"后来许季山做了很多好事，病果然渐渐好了。

二

近现代易学大家尚秉和一日与友人闲谈，有一友人让尚秉和筮算直系军阀冯国璋的政治前途。筮得《震》☳☳。尚氏解释说："震的意义是震动和兴起。二至四互成艮，艮表示静止和终止意义。三至五互成坎，坎象征着陷下去的意思，坎象征的方位是北方。如果冯国璋任直隶总督，就不应该在北方震动，更不应该出现停止的卦象。还有艮与坎皆有退隐之象，其意义可能有退隐的意思吧？但是，主卦的卦象又象征着震动而非退隐。且卦逢六冲，与表示停止的卦象相应。也许还有可能兴起，然后再抛弃一切归隐山林吧？"后来，等到直系军阀攻占天津几天后，冯国璋发出下野的电告。其他人以为不可能，尚秉和却说："恐怕事实就是如此，因为此前通过《易经》筮算已经显示出这样的结果。"不久，经各方挽留劝说无效，冯国璋果然下野，其督办的职务也随之终止，他自己也赴欧洲游历去了。

　　按卦象论，震之二至四互为艮，三至五互为坎，动在险中而止，加之按纳甲论，震为六冲卦，可知其督办的职务也是长不了的。冯国璋之所以下野，一方面是形势所迫，另一方面，也是急流勇退，功成身退的明智举措，而这一切都包容在《震》卦的卦象之中。

生命不仅在于运动，更在于静止

艮

第五十二卦

䷳

艮其背，不获其身；行其庭，不见其人，无咎。

《艮》卦象征着抑止：止于其背，则不能使其全身面向应当抑止的欲望；行走在庭院中，背对着背未见其人，没有灾害。

《艮》，卦名，艮下☶艮上☶。《说卦》曰："艮，止也。"卦象山，而以"艮"为名。山静止而不动，各安其所，施之于人，则是止物之情，防其动欲，故谓之"止"，所以卦象象征着抑止、静止、背离。

艮为山，两艮相连，象两山静止如两背相靠，故曰"艮其背"。卦无一爻相应，即各自保持静止，因此相互之间是"不获其身"；又因为静止而有序，对称而平衡，如庭院然，故曰"行其庭"，因"艮其背"而"不获其身"，故而虽有"行其庭"之象，仍然是"不见其人"。二至四互有坎象，坎为水、为险，三至五互为震，震为雷、为动，险而动，即如《彖传》所谓"时止则止，时行则行"，故"无咎"。

初六，艮其趾，无咎，利永贞。

初六，抑止于脚趾迈出之前，就没有过错，有利于长久之事。

按《说卦传》，艮为止。初六在艮下，艮为山，与人体对应，"山脚"类如人体之足。"足"本应上行而应于四，然阴阴相斥，不能相应；又，《艮》之二至四互有坎险之象，"足"止于险前，故"无咎"有"利"。

六二，艮其腓，不拯其随，其心不快。

六二，抑止其小腿的运动，不举步上承本应随从的君子，所以心中感到不快。

腓（féi）：小腿肚。拯：兴起，向上提。

六二当位中正，然上无所应，又处在互坎之下，坎为险、为荆棘，前行遇险难，又止于艮，止至于腿，"其心不快"。

按《说卦传》，艮为手，可是在《艮》卦里，初六在趾、六二在腓，均与"足"有关，其实足与手本为同功同德之体，如"手足"连用，因为最初它们的功能是一样的。手、足同功，从古人往往用手足来测量物体的大小长短可见一斑。手足皆有十指，两者合起来的就是二十；二十为"廿"，手的古文作"又"，要测的主要是物体的大小宽窄，用"广"来代表，这样就合成一个"度"字。所以，古代圣贤造"度"字时，就是指导人们用手足来测量物体。

九三，艮其限，列其夤，厉熏心。

九三，抑止其腰部的运动，撕裂了背部的脊肉，危险像烈火一样熏灼着人心。

限：指腰部。列：同"裂"。夤（yín）：脊背肉。

九三在互坎之中，按《说卦传》，坎为水，主水者为肾，肾之府为腰。又，二至四互为坎，坎为"心"。

《艮》有背对背之象，而九三正是造成此象的关键，故相对于其他的爻象，九三虽然有当位而正之德，但是它爻辞的意义却最为凶险。

六四，艮其身，无咎。

六四，抑止上身的运动，没有过错。

六四当位无应，止于其身，故"无咎"。六四在艮上之初，又在互震之中（三至五互为震），艮为止，震为动，所以六四所处的位置使它能像《象传》所说的那样"时止则止，时行则行"，有自我抑止的能力。《艮》至六四，才能得其"艮"道之正。

六五，艮其辅，言有序，悔亡。

六五，抑止其口不使妄语，言则有序，悔恨就消失了。

辅：面颊。序：条理。

六五处于互《颐》之象中（三至五互震，四至上互为艮，即山雷《颐》䷚），《颐》有口象。辅，为面颊之处，此处不动则口张不开，也就说不出话来，此处动则口能言，于是爻辞也就相应的有了"艮其辅，言有序"的说法。既然我们知道"言多必失""祸从口出"的道理，那么"言之有序"，不就"悔恨消失"了吗？

上九，敦艮，吉。

上九，以敦厚的品德自我静止，吉祥。

上九虽不当位，但它处于《艮》之上，也就是止于当止的位置。敦，本义为厚；山上有山，不就是"敦艮"之象吗？对应于人的品德，即为"敦实厚重"的品德。有了这种品德，当然就是吉利的。

【解读】

生命不仅在于运动，更在于静止。《艮》有兼山之象，两山静止，如两背相靠，互不相见，如《象传》之言"艮其止，止其所"。《艮》象的全部意义在于抑止其乱，其《象传》所谓"时止则止，时行则行，动静不失其时"，也是在"动静"的相对中更强调"静止"的意义。卦中六爻以人体上特征明显的几个部位揭示出抑止的得与失：初六止于足，故"无咎"；六二止于腿，只是心中不快而已；九三止于腰际，"熏心"有危；六四止于身，故"无咎"；六五止于"辅"，使言之有序，悔恨消失；上九最吉，因其止以敦厚之德。

在六十四卦里，《艮》卦有一个明显的特征，就是所有的爻位都不相应，且当位之爻（六二、九三、六四）也均没有"吉"兆。根据这个特征，我们可以认为，静止的卦象是山，而静止的原因却是"敌应"，即互不相应。在古人的认知中，山是最为静止的物象，且两山对峙，各不相应，所以人们根据这种物象所制的《艮》卦六爻也皆无相应。从这种皆无相应，可以分析出《艮》的静止就有被动和主动两种原因。被动的原因在于：山与山之间，有相互对峙的，有相互依靠的，但总是没有相应的、相合的。主动的原因在于：山本身的静止形成了它们之间互不相干的对立形势，也许会使它们之间各自相安无事，也许会使它们在静止中各安天命。

大山的静止是一种崇高。山在地上高高矗立，房子在地上也如同山一样拔地而起。就人体而言，因人的拳头像山的模样，所以艮在人体上的表象就是手，即"艮为手"。又因为人的脸上鼻子高高隆起，所以艮又为鼻，它是体现一个人气质最突出的地方。

大山的静止是一种安宁。春秋时期，帮助齐桓公九合诸侯的管子说："凡立国都，非于大山之下，必于广川之上。"（《管子·乘马篇》）山，在地形上突兀雄起，峻拔矗立。就自然环境而言，它聚气于一方，起着屏障御寒的地理作用。《诗经》云："天作高山，大王荒之。"在中国，大凡有山有水的地方，就有可能形成物华天宝、人杰地灵的风水宝地，就有人繁衍生息，安居乐业。中国汉字里的"安"字，一方面，我们可以理解为"宀"下有女，即家中有女则安，另一方面，我们还可以将"宀"理解为山形环绕的地理格局。凡一个地方的北面有山，东西两面也有山形环抱，地名多有"安"字。如临安、吉安、淮安、秦安、泰安、长安等等。中国很多美丽的村镇往往就处在"绿树村边合，青山郭外斜"的环境格局里。

大山的静止也是一种胸怀。孔子说："知者乐水，仁者乐山；知者动，仁者静；知者乐，仁者寿。"汉代的士大夫"登高必赋"。登上高山，就可以扩展我们的胸怀和视野，孟子曰："孔子登东山而小鲁，登泰山而小天下。故观于海者难为水，游于圣人之门者难为言。"就是那时士大夫们一种常有的胸怀和气度。

大山的静止更是一种美。伯牙善鼓琴，锺子期善听。伯牙鼓琴，志在高山。锺子期曰："善哉，巍巍乎若泰山！"志在流水，锺子期曰："善哉，洋洋乎若江河！"锺子期死，伯牙破琴绝弦不复鼓琴以为无足复为鼓琴者。《高山流水》不仅成为一种音乐上的美，也是人们寻求心灵沟通和共鸣的人格之美。刘禹锡《陋室铭》中的佳句"山不在高，有仙则名；水不在深，有龙则灵"，山有了水，也就有灵性，山有了仙，也就有了名气。无论是"水"还是"仙"，都是山的静止造就的一种含蓄之美。王维的《山居秋暝》诗云："空山新雨后，天气晚来秋。明月松间照，清泉石上流。竹喧归浣女，莲动下渔舟。随意春芳歇，王孙自可留。"这里的山，无疑是这个诗中有画，画中有诗的主题。

所以代表着山上有山的《艮》，提示我们生命不仅在于运动，更在于静止。

从《艮》卦的卦象来看，《艮》卦的静止：一则"止于背"，二则"止于时"。北宋易学大家程颐说："孟子曰：'可以仕则仕，可以止则止，可以久则久，可以速则速，孔子也。孔子，圣之时者也。'故知《易》者，莫若孟子。"《礼记》曰："洁净精微谓之易。""洁"，就是要有静洁诚贞的心灵。研习探索《易经》之奥秘必须有一颗"静而正"的心，也就是我们常常说的"心诚则灵"，因此还会造就一种清静高尚的人格和"止得其时"的智慧，这样才能完整体现《象传》所说的"其道光明"，止得其所，则"君子思不出其位"。因此可知《艮》卦中所体现的"静止"意义，对我们今天的人仍然有着深切的指导作用。

我们还可以通过联想来展开基于《艮》卦卦象形成的意义。比如"艮"这个字，我们至少可以从三个方面联想它的意义：其一，艮为止，那么，我们靠什么"止"呢？如果不"止"行不行呢？当然不行。于是基于"艮"止的意义，可以另有生发，如《大畜》☰☶卦就被赋予"养贤"的意义。又因为《艮》的卦象中还互有一个《解》☵☳卦，于是险而动的卦象里也就有了"止"的必要和条件。其二，根据《艮》相互背立的形势和局面，在汉字里以"艮"为字根的字，如狠、恨、根、垠、恳、艰、痕、垦、跟，等等，含意大都直接间接地与相互背立与对立有关。其三，汉字中的非、北、背、分、反、乖、叛等字中也可以看到《艮》卦的卦象所蕴涵的相互背立的意义。

对应东北方向的《艮》卦，它的"方向"还带给人们以"丧朋"与"夷伤"的警示。在风水学里，艮所对应的东北方向又被称之为"鬼门"，这主要有四个原因。其一，文献说。据《山海经》记载：东海中有度朔山，上有大桃树，蟠屈三千里，其卑枝向东北曰"鬼门"，万鬼出入。《神异经·中荒经》记有："东北有鬼星石室，三百户共一门，石榜题曰'鬼门'。"其二，《易经》之《坤》卦讲"西南得朋，东北丧朋"，因其"丧"而为"鬼门"。其三，从《说卦传》来看，"万物终始于艮"，

"艮为止"，一切都止于"艮"，也就成了"鬼门"。其四，古代的东北被中原文化称之"夷"，这个字本身就有毁灭与伤害的意思，《明夷》卦讲的就是这个道理。从历史本身来看，东北是给中华民族带来灾害最为深重的方向。在漫长的中国历史里，对中原造成更大危机的多从东北方来，如灭亡北宋的金，就是东北的女真族；后来，女真族为了灭"火德"的明朝，又改金为清，这个清最终灭亡了明朝。

从《艮》卦的卦象到以"艮"为字根的汉字；从"艮为辅"到"言有序"，从"艮为止"到"君子思不出其位"；从"东北丧朋"到"鬼门"之说，我们可以看到《艮》卦的意义是多重的，但这种多重的意义并不复杂，其中静止与背立的意义大多是清楚明了的。

【案例】

据《左传·襄公九年》载：穆姜薨逝于东宫之中。当初她被迁往东宫时，曾前往太史那里筮算，筮得《艮》☶之五爻皆动，动而变为《随》☲。太史说："《随》卦的意义是出动，您一定要速速出去。"穆姜说："不行!《随》卦的《彖传》'元亨利贞，无咎'。可是作为一个置身于动乱之中的妇人，我不具有'元亨利贞'的四种品德。按《易》的本义，君子有此四德才能'无咎'，而我现在于上于下，从里到外都没有这四种品德，岂能随之而出呢？没有德而有恶，能没有过错吗？我可能会死于此了。"于是穆姜没有出去，直至薨逝于东宫之中。

本来，穆姜所筮为《艮》卦，艮为止、为宫室，遇"艮"则当止于室中，也许这才是穆姜拒绝"出"的真正的理由。但是穆姜不仅在道德方面有自知之明，而且在理解《易经》方面也有独到的见解。因为她没有将"止"的心念归之于卦象静止的意义而归咎于自己的"无德"。穆姜的不"出"而"止",反映了她对《易经》的理解集中在道德方面,这也从另一方面反映了易学在当时的变革,即从象数到义理的转变过程。

"渐进"更能有效推进事物发展

渐
第五十三卦

$$\equiv\!\!\equiv$$

女归吉，利贞。

《渐》卦象征着渐进：譬如女子渐进而归于夫家就会吉祥，有利。

《渐》，卦名，艮下☶巽上☴。艮为止，巽为入，先"止"而后有"入"，有舒缓渐行之象，无强动速进之情，故卦名为"渐"。且卦辞既言"女归"，则当温柔敦厚，贤淑崇礼，不可躁入，只能渐进。女子出嫁谓之"归"，即归于夫家，这是女子的本分，故得之则"吉"。女正则吉，而初与上俱失位不正，变正则吉，故曰"利贞"。

初六，鸿渐于干，小子厉，有言，无咎。

初六，大雁渐渐地飞到河岸边，就像一个儿童跑到水边一样，有危险，受到大人的斥责，所以最终还是没有什么灾祸。

干，岸边。因为二至四互为坎，坎为水，初六在坎外，理应为岸。古人多解为水流的样子，初六在艮山下，山又在互坎之下，这样理解也是通的。小子，艮为少男，即"小子"。

大雁按大小顺序结伴成队飞行，大的缓行在前，小的急行在后，如果小的跟不上，就会掉队而成为孤雁，这是很危险的。雁群边飞边叫，互相应和，以免有雁掉队，即"有言"，这样也就没有危险了，故曰"无咎"。

六二，鸿渐于磐，饮食衎衎，吉。

六二，大雁渐渐地飞到水边小丘，正在安逸地、愉快地享用着饮食，吉祥。

磐：大石，这里指水边的小丘。衎衎（kàn）：安然享乐的样子。

按《说卦传》，艮为山石，故为"磐"。六二上应九五，九五在互离，离为雉，鸿类如雉。离为火，互坎为水，有水有火，则有饮食之象。六二当位中正，上应九五之尊，又有饮食之乐，当然就是吉利的。

九三，鸿渐于陆，夫征不复，妇孕不育，凶。利御寇。

九三，大雁渐渐地飞到高平之地，就如同丈夫出征远行不回来，女人怀孕而没能生养下来，有凶险。有利于防御强寇。

九三本为君子之位，古人君子也泛指男子。九三又在艮上，互坎之中，艮为少男，坎为中男，即为"夫"。但九三处在渐行至于坎险之中，故有"征而不复"之象。九三又处于互离之初，离为大腹，故有孕象；然上无所应，以阳对阳，又在险中，故曰"妇孕不育"。又因为九三处在坎险之中，坎为寇，因处在艮之上，居高临下，故"利御寇"。

六四，鸿渐于木，或得其桷，无咎。

六四，大雁渐渐地飞到树木之中，或可得其平直之树枝以栖身，没有灾祸。

桷（jué）：平直的树枝。

六四处在巽之下，巽为木，又处在互坎之上，坎为荆棘，故通为草木。六四当位在巽之初，故"无咎"。

九五，鸿渐于陵，妇三岁不孕，终莫之胜，吉。

九五，大雁渐渐地飞到丘陵，有妇女三年还不能怀孕，但是九五最终不是外来的侵犯可以胜过的，所以结果是吉祥的。

九五下应六二，六二在艮，艮为山，九五在上，故曰"陵"。巽为女，离为妇、为大腹，即有"孕"象。按先天八卦的数理逻辑，离为三，故曰"三岁"。九五所应在艮，以离之中妇应艮之小男，三年难以有孕，更何况《渐》互有《未济》☲☵之象，济，成也，"未济"即未成，故曰"三岁未孕"。但是处在九五之尊和当位中正的位置，又能下应六二，故曰"终莫之胜"，岂能不"吉"。

上九，鸿渐于陆，其羽可用为仪，吉。

上九，大雁渐渐地飞到高平之地，其洁白美丽的羽毛可以用来美化仪表，吉祥。

上九失位于巽上，又在九五所指的"陵"上，故曰"渐于陆"。离为雉，上九附于离上，巽为鸡，又为风，鸟类的羽毛是最能感知风向的，且上九在《渐》之上，陵之上即为天，雁飞在天，其阵排列整齐，故上九就有"羽可用为仪"之象。又，巽为长女，按古代传统认知，长女有端庄贤淑之德。以雁之整齐、羽之美丽、长女之端庄、飞天之象，故曰"吉"。

【解读】

按六十四卦的顺序，《渐》卦上承《艮》卦而来，《序卦传》认为"物不可以终止，故受之以《渐》"。也就是说，事物不可能永远地静止下去，因此接下来就以渐进而入的方式进入再发展、再循环。《渐》，巽为风，艮为山，风之入山有渐进之势；巽为木，木之生长也有渐进之势，故卦谓之"渐"。又有上巽为雉和互离为鸡（三至五互有离象），两象均盘旋于互坎（二至四互为坎）、下艮之上，故其"渐"义从鸿飞之象而来。

鸿，就是大雁。我们现在常常通称雁为"鸿雁"，古人却分得很清，大的叫鸿，小的叫雁。《渐》卦以"鸿渐"为喻来说明人如飞行的大雁一样，以"渐进"之势而至于理想境界。因其旁通《归妹》☳，有嫁女之象，又互有离、坎，有女进于男之象，象征夫妇之道，故卦辞有"女归吉"之说。就卦象而言，《渐》以解婚姻为主，或以婚姻为喻来解事。那为什么婚姻之事要用鸿来比喻呢？因为古人发现大雁的心性是顺阴阳之气，婚而不再偶，也就是从一而终，不再婚配，这当然是人们对婚姻最美好的期望了。所以古人婚礼要经过纳采、问名、纳吉、纳征、请期和亲迎六种礼节，从"纳采"开始，皆以"雁"为礼，如《礼记·士婚礼》就说"下达纳采用雁"，又说"昏之夕，亲迎奠雁"。古代婚礼，男方献雁给女方作为迎亲的礼节，称为"奠雁"。这里"奠"，就是献的意思。如唐代诗人李端《送黎兵曹陕府结婚》诗中就说"奠雁逢良日，行媒及仲春"。另一方面，"父母之命，媒妁之言"，"无媒不成婚"，这些束缚女性精神枷锁，实际上也来自《渐》卦所蕴涵的意境中，或者说是通过封建礼教的解说而使《渐》具有了束缚、禁锢女性的负面意义。由此，我们不禁会联想到古代女子看到大雁时复杂而细腻的心理活动。

就爻象而言，唯初、上不当位。初六临近互坎，坎为水，为艮所止，大雁渐渐飞至岸边而"无咎"。六二大雁渐渐飞至水边小丘，又有火水之象，故有愉快饮食之"吉"。九三为坎中之阳，如水中之陆地，但大雁渐至于互坎之险、之寇中，如丈夫出征而不能回来，虽"利御寇",却"不育"有"凶"。六四在巽木之下,故曰"鸿渐于木",巽又为顺,故"无咎"。九五在巽中,巽为高,故曰"渐于陵"(高地);又在互离之中,离为孕妇,按先天八卦,离数为三,故曰"三岁不孕"。上九在互离之上,光彩焕然,如羽毛装饰的仪仗。

总的看来,因为《渐》象是少男以静止居下(艮为少男,为止),长女以"入"象居上(巽为长女,为入),男不动,女来入,故曰"女归"。女无自进之道而有外成之理,至于入于夫家,才有吉祥。"渐进"是事物推进的一种有效、有利的方式,《象传》所谓"进得位,往有功",这是渐进的理想结果。对于女子而言,进入夫家就等于找到了自己归宿;对于君子而言,渐进于君王之位才能建立功业;对于民心而言,只有以渐进的方式教化民心,才能美善风俗。

中国人喜欢四平八稳的感觉,走起路来,要气定神闲,不紧不慢,安步当车;做起事来,要有章有法,有理有节,循序渐进。这些感觉和要求或来自于《渐》卦,或通过《渐》卦得以表现。在此,《渐》为我们描绘出一幅灵明生动的诗意般的情境,当我们欣赏她时,仿佛能感觉水边的湿润和鸿翅上带起的水珠。她就是诗、她就是画。在《易经》的六十四卦中,能融诗情、画意、哲理于一体的唯有此卦。在《渐》的卦象中,空间上形成的情境,实际是随着时间的渐进而转移的,因此,在这些空间情境的转移变换里,也就包含着时间的渐进和变动。当鸿以渐进的方式转换着诗情画意般的情境时,我们应该意识到,所有美好的事物和情境都会随着鸿飞来,也会随着鸿飞去,飞来的不一定都是好事,飞去的也不一定都是坏事。也就是说,"渐"进总是有好有坏的,所以,一方面,我们提倡循序渐进,另一方面,我们也要防微杜渐,将不好的事制止在萌芽状态。和其他卦象不同的是,

《渐》有着诗歌一样复沓连环的描写手法，六个爻象都以"鸿渐"开头，六个爻象没有一个是凶的。即使是九三有一点"凶"的意思，也随之被"利御寇"除去了。而上九的"其羽可用为仪"，就像排列整齐的仪仗，为我们迎来皆大欢喜的动人场景。

从哲理意义上看，《渐》反映着事物发展演进的基本形态和规律；从文学意义上理解，《渐》描绘了令人心魂感动、赏心悦目、如诗如画的意境；从伦理亲情来看，《渐》是一个婉转生情、柔顺美丽的女子。人们喜欢《渐》卦的美，也喜欢用《渐》的含义去勉励自己。

【案例】

一

唐朝的陆羽写有《茶经》，被后人称为"茶圣"。如果他早知道后人如此叫他，也就不会为自己的姓名费尽心思了。因为他一生下来就成了孤儿，不知姓什么，也没有父亲为他取名。等他长大后，为了给自己取定姓名，就算了一卦，结果得到的就是《渐》之上九爻动，上九的爻辞是"鸿渐于陆，其羽可用为仪"。于是就姓了"陆"，取名为"羽"，字"鸿渐"。

《围城》里的主角方鸿渐，他的名字也是来自《渐》之上九爻辞。

二

《渐》之《象传》以为："渐者，进也。"筮家得此卦象，总以为有"俊鸟出笼"之象，故凡得《渐》卦，就能脱离灾难，任意飞腾，有喜庆之兆。这在传统剧目《红书剑》中得到了具体体现。《红书剑》又名《二进士》《抱灵牌》《双灵牌》。剧情写明代高珍与梅仲是同窗好友，其师各赠其红书与宝剑。后来，两人同榜进士为官。高家的仆人杜志因为慢待梅仲被驱逐，于是就怀恨在心，伪造情书，诬称高珍的妻子月娘与梅仲私通。高珍逼月娘自尽，月娘男装出逃，遇千岁张鹏霄，被收为"义子"。杜志又盗走梅仲的红书、宝剑，冒充梅仲的家人海世荣之名，杀死人命，并留下宝剑出逃。高珍因此将梅仲下狱。梅仲在狱中占卜，得《渐》卦，有"俊鸟出笼"，脱困复荣之兆。后海世荣果然以自己的儿子海聪代替梅仲坐牢，梅仲逃出监狱，改名梅聪，又进京应试，并与月娘同榜高中。最后几经曲折，高珍明白了事情真相，梅仲冤屈得伸，小人杜志被抓，高珍与月娘夫妻团圆。剧目这种用占卜组织推动剧情发展，最终得到大团圆结局的方式正是传统戏剧惯用的手法。

如何让"天经地义"的婚姻更加美满

归妹
第五十四卦

征凶，无攸利。

《归妹》卦象征着少女出嫁：前行有凶险，没有利益。

《归妹》，卦名，兑下☱震上☳。归，女子出嫁。妹，少女。下卦为兑，兑为少女、为悦。上卦为震，震为长男、为动，震为兄，兑为妹，如兄嫁妹，故曰"归妹"。震为足、为动，"千里之行，始于足下"，动之于足，故有"征"。卦中初与四无应，三与上也无应，因其往无所应，故曰"征凶，无攸利"。

初九，归妹以娣。跛能履，征吉。

初九，少女出嫁时妹妹以陪嫁者的身份共嫁一夫。这就像跛脚还能坚持行路一样，前行会有吉利。

娣：即随嫁的妹妹。

兑为少女，震为足，初应四，九四失位不能应初九，九四动变则坤象现而震象灭，同时可与初九相应，如同"跛足"能"履"一样。兑为悦，震为动，"悦而动"则"征吉"。

九二，眇能视，利幽人之贞。

九二，眼睛不好却能观看事物，有利于幽居深思之人。

眇（miǎo）：眼睛小，或指一目失明。

二至四互为离，九二在互离，离为目，然离目在兑上，兑有毁折，则目虽能视却必不明，故曰"眇能视"。九二失位，动变则二至四为互艮，艮为寺，为幽居之人所居，"幽"在中，故曰"利幽人之贞"。

六三，归妹以须，反归以娣。

六三，少女出嫁时以姐姐陪嫁，当让其返回而以妹妹陪嫁。

须：通"媭"，姐姐。

六三在互离，离为中女，为姐；兑为少女，为娣。按古代贵族嫁女之常例，只以嫁者之妹陪嫁，而六三则以其姐陪嫁，所陪不当，当返回而以其妹陪嫁，故曰"反归以娣"。

九四，归妹愆期，迟归有时。

九四，出嫁少女却拖延日期，但是即使是迟一点也应该指定一个时间。

愆（qiān）：拖延。

九四失位在互坎（三至五互为坎），坎为险、为陷，下无所应，险而又陷，如同耽误时间。

六五，帝乙归妹，其君之袂不如其娣之袂良。月几望，吉。

六五，帝乙嫁妹妹，君后的衣饰之美不如其妹的衣饰之美。月亮将要圆圆地亮起来，就像女子最美丽的时候一样，这是多么吉祥的事啊！

袂（mèi）：衣袖。望：月相名。月亮最圆满的月相称为"望"。

六五在震，震为长子，为兄，尊居君王之位，故曰"帝"，亦即"君"。六五下应九二，九二在兑，兑为少女，故曰"妹"。二者处《归妹》而相应，故曰"帝乙归妹"。六五在互坎中，坎为月，故有"月几望"之象。

上六，女承筐，无实；士刲羊，无血。无攸利。

上六，女子手捧着竹筐，筐内却空空如也；男子用刀宰割羊，却见不到一滴血。没有所利。

刲（kuī）：宰杀。

上六在震，震为筐，下兑为少女，有"女承筐"之象。震为长子，长子如"士"；然上六所应之三爻失位无应，三在兑，兑为羊，又在互坎，坎为血，无应则"无血"，三动变则坎象灭，坎象灭，则亦如"无血"。因为下无所应，故曰"无攸利"。

【解读】

《序卦传》曰："渐者，进也。进必有所归，故受之以《归妹》。"《归妹》以"悦以动"的情境象征着"归妹"之吉与婚姻之美。但是，本为"人之终始"和"天地之大义"的"归妹"，一方面是雷在上而动，兑在下而悦，长男震动而少女喜悦，另一方面，却被卦辞断为"征凶，无攸利"，究其原因，皆因"悦而动"中还包含着一坎象（三至五互为坎），坎为险，此正所谓"好事多磨"。于是《归妹》的喜悦之中也就有了三种遗憾：其一，"归妹以须，反归以娣"；其二，"迟归""愆期"；其三，"女承筐"而"无实"，"士刲羊"却"无血"。究其三种"遗憾"的根本原因就是《象传》指出的"位不当"与"柔乘刚"。先看"位不当"：九二、九四以阳居阴，六三与六五以阴居阳，六个爻位中，只有初与上当位，然而这两个当位的爻却都无所应。再看"柔乘刚"：一般而言，阴柔为小人，阳刚为君子，六三失位而乘九二，六五失位乘九四。就其爻象与卦象的关系而言，初九当位居正，上应九四，然九四失位无应。乾行毁于下，震足伤于下，虽其妹有归，却有"跛履"之憾；九二失位不正，身处互离之中，离为火，有光明之象，故有利于"幽人之贞"；六三失位反复，归而不当；九四"愆期""迟归"；六五应"月望"之美，归而有"吉"；上六因归之太迟，"无实"，无利。

在六十四卦中，讲述"女归"与"男婚"之事的非止《归妹》，而专述其事的则唯有《归妹》，这充分说明古代圣贤对它的重视。

《易》有《归妹》如《诗》有《关雎》一样，孔子删定《诗》时，苦心定"四始"之篇，而《关雎》则为"四始"之首，此足以体现圣人关心"女归"与"男婚"的深切情怀。女子出嫁本是地义，男子当婚也是天理。少女出嫁本是"悦以动"的大事，但是卦辞一开始则以"征凶，无攸利"来概说其中的吉凶。虽然其咎由爻位不正、以柔乘刚的情况，但是因为这些情况关系到男女之间"永终"的情义，故卦以"征凶"之危辞警诫之。《象传》以为：从"泽上有雷"的"归妹"之象中，君子当"以永终知敝"。意思就是君子从这个卦象中理解了"归妹"是"天地之大义"的"永终"大事，并且由此懂得了违背这个道理的弊端。《象传》以"永终知敝"劝勉指导，以期"归妹"以时，并有"永贞"之吉。

【案例】

晋献公筮算将女儿伯姬嫁到秦国去的吉凶，筮得《归妹》之上六动，动而变为《睽》䷥。史苏占断此卦说："不吉。其《归妹》上六爻辞说男子宰羊却不见一滴血，女子捧着竹筐也没有收获。如果真要这样做，那么就会受到西邻的责怪，得不偿失，也因此我们不能从这场联姻中得到任何帮助。上卦的震动而变成离，实际上也会和离变成震一样，震为雷，离为火，从卦象上看可能是嬴姓的秦国打败姬姓的晋国。再比如，如果车体脱落车輹（绑缚车体与车轴的机关），火焚烧了旗帜，就不利于军队的出征打仗。若以《归妹》变成的《睽》卦论，因上九处《睽》之极，故曰'睽孤'。又因以阳居阴，故曰失位，失位于上，故曰'孤绝'，遇到寇难而没有武装警惕，这些全是不吉利的卦象。侄子跟从姑姑到了秦国，六年才逃回国，却抛弃了他的家室，第二年死于高梁之墟。"后来由于晋惠公对秦国忘恩负义，秦穆公讨伐晋国，晋国的军队被打败，惠公被俘。于是晋国就以太子圉为人质，惠公才回到晋国，秦穆公也将女儿怀嬴嫁给了子圉。几年后，晋惠公病重，子圉抛弃其妻怀嬴，逃归晋国。晋惠公死后，子圉继位为晋怀公。此时怀公的伯父公子重耳到了秦国，秦人认为扶助重耳更为有利，遂派兵送其回国争位。怀公在国内不得人心，只好逃奔到高梁，最后为重耳所杀。

按卦象，兑在西，秦在晋之西方。震为言，上六动而变为《睽》，"睽违"不和则必有争讼之事发生，所以史苏说会受到西邻责怪，得不偿失。《归妹》的卦象对于晋国而言，是晋国想要得到秦国帮助；动而变为《睽》，两情相违，所以说晋国不能从这次联姻中得到任何好处。《归妹》之三至五互为坎，坎为车，震为雷，离为火电（《归妹》动而变为《睽》），雷电交作，兑为毁折，为脱落，震动而"輹"脱，车不能行，故有"脱輹"之象。变卦上有离，离为火，火象类似旗帜，离火于旗上燃烧，故有"焚旗"之象。《归妹》之上爻当位，所应之六三爻失位不能应于上，相敌而争。《归妹》之上卦震为木，六三在下卦兑上，兑为金，上木与下金相遇，震木必为兑金所胜。兑居西方，所以说西方嬴姓秦国打败姬姓晋国。震为兄，兑为妹。震木变离火，火从木生。以震为木，则以兑金为姑。木既为金所克，则侄无所依，故为"侄从姑"象。此筮与晋败于韩原及子圉在秦国做人质，后被重耳夺位杀死在高梁的史事对应吻合。

雷电皆至的盛大与威力

丰

第五十五卦

䷶

亨，王假之，勿忧，宜日中。

《丰》卦象征着盛大：摆放好祭祀用祭品，君王来到了祭祀的场所，不用担忧，应该等到太阳到达天空的正中时正式开始。

《丰》，卦名，离下☲震上☳。《说文》曰："丰，豆之丰满者。"从其卦象及其引申义来看，"丰"从大、多、足三个方面象征着"盛大"。亨，此处有双重意义：一指"亨通"，一为"享"的古字，指祭祀。假（gé），至，犹言"到达"。祭祀时，有"王"到来，故曰"勿忧"。王者有着无所不容的大德而达到亨通的境界，就如太阳行至中天才能普照人间，故曰"宜日中"。

初九，遇其配主，虽旬无咎，往有尚。

初九，遇见与自己相匹配的配偶，即使是等十天的时间也没有过错，前往必得嘉赏。

配：配偶。旬：《说文》曰"十日为旬"。尚：通"赏"。

初九当位，本该应四，九四失位不能应初九。二至四互为巽，巽为入，入而"遇"震，故曰"遇其配主"。九四动变则上为坤，坤位

在"癸"，癸数十，十为"旬"，因"遇其配主"，即使是时日至"旬"，
也是"无咎"。初九或上入于震，或上入于所变之坤，均有所"遇"，
"遇"其主则应得到赏赐与帮助，故曰"往有尚"。

六二，丰其蔀，日中见斗。往得疑疾，有孚发若，吉。

六二，用大的草席遮盖房顶，到了中午时日光从草席中照进房内，
就好像大白天看到星斗。因此心生疑惧而"疾"，这时如果心怀诚信，
这种"疑疾"就会散失，这会变得吉利。

蔀（bù）：用来遮盖房顶的草席。斗：斗星，此指北斗七星。疑疾：
因疑惧怪异而得的病。发：散开。

六二居离中，离为日，故曰"日中"。六二上应六五，皆为阴爻，
阴暗蔽障，故曰"丰其蔀"。因暗至极，则喻之曰"日中见斗"。六
二已暗，前往应五，五阴而无应，故不能释其疑，故曰"往得疑疾"。
然六二当位居中，处正有信，故能够以诚信散其疑，不困于暗，故曰
"有孚发若，吉"。

九三，丰其沛，日中见沬，折其右肱，无咎。

九三，用大帐幕盖住房顶，中午的时候阳光透进房内，就像是看
到一颗颗小星星一样，结果折断了右胳膊，因为害怕就占了一卦，从
卦象看，并没有大的过错。

沛：通"旆"，旗帜、帐幕之类。沬（mèi）：小星。

九三在互巽，巽为股，类如肱；九三上应上六，然上应之时，要
经过互兑，兑为毁折，故"折其右肱"。

九四，丰其蔀，日中见斗，遇其夷主，吉。

九四，用大草席遮盖房顶，到中午时日光从草席中照进房内，就
像是大白天见到星斗，这时遇到主人，这还是吉利的。

九四失位，动变为正，则变为《明夷》䷣，故曰"遇其夷主"。变而得正并能下应初九则"吉"。

六五，来章，有庆誉，吉。

六五，以阴柔之质居五之尊而彰显君王光明之德，能得到福庆和赞誉，吉祥。

章：彰显。庆：福泽。

六五为《丰》之主，有表彰与庆誉的功德，因而有"吉"。六五失位，本不能下应六二，然六二兼居离中与互巽之下，离为日，光明上升，巽为入，光明上升来"入"，故其"章"曰"来"。

上六，丰其屋，蔀其家，窥其户，阒其无人，三岁不觌，凶。

上六，用大草席掩盖住屋子，整个家都被草席子掩盖住，从缝隙里窥视房子里面，屋子里寂静无人，三年也没有看见人，这是一件凶险的事。

阒（qù）：寂静。觌（dí）：相见。

上六在震上，震为覆艮，艮为门阙、为家室；六五、上六皆阴物，阴物重重覆于其上，故曰"丰其屋，蔀其家"。九三在互巽，巽为伏，故曰"阒其无人"。上六所应在三，故曰"三岁"。三年不见，故"凶"。

【解读】

离为日，互巽（二至四互为巽）为入、为高，震为王、为筐，这一连串的卦象，可以看到祭祀的主要情景。再看，离为日，《丰》卦的上卦为震，震主东方，这说明太阳还在东方，祭祀要等到太阳到正中的正南方时，故曰"宜日中"。又，震为雷，离为电，先天八卦中离卦的位置就是后天八卦中震卦的位置，故离下震上的《丰》描绘的就是"雷电皆至"的情景。君子从雷霆之威与日光之明的情景中悟到了"折狱"断案的力量与智慧。如其《象传》之所谓"雷电皆至，丰。君子以折狱致刑"。

《丰》离下震上，日光之明，动而上行，有宏大的气象，故"丰"从义理和卦象均有"大"的意义。从卦象上看，下为离，离为光明；互有巽，巽为入，入于互兑（三到五互为兑）之中，兑为悦；兑上为震，悦而又震，故《丰》象中有"明以动""宜日中""雷电皆至"三种情境，而这三种情境所象征着"如日中天""昭昭盛大"的大气象，不仅反映着"天地盈虚""与时消息"的自然法则，而且还以"日中"之德"宜照天下"，所以古代圣贤并没有陶醉在盛大的境界中，而是将其应用到"折狱致刑"的实际生活中。

卦中六爻，唯上六因"丰大"过极而导致凶险，初、三爻"无咎"，二、四、五爻皆吉。初九当位无应于离下，然明动而往，往则"有尚"；六二当位离中，二至五有大坎之象，坎为阴，大阴如"蔀"，"日中见斗"，有疑心之"疾"，然光明鉴照，终因诚信而"吉"；九三"丰大"其斾，致使右肱折断，故不可做大事；九四失位不正，上无所应，然因"日中见斗"，"遇主"有"吉"；六五于雷电之中彰显光辉，有"庆誉"之"吉"；艮为室，有屋室之象，然上震为艮之反象，故室坏无家，寂寞无人，故有"凶"象。

在《易经》中，具体谈到"刑狱"的卦有三个：《噬嗑》䷔、《贲》䷕、《丰》䷶，三者之中均有离火，这是它们的共同点。这个共同点很重要，因为它说明，弥漫着黑暗的"刑狱"需要光明才能得以廓清。进一步讲，古代圣贤的刑狱观还体现在三者的不同点上。按卦象，《丰》

自《噬嗑》演变而来，四失位不正，以阳居阴，二至五互成《大过》☵，有棺椁之象。兑主刑杀，为毁折，于是四就折毁至棺椁中，有死象，故其"折狱致刑"在于明其用刑之明、之威。在《噬嗑》中，四不正，互有坎象，坎为狱，四陷其中，二至五互成《蹇》☵，下艮为止，上坎为狱，有止于狱之象，因不至于死，故曰"明罚饬法"，"利用狱"。《贲》卦二至五互成《解》☵，虽三也陷入狱中，但是三当位而正，故曰"无敢折狱"，以明其正则无刑可用。《噬嗑》《贲》皆互成坎狱，一得正，一不得正，一止于狱，一解脱于狱。至于《丰》则互无"狱"而有"刑"，以兑刑折坎狱，故人不仅不能脱，甚至会死于《大过》之棺椁中。

【案例】

据《左传·宣公六年》载：郑公子曼满与王子伯廖说"想要做上卿"。伯廖听后对别人说："这种人无德而贪得官位。我用《易》看了，结果筮得《丰》☵动而变为《离》☲，按爻辞的意义来看，他不仅不会成功，而且过不了多长时间就会遭受灾祸。"一年后，郑国人果然杀了曼满。

王子伯廖的判断主要是基于对《丰》之上六爻辞的理解，因为按照上六爻辞曰："丰其屋，蔀其家，窥其户，阒其无人，三岁不觌，凶。"从卦象上看，上六当位于《丰》，下应于九三，九三也当位，阴阳相应，本当有吉利的意义。但是，一则因为上六所当之位在《丰》之穷极之处，二则下应之九三在离，离为火，震入火中，火在震中，故"窥其户"而不见其人。

本来，《丰》卦的卦象是日中有王，"明动""尚大"的情景，因此卦辞有"王假之""宜日中"的意义，其初九有"遇其配主"，九四有"遇其夷主"之语。就六个爻辞的意义来看，六二、九四、六五均为吉利，其余各爻，初九"有尚"，九三"无咎"，唯上六为"凶"。从"明以动"的角度来看，正如《象传》所言，有"日中则昃"的终极变化；从"尚大"的意义推理，则物极必衰。《左传》记载的故事虽然证明了王子伯廖的推断，但是他的推论与卦象本身无关，主要是从人的道德看问题，然后用《易经》的道理来求证。曼满的最终结果并不是《易经》算出来的，而是他自己的德行造成的。反过来讲，也不是上六没有德行，所以系上了"凶"辞，而是因为它所处的地位形成了对其不利的形势。在这个意义讲，人生中的很多事，并不是由我们的主观愿望支配着，实在是因为客观因素控制着人们的言行，所以无论我们做什么事，既要树立正确的人生观，同时更重要的是为正确的人生观选择适当的成长环境。

从"鹊鸟焚巢"的羁旅惆怅到"丽乎光明"的明镜高悬

旅

第五十六卦

小亨，旅贞吉。

《旅》卦象征着行旅：稍有亨通，行旅吉祥。

《旅》，卦名，艮下☶离上☲。古人对"旅"的理解与我们今天的
理解大不相同，按《周易正义》的说法："旅者，客寄之名，羁旅之
称，失其本居，而寄他方，谓之为旅。"古人深知行旅之苦，然失其所
居，不得不出门行旅，故以此释"旅"。二、五皆以阴居中，阴为小，
以柔居中，故曰"小亨"。《旅》唯二、三爻得正，二当位居正，故曰
"贞吉"。

初六，旅琐琐，斯其所取灾。

初六，因琐碎小事而行旅，这等于是自取其灾祸。

琐：琐碎细小的事情。

初六失位，上应九四，九四也失位于互兑之中，艮为小石，兑为
小，故曰"琐琐"。古人以为出门远行是一件大事，初六却因失位而应
之于琐碎细小之事，这就等于是自取灾祸。

六二，旅即次，怀其资，得童仆，贞。

六二，行旅中住进客舍，怀中藏着资财，随身带着僮仆，就当守持正道。

即：就，接近。次：住所。资：钱财。

六二在艮，艮为寺。"寺"，本来指官舍，又专指接待外宾之所。汉明帝时，摄摩腾从西域用白马驮经来到洛阳，起初就住在鸿胪寺，其后，就将接待外宾的住所称为"寺"。白马所驮的经文所藏之地，就叫白马寺，从此，佛家僧众所居之处都称之为"寺"。六二又在互巽之初（二至四互为巽），巽为入，旅而"入"其"寺"，即"旅其次"。六二所应之六五，动变则上卦为乾，乾为金，故曰"怀其资"。如不变，则上离为贝，贝是殷周时期的货币，如此则"怀其资"的卦象也是成立的。艮为童仆，故曰"得童仆"。

六二于《旅》"怀其资，得童仆"，皆因其居中处正。故《论语》中"子张问行"，孔子曰："言忠信，行笃敬，虽蛮貊之邦行矣。言不忠信，行不笃敬，虽州里行乎哉？"六二虽不能上应六五，却以中正之德恭顺于上，怀柔于下，六爻之于《旅》，唯六二有得。说到底，六二之"得"非仅得之于《旅》，实得之于"德"。

九三，旅焚其次，丧其童仆，贞厉。

九三，行旅途中被火烧毁了客舍，丧失其僮仆，贞问的结果是有危险。

九三当位于艮，艮类如房屋住所，离火居于艮上，故有"旅焚其次"；艮为童仆，艮象焚毁了，也就等于丧失了童仆；故而"贞厉"。

九四，旅于处，得其资斧，我心不快。

九四，于旅途中暂时得到栖身之处，但这个处所是用高价得来的，我心中还是深感忧虑。

　　在九三时，旅行的住所"次"已经被焚毁，那么到了九四也只有一个暂时安身之地"处"。"处"的本义，按《说文》的解释是"得几而止"，也就是暂时可以休息的地方。九四在互巽之上，巽为入、为进退，换言之，"处"就是暂时进退之地。"资斧"，前贤略有三种解释：一是得到的别人的钱财；二是王弼解释的类似用于除去荆棘的锄，如以王弼言，则互巽为木，兑为金，又木贯金，则类如锄，"次"既然被焚，就要用锄开辟一块暂时休息地方，于理、于象，也通；三是离为兵戈，故为利斧。在此，我们一起看看这样一种解释：在旅行途中得到一块暂时栖身之处，但是这个处所是得于"资斧"，换句话说，就是用高价得来的，所以，"我心不快"。如果按照古人的三种解释，虽然与卦象也能相通，但是解释"我心不快"就很牵强了。

六五，射雉，一矢亡，终以誉命。

　　六五，用箭射雉，一箭就射了下来，结果受到赞誉、爵命。

　　六五在离，离为甲胄，即兵器，离又为雉，故曰"射雉"。六五失位，下无所应，动而变乾，乾象见则离象灭，则一矢而射亡其"雉"。五变正而应于六二，六二在互巽，巽为命，乾为王，以九五之王命得其所应，故曰"终于誉命"。

上九，鸟焚其巢，旅人先笑后号咷。丧牛于易，凶。

　　上九，高树枝上的鸟巢被焚烧，行旅之人先是欢笑，后来又号咷大哭。丢失了牛，有凶险。

　　离为雉、为火，艮类如巢。古代的民居住房大多是茅草房，像乌鸦之类的鸟喜欢衔着火种，有时就把衔着的火种掉到茅草房上，这就是"鸟焚其巢"的原因。旅人因其六五之变的"终以誉命"而"先笑"，因房屋被焚而"后号咷"。离为牛，因为上九动变，离象变为震而牛象亡，故"丧牛"而"凶"。

【解读】

按《说卦传》，艮为山，即高出地面的地形地貌，以类取象，艮又为门阙、为楼观。按照这个卦象的演绎，《旅》下为艮，往上二至四互有巽，巽为木、为雉、为入；再往上三至五互有兑，兑为毁折；《旅》上为离，离为火。连起来看，就成为汉代易学家形容的"鹊鸟焚巢"之象，比喻人的住所遭火焚毁，不得不出行远走。占测这样做的吉凶，得到的结果是吉利的。因为后面的行为是前面发生的事情造成的势所必然的结果。《旅》之《象传》曰："山上有火，旅。君子以明慎用刑而不留狱。"艮为山，离为火，故曰"山上有火"。从《旅》卦的卦象中，君子明白了"慎用刑"而"不留狱"的道理。总起来看，这个卦象的意义还是"正大光明"的，正如《旅》之《象传》所言"旅之时义大矣哉"。不过，在一般意义的卜筮吉凶和六爻的爻象中，我们并没有看到这些象数和意义，这也就是为什么《象传》在"慎用刑"与"不留狱"的前面冠以"君子"。我们乐于接受"《易》为君子谋，不为小人谋"的道理，其实，这就是一个观察角度与认知层面的问题。现在，我们一起就《旅》卦的卦象本身来看。坎为刑，《旅》无坎象，也就是无刑可用，故君子能看到"慎用刑"。离为光明，兑为决，决断于光明，故曰"不留狱"。决断于光明，一则是"不留狱"的理想，二则也同时为"不留狱"创造了条件。古时的清官正是着眼于这种"理想"与"条件"，才在他们断案的官衙正上方高高挂着"明镜高悬"的匾额，以因应《旅》之《象传》所谓的"止而丽乎明"。

因《旅》卦象里居中之二、五爻象均属阴柔之性，故《象传》曰

"柔得中乎外而顺乎刚"，唯"小亨"而已。《旅》以"鹊鸟焚巢"来比喻《旅》卦的意义，其喻小则为旅行之所失，喻大实为人生之终极。就人生而言，人在世间就是一种过程，其重要性并不在结局，而在于人们对这个过程的感受和那些留在过程中的记忆。诚如范仲淹在《易义》中之所言："夫旅人之志，卑则自辱，高则见嫉；能执其中，可谓智矣。是故初'琐琐'而四'不快'者，以其处据二体之下，卑以自辱者也；三'焚次'而上'焚巢'者，以其据二体之上，高而见嫉者也；二'怀资'而五'誉命'，柔而不失其中者也。"从义理的角度很好地阐释了《旅》卦的意义。

　　就文字的本义而言，"旅"就是众人跟着一面旗帜一路前行。这很像我们今天旅游公司组织的旅行，担任导游的人前面举着一面彩旗，吆喝着一行人跟着他们高高举起的旗走马观花式游览一个景点。在《旅》卦里就是借一个焚毁的房子来说明"旅"的不得已，其实，整个人生何尝不是一次旅行，最终还是没有房子，或者说带不走一砖一瓦。在《周易注疏》里，唐代学者孔颖达疏"旅"的意义是："客寄之名，羁旅之称，失其本居而寄他方，谓之为'旅'。"中国人向来以为"好出门不如赖在家"，出门远行，也总是被说成是"羁旅""逆旅"。当然，有时"旅"行体会到的意义可能远远不同于《旅》卦，如柳永的《雨霖铃》："寒蝉凄切，对长亭晚，骤雨初歇。都门帐饮无绪，留恋处，兰舟催发。执手相看泪眼，竟无语凝噎。念去去，千里烟波，暮霭沉沉楚天阔。多情自古伤离别，更那堪，冷落清秋节！今宵酒醒何处？杨柳岸，晓风残月。此去经年，应是良辰好景虚设。便纵有千种风情，更与何人说？"其中的伤感有一种凄美动人的情景。但是这种伤感中的凄美，只是一种想象着的情怀，它并不是《旅》卦的真实体验。

李白说:"夫天地者,万物之逆旅也;光阴者,百代之过客也。"(《春夜宴从弟桃花园序》)其实,瞻望明天,回顾昨天,注目今天,人生说到底就是一次旅行而已,人生都是一路走过而已。用苏轼的感觉来说,就是"人生如逆旅,我亦是行人"(《临江仙》)。不过,如果我们在人生旅途时或经历、体会到高适的《除夜作》里描述的:"旅馆寒灯独不眠,客心何事转凄然。故乡今夜思千里,霜鬓明朝又一年。"那么《旅》卦的意义也就对人生有了更加深切的意味。但是从卦象看,各爻的吉凶成败还有着其他的原因:初六失位于艮,艮为止,本不能旅,勉强而旅,故有琐琐之窘态;六二当位居中,"怀资"而旅,故"贞"而"无尤";九三因近于离火,焚次(住所)而旅,故有厉;九四失位,虽应于初,然初在下,非《旅》之所求,故其心"不快";六五居《旅》失位,然尊居王位,故能"终于誉命";上九失位于《旅》,终"焚其巢"。《说卦传》曰艮为径路,离为火,《旅》之卦象下艮上离,有光明附丽于"径路"之象,人就能在光明中旅行,在旅行传播光明。

【案例】

据《乾凿度》记载:孔子本来并不十分了解《易经》。一日偶然间想通过占筮来预知自己的命运如何,结果筮得《旅》☲。因不是很了解其中的深义,就请教易学家瞿氏,瞿氏说:"你有圣人一样的智慧,可惜的是没有像圣人一样的地位啊!"孔子流着泪水说:"天上的凤凰再也飞不来了,黄河也不会再出现神秘的图示,这都是天命啊!"于是就安下心来,开始做学问,并为帮助后学者正确理解《易经》而创作了十种解释:《文言》《彖传(上下)》《象传(大小)》《系辞(上下)》《序卦》《说卦》《杂卦》,以上下、大小计,共十种。汉以后,学者多称之为"十翼"，并统称谓《易传》。

孔子筮得《旅》卦为什么不自己解答？当他听到瞿氏的解释为什么又会流泪呢？首先，根据孔子的学识，我们姑且认为他是理解《旅》卦的意义的，只不过是想通过瞿氏找到更加明确的解释，或者是他内心想要得到的解释。因为在一般情况下，我们怀疑的不是我们自己，而是怀疑我们认识的对象。瞿氏或许出于深知孔子的苦闷，或许因为他善解人意，他没有直解卦义，而是说明孔子的愿望与现实之间的差距。孔子之所以哭泣是因为《旅》卦卦辞只是"小亨"而已，这对于胸怀大志的孔子而言，无疑是失落而痛苦的。

在风声里我们能听到天地万物的信息

巽

第五十七卦

小亨，利有攸往，利见大人。

《巽》卦象征着"入"：稍有亨通，有利于有所前往，有利于出现
大人。

《巽》，卦名，巽下☴巽上☴。《说卦传》云："巽，入也。"又曰：
"巽为风。"一阴入于二阳之下，如风之来，风行无所不入，故以"入"
为训。也就是说，既然卦象"风"，那么它就既有"顺行"的本质，也
有"进入"的特征。六爻中的六四为卦主，六四以阴当位而顺从于九
五之刚，阴为小，顺刚为"亨"，故曰"小亨"。九二失位，变正而往
应九五，故曰"利有攸往"。九五得位居正，以中正之德尊居君王之
位，故曰"大人"。又因巽为风，风行天下，无处不入，且九五当位中
正，九二能以阳居阴，故有利于往来交流，也利于出现重要高贵的
人物。

初六，进退，利武人之贞。

初六，处于进退之中时，有利于勇武刚健的人。

按《说卦传》，巽为进退。初六在下巽之下，故有进退之象。三

至五互为离，离为甲胄、为干戈，有兵器之象，巽为入，入于干戈之象中，当为"武人"。巽为命，又有"顺"德，以"服从命令为天职"，故曰"利武人之贞"。

九二，巽在床下，用史巫纷若，吉，无咎。

九二，谦恭卑顺地居于床下，若史、巫纷纷前来祝祷，就会得到吉祥，没有过错和灾害。

纷若：众多的样子。

巽为床象，九二在巽，故曰"床下"。《象传》曰："重巽以申命。"于其巽则因"申命"而有"巫"象。《系辞传》曰："上古结绳而治，后世圣人易之以书契，百官以治，万民以察，盖取诸《夬》。"二至四互为兑，兑为金，又为尖锐之金，古代的文书大都是刻于竹、木、龟甲之类的器物之上，故于其兑，则九二又有了刀笔书契的"史"官之象。九二以阳居阴于中，虽无所应，也能"吉"而"无咎"。正如《象传》之所言："纷若之吉，得中也。"

九三，频巽，吝。

九三，皱着眉头驯服，这说明他深感悔恨。

频：《说文》解释为"水涯"，即水边，以为"频"是"濒"的省略。将渡河的人看见水深而皱眉。

频，又引申为临近、重复等义。因为九三是下巽的结束，紧接着又是上巽的开始，也就是说，如果卜到此爻，预示事情将要重复两次也没有结果；因为其所应上爻以阳居阴，失位不应，因此九三会劳而无功而深感悔恨。

六四，悔亡，田获三品。

六四，悔恨消失，田猎时获得三种猎物。

亡：消失，无有。田：打猎。品：物品。

六四本该下应初爻，然初失位而不能与之相应，那为什么还能消除"悔恨"之事呢？这是因为六四当位，使得这个卦象成为巽下巽上的《巽》卦，可以说六四成就了《巽》卦。六四又因自己的当位使得三至五互为离卦，离为雉，并有干戈之象，也就有了田猎之象。按先天八卦，离数为三，故猎获"三品"。

九五，贞吉，悔亡，无不利，无初有终。先庚三日，后庚三日，吉。

九五，占测的结果是吉利的，悔恨消失了，做事也无所不利，即使没有一个开始的理由，但最终也会有好的结果。先庚三日，即为丁；后庚三日，即为癸。从丁到癸，数有七日，这七日之内做事都是吉利的。

九五虽因九二失位而不能应，然当位中正，"九五之尊"又有六四奉承为比，如《象传》之所谓"柔顺乎刚"，故曰"无不利"。初、二皆失位不正，不能应上，故曰"无初"。若二变正有应，则下卦成艮象。《系辞传》曰"艮为万物之终始"，故曰"有终"。

上九，巽在床下，丧其资斧，贞凶。

上九，驯服地居于床下，因为丧失了刚坚的利斧，占问的结果是凶险。

按《象传》的说法是"上穷也"。为什么说"上穷"呢？需知这里"穷"并不是现今理解的贫穷。据《说文》，"穷"的本义是"极也"，也就是极点，最高处。上九不就是在《巽》卦的极点最高处吗？因为它自己的失位不当而不能下应九三，动而变则四至上成坎，坎为寇盗，三至五互为离，离为干戈，类于"资斧"之象，遇寇盗"丧其资斧"，故"贞凶"。

【解读】

《巽》以"重巽申命",象征着宣令教化之事。《巽》之《彖传》云"重巽以申命",于是《象传》上承此意而曰"申命以行事"。这里的"重""申"都有重复的意思。巽为命令,巽而又巽,故有"重申"之意。按《说卦传》,巽为风、为入,重巽之象,自下至上,巽而又巽,象中有象。首先,由巽而"入",入于互离之中(三至五互为离),离为火、为光明,明而再"入";其次,巽风相随,两两相重,入而又入,有"重巽申命"之象;再次,《巽》下为阴,重巽皆有顺于上阳的心性和《象传》所谓"柔皆顺乎刚"之象。风无孔不入,既入于物,也入于心,故巽之三重卦象共同形成了"申命行事"、宣令讲习的昭昭教化。古代的圣贤君子正是从观风行之象中觉悟教化、政令之所以"入",于是用于人则使其"顺"行而勿逆;用于事则连续不断地渗透推进。这样《巽》就有了两重利好:一是"利有攸往",二是"利见大人"。

《彖传》以"刚巽乎中正而志行"来解释"顺"而"入"的过程:初六柔而无应,疑于进退之间,然动而有变,变则初变九为乾,上应六四,六四在互离之中,离有兵戎、甲胄之象,故曰"利武人之贞";九二以阳居阴,失位无应,却有阴风屈居"床下",以史巫驱之,也能"吉"而"无咎";九三本是阳刚之爻,因其不甘于顺从,故而有"吝";六四在互离之中,又在互兑之上、巽风之下,兼有三种卦象,以象征猎获"三品"之功;九五因于《巽》中居中正之位而获"吉";唯上九不正,且身居穷极之位,下无所应,"丧"而有"凶"。观乎以上诸爻之概况,我们可以看到《巽》因以阳刚居中而具有两方面的特征:一是君子"巽乎中正"而担当"申命行事"之任;二是"柔皆顺乎刚",故有利于刚健之行。

【案例】

一

　　孔子的学生子路，本来是一个勇猛鲁莽的人。他听说孔子很有学问，就去拜见孔子。孔子问子路："你有什么爱好吗？"子路回答说："我喜欢长剑。"孔子说："我不是问这个，以你的天赋，再加上学习，应该能有好的才能。"子路说："学习能够增长我们的能力吗？"孔子说："好比君王如果没有敢进谏的大臣，政事就会有错失；读书人如果没有能够指正自己缺点的朋友，品德就容易有缺失。对性情狂放的马不能放下鞭子，操弓射箭则不能随便更换辅正的檠……"他一连打了很多比方说明学习的重要性，然后说君子没有不学习的，学习是成就事业的基础。子路听后，反问道："南山有一种竹子，不需揉烤加工就自然笔直，削尖后射出去，能穿透犀牛的厚皮。所以有些东西天赋异秉又何必要学习呢？"孔子说："如果在箭尾安上羽毛，把箭头磨得更加锐利，那么箭不是能射得更远更深吗？"子路听后拜谢说："听了夫子话，真是受益良多啊！"从此，一心一意拜在孔子的门下做了孔子的学生。

　　《说卦传》讲"巽为风"，《巽》之所以被古人赋予教化的功能和特征，其根本的原因就在于这个卦象的本身就是风，风有"深入"和"传播"的属性。《诗·大序》曰："风，风也，教也；风以动之，教以化之。"由此可知，"教化"与"风化"，实际是一回事，"教化"是从理上讲，"风化"是从形式上讲。就以上例来看，作为老师的孔子有劝诫、引导人接受教育的责任心和使命感，这本身就因应着"传播"的热情和心量，即"入"。子路能够听进孔子的劝诫，也是"入"，由"入"于心到"入"于孔门为徒、"入"于"十哲"。《巽》的卦象讲到这里，我们再理解《论语》里著名的论断"君子之德，风；小人之德，草"，意境就大不一样了。这句话的真正意思是说：君子的本质，就是要像风一样，率先垂范，以身作则，教化别人怎么做；而小人的本质在于像草一样随风而倒，接受教化。

二

宋代的程迥有一天夜里行经浙江余姚，住在僧人房子里，他觉得心里有点慌，就想占一卦看看有什么事情发生，结果筮得《巽》☴卦。由此他推断自己会受到风火之灾的惊吓，但是不至于受到伤害。没过多久，这个僧人房舍的北面发生了火灾，火势很大，一连焚烧了十多所房子，一直烧到僧人的房舍才停止下来。余姚县的差役拿住失火的僧人，施以杖刑。

按其占验之辞，巽为风，《巽》三至五互为离，离为火，二至四互为兑，兑为毁折，巽全变为震，为惊恐。初六虽为内卦之主，然而失位上不能应于六四，所以说不会使自己受到伤害。又"巽为寡发"，上下皆巽，故有二僧之象。互体兑在巽体之上，巽为股，兑为决，由此可知，二僧应受杖刑之责。

西方是快乐世界还是肃杀之地

兑

第五十八卦

亨，利贞。

《兑》卦象征着愉悦：亨通，有利于守持正道。

《兑》，卦名，兑下☱兑上☱。《说卦传》曰："说万物者莫说乎泽。"在上古汉语里，"说""悦"通；而"兑"为"悦"的本字；兑为泽，兑为悦，万物得润泽则"悦"，故以"兑"为卦名。阴在上，阳在下，二阴润泽四阳，通融和悦，故有"亨"。九五当位居中，"刚中柔外"，以内征外则有利，以柔悦人也有利，故曰"利贞"。

初九，和兑，吉。

初九，和善愉悦地对待别人，吉祥。

初九当位于《兑》，与九二比和，有和悦的吉利之象。

九二，孚兑，吉，悔亡。

九二，以真诚态度对待喜悦之事，因而是吉利的，并使得悔恨之事消失。

九二本上应五，因九二失位而不能应。二比近于三，六三与九二相与而亲，则九二"孚"于六三。六三为兑主，"孚"三而悦，故"吉"。

九二失位而不能应九五之尊，本有"悔"，动而变正，上应九五则"悔亡"。

六三，来兑，凶。

六三，前来谋取愉悦，有凶险。

从外至内谓之"来"，从内至外谓之"往"。六三失位而不能应上，就以阴柔之态取悦于九二，虚于委蛇，奉迎造作，当然没有好的结果。

九四，商兑未宁，介疾有喜。

九四，与人商谈喜悦的事情尚未宁定，所患小疾不治而愈，令人喜悦。

商：商谈。介：小。

九四处在六三与九五之间，下无所应，于阴阳之间商量折中，故而不得安宁，可能会出现小的疾痛悔恨之事。但是因为九四能于阴阳之间取舍折中，其最终的结果是喜庆的。

九五，孚于剥，有厉。

九五，对消剥阳刚君子的小人讲诚信，这是一件危险的事。

阴消阳气，谓之"剥"。"孚"本为诚信之德，然对君子诚信则吉，对小人诚信则不吉。九五虽处在中正贵尊之位，然上有阴气来剥，如小人扰乱破坏，这是很危险的事。

上六，引兑。

上六，引导他人愉悦。

因六三失位不正，阴阴相敌，上六不能下应六三，九四动变则四至上为坎，坎为弓，张弓为"引"；又三至五互为巽，巽为绳，也有"引"象。上六无应则为九五、九四所牵引为悦，故曰"引兑"。

【解读】

《象传》与《彖传》之于《兑》的意象有很好的解释。按《说卦传》，兑为泽、为少女、为口等，皆有"刚中而柔外"的特征，《彖传》在解释《兑》卦时，以为《兑》卦的喜悦之象就是因为它有"刚中而柔外"之德。"刚中"指九二、九五爻，"柔外"是指六三、上六。也就是说，无论你内心有多么刚中严正，对外应该是一团和气、和颜悦色。这也正是中国文化提倡的"外圆内方"的处世之道。《彖传》进而赞美这种处世之道是"顺乎天而应乎人"，并且鼓励统治者要"说以先民，民忘其劳；说以犯难，民忘其死"，用现代话来讲，就是先让人民感到喜悦，人民才会在劳作中忘记劳苦；只有让人民乐于克服困难，人民才会不怕牺牲。然后，《彖传》把这种功效归结为"说之大，民劝矣哉"，意即《兑》卦所说的喜悦具有非常伟大的意义，因为"喜悦"是鼓励人民的最好方法。

《兑》卦的爻辞除九五爻之外，皆以"悦"来因应着卦象。从《兑》象来看，初九以"和悦"之心因应"愉悦"之象而"吉利"；九二以"诚信"的态度迎接"喜悦"，也是"吉利"的；六三献媚取悦于人，故有"凶"；九四能因事而悦，故"有喜"；九五因为上有阴气所乘，下无二爻来应遭受"厉"难；上六被牵引而"悦"，未有"光大"之德行。总之，《兑》卦有一个特点，即阴爻不如阳爻吉利，即"刚中"之德好于"柔外"之容。

其实，《兑》象的愉悦，并不全是来自"兑"象的重叠，因为在《兑》象中还含有一种"光明来入"的情景：二至四互为离，三至五互为巽，离为火、为光明，巽为风、为入，"光明来入"如"有朋自远方来"，于是就有了"朋友讲习"的快乐。孔子因远方来的朋友而高兴，并不是出于好客之心，而是因为"好学"之思，因为"独学无友，则孤陋难成"（《顾亭林文集·与友人书》），所以，就像《诗经》所说，要做"有斐君子"，就要"如切如磋，如琢如磨"。更为重要的是，"愉悦"不仅是中国古代圣贤治国的理想境界，也是他们用来治国的方法，故移风易俗，莫善于乐，《礼记》记载，"夔始作乐"以愉悦民心，舜曰："夔，一足矣！"同样，在《兑》卦中《象传》也强调："说以先民，民忘其劳；说以犯难，民忘其死。"如此，则民心得安慰和劝勉。

《兑》卦的主体形象是少女。少女的声音是美妙动听的，所以"兑为口"；少女是快乐的，所以"兑为悦"；少女有如花的容貌，所以"兑为花朵"；甚至因兑主西方，西风也被称为"少女风"。《三国志·魏书·管辂传》记载，管辂曾经对众人说："今天傍晚要下雨。"结果到了傍晚，天上一点云彩也没有，众人都笑话他。管辂说："树上已经出现了少女微风，树叶中又有阴鸟和鸣。更有少男风起，众鸟和翔，风雨一定会如期而至。"过了一会儿，果然看见东北方扬起一阵风，风声中还夹杂着鸟鸣。太阳还未落山时，东南方的山上涌起了像楼一样高大的云。黄昏以后，雷声震天，大雨倾盆，像河水一样倒了下来。管辂所说的"少女微风"就是西风。宋朝有个叫王之道的诗人，写了一首《秋兴八首追和杜老》的诗，诗中有"宦情薄似贤人酒，诗思清于少女风"之句。但"少女风"不光有"清"的一面，也有着"肃杀"的一面。西风一吹，秋天就来到了，地上的花果树木就出现了美如少女般的华美色彩，但美丽的外表下常常藏有杀机，万物也因西风而凋零枯萎，这就是《兑》卦的"外柔内刚"。这种"外柔内刚"的人在生活中就被称为"笑面虎"和"笑里藏刀"。我们喜欢看别人的笑容，我们自己也有意识地强迫自己笑容满面，可是无论是别人的笑还是自己的笑，亲切柔和的笑容的确是掩盖阳刚和杀机的最好形式，也是处世为人的最好武器。

按《说卦传》，兑为泽，主西方。就中国地理而言，西方沼泽地和湖泊的面积更为广大。过去我们讲述红军长征遇到的艰苦险难时常常说他们是"爬雪山，过草地"，"草地"就是沼泽，它是红军在长征时遇到的最危险的情况，很多红军陷进去再也没有出来。"西方为金"，中国有一个处在西方的重要城市兰州，过去就叫金城。"西方为白虎"，主兵象，中国早期历史上发生的重要战争如征鬼方、伐猃狁、讨匈奴基本都在西方。兑为毁折，所以，自汉以后，中国人的"风水"观中就有一个很重要的住宅建设理念"西不益宅"，也就是说，就具体的建筑环境或者个人的住宅建设而言，西边是不宜造房子，也不能开门的。在古代，主要城市的西方大多没有民宅建筑群，如北京的西方，就是军队驻地、监狱、以及十三陵等陵墓建筑群等等。

中国是一个季风性气候的国家，春、夏多刮东风、南风，秋、冬多乱西风、北风。西风又叫金风，西风吹来的时候，时节就是到了秋天，或者叫作金秋时节。同时，西风吹来，草木都要落叶凋零，充满杀气，所以兑也为毁折。古代仁慈的圣王贤君就是从《兑》卦的卦象确立了一些重要的政治制度，其中之一就是"秋决"，即到了秋天才处决犯人。因为在圣王贤君看来，上天有好生之德，人王要与之相应，所以在春生、夏长时节一般都不能处决犯人，而到了秋天，应其肃杀之气，才可以处决人犯。就是对生长在山林的草木，也规定春夏时节不能砍伐，如《孟子·梁惠王》讲的"斧斤以时入山林，材木不可胜用也"，《礼记·王制》里也规定："草木零落，然后入山林。"

通过以上围绕《兑》卦的一连串的联想式的类比说明，我们可能已经不敢把《兑》卦与少女联系在一起了。看着西方，我们能想起许多的情景和事物来，也能想起很多的道理来。

【案例】

北齐的颜恶头善于运用《易经》占筮吉凶。有人在三月十三日造访颜恶头，请求他卜一卦，筮得《兑》☱之上六动而变为《履》☰。颜恶头推断说："你是来卜算你的父亲。你的父亲已经亡故了，但他听到你们的哭声，又忽然苏醒说起话来。"这个人说："我的父亲卧病三年了。昨日鸡叫时气绝而亡，全家人都大声哭了起来。就在这时，我父亲忽然惊醒说：'我死后遇到一个三尺高的人来迎接，当我的灵魂正要飘起来离开这个世界时，却听到哭声，于是又坠落在地下。'"颜恶头说："再过三天，你们的父亲应当永远离你们而去。"后来，果然如颜恶头所言。此人问究竟是什么原因，颜恶头说："今日是庚申日。兑本宫为金，上六父母爻动，故而知你来卜卦算的是父母。现在时逢三月，三月是辰土入墓之时，又见宗庙爻（父母爻）发动，故知你的父母定当去世。上六动而变为《履》卦的上九，阴变为阳，故知你父死而复苏。兑为口，象征着声音，故知有哭声发出。兑变为乾，乾为天，故知其'升天'。兑为言，故你父醒后说话。按纳甲法，《兑》上六纳

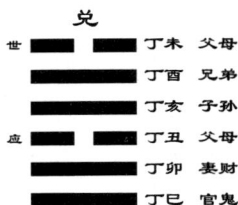

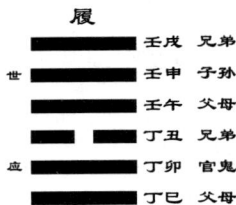

兑		
世 ▬ ▬	丁未	父母
▬▬▬	丁酉	兄弟
▬▬▬	丁亥	子孙
应 ▬ ▬	丁丑	父母
▬▬▬	丁卯	妻财
▬▬▬	丁巳	官鬼

履		
▬▬▬	壬戌	兄弟
世 ▬▬▬	壬申	子孙
▬▬▬	壬午	父母
应 ▬ ▬	丁丑	兄弟
▬▬▬	丁卯	官鬼
▬▬▬	丁巳	父母

未，动而变化为《履》之戌土。三月时值土墓，戌为兑宫官鬼巳火的库墓，变而见戌，又知父母爻未于后三日至于戌，故知三日复死。"

此处颜恶头主要通过卦象和纳甲法推知情况，以辰月庚申日筮卦：按纳甲法，《兑》初爻主巳，二爻主卯，三爻主丑，四爻主亥，五爻主酉，上爻主未。未为世，故取未土为用神。土生金，卜日为申，申为金，本宫兑又为金，金为土之子，故知其人为卜父而来。三月属辰，故曰土入墓；上爻父母爻动而变为戌，戌为火库，"库为墓"；两种征兆皆有死象，故颜恶头知其父当死。然变卦壬申值世爻，申为壬水的长生之地，至于辰则为入墓之时。且上变之爻，以阴转阳，故知有复苏之事发生。然而，时至三日后，未土又化入戌库之中，戌仍然属土，况且戌土又为巳火（巳火为本宫兑金之官鬼）之墓，由此可知生而复死。

让我们扬起满怀喜悦的风帆畅行人生长河

涣
第五十九卦

䷺

亨。王假有庙。利涉大川，利贞。

《涣》卦象征着涣散：亨通。君王至于宗庙祭祀神灵。有利于涉越大河川流，有利于做事。

《涣》，卦名，坎下☵巽上☴，象征"涣散"。"涣"有三解：其一为离散之义。其二为水流无阻的样子，如《诗经·郑风·溱洧》："溱与洧，方涣涣兮。"郑玄笺："仲春之时，冰已释，水则涣涣然。"其三通"焕"，有文理灿然之貌，朱骏声《六十四卦经解》曰："涣，流散也，又文貌，风行水上，而文成焉。"假（gé），到，至。冰融而水流，水流则通，故曰"亨"。九五为王，三至五互艮，艮为门阙，故有王至"宗庙"之象。坎为水，巽为木，木行水上，正如《系辞传》所言："舟楫之利，盖取诸《涣》。"《涣》有舟楫之象，故"利涉大川"。二失位，变正应五，故曰"利贞"。

初六，用拯马壮，吉。

初六，用强壮的马来拯济，吉祥。

拯：读为承，上举，从低处引出。引申为拯济。

按《说卦传》，坎与震均有马象。初六在坎下，坎为险，初六处涣散之时，当无力自拯拔，本上应四，然初六自失位而不能应，唯有上承于九二，九二处坎中，坎为美脊之马，初六以阴承阳，得"拯"而"吉"。

九二，涣奔其机，悔亡。

九二，涣散之时奔向像几案一样可供依靠的地方，那么悔恨就会消亡。

机：通"几"，即凭依之物。

在坎中的九二，失位而不能应于五。二至四互为震，震为动，又为足，坎为马，故有奔驰之象。马足奔驰于坎险之中有所凭依，则因险而悔的事就会消失了。如《象传》之所言"得愿也。"

六三，涣其躬，无悔。

六三，涣散自身，无所悔恨。

六三在《涣》中，故曰"涣其躬"。虽失位不正，却能应于上九，上九在外，应于上九，即《象传》所谓的"志在外"。

《涣》之卦象，内险而外安，六三舍弃近二，远应上九，实际上就是舍险而就安，所以其"志在外"是明智之举。

六四，涣其群，元吉。涣有丘，匪夷所思。

六四，涣散其朋党，大为吉祥。涣散像山丘一样大的朋党，非平常的人所能想象。

夷：平地。

三至五互为艮，艮为山。六四本应下应初，初失位，不得其应，则就近比于六三，故曰"涣其群"；舍远而就近，相比而合、而亲，故"元吉"。因六四在互艮之半，故曰"丘"。虽则为"丘"，也不是平地，故曰"匪夷所思"。

六四身任三种德能：其一，出于坎险之上；其二，得位于巽体之下；其三，上承九五与其同志。唯此三德，众生才能"风行水上"，"涣"散重险。

九五，涣汗其大号，涣王居，无咎。

九五，因受惊于险厄之事而流出汗水，但还是发布了大的号令，涣散其君王居处的阴邪之气，没有什么过错。

汗：出汗。《周易正义》曰："人遇险厄，惊怖而劳，则汗从体出，故以汗喻险厄也。"

九五处尊居正，在巽中，巽为号令；下临坎象，坎为水；因居王位而号令天下，故曰"涣汗其大号"。虽不能应于九二，然为《涣》之主，居"王位"，也能"无咎"。

上九，涣其血去，逖出，无咎。

上九，散去流血之伤，远离危险，没有危难。

逖（tì）：指远去的意思。

上九应于九三，九三在坎，坎水如血，然涣而震（二至四互为震）动，远远离去"血"，如《象传》之所谓"远害"，故"无咎"。

《涣》之有"远害"之象，实为舟楫之能。就其爻象而言，其舟楫之事始于六四而成于上九，因上九失位，故吉不如六四。

【解读】

《涣》包含有三重卦象：其一，上为巽，下为坎，巽为木，坎为水，有"乘木有功""利涉大川""风行水上"之象；其二，因其坎险在内，巽木在外，如《象传》之所谓"柔得乎外而上同"，故外卦的意义大略要好于内卦；其三，二至四互有震，震为长子，职掌祭祀之事。三至五互有艮，艮为观，九五位居互艮之上，其象如《象传》之所言"王假有庙，王乃在中"。

古代圣贤先王通过设立天地神灵来使民众敬贤尊上，慎终追远，这样做不仅有利于君王统治民众，而且能够使民风淳厚美善。卦中六爻最为吉祥的是六四爻，且《涣》无一爻有凶，或"无悔"，或"无咎"，或"元吉"，读来有涣然散开、明朗阔大、愉悦舒畅之感。又因为《涣》中含有"木行水上"之象，所以《象传》以"'利涉大川'，乘木有功"概括卦象的意义。然卦有舟楫之象，而爻无舟楫之辞，言"涣"而不言"舟"，其"舟楫"快然无阻，如涣涣于无人之境。按《象传》以风比德教，以水比群众，则"风行水上"之象又比喻着德教流行于群众之中。

在此，我们要解决一个古代易学家没有解决过的问题：为什么在六十四卦中唯有《涣》卦里出现了"庙"字，这个庙字从何而来。庙，本来是古人供奉祭祀祖先的处所，《说文》解释："庙，尊先祖貌也。"庙、貌，近音。我们知道，人类在文字创造的初期，是用声音来表达意义的，相对而言，声音是有限的，字形是无限的。因此，最初的声音是很少的，这样一个声音可能指代着好几种事物和意思，这就是同音字产生的必要性和必然性。于是音近和音同的字表达的意义也就大多相近甚或相同，如"庙"与"貌"音近，它们在意义上也就相关了，也就是所谓的"庙"，首先要有先祖的容"貌"供在那里。有时，隔代太多，后人记不起，就只好写上先祖的名字供奉起来。在《涣》卦里出现的"庙"要从卦象里找出来，因为"易者，象也。"一般而言，卦爻辞里出现的意义一定存在于卦象里。我们将《涣》与《益》卦做比较就会发现，《涣》的卦辞里有庙的意义，而《益》卦的六二爻辞"王用享于帝"也有类似的意义。《涣》之二至上不也是互出一个《益》☲卦吗？那么，我们就从这个相同性来看"庙"从何出。首先，二者都有一个震卦，因为按《周礼》"长子主祭"，"震为长子"。其次，二者同有一个艮，按汉代易学家的解释，一则艮为庙观，二则艮为鬼门。第三，它们共有一个"巽"，巽为高、为长，巽为入。将以上三种情景联系起来看，就是长子进入供奉祖先灵位的庙观之中。

"涣"的意义显然是与水有关，上古时代"水"往往是与自然灾害联系在一起，起初的"灾"字上面并不是"宀"而是"巛"，古为"川"字，就是大河之水的意思。后来，随着生产技术的发展，人们变水灾为水利，"水"字就与灾难渐渐远离了。在《涣》卦的卦象里，我们从卦象的象征意义里看到了坎水，又看到巽木，木在水上，犹如一叶轻舟划过水面，随风飘荡，水面上涣起涟漪、浪花，如陶渊明感觉到的"舟遥遥而轻飏，风飘飘而吹衣"一样，怡然神旷。但是，要想有这样的感觉，就必须使水上有木，这样才能"涣"去坎险之难。

在中国漫长悠久的历史长河里，船在水面上"涣"起的故事，就像江河中的浪花一样多。这些故事虽不能都与《涣》卦有直接的联系，但总离不开《涣》卦渲染的情景、《涣》卦蕴涵的道理。总的说来，这些蕴涵着的丰富内容和生动感人情景对我们有以下几个方面的启示：

《涣》卦是一种勇气和精神，最大可能地鼓舞我们的勇气，激发我们的力量。我们常常说"机遇与挑战"共存。比如《涣》之初六的吉利，就是在危险中"用拯马壮"，战胜危险不是靠他的侥幸，而是靠他的勇气和力量。人生就是如此，在危险的时候，也许只要多一点勇气，危险就过去了。如果我们想做什么事，不咬紧牙关拼搏一下，也许也就一直想着，想一辈子。

　　《涣》卦是艺术，也是人生。在《涣》卦里，有情、有诗、有歌、也有意。"身外都无事，舟中只有琴"（白居易《船夜援琴》），"江流大自在，坐稳兴悠哉"（杜甫《放船》），其情是何等的超然逸越。"南去北来徒自老，故人稀。夕阳长送钓船归。鳜鱼肥"（贺铸《太平时》），其情又是何等的适意愉悦。"夜来江雨宿蓬船，卧听淋铃不忍眠"（韦庄《宿蓬船》），其情又是多么的凄伤哀苦。"芳草青青古渡头，渔家住处暂维舟"（崔橹《春晚泊船江村》），我们仿佛看到客船羁旅的一丝忧愁。"即从巴峡穿巫峡，便下襄阳向洛阳"的迅捷畅通，其归心飞越的情怀中又怀抱着"白日放歌须纵酒，青春作伴好还乡"的怡然快意与自得（杜甫《闻官军收河南河北》）。"孤帆远影碧空尽，唯见长江天际流"和"两岸猿声啼不住，轻舟已过万重山"的潇洒神情里，江山如画的空间也仿佛成了一首灵动飞逝的歌。舟载着人生的情怀，舟远游着人生的无尽无边的行歌。在《涣》卦里，我们看着孔子行舟大河，感叹"逝者如斯夫"（《论语·子罕》）；我们看着东坡"纵一苇之所如，凌万顷之茫然"（《前赤壁赋》）的顿感明悟。在《涣》卦里，我们欣赏到"轻舟八尺，低篷三扇，占断蘋洲烟雨"（陆游《鹊桥仙》）的江南情景；在《涣》卦里，我们领略着"桥如虹。水如空。一叶飘然烟雨中"（陆游《长相思》）的如画风情。在《涣》卦里，我们等到了"烟笼寒水月笼沙，夜泊秦淮近酒家"（《泊秦淮》）的杜牧；在《涣》卦里，我们感怀着"春潮带雨晚来急，野渡无人舟自横"（韦应物《滁州西涧》）的心灵寂寞。我们品味着"今宵酒醒何处，杨柳岸，晓风残月"（柳永《雨霖铃》）清醒后的清明与透彻。这就是《涣》卦，她给我们留下出门远行的舟楫和诗歌，留下了悠悠如梦的流水和山河。

【案例】

战国时期赵国人乐毅，自幼讲习兵法。他听说燕昭王筑黄金台以招纳天下贤士，就投赴燕国，受到燕昭王的礼遇，任其为亚卿。当时的燕昭王正急于报齐国攻燕的仇恨，乐毅耐心地劝谏燕昭王，认为齐国国力强大，且有称霸之余威，燕国应当联合赵、韩、魏等国共同伐齐。燕昭王采纳了乐毅的策略，并拜其为上将军。

乐毅率领燕、赵、秦、韩、魏五国军队攻齐，齐军大败，齐湣王出逃卫、鲁。乐毅攻下齐国的七十余城，纳为燕的郡县，休养生息，宽缓赋役。当时，齐国还有莒、即墨二城，坚守不降，乐毅不愿强攻屠城伤民，想以仁德感化其自动投降。三年未攻，并解围退兵九里，城中居民出来打柴的，不许捉拿；饥饿出城寻食的，给饭吃。

不久，燕昭王死，齐国即墨守将田单派间谍前往燕国散布流言："乐毅本来就想在齐称王，因为感到深受先王大恩，不忍心背叛，就故意缓攻即墨、莒两座城以等待时机。现在既然燕昭王已经去世，他就可以实现他称王的计划了。"继位的燕惠王原本就怀疑乐毅，很容易就中了田单的离间计，于是就派骑劫取代乐毅之职。骑劫取代乐毅为上将后，田单以火牛阵大败燕军，杀了骑劫，收复了齐国的七十余城。燕惠王这才知道乐毅的贤能，后悔莫及，派人送信给乐毅，想把乐毅请回燕国，但乐毅对燕惠王很失望，最终没有回燕国。

结合《涣》卦的九二爻辞来思考乐毅的用兵之道和人生智慧，可知他进能用兵取胜，退能远遁避祸，关键就在于始终把握着"机"——主动权，用则留之，疑则去之，当止则止，当行则行，"涣奔其机"。说小了，这是明哲保身；说大了，只有活着才能有机会发挥更大的作用。

只有"节以制度"，才能"不伤财，不害民"

节

第六十卦

亨。苦节，不可贞。

《节》卦象征着节制：亨通。但是，一味地苦苦节制则不利。

《节》，卦名，兑下☱坎上☵。下泽上水，泽以止水，水被节制在
泽中，故曰"节"。五当位以"节"，处中得正，中正而通"坎"，故
曰"亨"。"苦节"当指上六。上本应三，三失位不应，水在上极难节
制，故曰"苦节"。节当以时节制，若不时则节之太苦，其节道也不能
长久，故曰"不可贞"。如《周易正义》疏曰："为节过苦，不可为正。
若以苦节为正，则其道困穷。"

初九，不出户庭，无咎。

初九，不出于门户庭院，就不会有灾祸。

初九上应六四，六四在坎，坎为险，又在互艮（三至五互为艮），
艮为止、为门庭，止于门庭不应险，则无咎。

九二，不出门庭，凶。

九二，不走出门户庭院，就会有凶险。

初九"不出"曰"无咎"，九二"不出"则曰"凶"，这是因为初

得位，出则遇险，而"不出"则可守正；九二失位不正，无正可守，不得不出，出则变而正，且能上应九五之尊，故宜出，不出则凶。九二上不能应九五，又为艮所止，节之过当，失时有"凶"。

六三，不节若，则嗟若，无咎。

六三，不能自我节制，于是嗟叹哀悔，但最终还是没有灾祸。

六三失位于兑上，兑为口，故爻辞曰"嗟若"。六三失位，则不能上应上六，上六在坎，坎为险，六三当节而不节，悔而知改则"无咎"。

六四，安节，亨。

六四，安于自我节制，所以亨通。

六四居正于坎，坎为险，下应初九，初九当位于兑，故曰"安节"而"亨通"。

九五，甘节，吉，往有尚。

九五，以节制为美德，吉祥，前往必有所嘉赏。

尚：借为"赏"。

六爻之中，唯九五之"甘节"最为吉利。九五中正居尊，为《节》之主，因此其位可当《象传》之所谓"中正以通"，其任可当《象传》之所谓"节以制度"，故能以"节"为"甘"，如《象传》所谓"不伤财，不害民"。

上六，苦节，贞凶，悔亡。

上六，过分节制，令人苦痛，有凶险，但是悔恨还是会消失。

上六过节于坎上，下无所应，独居坎极之地，故曰"苦节"。"节"本为"不伤财，不害民"的好事，但是过"节"则民不堪其苦，即孔子所谓"过犹不及"。

【解读】

《节》以"泽上有水"来象征当位以"节"、节制有度的情况。《节》又从阴阳爻象的交错分布中分析出两种相对的爻象：一是"刚柔分"，坎为阳卦在上，兑为阴卦在下，下兑为悦，上坎为险，悦以行险有"苦节"之情；二是具体就《节》之六爻来看，其最为明显的特征就是"刚得中"，正因为"刚中"才能如《彖传》所言"当位以节"而"天地节而四时成"。"当位"，既为当时，以当位之正而节之以时，其节制可达到"中正以通"的理想境界。《论语》记载孔子曰："道千乘之国，敬事而信，节用而爱人，使民以时。"（《论语·学而》）其义与《节》卦的意义是相通的。

明代易学家来知德在《来氏易注》中誉美《节》卦有"尽善尽美"之德，"立法于今，而可以垂范于后也"。总之，世间万物有生则必当有节，天以四时节之则美，人以制度节之则正，故《彖传》曰："节以制度，不伤财，不害民。"就卦象而言，《节》为六十四卦中唯一公开主张"不害民"的卦。自六四以上，爻辞有"安节""甘节""苦节"之分。由此可见，卦象虽名之为"节"，但"节"本身的意义并不仅限于"节制"，重要的是要节之以时，"以时"则为"安节""甘节"，节之则"中正以通"，不以时则为"苦节"，苦节则有"不可贞"之事发生。古代的圣贤君王，正是从节制水量的情况看出了制定政治制度的平衡与和谐性，即必须以适时、适量、适度为准则，使民众的生活像分明的四季一样井然有序。

前人有云："饱食当肉，不淫当斋。缓步当车，无灾当福。戒酒后话，忌食后嗔。大饥不大食，大渴不大饮。多精神为富，少嗜欲为贵。服药十朝，不如独宿一宵。饮酒百斛，不如饱餐一粥。节食以去病，

寡欲以延年。"（赵钲铎《青年修养录》）清朝医家讲人生之三宝："人之
所以生者，惟精气神，谓之三宝。人能寡欲以养精，寡思以养神，寡
言以养气，再能去暴怒以养性，节饮食以和脾胃，避风寒以防感冒，
常劳动以坚筋骨，即可延年矣。"其实，社会制度的根本必要性与合理
性就在于一个"节"，因为没有节制，社会制度的合理性与必要性也就
没有了。在中国文化里，"节"是深入到人性中的一种美德。

【案例】

一

据《北堂书钞》引《洞林》：县令施安将一把镊子藏起来，让郭璞
用《易经》测算他藏的究竟是什么东西。郭璞筮得《节》之九二、六四、
九五、上六动而变为《噬嗑》卦。郭璞推断说："非簪非钗，常在领下。
鬓发饰物，是有两歧。"

从郭璞的断辞来看，他的推测是基本准确的。断辞的前三句用描
述性的语言说明了这是一个饰物，最后的"是有两歧"则点明了这个
饰品的样子是叉形，因为镊子就有两歧。如南宋易学家朱震作《汉上
易传》引此例评论说："簪非簪，钗非钗。此以内卦兑言也，'兑为金'。
大抵断卦，当先自内。"按《说卦传》，兑为羊，羊有两角，形同"两

歧"；坎为颈项，兑在坎下，物体的属性又是金，"兑属金"，已知其物为镊。

二

孙权听到关羽失败的消息，让虞翻筮算结果，虞翻筮得《节》䷭之九五爻动，动而变为《临》䷒。于是他推断说："不出二日断头。"《节》䷭自《泰》䷊卦中来。乾为首，既然《节》卦自《泰》卦中变来，那么，《泰》之下乾变为《节》之下兑，按《说卦传》，兑为毁折，毁了乾首，故有断头之象。再者，《节》之上卦为坎，坎为颈项，变而为坤，则知人头落地。因这些变化是《泰》卦九三变至六五所致，从九三至六五，共有二位，故可知"二日断头"。其实，除了卦象上的因素之外，虞翻也揣测到孙权的心中本来就有杀机。

三

清朝时，易学家毛西河外出逃亡，筮得《节》䷭之第三爻动，动而变为《需》䷄。"节"的意思就是节制，"需"的意思是有所等待。从卦象上看，《节》与《需》卦皆有上卦为坎，坎为险，这就意味着有坎险在前。但是《节》卦的第三爻也处于互震之中（二至五互有震卦），当《节》的第三爻阴爻动时，就变为乾卦的阳刚之爻。震的意思就是震动，动而变为阳刚后，就意味着脱离险情。这也正符合《需·象传》之所谓"刚健而不陷"的意思。

按《节》之六三爻辞"不节若，则嗟若，无咎"，其六三失位不正，上无所应，宜有所节制。且六三在互艮之下，艮为止，止于坎前，故"无咎"。另一方面，六三又在互兑之上，互震之中，兑为口，震为动，坎为险，口动于惊险之前，故曰"嗟若"。但是，如果一味地隐伏在坎险之下不动，则终不能脱险，若应着震象而动，动而乾行，则应了《需》之《象传》之所谓"刚健而不险"意义。再者，六三动而变为阳爻，则变卦的下卦为乾，乾有"健行"之象，如健行不行，就会应了《需》之九三爻辞所说的"需于泥，致寇至"。如果我们再从纳甲的方法分析，则《节》之六三为官鬼爻，按传统方法，若"官鬼"动则很有可能发生险情，但官鬼动而变兄弟爻，则意味着险情有所缓解，而这一切皆因震动所致。

　　毛西河结合卦象、象传、爻辞之意，审时度势，因应卦象而动，急行之中又发现险情尾随而至，迅即藏匿海陵，一月后才转危为安。

用真诚感动别人时，自己也会感到快乐

中孚
第六十一卦

豚鱼，吉。利涉大川，利贞。

《中孚》卦象征着心怀诚信：心怀诚信能感化小猪和鱼，吉祥。有利于涉越河水大川，有利于做事。

《中孚》，卦名，兑下☱巽上☴。《说文》："孚，信也。"《周易正义》也说："信发于中，谓之中孚。"中，指九二、九五，二者皆刚中，中为心，心实则诚，故卦名《中孚》。豚，即小猪。二、三失位，动而变正则二至四此互有坎，按《说卦传》，坎为豕，《中孚》之下兑有半坎之象，当然就是"小豕"，《说文》释"豚，小豕也"。上卦为巽，巽为鱼。诚信及于"豚鱼"，故曰"吉"。下兑为泽水之形，上巽为木舟之象。舟浮于泽水，一如《涣》之"木道乃行"，故曰"利涉大川"。

初九，虞吉，有它不燕。

初九，安于本分则会吉祥，如有它求则不得安宁。

虞：安然。燕：安。

初九当位而上应六四，然九二失位于前，一则阻隔了初九，二则六三也失位，又相扰于前，故曰"有它"而难安然。

九二，鸣鹤在阴，其子和之。我有好爵，吾与尔靡之。

九二，白鹤在树荫下鸣叫，小鹤咯咯地应和着。我有甘甜的美酒，我与你共同享用。

爵：指酒器。此处借指酒。靡（mí）：共，共有。

九二失位，不能上应九五，若动而变正，则可上应，此其一也。再者，下兑为口，上巽为风，风为民间歌谣，如《诗经》之"风雅颂"，其中的"风"，就是指十五国之民歌。有口吟诵，有风传播，不也就有了"鸣鹤在阴，其子和之"之象吗？二至四互有震，"震仰盂"，就有了酒器。互震在兑泽之中，酒也就盛在其中了。

六三，得敌，或鼓或罢，或泣或歌。

六三，在克敌的过程中，先是击鼓进军，再是班师报捷，听到胜利的消息，人们喜极而泣，唱着歌庆贺胜利。

得敌：克敌。或：在此作不定代词，指不同的时间段。罢：指班师。

六三失位，为什么还有如此之胜利情景呢？首先，六三虽然失位于《中孚》，却也因为它的失位成就了"中孚"；其次，失位的六三却能上应上九；再者，六三至上九互有《渐》䷴，"渐者，进也"，同时《渐》有鸿雁飞鸣之象，这也就是为什么《中孚》之六三爻辞有"或歌"的原由。

六四，月几望，马匹亡，无咎。

六四，在月亮将要满圆时，失去了自己的马匹，但没有灾祸。

按《说卦传》，乾为马，《中孚》之上因六四当位而没了乾象，其下又因六三失位而没了乾象，故曰"马匹亡"。六四"亡"了"马匹"，却能"无咎"，这是因为六四当位而下应初九，并成《归妹》䷵之象，

"月几望"，以满月之象，像女子当"归"。

九五，有孚挛如，无咎。

九五，握紧拳头表示诚信，没有灾祸.

挛：手握紧的样子。这就如同我们今天表示决心的坚定时，要紧紧攥住拳头一样。

胡炳文在《周易本义通释》中说："六爻皆不言'孚'，惟九五言之，九五'孚'之主也。"九五虽贵为中正之尊，却因九二失位而不能相应，仅能"无咎"而已。

上九，翰音登于天，贞凶。

上九，祭祀用的公鸡叫声响彻天宇，此时有凶险。

翰音：《礼记·曲礼下》："凡祭宗庙之礼。羊曰柔毛，鸡曰翰音。"后因以"翰音"为鸡的代称。这里特指祭祀用的公鸡。

《中孚》上卦为巽，巽为鸡，巽下之二至四互为震，震为动，下卦为兑，兑为口，口动而成音，又因上九处在《中孚》之极，故如"登天"之"翰音"。在《中孚》里，唯上九的爻辞是"凶"，原因主要有三：一则失位，以阳居阴；二则逆"中孚"之德而处于极处；三则巽为鸡，鸡不能飞，而音登于天，故势不可长久。

【解读】

《中孚》这个卦象，前人或从义理讲其"心中诚信"，或从卦象看，以为变坎则"坎为孚"。其实，要说清《中孚》不能从象里看，需从象外看。当我们跳出《中孚》的卦象之外，就会看到这个卦象的中间两爻是阴爻，与上下各两阳爻形成对称平衡的内阴外阳、内虚外实之象。概言之，中虚则为"中孚"，因为只有虚心的人才能具有诚信的品德；

同理，只有中虚的器物才能装得进东西。

　　《中孚》正是一个讲诚信的卦，其各爻的吉凶悔吝皆与"诚信"有关。其中初九因为当位居正，守持诚信，上应六四，故于六爻中有"吉"，也是六爻中唯一一个系以"吉"辞的爻象；其余九二以阳居中，有"中孚"之实，不明言"吉"，实则是一个"吉"字难以尽言；六三失位但能应上九，有信而"得敌"，"或泣或歌"；六四居于互震之上，震为龙，坎为马，震形成则坎形毁，故有马匹亡去之失，然守信有应，故终于"无咎"；九五在互艮之上，"入"而有"止"，有"挛如"之实，虽不能应于九二，因持"挛如"之诚信，也能"无咎"；上九失位不正，不顾念六三，背信远走，故有"凶"。如此看来，"诚信"不仅是判断各爻吉凶的标准，而且成为人们观此卦象的心灵感觉。

　　从卦象上看，《中孚》的"中"就是因为此卦的三、四爻相对于上下各爻是处在中间的位置，其所谓"孚"在于中虚而外实，如"挛如"之形，拳拳之心。我们常常看到人们在表示自己的忠诚、坚贞、诚恳、诚信时，往往会情不自禁地、本能地或用手捂在胸口，或双手捧在心口，或双手交叉于胸前，这正是《中孚》"挛如"的生活化，也是"拳拳之心"的出处。在生活中，我们常常在意的"诚信"，就是"中孚"的心境。《中庸》云"至诚如神"，《论语》讲："人而无信，不知其可也。大车无輗，小车无軏，其何以行之哉？"简言之，也就是说，我们做人、做事都要用心，要一心一意。"中孚"到关切处，就如唐代诗人卢仝在其《观放鱼歌》中所云："礼重一草木，《易》卦称《中孚》。"

　　当我们带着对诚信的期待之心去理解《中孚》时，那么，我们对守信者的赞赏与对失信者的痛恨之心也就自然而然地进入我们对卦象的理解之中了。其实，《中孚》还有一种更加生动感人的情景，下卦为兑，兑为少女，上卦为巽，巽为木，恍若一个少女立在树木之下期待守望，不禁使我们联想到《诗经·邶风·静女》中的诗句："静女其姝，俟我于城隅。爱而不见，搔首踟蹰。"其情真意切的"诚信"为美好的爱情增添了道德信念。

当然，《中孚》不仅为我们带来了"诚信"的美德，而且还蕴籍着教化的功能，因为"泽"水有润下之性，"巽"风有化民之用。圣人君子以诚信为本，上宣号令以播德教，下施恩泽以抚民心，如此，则诚信的美德及于"豚鱼"，及于"议狱"；如此，则君子的诚信上可以"应天"，下可以"化邦"。

《中孚》之九二爻辞曰："鸣鹤在阴，其子和之；我有好爵，吾与尔靡之。"《易》中有象，本是自然；《易》中有理，也是常情；而《中孚》却让人们看到《易》中有歌的动人情景，吟诵之余，欢欣愉快之情跃然而起。此情此景，诚如《诗序》所言"情动于中而形于言"，《中孚》之歌，实因"中孚"之真情所致。《中庸》曰："唯天下至诚，为能经纶天下之大经，立天下之大本，知天地之化育。"当你用真诚感动别人时，你自己也会感到快乐。

【案例】

讲到"中孚""挛如"时，让我们就古代两个著名将军的遭遇和他们因应遭遇的态度做个比较，一是汉代著名的军事家韩信，一是唐代名将郭子仪。他们的相同点是，都受到君王的重视，都建立了盖世功勋，都有着卓越的军事谋略，也都屡次遭到君王的猜忌。但是，韩信在遭到猜忌时，就心生异志，最终惨遭灭身。郭子仪勤王、平叛、驱蕃、屯垦、戍边、屡建功勋，但是，他虽屡遭猜忌，即使是被解除兵权，罢职黜闲，也从无异心，一直战斗到最后一息。由韩、张二人事迹来看。平时的忠诚与诚信固然也算是"中孚"，但是，更重要的是，人在受屈遭难时仍然能坚持保持忠贞不二。正如李世民《赐萧禹》诗中所称赞的："疾风知劲草，板荡识忠臣。勇夫安识义，智者必怀仁。""虽抱《中孚》爻，犹劳贝锦诗。"（谢灵运《初发石首城》）只有坚定的意志和大度的心量才能抱持《中孚》爻的智慧，即使遭受"贝锦"罗织的罪名和谗言，也能"自保《中孚》信，终为《既济》身"（李东阳《中元谒陵遇雨》）。

宜小则小，量力而行

小过
第六十二卦

亨，利贞。可小事，不可大事。飞鸟遗之音，不宜上，宜下，大吉。

《小过》卦象征着小有过越：亨通，有利。可以做小事，不可以做大事。就像飞鸟飞来时留下的声音，不宜飞得太高，使人听不到声音，应该向下飞，使人听到声音，如此则会获得大的吉祥。

《小过》，卦名，艮下☶震上☳。按卦例，阴小而阳大，此卦二阳在内，四阴在外，阴盛于阳，如《象传》所言有"过恭、过哀、过俭"，故曰"小过"。"过"，从辵呙声，按《说文》本义为度过、走过的意思，辵，即为走。呙，从口，冎声，本义为"口戾不正"。从文字的本义到《小过》的卦象，可知"过"有过越、度过的意思，因其"柔中"与"兑"小之象（三至五互为兑），过小则吉，过大则凶。《周易本义》曰："小，谓阴也。为卦四阴在外，二阳在内，阴多于阳，小者过也。"阴柔得中而应阳刚，正符合礼之用，且如卦辞所言"不宜上，宜下，大吉"，即若"小过"则"亨"。因二、五皆柔，阴柔为小，故可以为小事，不可以为大事。《周易集说》曰："'小过'之时，可过者小事而已，大事则不可过也。"《周易折中》曰："大事，谓关系天下国家之事；小事，谓日用常行之事。"上卦为震，按《说卦传》震为鹄，鹄，即天鹅，故卦有"飞鸟"之象。遗，遗失，留下。震为声，为飞鸟，下卦为艮，艮为山，鸟声遇山而止，故曰"飞鸟遗之音"。

初六，飞鸟以凶。

初六，飞鸟逆势向上飞行就会遇到凶险。

初六虽失位不正，然上应九四，九四在互巽之上（二至四互为巽），也不当位，世应皆失其正，飞而至于三至五互出的兑中，兑为毁折，飞入毁折之中，故曰"凶"。

六二，过其祖，遇其妣。不及其君，遇其臣，无咎。

六二，越过象征着祖父的初爻，遇到象征着祖母的三爻。然而，还是没有到达象征着君王之位的六五爻，但是遇到象征着大臣的九三爻，所以还是没有什么灾祸。

初爻为"祖"，六二越过初爻，故曰"过其祖"。本应上应五，五动而变为阳，三至五互为乾，乾伏坤，坤为母，乾成而坤毁，毁则为"妣"。因六五失位不能应二，即不能"及其君"，就近而亲近于九三，九三为臣，故曰"遇其臣"。之所以"无咎"，因六二当位而居中正之位，虽"不及君"，却能"遇其臣"。

九三，弗过防之，从或戕之，凶。

九三，不仅不肯过分地防备，而且随从其上，可能会受到杀害，有凶险。

戕（qiāng）：残害，杀害。

九三当位而上应上六，然为九四所阻，九三恃其阳刚之强，不愿过于防备九四，故曰"弗过防之"。二至四互为巽，巽为木；三至五互为兑，兑为毁折。九三为九四所阻，阳阳相敌，以木象入于毁折之中，故曰"从或戕之，凶"。按卦例，"四多凶"，且九四居于互《大过》☰中，兑主西方之卦，多杀气，为毁折，九三不防而从，故为其所害。同类为"从"，三与四同属阳爻，故曰"从"。这里要强调的是九三自恃其强，不"过防"而"从"，遂为九四所害，若"防"而不"从"，则可能免于其害，因为爻辞中有"或"字，即"或者"之意。

九四，无咎，弗过遇之，往厉必戒，勿用，永贞。

九四，没有灾祸，不用越过而有遇合；前往有危险，一定要有所戒备，不可施展阳刚之才能，应长久地守持正道。

九四以阳居阴，下应初六，两者均失位不正，且正处于互出的《大过》中，故应"弗过"而"遇之"，因为往必有"厉"，应"戒"而"勿用"。

六五，密云不雨，自我西郊；公弋取彼在穴。

六五，浓云密布却不降雨，浓云从我们所居住城邑的西郊兴起；王公用箭射取藏在洞穴中的鸟兽。

弋（yì）：本指系有细绳的箭，这里指用箭射。

六五以阴居阳，失位于尊，下不能应于六二。六五在互兑，兑为西、为小，且兑为半坎之象，有云无水，故曰"密云不雨"。兑为西方卦，雷动于兑，故曰"自我西郊"。因其兑有穴象，巽有鸟象，巽在兑下，九三为"公"，又巽为绳，如此，则活灵活现地展现出"公弋取彼在穴"的情景。

上六，弗遇过之；飞鸟离之，凶，是谓灾眚。

上六，不能遇合阳刚而超过阳刚；就像飞鸟遭受射杀一样，有凶险，这件事真可谓是"灾祸"。

离：通"罹"。

上六在外、在上，已经处于"弗遇""弗过"之地，然下应九三，九三在互巽（二至四互为巽），巽为鸡，有飞鸟之象。《小过》的上卦为震，震有网象。飞鸟飞至过高，不能有遇，又罹于网中，故"凶"而当有"灾眚"。

【解读】

《小过》与《大过》▤相对，《大过》四阳居中，阳多而居内，阳盛于阴，故曰"大过"。《小过》是二阳居中，阴多而居于外，阴盛于阳，故曰"小过"。同《大过》一样，《小过》之"过"并非过错之"过"，是指超过之"过"，所以卦辞有"亨，利贞"之说。卦辞又说"不宜上，宜下，大吉"，若为过错，即使是小的过错，也不可能有"大吉"。然君子知阴盛于阳则不能为"大事"，故以"过恭、过哀、过俭""三过"矫之。

卦爻辞的作者是如何将"山上有雷"的卦象与"飞鸟遗音"的意境联系起来呢？当飞鸟从山上飞过时，我们应该想到什么？再假设，如果我们不能将二者联系在一起，那么《小过》的意义会怎么样呢？其实，《易经》解说往往以两种方式展开，这在六十四卦里几乎是一种惯例。比如，《乾》卦说的乾下乾上，但爻辞却用"龙"来比喻各个爻象的意义。《渐》卦的卦象是"山上有木"，爻辞却以"鸿"为喻体来说明各爻的意义等等。就《小过》而言，如果只用"山上有雷"来解释各爻的意义，那么就成了苍白而且乏味的说理言辞了，但是好在古人在艺术方面的灵感思维似乎要比现代的人好得多，找到了"飞鸟遗音"这个喻体。当然，首先我们可以在《小过》里找到"鸟"的影子，

《小过》的二至四爻互为巽，巽为鸡，类如鸟。另外，有趣的是，我们除了在初六、上六明确看到"鸟"字，在其余的爻象里同样可以感觉到"鸟"存在。《小过》中间二爻为阳，九四之阳上有两阴爻，阴为柔，有羽毛之象；九三之阳下系有两阴爻，也有羽毛之象。故《象传》虽曰"山上有雷"，而卦象中却以"飞鸟"之象说事。巽下有艮，艮为小，三至五互为兑，兑也为小，故有小鸟之象。因为六爻"刚失位"而"柔得中"，所以，概言其大义，就是"宜小而不宜大，宜下而不宜上"。

　　《小过》是相对于《大过》而言，这种"相对"应从两个方面观察，一是反对，《小过》的"震"上与《大过》的"兑"上是反对的关系，《小过》的"艮"下与《大过》的"巽"下也是反对；二是《小过》的三至五互有兑卦，兑为小女，故曰"小过"，而《大过》的三至五互有乾，"乾为大"，故有"大过"之象。"柔得中"是指下卦之中爻六二与上卦之中爻六五，均为阴柔之爻。柔不可以承当大事，故"可小事"。《小过》之震上有两阴爻乘一阳爻，故谓之"逆"，艮下之二阴上承一阳爻，故谓之"顺"。

　　古人就是通过两种卦象的比喻，说明《小过》中蕴涵的两种基础道理：一是"柔得中"而无应，二是"刚失位而不中"。从这两种基本的道理出发，并结合六个爻象的意义，我们可以汲取以下几个方面的智慧：

　　其一，《小过》中的飞鸟，并不是"鸟"，而是一种做事的方式和力量，因为这种力量只是飞鸟的力量而已，所以"宜小事，不宜大事"。人在做事的时候，不一定总是像天上的飞鸟那样弱小，但是总会遇到像飞鸟一样弱小的时候。

　　其二，天有"密云不雨"之象，人也有时运不济之时。有时我们必须按照自然的方式去理解和适应现有的生存方式。

其三，儒家提倡的"中庸"之道，实际上是一种根本达不到的境界，因为这种境界没有必然实现的力量，只有偶然得之的幸运。即使是君子，在很多情况下，也只能以时左时右、或高或低的方式生存和发展，因此难免如《小过》之《象传》所说的"行过乎恭，丧过乎哀，用过乎俭"。人一生总是生活在缺憾的环境和感觉里，但总是为着完美的目标和理想活到底。

其四，生活的道理为我们规定了正常的准则，我们或者必须、或者必要做出一些事来，但是原因是必然的，结果是偶然的，就如《小过》九四那样"弗过遇之"，我们遇到的事物往往与我们追求的目标是不一致的。就其生命和生活本身而言，不仅是我们的生活有差距，而且我们的感觉也有差距，而且，一旦我们失去感觉上的差距，那么，生活本身的差距就会成为我们承受不了的压力。

【案例】

北宋的程迥早年因靖康之乱徙居浙江余姚，苦读考中进士后，任扬州泰兴县尉。有一次，他帮人筮测婚姻如何，筮得《小过》䷽，以为《小过》卦名不吉，心有疑惑，于是再筮，仍然得一《小过》。程迥为其推断占辞曰："《小过》的内卦兼有一个互卦《渐》䷴（内卦即为下卦艮，艮为山，二至四互有巽，巽为风，共组成一个风山《渐》卦），外卦兼有一个互卦《归妹》䷵（外卦即为上卦震，震为雷。三至五互有一个兑，兑为泽，共组成一个雷泽《归妹》卦）。《渐》之卦辞曰'女归吉'。归妹的《象传》曰'悦以动'，这两种情景说的都是婚姻吉祥。"后来，婚事果然成功。

这个故事程迥筮得《小过》卦，按其卦象及卦辞来看，很难做出吉利的推算，但是程迥用两个互卦来推断究竟，结果应验了"吉利"，看起来这有点微妙，其实其中含有两个道理。一是"正当则吉"，也就是说有些卦是应着凶事来看就是凶险的，应着吉事来看就是吉利的。比如，你要做好人好事，帮助别人，那么即使是签得的卦题不太好，也不会应到凶险上来。二是互卦是汉代易学家推理判断未知事情常用的卦象，卦中有卦，象中有象，互卦的存在与发明本身就有着合理性。

"居安思危"的忧患意识与"防患未然"的具体方法

既济

第六十三卦

亨，小利贞；初吉终乱。

《既济》卦象征事已成功：能够让小事亨通，有利；开始时吉祥，最终还是会陷入危乱之中。

《既济》，卦名，下离☲上坎☵。既，已经。济，本义指渡河。既济，为已经渡过河，故字义有"成功"的意思。《尔雅·释言》曰："济，成也。"《周易正义》曰："济者，济渡之名，既者，皆尽之称，万事皆济。"故以"既济"为名。"小利贞"指六二。在《既济》中，六爻皆正，各得其应，如《乾》之《彖传》所言"保合太和"，故柔小者也得以亨通，故有利于所"贞"之事。初九在下离，当位有应，所应在六四，六四当位于互离之中，离为光明，以光明见之于光明，故曰"初吉"。九三上应上六，上六在坎，坎为险，知险而应险，似有乱事，故曰"终乱"。其实，"初吉终乱"也是劝诫之辞，若不居安思危，慎终如始，则"终乱"也是当然。

初九，曳其轮，濡其尾，无咎。

初九，拖曳住车轮，小狐狸渡河沾湿了尾巴，但没有什么灾祸。

《既济》之初九当位而正，上应六四，六四在坎，坎有车象，车在坎中，故曰"曳其轮"。又，离有狐象，初九在坎下，故曰"濡其尾"。然当位而有应，故"无咎"。

六二，丧其茀，勿逐，七日得。

六二，有妇女丢失了遮蔽车辆的竹席，不要去追寻，七日后将会失而复得。

茀（fú）：遮蔽车辆的竹席。

六二在离，离为妇，上应九五，九五在坎，坎为盗，应于盗则"丧其茀"。"丧"而"勿逐"，因其所应在九五之尊，因此盗非真盗。之所以"七日得"，按九宫图所应卦象，左三为离，右七为坎，九五在坎，故曰"七日得"。

刘沅《周易恒解》曰："六二柔中得位，上应九五中正之主……光明中正，不以去茀为嫌，静以俟之，勿逐而七日自得，明乎中正可以胜邪僻。此柔中之最美者也。"

九三，高宗伐鬼方，三年克之，小人勿用。

九三，殷高宗讨伐鬼方，三年后才得到胜利，庶民筮得此爻则不能用。

高宗：是指殷商的第二十三位王，子姓，名武丁，高宗是他去世后的庙号。还有另一种说法，因为武丁治国有方，号称"武丁中兴"，死后百姓追忆他，尊其为高宗。鬼方：殷人西北边境民族，为殷人强敌。

在《易经》的《既济》《未济》中都记载着武丁的事迹，一是此爻，二是《未济》之九四的"贞吉，悔亡，震用伐鬼方，三年有赏于大国"。至于为什么《易经》里会记载两件与武丁有关的故事，很可能是殷商时期的甲骨卜辞流传下来的，并不是专指或者实指其事，即《周易正义》所言："高宗伐鬼方，以中兴殷道，事同此爻，故取譬焉。"九三上应上六，上六在坎，坎为盗，九三当位居正，有君子之象，以君子讨伐"盗"，可以形容为武丁伐鬼方。九三在离卦，按先天八卦的数理，"离为三"，故曰"三年克之"。征伐乃国之大事，小人筮得此爻则不能用之，是以"小人勿用"。

六四，繻有衣袽，终日戒。

六四，华美的衣服破成烂衣败絮，应当整日保持戒备之心。

繻（rú）：本义为绵软的帛。这里借指华美的衣服。袽（rú）：破絮。

六四下应初九，初九在离，六四在互离，离有中虚之象，如衣中之"破絮"。"四多惧"，又处在上坎与下互坎之中，险中有险，故须"终日戒"之。

九五，东邻杀牛，不如西邻之禴祭，实受其福。

九五，东边的邻邦杀牛盛祭宗庙，不如西边的邻邦微薄的禴祭，因为西边的邻邦能更为实在地受到神灵降下的福泽。

禴（yuè）祭：薄祭。

按先天八卦，离三在左，左为东，坎七在右，右为西。按《说卦传》，离为牛，然九五在坎，坎象成而离象毁，故有杀牛之象。九五在坎，则为西，九五尊居中正之位，下而应六二，以阳应阴，因水而见离，则因禴祭而"实受其福"。《左传》所谓"国之大事，在祀与戎"，九五之尊当然就有主持"禴祭"的权力和理由。因禴祭而"实受其福"的心理在先民看来，是必然的结果，正常的逻辑。

上六，濡其首，厉。

上六，渡河濡湿了头部，有危险。

上为坎，二至四互有坎。上六处在坎上，虽则因在上而有"头首"之象，可是这个"首"却在坎中之坎，"濡其首"，如上六的《象传》所言"何可久也"，故有其"厉"。

【解读】

《既济》下离为火，上坎为水，水在火上，一则有成就饮食之象，一则可以克制火情。也许正是这种卦象契合了君子"思患而豫防之"（《象传》）的愿望，或者正是由于这样理想的卦象，使其成为六十四卦中唯一的六爻皆当位居正，相互有应的卦。《象传》谓之"刚柔正而位当也"，《周易折中》也引俞琰曰："三刚三柔皆正而位皆当，六十四卦之中，独此一卦而已，故特赞之也。"在《周易集解》中，汉人虞翻解卦时，若逢爻位不能相应者，必设法变为《既济》而解之，并以《既济》为标准来解释卦象。但是若以虞氏解卦为法，则六十四卦变成一卦了。从《既济》所系的卦爻辞本身看，其卦辞仅有"小利贞"而已，其爻辞中也没有系以"吉"辞，由此可知，爻爻当位有应的特征并没有给《既济》带来什么特殊的利益，但也并非一点好处没有。在《既济》中，被《左传》认为"在祀与戎"的"国之大事"都在其中了：九三"伐鬼方"，九五"禴祭"。其次，在爻爻当位有应的《既济》中，九五也因此得到了"实受其福"的好处，且六爻中并无一"凶"，唯上六因处于穷极之处而有"濡首"之"厉"。尤其应该指出的是，《既济》中互有一个"未济"之象（䷿），二至四互坎，三至五互离，而且从二至上也形成了坎中有坎的双重险情，这或许就是《象传》所指的"终止则乱，其道穷也"的原因。但是这种情况与形势，也警示人们要有

"居安思危"的忧患意识，思考"防患未然"的具体方法。这种重要意义，可以使我们清醒地认识到《易经》的价值不能简单地以吉凶休咎来衡量，而是要从道德力量和警世意义的层面做出更加深入的理解。

以《既济》卦象来看，按易例，它是三阳三阴，是六十四卦唯一当位居正、世应相应的卦，也正因为如此，这种现成的、也就是既成事实的优越感在民间筮算卜卦时往往被赋予"金榜题名""吉庆如意"的吉利意义，但是按卦爻辞来看，它却正显示着《易传》所谓的"其辞危"，这一方面使我们隐隐地感觉到圣人作《易》时的忧患意识，另一方面，这种忧患意识中似乎又有着"危者使平，易者使倾"的"易道"，这种"易道"让人们在危亡中看到希望，在喜庆中看到危险。整个《易经》的卦理并没有以危险、危机、危亡来让人们感到绝望，相反，它总是从中让人们感到希望，让人们能"知进退存亡而不失其正"（《乾·文言》）。

【案例】

东晋时期战乱频起，百姓流离失所，著名易学家、被后世誉为"风水学鼻祖"的郭璞应众亲所请，卜卦看安丰县是否可以留下居住，郭璞筮得《既济》卦，结果也完全应验了卦象和卦辞的意义。

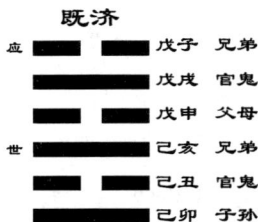

既济

应	▬ ▬	戊子 兄弟
	▬▬▬	戊戌 官鬼
	▬ ▬	戊申 父母
世	▬▬▬	己亥 兄弟
	▬ ▬	己丑 官鬼
	▬▬▬	己卯 子孙

419 《既济》"居安思危"的忧患意识与"防患未然"的具体方法

郭璞的断语是:"'小狐迄济,垂尾累衰;初虽偷安,终靡所依。'基本上与卦辞的意义相通。小狐渡河时,因为尾巴太大而拖泥带水,累累赘赘。即使是起初能苟且偷安,但终究不可以久留安居。从时间上来看,今年秋天还是吉利的,但到了明年春天,就会有悲伤的事发生。"事后,果然应验了此卦。

现在,我们一起来分析郭璞占验的卦情与卦理。世爻为兄弟爻,按古法"兄弟持世主忧患",郭璞与众亲在逃难途中,躲避战乱,当为忧患之时。其世爻所应在上六,上六在坎,坎为险,世应相应,可解为"初虽偷安";然所应之上六在坎,一则为险,二则其本身也是"濡其首,厉",故"终靡所依"。因为世爻九三动而变阴,则下卦变为震,互为《屯》䷂,屯为难,震于时节当为春季,故明年春天就有危机。

"辨物居方"的谨慎态度与"利涉大川"的英雄气概

未济
第六十四卦

亨。小狐汔济，濡其尾，无攸利。

《未济》卦象征着事未成功：努力促成事情成功也会亨通。小狐狸在即将渡河成功时濡湿了尾巴，没有利益。

《未济》，卦名，坎下☵离上☲。相对于《既济》而讲，《未济》六爻皆不当位，离为火，坎为水，火在水上则不能炊事饮食，水在火下则不能救火，故曰"未济"。卦二、五爻俱失位，然六五以柔得中，有谦和之气，"谦受益"。且二、五虽有失位之憾，却有相应之得，天地之气相交，交而通，故曰"亨"。汔（qì），即将，几乎。艮为狗，类狐；《九家说卦》则径曰"艮为狐"。按《周易尚氏学》认为《未济》卦"有三艮形"，而不说有三艮，因其卦中有艮形而未具艮象，故如此说，也说得很妙！初六至九二为一"艮形"，六三至九四为二"艮形"，六五至上九为三"艮形"，三者皆半艮之象，故谓之形，若艮象全，则狐象全，可谓"狐"而不谓"小狐"，因其艮象未全，故谓之"小狐"。坎为水，二在坎水中，故曰"濡其尾"。古有谚语说："狐欲渡河，无奈尾何。"狐性多疑且尾大，不能渡河，老狐狸多疑不渡，小狐无知，渡而"濡其尾"。初、二、三皆失位,故曰"无攸利"。

初六,濡其尾,吝。

初六,小狐狸在渡河时濡湿了尾巴,这预示着初六将遇到困难。

初六在坎下,坎为水,眼见得有"濡其尾",渐于没顶,故"吝"。

九二,曳其轮,贞吉。

九二,拖曳着车轮,吉祥。

《说卦传》曰:"坎为轮,为曳。"坎有车象,九二因在坎中,故曰"曳其轮",又因其上应六五之尊,故"贞吉"。

六三,未济,征凶,利涉大川。

六三,事未成功,出征前行必有凶险,有利于涉越大河川流。

就《未济》的六个爻象来看,唯有六三有"未济"二字,因此六三虽失位不正,却是《未济》的卦主。又因其身处于下坎与互坎之中(三至五互为坎),险中有险,故曰"征凶"。既然身在险中,就必要设法脱险,好在六三能上应上九,上九在离,离为日,脱险而向阳,故曰"利涉大川"。

九四,贞吉,悔亡;震用伐鬼方,三年,有赏于大国。

九四,吉祥,悔恨消失;以雷霆之势讨伐鬼方,三年大功告成后被封赏为大国诸侯。

九四以阳居阴,阳生而阴死,又能下应初六,故曰"贞吉"而"悔亡"。九四动则有变,变则二至四互为震,震为动,离为甲胄干戈之兵象,"动"用干戈,九四动变之后,则三至五互为坤,坤为鬼;又四变正后,自初到五有《师》䷆象,故曰"震用伐鬼方"。"离为三",故曰"三年"。四变正后三至五有坤,坤为邦,二至四成震,震为诸侯,故曰"大国";四至上为艮,艮为山,卦象本有坎川,故有赏封山川于

"大国"。

六五，贞吉，无悔；君子之光，有孚吉。

六五，吉祥，无所悔恨；君子之行光明磊落，心怀诚信就有吉祥。

以阴居阳的六五，因其在离中，离为日，故有"君子之光"；因下应九二，九二在坎，坎为孚，故曰"有孚吉"。

上九，有孚于饮酒，无咎；濡其首，有孚失是。

上九，满怀信任地与他人饮酒，没有灾祸；然而，因为无节制地饮酒以至于濡湿了头部，这说明他们虽然有诚信，却因为无节制而失去了正道。

是：正。《说文》曰："是，从日从正。"

坎为孚，又为水，坎水有酒水之象，故曰"有孚于饮酒"。上九在离上，故曰"首"，"饮酒"而"濡其首"，实为"失是"。

【解读】

就卦中六爻来概观吉凶：初六柔弱无力，身在坎水之下，如过河之小狐，濡湿了尾巴，故而有"困难"；九二"中以行正"则吉；六三处于重坎之险，虽然不能"远征"，但是要想生存，就必须下定决心，"利涉大川"；九四因临近君五之位，在坎险之中，以阳居阴，征伐鬼方，故"有赏于大国"；六五有"君子之光"，故而吉祥；上九虽有诚信之德，但是，容易以酗酒误事。比之《既济》，《未济》的六爻爻辞，反而是凶少而吉多。

《未济》有水火不容，阴阳错位之象，其六爻皆失位不正，而爻辞却多有"吉"字，正所谓"生于忧患，死于安乐"。济，本义为渡河，"未济"，就是未成，即未能渡过河。卦辞以"小狐汔济"的生动情景隐喻着"未济"的原因。《未济》坎下离上，坎为水，三至五又互坎为水，坎中有坎，有大河大川之象；小狐身弱力小，本来就难以渡河济水，加之狐狸的尾巴大，濡水之后更是沉重，故以狐之身渡河当然是"无攸利"。按《未济》之《象传》曰："火在水上，未济。君子以慎辨物居方。"通过《未济》的卦象，我们不仅要警惕"濡其尾、无攸利"的危险和忧患，还要具有"辨物居方"的谨慎态度与"利涉大川"的英雄气概。简言之，水在火上，有饮食之象，故曰"既济"，反之，火在水上，违背常道情理，故曰"未济"。君子当从"未济"的"无攸利"中审慎地辨别物理而找到正确的方法。

"汔济"而"未济"的卦象也蕴涵着古代圣人深切的忧患意识，正如《系辞传》之所谓："作《易》者，其有忧患乎？"《诗经》云："靡不有初，鲜克有终。"龚自珍《己亥杂诗》云："《未济》终焉心缥缈，百事翻从缺陷好。吟到夕阳山外山，古今谁免余情绕。""未济"之"未"，一方面以"未成"来承前，另一方面，则以"未终"来启后。综观《未济》之卦辞、《象》义、卦象，则可知卦之所以称"未济"，其根本原因就在于卦中各爻皆失位不正，位不正，则名不正，"名不正则言不顺，言不顺则事不成"，在此情况下，做起事来就犹如小狐狸过河一样，河未能渡成，却濡湿了尾巴，因而有始无终。君子"辨物居方"，欲改变《未济》所造成的困境，就应该像《系辞传》所云，使"方以类聚，物以群分"，各得其所，各行其正。如《来氏易注》之言："慎辨物，使物以群分；慎居方，使方以类聚，则分定不乱，阳居阳位，阴居阴位，'未济'而成'既济'矣。"从"未济"之苦到"既济"之成，这也是《序卦传》的本意。"息驾非穷途，未济岂迷津。独立大河上，北风来吹人。"（吕温《孟冬蒲津关河亭作》）《易》既赋予我们"自强不息"的精神，也就当然地赋予了我们乐观进取、豪放豁达的情怀。

【案例】

在《红楼梦》的第一百零二回就有一个筮得《未济》卦的故事。贾蓉的母亲尤氏因为到宁国府去，回来时从大观园里穿过，一到了家就身上发烧，人们开始猜疑是不是撞到什么不干净的东西了。于是贾蓉提出："外头有个毛半仙，是南方人，卦起的很灵，不如请他来占算占算。看有信儿呢，就依着他，要是不中用，再请别的好大夫来。"贾珍听了，即刻叫人请来为尤氏筮算。毛半仙于是用金钱摇课之法占卜，内卦三爻为交、单、交，外卦三爻为单、拆、单，得《未济》卦。他对贾蓉解释说："这个卦乃是《未济》卦。世爻是第三爻，午火兄弟劫财，晦气是一定该有的。如今尊驾为母问病，用神是初爻，真是父母爻动出官鬼来。五爻上又有一层官鬼，我看令堂太夫人的病是不轻的。还好，还好，如今子亥之水休囚，寅木动而生火。世爻上动出一个子孙来，倒是克鬼的。况且日月生身，再隔两日，子水官鬼落空，交到戌日就好了。但是父母爻上变鬼，恐怕令尊大人也有些关碍。就是本身世爻，比劫过重，到了水旺土衰的日子也不好。"

古人通常用三枚铜钱卜卦，以其有画的为背面，有字一面为正面。如所掷铜钱出现两面一背，称之为"单"，其数为七，为少阳；两背一面，称之为"拆"，其数为八，为少阴；三钱皆背，称之为"重"，其数为九，为老阳；三钱皆面，称之为"交"，其数为六，为老阴。据《仪礼·士冠礼》古代筮法，"依七八九六之爻而记之，但古用木画地，今则用钱。"据此可知，古今筮法的相同的是都是用七八九六来记卦的阴阳之爻。

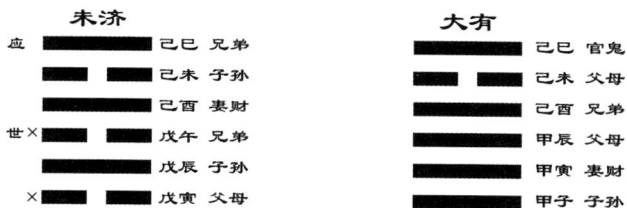

毛半仙先筮得内卦交、单、交，其数为六、七、六，卦象为坎，接着又请出外卦的三爻单、拆、单，其数为七、八、七，卦象为离，先下后上，两两相重，则卦象为《未济》。

毛半仙据此推理出几种信息：一是世爻为兄弟，应爻也为兄弟，兄弟爻一般象征着兄弟、合作、交易、忧患、官司、口舌、是非、劫财、疾病（多为长期不治的慢性病）。据此他认为既然世爻为"兄弟劫财"，所以"晦气是一定该有的"。二是他认为父母爻动了，说明"劫财""晦气"是应在其父母身上的。三是变卦变出一个"官鬼"爻来，这说明问题还是严重的。四是"寅木动而生火"而生出来一个子孙爻来，按筮理，子孙是克官鬼的，因此又不打紧了。总体来看，毛半仙还是通六爻纳甲之法的，大致的情况在后来也是应验了的。

今天我们看这个案例是要通过推演筮法深入思考并理解《易经》思维特征：一是变化的，二是辩证的，三是普遍联系的，四是象征开放的。这对于我们正确理解《易经》是切实有效的门径，同时，作为思想方法用之于其他的学科研究也有着实践性的指导意义。

附录一　筮法解要

　　《系辞传》曰："易有太极，是生两仪，两仪生四象，四象生八卦，八卦定吉凶，吉凶生大业。"如果不算卦，卦又从何来？没有卦，"吉凶"又从何而知？不知"吉凶"，又怎么能实现、成就"圣人以通天下之志，以定天下之业，以断天下之疑"（《系辞传》）？诚如朱子之所言：《易》为卜筮作，非为义理作。"在古人看来，卜筮算卦是《易经》"决疑"定"吉凶"成就"大业"的方法。"文王拘而演《周易》"，是算卦；孔子"韦编三绝"而"玩其占"，也是算卦。"尚氏易学"的开创者尚秉和先生也说："学《易》者宜先明筮法。"

　　司马迁作《史记》，其中的《日者列传》记有司马季主精通"数术"，精通《周易》，善演卜筮，其有言曰："今夫卜者，必法天地，象四时，顺于仁义，分策定卦，旋式正棊，然后言天地之利害，事之成败。……自伏羲作八卦，周文王演三百八十四爻而天下治。越王句践放文王八卦以破敌国，霸天下。由是言之，卜筮有何负哉！"贾谊也说："古之圣人，不居朝廷，必在卜医之中。"至于现传《礼记·经说》篇曰："洁静精微，《易》教也。"这里的"洁静"就应了《易传》之所言"圣人以此洗心"。"洗心"，就是专心至诚，《中庸》曰：

　　　　至诚之道可以前知。国家将兴，必有祯祥；国家将亡，必有妖孽。见乎蓍龟，动乎四体。祸福将至，善，必先知之；不善，必先知之。故至诚如神。

古人在算卦时，要讲"筮仪"，其仪式繁琐，今天已经不可行，然其最精要处的"洁静""至诚""洗心"，不仅需要我们继承，而且还要提高与升华。为了深入地理解《易经》的经文，我们谨在此简要地介绍三种古代经典的算卦方法。

一、蓍草演算

今之读《易》者不熟悉卜筮，也难通"义理"。古人筮仪讲究甚多，总之，就是要洁静。当然，这里的洁静，不仅仅是指处所的洁净，更多的是指心灵上的清静。《系辞传》曰："大衍之数五十，其用四十有九。分而为二以象两，挂一以象三，揲（shé）之以四以象四时，归奇于扐（lè）以象闰。"或曰"大衍之数"当为五十有五，疑"有五"二字在转写中脱去。《周易正义》引姚信、董遇云："天地之数五十有五者，其六以象六画之数，故减之而用四十九。""衍"就是演绎、演算。"揲"就是以四策为一组"数"蓍草（策）。据此，当备五十策（或用五十五策）"操蓍占卦"。占筮之法不仅是理解《易》道的前提，而且其本身就是易学的基本内容。但是要指出的是，对于今天研习《易经》者而言，占筮只是我们深入理解《易经》卦爻辞的方法而已，绝不应该成为目的。

基于《系辞传》有关筮法的论述，并结合《左传》《国语》记载的有关筮法，在此简要说明"筮仪"如下：

【一变】第一步，双手合握五十策，并从中取出一根不用，以象太极（或五十五策，去除六策）。余四十九策。第二步，将四十九策用左右手随意分为两部分，此一步为《易传》所谓"一营"，即"分而为二以象两"（象征阴阳）。第三步，以左手执左边之策，右手置右边之策于案之右侧，右手即从右边之策中取其一策夹持（扐）于左手的小指与无名指之间，以形成天地人"三才"（左手所持象征天，"挂一"象征人，置于案之右侧之策象征地）之象。此为"二营"，即"挂一以象三"。第四步，用右手四揲（按每四策为一组数之）左手所执之策，此为"三营"，即《易传》之所谓"揲之以四以象四时"。第五步，将"四揲"之余策，或一、或二、或三、或四，夹持之于左手无名指与中指之间，此为"四营"，即"归奇于扐以象闰"。用右手将揲过之策归于案之左侧。第六步，用右手持起案之右边之策，以左手四策为一组数之，此为"三营之半"，归其揲余之策而夹持于右手中指与食指之间。此为"四营之半"，即所谓"再扐以象再闰"。之后，用右手归揲过之策于案之右侧，合左手"一挂二揲"之策于案上（第二变时置之不用）。此为第一变，即《易传》所谓"四营而成易"。注：一变所余之策，左一则右必三，左三则右必一，左二则右也二，左四则右也四。合之前"挂一"之策，不五则九。或以为，既如此，则右不必再揲，古人以为不可，一则"失阴阳交错之义"，二则失"来而不往"之礼，心不能诚。

【二变】再以两手取左右两部分之策合之，或四十四策，或四十策，复"四营"如"一变"之法，置其左手之"挂一揲二"策于案上（第三变时置之不用）。此为"第二变"。注：二变所余之策，左一则右必二，左二则右必一，左三则右必四，左四则右必三。合前之"挂一"，其数不四则八。

【三变】又取左右两部分之策合之，或四十策，或三十六策，或三十二策，再"四营"如"二变"之法。置其左手之"挂一揲二"策于案上。此为"第三变"。

三变形成一爻，合三变挂揲之策，画爻象于纸上。若三变挂揲之数共十三策，则揲过之策有三十六（49-13），而为老阳，其画为○，名为"重"，画阳爻（—）；若挂揲之策合为十七，则揲过之策为三十二（49-17），其画为少阴，名为"拆"，画阴爻（— —）；若挂揲之策合为二十一，则揲过之策为二十八（49-21），其画为少阳，名为"单"，画阳爻（—）；若挂揲之策为二十五，则揲过之策为二十四（49-25），其为老阴，其画为×，名为"交"，画阴爻（— —）。

由上述筮法可知，"三变"而成爻，"九变"成三爻，谓之内卦。"十八变"成一卦。然后考其所变，占其吉凶。观揲过之策有三十六为"老阳"、三十二为"少阴"、二十八为"少阳"、二十四为"老阴"，因皆以"四揲"，故诸数当以四除，依次为九、八、七、六。按筮占之例，筮成之卦为"本卦"，凡遇"老阳""老阴"，均当使阳变阴，阴变阳，余则不变，再形成一卦，谓之"变卦"，推断吉凶应结合本卦及变卦的卦爻辞。若六爻皆变，则取卦辞为占；《乾》《坤》二卦，若六爻皆以老阳、老阴变之，则取《乾》《坤》之"用九""用六"为占；若六爻逢少阳、少阴而均未变，则以本卦的卦辞为占。

那么，为什么筮法以"七""八"为不变之爻，"九""六"为宜变之爻？这是因为古人以"四营"象征四时：就是以"七"象征立春，以"九"象征夏至，以"八"象征立秋，以"六"象征冬至。立春时阳气渐壮，故"七"为少阳；夏至时阳气渐老，故"九"为老阳；立秋时阴气渐壮，故"八"为少阴；冬至时阴气渐老，故"六"为老阴。由春而夏，是由阳而阳，时序虽有变化而阳气则未变，所以"七"为不变之阳爻；由夏而秋，是由阳而阴，时序改变，阳气也随之改变，所以"九"为宜变之阳爻。由秋而冬，是由阴而阴，时序虽有变化而阴气则未变，所以"八"为不变之阴爻；由冬而春，是由阴而阳，时序改变，阴气也随之改变，所以"六"为宜变之阴爻。

为什么《易经》筮法以"七"象征立春，以"九"象征夏至，以"八"象征立秋，以"六"象征冬至呢？因为《易经》的基本观念是以奇数象征"阳"，以偶数象征"阴"。就如《系辞传》所言："天一、地二，天三、地四，天五、地六，天七、地八，天九、地十。"天为阳，就以奇数来象征；地为阴，就以偶数来象征。《易经》中各卦皆以四营而成，四营中"七""九"为奇数，"八""六"为偶数。四季之序，春夏以阳气当令，秋冬以阴气当令，所以筮法就以"七""九"象征春夏，以"八""六"象征秋冬。由春至夏，阳气逐渐上升，植物逐渐生长，所以就以"七"象征立春，以"九"象征夏至，数字的上升象征着阳气的上升。由夏至秋，由秋至冬，阳气逐渐下降，植物逐渐衰落，所以就以"八"象征立秋，以"六"象征冬至，数字的下降象征着阳气的下降。再由冬至春，阳气又转而上升，因此以"六"象征的冬至变为以"七"象征的立春，此时又以数字的上升象征阳气的上升。由此可见，四营之数的上升、下降的循环过程，实际上就代表着四季阳气上升、下降的循环过程。

二、金钱摇课

金钱摇课法，又叫京房六爻法。这种方法形式俗陋，但简便易行，在民间广泛流行，对社会众生的心理影响很大。大约在汉朝以后就为人们熟练运用，唐人于鹄有诗云：

偶向江边采白蘋，还随女伴赛江神。

众中不敢分明语，暗掷金钱卜远人。

　　从诗意中，我们可见与女伴同游于江畔的女子心神不定的情貌，因不知思念中的"远人"何时归来，又羞于同女伴讲此事，于是"暗掷金钱"卜其归期。这是多么可亲、可爱的感人情景啊！由此也可见"金钱摇课"的卜法在唐代已经成为一种民风。当然，今天我们要正确认识到，这种方法只是古人借以演绎卦象的一种形式而已，事实上，它可以"帮助"古人决疑，但终究不能"代替"古人决疑，说到底，它只有一种通过心理安慰来起到某种心理暗示的力量。今天，我们也可以借助它来演绎卦象，目的是更好地理解《易经》的本义，但不可以用它来"占卜"。现介绍方法如下：

　　取三枚铜钱（古人多用开元通宝，或康熙通宝与乾隆通宝），铜钱摇六次，根据六次的变化布卦。一般而言，正面为字，反面为图画，若摇出正面则为阳，摇出反面则为阴。这时会出现四种情况：第一种是三枚铜钱都是正面向上，这是老阳之象，记做"〇"；第二种是三枚铜钱都是反面向上，这是老阴之象，记做"×"；第三种是三枚铜钱中有两枚正面向上，这是少阳之象，记做"—"；第四种是三枚铜钱中只有一枚正面向上，这是少阴之象，记做"――"。与"蓍草演算"一样，老阳、老阴为动爻，根据"阳极变阴，阴极变阳"的原则，老阳要变成阴，老阴要变成阳，动爻变化后得到的卦称为"变卦"或"之卦"，而开始摇出的卦称为"主卦"。

　　三、梅花易数

　　《梅花易数》相传为北宋易学大家邵雍所著，主要内容是通过各种变化多样的演算，介绍了一种将数理与卦象结合起来的占卜方法。据《宋史》载："雍少时，自雄其才，慷慨欲树功名。于是书无所不读，始为学，即坚苦刻厉，寒不炉，暑不扇，夜不就席者数年。"后来，游学四方，跨河、汾，越淮、汉，周流齐、鲁、宋、郑之旧墟。"及其学益老，德益邵，玩心高明，以观夫天地之运化，阴阳之消长，远而古今世变，微而飞走草木之性情，深造曲畅，庶几所谓不惑，而非依仿象类、臆测屡中者。道衍宓羲先天之旨，著书十余万言行于世，然世知其道者鲜矣"。从《宋史》的记载来看，邵雍有三个独特之处，一是"玩心高明"，心志远大；二是好学深思，务穷造化；三是道衍"先天"，深明易道。但是《宋史》所谓的"玩心高明"，是指"玩世"还是"玩《易》"？人多理解为"玩世"，但若解之"玩世"，就用不着说是"高明"了，因此《宋史》作者显然是指其"玩《易》"。在《宋史》列出其所著书目《皇极经世》《观物内外篇》《渔樵问对》《伊川击壤集》中，我们并没有看到《梅花易数》，而且从邵雍与程子、司马光等好友的谈话录中也没有言及此书，就是十分推崇邵雍的朱熹也没有提到过《梅花易数》，邵雍之子邵伯温的《邵氏闻见录》中也没有提到过此书，由此可见，《梅花易数》是后人托邵雍之名而作无疑。但是我们不能说《梅花易数》与邵雍完全无关，因为其理论根源还是来源于邵氏。其一，邵氏是推崇先天八卦的，《梅花易数》演算的数字直接源于先天八卦，可以说，没有先天八卦的数理观，也就没有《梅花易数》的数理表现形式。其二，就此书演算卦象的方法与内容来看，其卷一在"占法"之后所列的"玩法"中，直接用一首诗来赞其"玩法"：

> 一物其来有一身，一身还有一乾坤。
>
> 能知万物备于我，肯把三才别立根。
>
> 天向一中分造化，人于心上起经纶。
>
> 仙人亦有两般话，道不虚传只在人。

此诗与邵雍《击壤集》中的《观易吟》极其相似：

> 一物从来有一身，一身还有一乾坤。
>
> 能知万物备于我，肯把三才别立根。
>
> 天向一中分体用，人于心上起经纶。
>
> 天人焉有两般义，道不虚传只在人。

由此我们可知，《梅花易数》的作者不仅利用了邵雍在易学方面的声名及影响力，而且还有意利用了其思想和理论成分。

邵氏重视的是易学中的数理，或者说是数理中的易学，而反对的是"数术"，这一点可以在邵雍的《观物外篇》里找到理论根据："天下之数出于理，违乎理则入于术。世人以数而入术，故失于理也。"《宋元学案·百源学案》里记有他与横渠先生论命的对话："横渠问疾论命。先生曰：天命则已知之，世俗所谓命，则不知也。""天命"即指天地万物的阴阳消长的规律，"世俗之命"则指人生的吉凶祸福、贫贱寿夭等人事。此处邵雍因"世俗之命"是"小术"而非"大道"，故说不知其命。《宋元学案·百源学案》还记载：

> 先是于天津桥上闻杜鹃声，先生惨然不乐，曰：不二年南士当入相，天下自此多事矣。或问其故。曰：天下将治，地气自北而南；将乱，自南而北。今南方地气至矣，禽鸟得其先者也。

从鸟声知南北地气，并因而推知天下之事，就是以物理推知数理的心理过程，因此这不仅与传统的"数术"在方法和内容上都有着根本的区别，更不是江湖之见所能企及的境界。由此可见"数理"在邵雍心中并不是另一种道理的存在，而是与"物理"相融的。

《梅花易数》则主要传述"数术"。"数术"是"数理"的衍生物或异化形式，因此我们可以断定《梅花易数》的作者的基本点是有悖于邵雍的数理观的，但是同时他又利用了邵氏的数理观。

通观《梅花易数》，它就是一本占《易》方法方面的资料杂编，不过比较此前所有的成卦方法，《梅花易数》无疑是成卦方法的另一种创造。比起"蓍草演算""金钱起课"的方法，梅花易数的方法不仅更为简便，而且一改金钱起课的俗陋的形式，整个过程要雅致得多，并具有很强的可操作性，可随时、随地、随机起卦。这种方法与地支代表的数字和邵雍推崇的先天八卦有直接关系，现分列如下：

先天八卦数：乾一，兑二，离三，震四，巽五，坎六，艮七，坤八。

地支代表数：子（1）丑（2）寅（3）卯（4）辰（5）巳（6）午（7）未（8）申（9）酉（10）戌（11）亥（12）

根据这些数字，《梅花易数》随意起卦，大略可以概括为四种：

第一种，年月日时起卦：以年月日数为上卦，年月日数再加时数为下卦。因为经卦有八，故数以8除，所余之数即为此卦；如数小于8，则直接用其数为卦。如书中所列"观梅占"：辰年十二月十七日申时，见二雀争枝坠地。根据地支数，辰年之"辰"数当为5，十二月即数用12，日数为17，三数相加共34，除以8，尚余2，对应的是兑卦，先置于上卦。再将年月日数与申时数相加，总数为43，除以8，尚余3，对应的是离卦，居于下卦。这样就形成一个上兑下离的《革》卦。因每卦有六爻，在形成卦后，再以6除年月日时数相加的总和，求得变爻，根据所变之爻的爻辞并结合卦象来占验问疑之事。

第二种，因数起卦：凡见到可数之物，即以此数起作上卦，加当时所值时间之数起作下卦。总数除六，即为求变爻之法。

第三种，声音起卦：凡听到声音，数得几声，起作上卦，加时数配作下卦。如听到间断之声，也可以用前面声数起作上卦，后面声数起作下卦。求变爻之法与上同。

第四种，字数起卦：凡见字数，如为偶数，则上下平分，一半为上卦一半为下卦；如为奇数，则少的字数为上卦，多的字数为下卦，以应"清轻者为天，浊重者为地"之义。如字数多，直接以字数起卦；字数少，则以字之笔画起卦。如一个字，则左边笔画为上卦，右边笔画为下卦。求变爻之法与上同。

《梅花易数》还有其他一些起卦方法，此不赘述。总之，当人们用数字来演算卦象时，数字也就代表着相应的卦象。这种方法的理论实源自先秦时就深入人心的"天人合一"的哲学思想。人当万物之灵，物动则心也动，心动则物也动，心与物相互感应，于是凡人心感物而动，就可以因数而起卦。《梅花易数》卷二之《灵应篇序》说，"吉凶悔吝各有其数，然吾预知之"，只是"求诸吾心易之妙而已矣"。又说："《易》之为卜筮之道，而《易》在吾心矣。"所以《梅花易数》自称为"心易"，其卷二第一篇称为"心易占卜玄机"，第六篇则称为"八卦心易"，并继而明确提出："占卜之道，要变通得变通，得变通之道者，在乎心易之妙耳。"也就是说，占卜之道，全在于"心"。随心而至，灵机一动，心到则《易》也到，全然不受限制。其实这对起卦而言，在心理方面的要求更高，因为起卦者必须洗除杂念，心神定一，才能符合这种起卦的要求。实际上，如果真能达到这种境界，则"不占而已矣"！

附录二　六十四卦卦情图

乾（天）	兑（泽）	离（火）	震（雷）

乾为天	坤为地	水雷屯	山水蒙
刚健中正 自强不息	柔顺利贞 厚德载物	天造草昧 多难兴邦	蒙以养正 教书育人
1	2	3	4

风天小畜	天泽履	地天泰	天地否
密云不雨 夫妻反目	心行光明 其旋元吉	交流沟通 三阳开泰	俭德避难 否极泰来
9	10	11	12

泽雷随	山风蛊	地泽临	风地观
随时应变 相机行事	蛊毒病乱 振民育德	君临天下 兴教保民	大观天下 观民设教
17	18	19	20

天雷无妄	山天大畜	山雷颐	泽风大过
时育万物 无妄则吉	日新君德 大山养贤	虎视眈眈 慎言节食	大厦将倾 独立不惧
25	26	27	28

天山遁	雷天大壮	火地晋	地火明夷
与时偕行 以退为进	羝羊触藩 进退两难	天圆地方 自昭明德	大难有伤 韬光养晦
33	34	35	36

山泽损	风雷益	泽天夬	天风姤
损而益之 惩忿窒欲	损上益下 见善则迁	柔乘五刚 众阳夬阴	女强勿用 品物咸章
41	42	43	44

泽火革	火风鼎	震为雷	艮为山
水火相息 顺天应命	鼎实养贤 吐故纳新	威震百里 恐惧修省	悖逆相敌 当止则止
49	50	51	52

巽为风	兑为泽	风水涣	水泽节
申命行事 循循善诱	朋友讲习 滋育润泽	乘木有功 一帆风顺	中正以通 节制有度
57	58	59	60

巽（风）　　　坎（水）　　　艮（山）　　　坤（地）

水天需
刚健不陷
利涉大川
5

天水讼
作事谋始
安贞不失
6

地水师
容民畜众
律正行师
7

水地比
比辅相亲
亲亲为大
8

天火同人
中正相应
同心同德
13

火天大有
遏恶扬善
自天佑吉
14

地山谦
衰多益寡
谦谦君子
15

雷地豫
作乐崇德
柔顺震动
16

火雷噬嗑
雷电交加
明罚敕法
21

山火贲
天文垂象
人文化成
22

山地剥
群阴剥阳
厚下安宅
23

地雷复
一阳来复
利有攸往
24

坎为水
有孚为心
设险守国
29

离为火
日月丽天
突如其来
30

泽山咸
两情相悦
心心相印
31

雷风恒
鱼来撞网
立不易方
32

风火家人
男女相正
修身齐家
37

火泽睽
众目睽睽
求同存异
38

水山蹇
反自修德
大蹇朋来
39

雷水解
动而脱险
赦过宥罪
40

泽地萃
群英汇萃
戒戒无虞
45

地风升
柔以时升
接地生根
46

泽水困
有言不信
困于其物
47

水风井
往来井井
生生不息
48

风山渐
贤德善欲
循序渐进
53

雷泽归妹
承筐无实
刲羊无血
54

雷火丰
天地盈虚
与时消息
55

火山旅
鹊鸟焚巢
丧羊于易
56

风泽中孚
孚乃化邦
至诚如神
61

雷山小过
小狐涉川
飞鸟有凶
62

水火既济
有备无患
实受其福
63

火水未济
濡首濡尾
灭顶之灾
64